해밑섬, 일본을 걷다

고대 한반도 이주민들의 장대한 자취를 찾아가는 역사기행

# 해밑섬, 일본을 걷다

도쿄평야와 혼슈 북쪽 해안편

A Historical Journey around the Japanese Islands
- Along the Paths of Ancient Immigrants from Korean Peninsula

이 재 일 지음

이서원

일러두기

일본의 인명, 신명, 신사명 및 지명 등은 일본어 발음을
일본어의 한글 표준표기법에 따라 기재하고 한자를
병기하는 것을 원칙으로 했다.
다만 우리에게 한자어로 익숙한 단어들의 경우에는
일본어의 한자표기를 우리 발음으로 기재했다.
또한 중요성이 덜한 단어들도 이 원칙을 따랐다.

# 차 례

# 서 문

　'해밑섬'이라함은 짐작하시다시피 현재의 일본 열도다. 일본의 일 日은 우리말 '해'이며 본本은 우리말 '밑'을 뜻하는데 일본 열도로 건너 가 일본식으로 '밑'은 단음으로 발음하지 않고 '모토'라고 두 음절로 발음한다. 독자분이 일본에서 지하철을 타고 내릴 때 아시모토에 주의 하라는 안내방송을 들은 적이 있을지 모르겠다. 아시모토足元란 '발밑' 을 말한다. 한자는 달라도 다 '밑'이라는 뜻이다.

　이 책은 한반도에서 보았을 때 바다 건너 해뜨는 곳, 뜨는 해 아래에 있는 섬인 해밑섬. 즉, 한 때 한반도에 살았던 선조들에게 뉴 프론티어 였던 해밑섬에 관한 오래된 이야기다. 이야기는 기원전 3세기에 시작 하여 7세기에 끝나는 약 천 년간에 걸친다. 우리 선조들이 해밑섬으로 이주하여 새로운 생활기반을 구축하며 벌어졌던 이야기의 현장을 답 사하고 고증을 찾아 확인하며 10년간에 걸쳐서 쓴 이야기다.

　이 책은 도쿄지역에서 시작하여 나라와 아스카를 거쳐 규슈에 이르기까지 펼쳐져 있는 일본의 고대사를 살펴보는 3권의 역사기행 시리즈 중 첫 번째 책이다. 이 역사기행에서 역사의 주체는 일본인이 아니라 한반도로부터 이주渡來하여 일본 고대사의 중심에서 활약한 우리의 선조들이다.

한반도 이주민들은 기원전 3세기부터 본격적으로 일본 열도의 서쪽인 규슈섬으로 이주하기 시작했다. 또 일부는 규슈를 거쳐 또는 직접 일본 열도의 북쪽 해안선을 따라 쓰루가, 이즈미, 나가노로 나아갔고 또 다른 일파는 시모노세키 해협을 통과하여 세토내해로 나가 해안선을 따라 기비, 시코쿠, 가와치, 아스카로 들어갔다. 이 중 아스카지역은 일본 열도의 중심지역으로서 후대에 고대사의 중심으로 자리잡게 된다. 또한 우리 동해를 북에서 남으로 가로질러서 혼슈 북쪽 해안으로 직접 이동한 흔적도 있다. 노토반도와 나가노 및 니이가타 방면의 고대사가 그러하다.

쓰루가, 이즈미 등 혼슈의 북쪽 해안에 자리잡았던 이주민 집단은 자발적으로 남쪽의 산맥을 넘고 비와코琵琶湖 호숫가를 따라 아스카지역으로 이주하기도 하였고 다른 집단은 후진 세력에 밀려나 나가노지역으로 또 더 멀리 관동평야도쿄평야까지 이동했다. 아스카에 정착한 세력의 일부 역시 혼슈 남쪽의 해안선을 따라 동쪽으로 이동해서 도쿄 서남쪽의 치바반도를 통해 관동평야로 이동했다. 일본 열도 내의 제2차 이동이다. 이러한 일련의 도미노적인 인구 이동은 한반도로부터 일본 열도로 순차적인 인구 이동에 의해 이루어졌는데 그 원동력이 한반도에서 자리잡고 있던 민족에게서 나왔음은 의심할 여지가 없다.

따라서 시대적으로 보면 규슈와 이즈모로 제일 먼저 진출했고 다음은 아스카, 나라이며 관동지역은 고대사의 마지막 이동지역에 해당될 것이다. 즉 관동지방은 이주민의 이동 지역 중 제일 마지막 영역으로 개척자의 영역 또는 승자의 영역이 아니라 루저Loser의 영역이 아니었을까 생각한다. 다시 말하면 서쪽에서 온 강력한 후진 세력들에 의해 쫓겨서 밀려난 곳이다. 또한 이 지역은 이주민들의 동진에 따라 밀려온 일본 열도에 살고 있었던 원주민들의 지역이기도 하였다. 이주민 중에 쫓겨온 사람들과 미리 쫓겨난 원주민들이 공존하거나 갈등하던 지역인 관동평야에서 필자의 고대사 기행은 시작되었다.

역사를 시대순으로 따르자면 규슈, 아스카-나라 그리고 관동지방의 역사를 더듬어 보아야 하는데 필자는 도쿄에서 일본 생활을 시작한 연유로 일본 고대사에 대한 경험을 역사의 발전방향과 반대로 접하면서 시작하였다. 따라서 필자의 역사 기행은 수많은 물음표로 시작되었다.

역사 연구에는 여러 가지 원칙이 있다. 근대 일본과 1930년대 이후 우리나라 역사 연구에 큰 영향을 미친 역사관은 실증사관이다. 기록과 유적, 유물을 통한 직접적인 증거를 기본으로 하는 역사 연구 방법이다. 문헌이 중시되고 유물이 중시되는 사관이다. 보편성을 띤 과학적인 방법이라고 할 수 있다. 그러나 이 실증사관은 그 합리성에도 불구하고 몇 가지 문제점을 안고 있기도 하다. 즉 사료의 해석에 관한 것이다. 아무리 기록과 유물이 확보되었다 하더라도 그 해석은 그리 쉬운 일이 아니기 때문이다. 또한 사료의 중요성을 강조하다보니 사료의 훼손과 조작 문제가 발생하기도 한다. 그러다 보니 이제까지 어렵게 발견된 사료의 해석에 관해 이견이 없었던 적이 없다.

 필자의 경우는 전문적인 역사학자도 고고학자도 아니기 때문에 문화적, 민속적, 언어적, 경제적 증거들을 다양하게 응용하는 '낭만주의 사관'을 선호한다. 필자는 기본적으로 일본 역사서에 기록되어 있는 고대사 부분에서 한반도 도래인의 역사를 유추해보려고 노력하였다. 더불어 일본의 역사서와 신사에 전해오는 신화와 전설에서 숨겨진 역사적 의미를 발견하였다. '신화는 연구할수록 진실임이 드러나고 기록된 역사는 연구할수록 사실과 다르다는 것이 드러난다'는 격언에 유의하였다. 일본 열도 각지에 산재하는 고분들이 내포하고 있는 의미를 파악하고 여기서 발견된 유물들과 한반도에서 발견된 동시대 유물들의 유사성에서 역사적 의미를 찾고자 하였다. 필자의 설명에서 지명의 유래에 대해 언급하는 것도 그러한 배경에서이다. '지명地名은 시간의 화석化石'이라는 원칙, 즉 장구한 시간이 지나도 잘 변하지 않는다는 법칙과 사람들이 이동할 때는 지명을 가지고 이동한다는 인간의 뿌리 깊은 습성을 역사 연구에 활용하는 것이다. 지명은 천년이 지나도 90% 정도는 그대로 유지된다고 한다.

 우리나라와 일본의 고대사는 역사서가 보존되어 있지 않다. 따라서 우리의 고대사는 중국의 사서에 의존하는 바가 크다. 우리나라에 현존하는 최고의 역사서는 1145년에 편찬된 삼국사기와 1281년에 편찬된 삼국유사다. 그전에 존재했던 많은 사서들은 제목만 남아 있을 뿐 원본은 찾지 못하고 있다. 따라서 삼국사기 이전의 유일한 문자기록은 광개토대왕 비문414년을 비롯한 삼국시대의 비문뿐이다.

일본도 고대사의 경우에 동시대를 기술한 중국의 사서에 의존하는 것이 객관성을 확보할 수 있는 방법일텐데 그렇지 않고 서기 700년 초라는 비교적 이른 시기에 성립된 독자적인 사서에 전적으로 의존한다. 일본 최초의 역사서인 『고사기古事記, こじき, 712년[01]』와 『일본서기720년[02]』는 7세기 후반부터 준비가 시작되었고 백제인의 후예들에 의해 편찬되었다. 그러나 그 사서들과 중국의 사서들의 역사기록을 비교하면 고대사의 기간에 해당하는 상당기간 동안 역사기록이 전혀 일치하지 않는다.

더구나 서기 266년에서 413년 사이 약 150년 해당하는 일본의 역사기록은 중국 사서를 비롯한 어느 나라의 사서에도 나타나지 않는다. 객관적인 역사기록의 공백기다. 더욱 주의해야할 점은 이 공백기간 동안 일본역사에는 대단한 변화가 일어난 것으로 기록되어 있다는 점이다. 일본 고대사의 수수께끼라는 것은 모두 이 기간과 그 전후 기간에 집중되어 있다. 이 기간의 사건이 기록되어 있는 유일한 객관적 기록들은 광개토대왕비414년, 칠지도와 칠자경의 명문, 규슈 에다후나야마 고분 철검과 사이타마의 이나라야나 고분 철검에 새겨진 명문과 몇 개

---

01  일본에서 가장 오래된 역사책이다. 원본은 현존하지 않고, 필사본 형태로 몇 가지 사본이 전한다. 내용은 일본에서 신대(神代)라 불리는 신화 시대의 아메쓰치(天地)의 창조에서 시작해 스이코 천황의 시대에 이르는 신화나 전설 등을 비롯해 수많은 노래들을 수록하고 있다.

02  일본의 육국사(六國史) 중에 첫번째 책이며 실질적인 일본 최초의 역사책이다. 고대로부터 697년까지의 전설, 신화, 사실(史實) 따위를 편년체로 기록한 것으로 720년에 완성하였다. 모두 30권이다. 참고로 육국사란 나라 시대부터 헤이안 시대에 걸쳐 엮은 여섯 가지의 관찬 한문으로 쓰인 편년체 역사책이다. 『일본서기』, 『속일본서기(續日本書紀)』, 『일본후기(日本後記)』, 『속일본후기(續日本後記)』, 『일본문덕천황실록(日本文德天皇實錄)』, 『일본삼대실록(日本三代實錄)』이다.

의 비석에 있는 비문뿐이다.

일본 고대사의 수수께끼에 대하여는 수많은 가설과 이론이 나와 있다. 일부 일본인, 미국인, 한국인 역사 연구가들에 의해 만들어진 가설들은 모두 이 공백기의 역사에 대하여 다양하게 이야기한다. 이 책 마지막 부분인 3권에서 그 가설들을 모아 정리하고 있다.

역사기행의 결론 일부분을 미리 말씀드리면 이 많은 가설들의 공통점은 한반도에서 어떤 세력이 3~5세기에 일본 열도로 건너가서 열도의 중심세력이 되었다는 것이다. 그 주체로서는 부여, 가야, 신라, 고구려, 백제, 한반도 남부에 있던 왜, 만주지방의 선비 등 다양하다.

일본신화에는 규슈에 내려온 천손족이 후대에 세토내해를 통해 아스카지역을 정복했다고 되어 있다. 다른 나라의 역사서와는 비교와 검증이 되지 않는 일본의 독자적인 사서에는 역사의 공백기간에 신공황후라는 인물이 한반도 남부인 임나가야지역를 정복했고 신라와 백제 및 고구려도 복속시켰다고 적고 있다. 또한 그 신공의 아들인 응신이 나라지역의 실질적인 통치자가 되었다고 적혀있다. 다시 말하지만 어느 나라의 사서에도 나타나지 않는 역사기록이다. 일본의 역사학은 이러한 사서의 틀 안에 갇혀 있다. 따라서 일본 열도에는 선사시대부터 일본인이라는 민족이 살고 있었고 그들은 외부의 영향을 일체 받지 않고 독자적으로 발전하여 오늘날의 일본인이 되었다고 믿고 있다. 불과 십여년 전까지만 해도 필자도 그렇게 믿고 있었다.

역사는 지층과 같은 것이다. 고대사는 지층의 아래쪽에 묻혀 있다. 그 아래쪽으로 바로 들어가는 것은 쉬운 일이 아니다. 우연치 않게 드러나 있는 지층의 편린을 들여다 보면서 역사를 유추해보아야 한다.

글의 초두에 일본 관동지방의 역사 지층을 파들어가는 과정에서는 숨어있는 역사에 대한 친근감을 끌어올리기 위해 지역의 근세사와 중세사도 일부 소개하고 있으며, 도쿄 이외의 타 지역의 고대사를 다룰 때도 중세사가 일부 등장하고 있다.

로마인 이야기를 쓴 일본의 여류작가 「시오노 나나미塩野七生」의 다음 말은 필자에게 용기를 주었다.

"확실한 사료의 뒷바침이 없으면 다룰 수 없는 학자나 연구자와는 달리 우리는 아마추어다. 아마추어는 자유롭게 추측하고 상상하는 것이 허용된다."

어느 해 가을에 우연치않게 시작한 한일고대사 기행은 10년 만에 그 1막을 내린다. 이 책은 그 역사기행의 기록이다.

# 제1부
# 도쿄와 일본

이 책은 지금부터 1500년에서 2000년 전인 우리나라의 삼국시대를 전후하여 일본 열도 전역에서 걸쳐 펼쳐졌던 한반도에서 건너간 우리 선조들의 활동을 알아보고 그 지역을 직접 방문하여 그들의 흔적을 찾아보는 역사기행 서적이다.

제1부는 총3개의 관점에서 쓰여졌다.

첫째, 역사기행의 출발점이 되는 도쿄의 현재 모습과 이 지역이 일본 열도의 중심지로 자리잡게 된 중세 이후의 모습을 설명하여 이 지역에 대한 독자들의 이해를 높이고자 한다. 도쿄라는 지역도 생소할 수 있는데 이 지역에서 펼쳐졌던 우리 선조들의 고대사에 대하여 바로 설명하기 시작한다면 대부분의 독자들은 의아해 할 수 밖에 없을 것이다. 이러한 점을 고려하여 이 지역에 대한 현대적이고 일상적인 설명을 통해 오래된 이야기의 실마리를 풀어 보려는 것이다. 즉 고대사를 현대에서 실마리를 풀어내어 중세를 거쳐 이야기를 연결해 보려는 것이다.

독자들에게는 이 부분이 역사기행이 아니라 관광 안내로 읽힐 수도 있겠다. 도쿄에 대한 설명은 도쿄의 동쪽지역인 긴자 지역, 마루노우찌<sub>도쿄역, 황거</sub> 및 신바시 지역<sub>스키지, 오다이바</sub> 그리고 도쿄의 서쪽지역으로 메이지신궁 일대<sub>오모테산도, 하라주쿠</sub> 및 시부야 등 일반인들에게 잘 알려져 있는 지역을 중심으로 하여 일본의 중세와 근세 역사를 소개한다.


둘째, 도쿄 내 특정 장소를 소개하면서 이야기를 끌어내어 일본 고유의 문화와 풍습 및 종교와 전통에 대해 설명하며 일본 열도로 넘어간 우리 선조들과의 연관성에 대한 실마리를 풀기 시작한다.

도쿄에 있는 신사인 산노 히에진자山王 枝神社와 카메이도 텐진샤龜戶天神社 및 하치오지시八王子市를 소개하면서 일본의 신과 신을 제사지내는 마쓰리에 대해 설명하고 일본의 삼대 마쓰리을 소개하면서 우리 선조들과의 연관성을 알아본다.

도쿄 근교의 산으로 도쿄 시민들이 많이 찾는 다카오산과 도쿄 시내의 메구로구에 있는 용천사를 소개하며 우리와 관련이 있는 일본의 토속신앙과 우리 불교와는 사뭇 다른 일본 불교애 대하여 설명한다.

또한 일본의 전통 주택을 모아 놓은 일본민가원을 방문하여 일본 전통주택과 우리나라 전통주택과의 관련성을 풀어 보고 요코하마시에 있는 산케이엔에서 본 기모노와 결혼 예복을 통해 일본 복식의 유래에서 우리의 역사와 전통을 찾아본다.

마지막으로 일본 3대 정원의 하나인 카이라쿠엔을 방문하며 동쪽에 있는 히타치시의 지명을 우리말로 풀어 보면서 일본어와 우리말의 연관성을 연구한 『아나타는 한국인』이라는 책에 설명되어 있는 우리말과 일본어의 연관관계를 소개한다.

도쿄평야 속에 남아 있는 우리 민족의 고대사가 더 궁금한 독자는 제1부를 넘겨서 바로 제2부 '도쿄평야에서 우리민족의 고대사를 만나다'로 넘어가도 좋다.

해밀섬, 일본을 걷다

# I. 도쿄 Tokyo, 東京, トウキョウ

역사는 지층과 같다. 오늘날 우리가 살고있는 이곳은 세월을 거슬러 올라가면 옛날 사람들이 살던 곳이었다. 그리고 그 옛날이라는 것도 가까운 옛날이 있고 먼 옛날이 있고 아주 먼 옛날도 있다. 그러나 오늘날의 모습을 보면서 옛날을 상상하기는 결코 쉬운 일이 아니다. 또한 이곳에서 옛날의 조각이 튀어나왔을 때 그 자초지종을 해명하는 일도 쉽지 않다.

도쿄가 그렇다. 지금의 도쿄는 발전된 현대식 도시이다. 여기서 조금 거슬러 올라가면 서양문물이 들어오기 시작하는 일본 근대의 개항기가 있었고 그 이전은 약 250년 간의 에도시대이다. 에도시대 이전의 도쿄 역사는 알려진 것이 많지 않다. 필자가 일본에서 생활하기 시작하기 전에는 에도시대 이전의 도쿄 지역은 무사시武蔵라 불리었고 황무지나 다름없는 미개발지로 알고 있었다. 그러다가 어느날 도쿄 근교에서 지리상으로는 멀리 떨어진 한반도 북쪽에 있던 고구려의 역사를 발견한다. 그리고 그보다 앞선 신라, 가야, 백제의 역사도 발견한다. 한반도와 가까운 일본의 서쪽이 아니라 가장 먼 일본 동남쪽 끝에서 말이다. 일본 역사책에도 써있지 않고 한국 역사책에도 써있지 않은 이 역사의 조각들을 어떻게 해석하여야 할까?

자, 이제부터 필자와 함께 역사 여행을 떠나보기로 하자. 순서상 역사 지층 표면에 있는 현대 도쿄와 그 밑에 있는 에도시대의 도쿄와 일본에 대해 어느 정도 살펴 보기로 한다. 지표면을 어느 정도 파혜친 후 차차 더 밑으로 들어가 보기로하자.

### 일본어의 음독과 훈독

우선 일본을 이해하는데 꼭 필요한 힌트를 하나 드린다. 일본 말에 관한 것인데 일본 말은 읽기도 쉽지 않고, 발음하기도 쉽지 않고, 기억하기도 쉽지 않고, 그 의미를 이해하기도 쉽지 않다. 다행이랄까 일본도 한자를 사용하니 그 점을 이용해보자. 대부분의 일본말은 일부 구어口語를 제외하고 한자로 표기된다. 일본말에 나오는 한자를 보면 놀랍게도 읽기도 쉽고, 발음하기도 쉽고, 기억하기도 쉽다. 필자는 일본 사람을 만나서 수인사를 할 때 꼭 한자 이름을 물어 보았고 그렇게 외워진 이름은 오래 기억할 수 있었다.

다만 의미의 문제에 있어서는 사정이 좀 다르다. 우리는 한자를 보면 습관적으로 한자의 의미를 생각하게 뇌구조가 되어 있다. 이 점이 필자를 처음 몇 년간 괴롭혔는데 우선 의미를 모르는 한자가 많을 뿐 아니라 같은 한자를 발음이 전혀 다르게 여러 가지로 읽는다는 것이다. 우리 경우는 대부분의 한자는 발음이 하나이고 많아야 두 세개다. 또한 일본어에는 한자의 의미와 전혀 관계없는 단어가 수없이 많다는 것이다.

한자들은 뜻이 있고, 음이 있다. 우리나라에서 쓰는 대부분의 한자들은 음

독으로 통일되어 있다. 음독音読이라는 것은 '소리로 읽는다'는 뜻이다. 우리는 '물 수水'자를 보고 '물'이라고 이해하지만 '물'이라고 읽지 않고, '수水'라고 읽는다. 즉, 우리는 한자의 음을 읽기로 정해놓은 것이다. 꽃 '花'을 꽃이라 읽지 않고 '화花'라고 읽고, 사람 '人'을 사람이라 읽지 않고 '인人'이라 읽는다. 우리나라와 일본 모두 중국에서 들어온 한자의 소리를 그대로 따라가기 때문에 발음이 비슷하다. 같은 한자를 한국식으로 혹은 일본식으로 읽은 것으로 이를 '음독'이라고 한다. 그러다 보니, 한국식 발음과 일본식 발음이 비슷한 경우도 생긴다. 'むり 무리, じゅんび 준비, しんり 심리' 같은 단어들은 한국어와 일본어가 거의 비슷하다.

그런데 일본에 한자가 들어오기 전에도 'みず 물, はな 꽃, ひと 사람' 같은 말은 있었다. 이것을 일본 글자인 히라가나로만 쓰면 가독성이 떨어지고 동음이의어는 구분하기 어려워서 같은 의미를 가진 한자로 표시하기 시작한 것이다. 즉 水, 花, 人이라는 한자를 중국식 발음이 아닌 일본 고유어로 みず, はな, ひと라고 읽는 것이다. 우리식으로 말하면 한자 水를 수라고 읽지 않고 물이라고 읽는 것이다. 이것이 훈독訓読인데 '뜻으로 읽는다'는 뜻이다.

고대사 연구에 있어서는 이 점이 매우 중요한데 한자로 표기된 지명地名 속에 옛날 한반도 말이 많이 숨어있기 때문이다. 예를 들자면 '韓, 唐'을 카라로 읽는데 가라 즉, 가야를 의미하고, '路'를 지로 읽는데 우리말의 길[03]을 의미하고, '足'를 다리로 읽기도 하고, '吾妻'는 아즈마로 읽는 데 처를 높인 아내라는 뜻이고, '現人'은 아라히또라고 읽는데 가야사람伽倻人을 말하고 도쿄 한복판을 흐르는 아라강荒川의 '아라'도 가야를 의미하는 등이다.

---

03 '질'이라는 표현은 주로 오솔 길이나 좁은 길을 표현 할때의 경상도 사투리이다.

도쿄는 1605년 에도 막부가 시작되면서 일본의 수도로 개발된 도시니 약 400년의 역사를 가진 비교적 새로운 도시인 셈이다. 에도 막부를 세운 도쿠가와 이에야쓰德川家康는 구세력의 근거지인 교토京都에서 멀어지고 자신의 근거지였던 시즈오카静岡가 있는 동쪽으로 수도를 이전하기 위해 일본 남알프스산맥의 고산준봉 너머에 있는 넓은 도쿄평야에 자리를 잡는다. 도쿄평야는 동쪽과 남쪽은 바다에 면해있고 서쪽과 북쪽은 높은 산맥으로 막혀있다. 서북쪽이 높고 동쪽이 점차 낮아지는 지형으로 북쪽에서부터 차례대로 도네강利根川, 아라강荒川, 다마강多摩川이 산맥쪽에서 남서방향으로 흘러 바다로 들어간다. 평야의 동남쪽 바닷가에 있는 도쿄역에서 기차로 출발하면 서쪽 산맥까지 1시간, 치바반도를 지나 동쪽 태평양 바닷가까지 1시간, 북쪽 산맥까지는 2시간 정도가 걸리는 넓이이다.

일본 열도는 혼슈本州섬의 한가운데를 남북으로 가로지른 3,000m 이상의 고산이 10여 개나 있는 일본 알프스산맥이 동서를 막고있어 동쪽 지방은 관동関東. 칸토우, 서쪽 지방은 관서関西. 칸사이라 불리어왔고 말과 풍속에 차이가 있다. 옛날이나 지금이나 도쿄에서 서쪽인 오사카나 나고야로 가기 위해서는 남쪽 바닷가로 가는 동해도東海道. 도카이도와 남알프스와 중알프스산맥 사이로 넘어가는 중산도中仙道, 中山道, 나카센도밖에 없다.

동해도는 옛날에는 하코네 고개를 넘어 후지산의 남쪽 사면에 있는 미시마三島로 넘어 갔지만, 지금은 도카이도센東海道線 철도가 이즈반도 북쪽의 산맥을 터널로 지나가고 자동차는 도우메이고속도로東名

高速道路가 철도 터널보다 북쪽 지역의 산맥을 여러 개의 터널을 통과해서 지나간다. 중산도는 도쿄에서 일단 북쪽으로 방향을 잡아 고도 1,000m의 가루이자와軽井沢로 올라간 다음 나가노長野 쪽으로 향하다가 남알프스와 중알프스 사이의 계곡을 따라 나고야로 넘어간다. 가루이자와 고개는 너무 높기 때문에 지금도 재래선 철도는 연결되어 있지 않고 신칸센만 터널을 통해 올라간다. 조선통신사들은 대부분 이 산길인 중산도를 따라 오사카에서 교토를 거쳐 에도까지 여행했다. 나고야로 가는 일반 철도는 도쿄역에서 서쪽으로 줄 곧 가다가 야마나시山梨에서 남알프스 산맥에 닿으면 북쪽으로 방향을 틀어 중알프스 산맥과의 사이에서 서쪽으로 나고야名古屋까지 다시 남동쪽으로 내려가는 중앙본선中央本線이 있다.

우리가 아는 도쿄는 도쿄시東京市가 아니고 도쿄도東京都인데 중심부의 23개 구區와 주변의 26개 시市로 구성되어 있다. 도쿄도는 전체적으로 남북으로 납작하고 동서로 긴 모양으로 되어 있다. 예전에는 에도江戸라고 불리었고 그 이전에는 도쿄도 북쪽에 자리잡은 사이타마埼玉현을 포함해서 무사시武蔵라 불리었다.

도쿄 중심부라 할 수 있는 지역을 서울 지하철 2호선과 같은 도심 순환선인 야마노테선山手線이라는 국철이 다니는데 이 노선은 남북이 긴 타원형 형태를 하고 있다. 야마노테선 동쪽에 도쿄역東京駅, 남쪽에 시나가와品川, 남서쪽에 시부야渋谷, 서쪽에 신주쿠新宿, 북서쪽에 이케부쿠로池袋, 북동쪽에 우에노上野가 있다. 시내에 중앙본선이 지나는 요쓰야四ツ谷라는 곳이 있는데 이곳이 야마노테선으로 둘러싸인 지역의 중심점에 해당한다. 아오야마, 아카사카, 아자부주반은 시내의 한가운

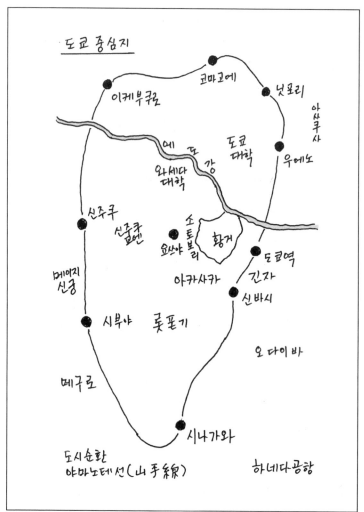

**야마노테선** 山の手線

총 연장은 20.6km이며, 순환선 전체의 운행 거리는 34.5km이다.
한 바퀴 도는 데에는 1시간 정도이다. 연두색을 상징색으로
일본 철도의 상징이다.

데 쯤에 있는 요쓰야의 남쪽에 차례로 위치하고 있어 도쿄 중심부라 할 수 있다. 아오야마와 아카사카의 북쪽으로 도쿄역 근처에 황거皇居를 비롯하여 공원 등 도심 녹지대가 신주쿠, 시부야까지 동서로 펼쳐져 있다.

필자는 아카사카에 살았는데 집에서 서쪽 창으로 내다보면 눈덮힌 후지산富士山이 보였다. 거리는 100km 정도가 된다. 일본 사람들은 후지산이 보이는 장소는 운이 좋다고 믿는 경향이 있어서 현지인들의 부러움을 사기도 했다. 시내에서도 후지산이 보이는 곳은 후지미富士見라는 지명을 붙여놓은 것을 보면 이런 미신 같은 생각이 통용되는 듯하다. 후에 일본인의 산山 숭배 신앙에 대해 언급할 기회가 있다. 남쪽 창문으로 아크힐Ark Hill, Ark는 근처 지역인 Akasaka, Roppongi, Kamiyacho의 앞 글자를 딴 이름의 빌딩들과 54층의 록본기 힐즈 빌딩, 53층 도쿄 미드타운 빌딩과 일본 삼성본사가 있는 빌딩에 걸린 삼성 간판이 가까이 보인다. 이 지역은 모두 도심 재개발 사업으로 탄생한 곳이다. 덕분에 아카사카 지역도 현대와 전통이 조화된 곳으로 재탄생되었다.

서북쪽으로는 옛 에도성인 황거의 숲과 마루노우찌丸の内와 오테마찌大手町의 오피스 빌딩 숲 그리고 가까이 국회의사당과 총리공관이 보인다. 또 아카사카 거리를 통과하는 세 개의 골목길이 내려다 보인다.

### 일본의 드라마와 뉴스
필자가 일본에서 생활을 시작한 2010년 경 일본에서는 한국 걸그룹 중 '카라'가 제일 인기였다. 카라는 KARA라고 쓰지만 일본말로 카라カラ, 韓는 한국을 의미한다. 신辛라면의 신辛, から, 韓은 발음상 한국이다. 일본 국영방송인 NHK는 일요일 아침 골든타임에 한국 사극인 '이산李祘'을 계속해서 방영하고 있었다. 우리 KBS가 일요일 프라임타임에 일본사극을 방영한다는것을 상상이나 할 수 있겠는가? 그리고 TBS, 후지 테레비 등 몇몇 일본 TV채널에서도 한국 드라마를 끊임없이 내보내고 있었다. 필자의 일본인 사장은 필자에게 하소연하길 장모가 80이 넘으셨는데 한국 드라마 DVD를 무지하게 빌려다가 밤을 새워 보아 건강을 해칠까 걱정이 태산이란다.

일본 드라마는 극적이지 않다. 스토리의 진행이 잔잔하기가 거의 다큐멘터리 수준이다. 재미가 없다. 그래서 일본인들은 예상을 뒤엎는 흥미진진한 한국 드라마를 좋아하는 것인가? 반면 일본은 TV뉴스도 다큐멘터리다. 과장과 흥분이 없다. 그래서인지 일본의 다큐멘터리 프로그램은 우수한 작품이 많다. 반대로 한국의 TV뉴스는 어떤 면에서 거의 드라마 같다. 일본생활이 몇 년이 지나자 필자는 한국 TV뉴스를 볼 수 없을 지경이 되었다. 뉴스를 보면 한국에 무슨 큰 일이 생긴 것 같아 공포감마저 들었기 때문이다.

## 1. 긴자 銀座

긴자는 도쿄를 대표하는 쇼핑 거리이다. 긴자는 필자가 살던 아카사카 집에서 지하철을 타면 세 번째 역으로 십분 정도 걸리는 거리에 있다. 1990년에도 방문한 적이 있지만 동서남북을 구분하지 못하고 그저 사람 많고 정신없는 곳으로만 기억하고 있었다. 일본으로 이사한 후 처음 방문한 긴자의 인상은 현대적 모습으로 밤에는 온갖 네온사인과 화려한 조명이 빌딩마다 아름답게 빛나는 거리였다. 특히 공휴일에는 일정시간 차없는 거리로 변하기 때문에 인파로 가득한 긴자 거리를 걷는 것도 좋았다. 2011년 대지진 이후 쓰나미의 피해로 인해 원전 가동이 중단되어 전력난이 생겼다. 절전을 하느라 빌딩의 불이 꺼지고 관광객이 급격히 줄어 긴자의 모습도 초라해졌다. 이로부터 2년 정도 지난 후에야 원래의 모습을 겨우 되찾았다.

긴자라는 지명은 에도江戸시대 초기인 1612년 경 이곳에 시즈오카에서 도쿄로 이전한 은화 주조소가 자리잡은 데서 연유한다. 당시의 화폐였던 은화를 만들고 유통하는 거리라는 뜻으로 「긴자銀座」라 불렀던 것이다. 요즘 말로 금융센터였다. 지금 일본 주요 은행大手銀行들과 보험회사들은 긴자의 북쪽에 이웃하는 마루노우찌丸の内나 오테마치大手町에 본부가 있다. 요코하마横浜항이 개항되어 외국 선박이 들어오고 요코하마에서 긴자의 입구라 할 수 있는 신바시新橋까지 일본 최초의 철도가 놓여졌다. 인천항과 서울을 잇는 경인선 철도와 같은 셈이다.

신바시에서 긴자까지 도로가 놓아지고 길 양 옆에 빨간 벽돌로 지어진 서양풍의 상점들이 들어서게 된다. 최초로 가스등을 설치하고 영국의 「리젠트 스트리트」를 본떠서 벽돌로 만든 거리를 조성했다. 1923년 발생한 관동関東, 간토 대지진 후 이 지역을 재개발하는 과정에 대형 백화점들이 속속 들어서게 되었고 일본을 대표하는 고급 상업지구이자 첨단 유행의 발신지로 자리잡게 되었다. 지금도 나이가 든 일본인들과 외국인들이 선호하는 쇼핑지역이 긴자다. 젊은 층은 서쪽 메이지신궁明治神宮과 아오야마 사이에 있는 오모테산도表参道 거리를 선호한다. 더 젊은층은 하라주쿠와 시부야에 모인다.

긴자의 서쪽에는 고가高架로 국철이 지나간다. 신칸센新幹線도 이 철로를 이용한다. 이곳에 있는 철도역 이름이 유락조有楽町역인데 오래된 모습을 간직하고 있어 예전의 철도역 느낌을 주는 곳이다. 일본은 철도가 발달하였는데 일본 열도의 모양이 길어서 철도가 가장 적합한 교통수단으로 보인다. 현재 고속도로와 신칸센 철도가 만들어져 있지만 재래선 철도가 먼저 설치되어서인지 경치 좋은 지역은 재래선 철도를 따라 있는 편이다.

## 2. 마루노우찌丸の内

마루노우찌丸の内는 비즈니스 거리이자 상업 지구이다. 도쿄역과 황궁 사이에 위치한다. 마루노우치라는 이름을 뜻 그대로 풀이하면, '동그라미 안'라는 뜻이다. 황궁의 바깥쪽 해자外堀, 소토보리에 위치하기 때문에 이런 이름이 붙었다. 이 지역은 일본의 금융 산업의 중심이다.

도쿠가와 이에야스가 에도성에 들어가기 전, 현재 마루노우치로 알려진 땅은 도쿄만의 일부였고 히비야 후미日比谷ふみ로 불렸다. 에도성이 확장되어가자, 사람들은 이 후미를 매립하기 시작했다. 새로운 바깥 해자가 건축되었다. 예전에 있던 해자는 안쪽 해자内堀가 되었다. 다이묘大名[04]들은 이 지역에 저택을 지어 거주하였는데 저택이 24개나 있었기 때문에 다이묘 코우지大名小路라고도 불렸다.

메이지유신 이후, 마루노우치는 정부의 관할 하에 들어갔다가 미쓰비시 그룹의 창립자가 이 땅을 매입하여 개발하였다. 현재도 미쓰비시

---

04 넓은 영지를 가진 무사. 특히, 에도시대에 봉록이 1만 석 이상인 무가(武家)

그룹 회사들의 본사가 이 지역에 많이 위치해 있다. 도쿄역은 1914년 이 지역에 들어섰고 마루노우치 빌딩은 1923년 개장하였다. 마루노우치 빌딩은 일본 내에서 가장 비싼 토지 위에 지어진 건물이라 알려져 있다. 도쿄-미쓰비시 UFJ 은행, 메이지 야스다 생명 보험, 미쓰비시 상사, 히타치, 도요타 통상, 시티그룹 일본 현지법인이 위치해 있다.

### 도쿄역 東京駅

예전에는 도쿄에 도착하면 나리타 공항에서 리무진을 타고 도심터미널까지 와서 택시로 도쿄역까지 온 다음 지하철로 갈아탔다. 그 때 처음 본 도쿄역은 퇴색한 느낌이었다. 지금은 시내에서 가까운 하네다 공항을 이용할 수 있기 때문에 나리타에서 출발하는 비행기를 타야할 경우를 제외하고 입출국시 도쿄역을 거치지 않아도 된다.

도쿄역은 JR Japan Railway 동일본의 다양한 노선과 신칸센, 도쿄 메트로 마루노우치선이 출발하거나 지나는 대형역이다. 평일에도 사람이 많지만 연휴나 명절에는 인산인해를 이룬다. 역 안에 지하철역이 있고 각종 철도역과 신칸센역이 같이 있기 때문이다.

신칸센역은 일반 철도역을 통과해서 들어가기 때문에 두 장의 표를 어떻게 개찰해야 하는지 혼동하기 쉽다. 또한 신칸센은 승차권과 좌석권이 각각 필요하다. 플랫폼에 신칸센 열차가 도착하면 전문 청소팀이 미소를 지으며 대기하고 있다가 승객이 내림과 동시에 객실 청소 및 의자 방향 돌리기를 하는데 정말 짧은 시간에 일사불란하다. 이 청소팀이 얼마나 대단한지 '하버드 비지니스 스쿨'의 케이스 스터디로 소개되었다고 한다.

신칸센은 교토와 오사카의 남쪽으로 가는 동해선이 있으며, 북쪽으로 아오모리青森행, 나가노長野행, 니이가타新潟행이 있다. 북쪽으로 가는 신칸센은 처음에 같은 노선으로 출발해서 아오모리행이 동쪽으로, 이어서 나가노행이 그 반대편인 서쪽으로, 니이가타행은 계속 북쪽으로 올라가는 3갈래 모양의 노선이다.

전철이나 일부 JR선들은 지하에 역이 있으며, JR야마노테선 플랫폼만은 천정이 뚫린 지상 공간에 있다. 여름철 도쿄는 습하고 무더위가 극심하여 도쿄역에서 야마노테선을 타면 열차의 열기가 더해져 숨이 넘어갈 지경이다. 어질어질한 느낌을 받은 적이 몇 번이나 있었다.

도쿄역은 옛 서울역 건물인 경성역을 생각나게 한다. 경성역사는 근 100여 년 전인 1925년에 남만주철도주식회사가 설계하였다. 경성역은 도쿄역을 모방하여 건설되었다고 알려져 있으나 실은 스위스 루체른역을 모방하여 건설된 건물이라 한다. 1914년 건립된 도쿄역은 네덜란드 암스테르담역을 모델로 설계된 것이다.

### 황거皇居, 고쿄

고쿄라는 명칭은 제2차 세계대전 후에 불린 명칭이다. 현재 옛 에도성 일대를 「황거皇居, 고쿄」라고 부르고 있다. 영어명은 「The Imperial Palace」이다. 고쿄의 천황이 주거하는 곳을 어소御所, 고쇼라고 하며, 각종 공식행사와 정무를 보는 궁전과 궁내청사 등도 고쿄 안에 있다.

1868년 에도를 도쿄로 개명한 메이지천황이 다음 해 도쿄로 와서 에도성에 입성하였다. 도쿄의 황거는 에도시대 말기까지 에도 막부 쇼

군의 거성인 에도 성터에 있다. 황거 일대는 도쿄의 중앙부에 있으면서 녹지대인 까닭에 황거의 해자 주변은 산책코스로 인기가 많다. 황거의 북쪽은 기타노마루공원北の丸公園으로 일반에게 개방되었고 콘서트장으로 유명한 일본 부도칸武道館이 근처에 있다.

황거 내에는 신사가 세 개 있는데 신라신인 「소노카미園神」와 백제신인 「카라카미韓神」 그리고 일본신인 「오진応神, 응신」을 모시는 신사라고 한다. 오진천황은 실질적으로 일본의 초대 천황이고 근초고왕 시절에 백제에서 온 호무다譽田라고하는 백제인이라는 설이 있다. 그렇게 보면 황거의 신사는 모두 한반도의 신을 모시는 신사인 셈이다. 필자가 젊었을 때 천황가는 일본인이 사용하지 않는 수저를 사용하고 일본말이 아닌 알 수 없는 말을 한다는 친구의 얘기를 듣고 신기하게 생각한 적이 있다.

역사학자들의 이야기를 들어보자. 황실의 신을 모신 신사는 신라계 신사인 원신사, 백제계 신사인 한신사에 이어 또 다른 신라계 신사인 카모신사賀茂神社, 마쓰오대사松尾大社, 이나리대사稲荷大社, 또 다른 백제계 신사인 히라노신사平野神社 등이 있다. 천황들이 백제 계열의 왕들이었음에도 불구하고 신라신들을 모신 신사가 우선한다. 천황가 신화神話에 나오는 신들이 대부분 가야 또는 신라신이었으며, 일본 고대사에 등장하는 신들도 가야신과 신라신이 주도적이었다.

지금도 일본 천황은 해마다 11월 23일 신상제新嘗祭, 니이나메사이를 지낸다. 이때 신라의 아지매阿知女 여신을 초혼하며, '아지매, 오게, 오, 오,

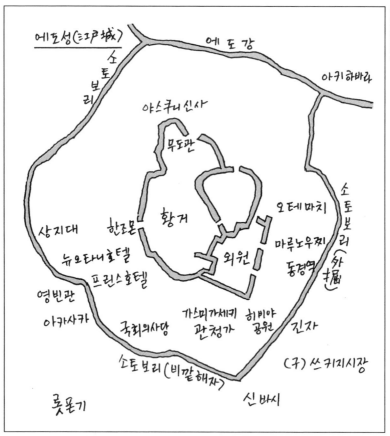

**에도성** 江戸城

1868년 에도를 도쿄로 개명한 메이지천황이 다음 해 에도성에
입성한다.

오, 오, 오게'라는 축문을 외운다고 하는데 신악가神樂歌라고 한다. 신라신과 백제신을 모신 신사 앞에서 장작불을 피우고 '아지매'를 초혼하는 의식인 아지매노와자阿知女法로 의식을 치르는 것을 신악神樂. 카구라이라 한다. 제사가 이어지면서 신악의 본축문인 한신韓神을 외우고, 악기를 연주하고, 신관이 근엄하게 춤을 춘다. '미시마 무명 어깨에 걸치고, 나 한신을 뫼셔오노라...' 한신의 축문이다. 한신韓神은 백제신이며, 한韓은 한반도의 신을 뜻한다. 아지매는 단군의 어머니인 웅녀신熊女神을 신라어로 '아지매'로 부르는 것이라고 추정한다.

이는 '신라왕자 천일창天日槍이 곰신단熊神籬. 쿠마노 히모로기을 가지고 신라로부터 일본으로 건너왔다'고 써있는 일본 역사기록과 부합한다. '한韓을 뫼셔온다는 제사 양식은 한국식韓風이다. 신 내리기의 신물神物잡기에서 연상되는 것은 고대 왕실의 왕녀인 신성한 무녀巫女가 신神을 향응하는 모습이다. 신의 잔치도 신주神酒를 권하는 단계에 들어가면, 터주신地主神인 한신이 새로이 찾아오는 신인 천황天皇 및 천황가天皇家에 대해서 접대하는 것을 보여주고 있다고 상정된다.'[05]

일본 황실의 제사라는 한 면을 보고 일본 고대사를 추정한 것인데 도쿄 부근과 일본 여러 지방의 한반도 관련 유적지를 답사하고 나서 개인적으로 도달한 결론도 이와 비슷하다. 백제, 신라, 가야와 같이 지배층만을 대상으로 이야기하는 역사가 아니라 기층민을 위주로 하는 역사의 측면에서 보아도 일본 열도에는 백제의 지배층과 백제로부터

---

05  홍윤기(洪潤基)교수의 글에서, 1992년

의 집단 이민이 일본 열도에 들어오기 전에 이미 한반도에서의 도래인들이 들어와 살고 있었고 이들은 주로 신라와 가야 지방에서 온 것으로 추정된다. 황실의 제사도 이러한 역사의 지층地層, geological stratum을 암시하고 있다.

고대사 연구는 증거가 절대적으로 부족하기 때문에 여러 가지 접근법을 동시에 사용하는데 신화, 역사기록, 유적, 유물, 풍속, 언어, 지명 등이 종합적으로 사용된다. 필자의 경우는 기록, 고분과 신사 그리고 지명에 관심이 많다. 앞에서도 언급한 바가 있지만, 특히 지명地名은 잘 변하지 않는 특성 때문에 옛말을 그대로 간직하고 있어 '지명은 시간의 화석化石'이라 불려진다. 신사는 조상신을 모신 곳이기 때문에 역사를 대변한다. 일본의 오래된 신사들은 대부분 도래인의 조상을 모신 사당이기 때문에 황거에 있는 신사의 예처럼 고대사 연구에 있어서 중요한 역할을 한다.

### 고려문 高麗門, 고라이몬

황거의 동쪽에는 고려문大手高麗門이 있다. 여기서 고려는 고구려라는 뜻이다. 일본에서는 고구려를 고려高麗, 일본말로 고마라고 하는데 실제로 장수왕 이전에는 고구려의 국명이 고려였다고 한다. 뉴오타니 호텔에서 프린스 호텔로 올라가는 연못가 언덕길에서도 고려문의 흔적을 볼 수 있다. 고려문은 대문 양식의 일종이라 하지만 일본 땅에서 고려라는 단어를 보는 것만으로도 신기하다. 도쿄 외에 교토에도 고려문이 산재해 있다.

## 3. 신바시新橋

신바시는 긴자의 남쪽, 쓰키지築地의 서쪽, 도라노몬虎ノ門의 동쪽, 하마마쓰초浜松町의 북쪽에 위치한 지역이다. 신바시는 1872년에 부설된 일본의 첫 번째 철도의 종점이었다. 이후 철도 교통의 중심으로서 상업 중심지로 개발되었으며 최근에는 '시오도메 시오시테'라는 고층 사무 복합단지가 들어섰다. 시오도메汐留에는 전일본공수ANA, 파나소닉, 시세이도, 소프트뱅크, 야쿠르트의 본사가 있다.

신바시역은 여러 노선의 통과역 혹은 출발역이다. 즉, JR 도카이도선, 긴자선, 아사쿠사선, 야마노테선, 요코스카橫須賀선, 요코하마에서 북쪽의 오미야大宮까지 운행하는 게이힌-도호쿠京浜-東北선 그리고 오다이바로 넘어가는 유리카모메ゆりかもめ선이다. 여기서 유리카모메선은 다른 노선과 달리 고무바퀴로 된 열차이며 컴퓨터 제어에 의한 무인 운전 경전철이다. 모노레일로 잘못 알고 있는 사람이 많다.

도에이 오에도都営大江戸선의 시오도메역도 가까이 있다. 1872년 도카이도 본선 개업 당시 신바시역이 개업했지만 초창기의 신바시역은 현재의 유리카모메선의 시오도메역 위치에 있었다. 구 신바시 정차장에 세워진 철도 역사 전시실이 파나소닉 시오도메 박물관 옆에 있다.

시나가와品川의 텐노즈아일에 있는 사무실로 출근할 때는 집에서 긴자선으로 두 번째 정차역인 신바시역에서 내린다. 가끔 딴 생각을 하다가 다음역인 긴자역이나 전역인 도라노몬역에서 내린 경험이 있다. 서울에서 지하철을 자주 타지 않았기 때문에 신바시역의 출근시간 인파를 보고 기가 질렸었다. 넓은 역사 안이 발 디딜 틈조차 없는데 사람들은 어깨를 부딪힐 듯 말 듯 어느 방향인가로 물밀듯이 움직인다. 한번은 서울에서 방문한 지인이 이 모양을 보고 와서 독일 병정들이 일사불란하게 걸어가는 모습처럼 느꼈다고 이야기해 준 적이 있다. 플랫폼에서도 줄을 길게 늘어서야 한다. 야마노테선이나 게이힌-도호쿠선으로 갈아타고 한 정거장 다음인 하마마쓰쵸浜松町역에 내려서 하네다 공항羽田空港으로 가는 모노레일로 갈아탄다. 모노레일은 급행, 완행, 준급행이 있는데 급행은 하네다 공항까지 중간에 정차하지 않고 가기 때문에 확인을 하지 않고 서두르다가 종점까지 갔다가 돌아오는 낭패를 겪은 적이 있다. 또한 게이힌-도호쿠선도 낮시간에는 신바시역에 서지 않고 도쿄역으로 직행하기 때문에 조심해서 타야 한다.

신바시역 안에는 즐기던 부카케ぶっ掛け 우동집이 있다. 따뜻한 국물에 면을 적당히 불려서 나오는 일반 우동과는 달리 부카케 우동은 면발의 쫄깃한 식감을 살리기 위해 면과 고명튀김, 날계란, 가쓰오부시 등이 나오고 거기에 츠유つゆ라는 양념장을 부어 비벼 먹는 우동이다. 하얗고 탱탱한 면발에 양념장을 끼얹은 것이다. 값도 착하다. 새우 튀김이나 이나리유부초밥와 같이 먹으면 든든하다. 사누키讚岐 우동도 있는데 시코쿠섬의 가가와현香川県의 옛 명칭이 사누키였기 때문에 붙혀진 이름이다. 수타로 만들어진 면발의 탄력과 쫄깃함은 수많은 일본의 우동 중에서 으뜸이다. 하마마쓰초역에도 점심 시간을 이용한 사무실 이동 중에 들리던 규슈사카바九州酒場라는 이자카야가 있었는데 나가사키長崎 짬뽕을 먹으며 낮에도 틀어주는 흘러간 유행가를 듣기도 했다.

일본은 우리처럼 환승이라는 개념이 없다. 즉 긴자선과 JR선, 모노레일 간에는 되지 않고 지하철끼리만 환승이 가능하다. 출근하는데 12분 정도 밖에 걸리지 않는데 편도 500엔 이상 들었으니 전철비로만 하루 일만 원이 넘는 비용이 든 셈이다.

### 일본의 철도

메이지유신 다음 해, 정부는 철도 건설을 결정하고 신바시新橋와 요코하마横浜 간의 철도 건설을 시작하였다. 당시 일본 스스로 철도 건설은 무리였기에 기술이나 자금을 원조해 줄 나라로 영국을 선정하게 된다. 1872년에 신바시현 시오도메역-요코하마선현 사쿠라기쵸역 철도가 개통되어 좋은 평판을 얻는다. 사업 시작 다음 해에 큰 폭의 흑자를 기록했는데 대부분 여객 수입으로 만들어졌다.

그 후 정부의 재정난으로 인해 신규 건설은 도카이도선東海道線 등을 제외하고 대부분 중지되었다. 민간 자본을 이용해 철도 건설이 시작되었는데 반영반민의 회사로 1881년에 니혼철도日本鉄道가 설립되었고 그 후 비슷한 방식으로 간선의 정비를 실시하는 사철私鉄회사가 탄생하게 되었다. 니혼철도를 포함해 홋카이도 탄광철도, 간사이철도, 산요철도, 규슈철도를 메이지시대의 '5대 사철'이라 부른다. 사철 건설의 움직임은 1890년에 들어 일단 진정되었지만 그 이후 중규모에서 소규모의 노선을 운영하는 회사가 우후죽순으로 생겨났는데 이 흐름은 1906년의 철도국유법 공포 전까지 지속되었다.

국철国鉄로는 1899년 현재의 도카이도東海道 본선이 전부 개통되었다. 당초에 계획된 도쿄와 관서지방을 잇는 노선은 나카센도中山道를 경유하는 것이었다. 도카이도를 지나가는 루트가 늦어진 이유는 해운이 발달하였기에 운임이 비싼 철도는 그다지 사용되지 않을 것으로 예상되었고, 또한 바다와 가까워서 외국의 공격을 받기 쉽다고 생각했기 때문이었다. 1883년에 타카사키高崎-오가키大垣 간의 건설이 시작되었으나 산악지대를 통과하기 위한 난공사 지대가 많았다. 결국 도카이도로 루트를 변경하게 된 후 건설이 급속도로 진행되어 1889년 개통되었다. 1940년 다수의 사철이 지역마다 강제로 통합되었고, 전후 미군정GHQ의 지시에 의해 재벌 해체가 진행되는 과정에서 1947년 철도 분야도 전시 중에 합병된 사철들이 분할되기 시작했다. 도쿄에서는 도쿄급행전철東京急行電鉄, 오다큐전철小田急電鉄, 게이힌급행전철京浜急行電鉄, 게이오테이토전철京王帝都電鉄의 4개 회사로 갈라졌다. 1964년 도카이도 신칸센東海道新幹線이 개업한다.

신바시역에서 북쪽을 잇는 유라쿠조역까지는 고가 철로로 되어 있는데 고가 밑의 빈 공간이 대중적인 음식점과 일본식 선술집인 이자카야居酒屋로 길게 이어져있다. 길 옆 뒷골목에서는 연기를 피우며 고기를 굽는 서민적인 풍경이 펼쳐진다. 긴자극장銀座劇場이라는 이자카야가 있었는데 꼬치구이에 생맥주 한잔을 즐기기 좋은 곳이다. 테이블은 있되 의자는 없어 오래 머무를 수는 없는 곳이다.

### 쓰키지築地

서울에 노량진 수산시장이 있다면 도쿄에는 쓰키지 어시장築地市場이 있다. 일본 최대 수산시장으로 하루 2,000톤 이상의 해산물이 거래된다. 쓰키지 시장의 묘미는 시장 주변에 자리한 먹거리들과 초밥집, 우동집, 돈가스 집이다. 일본 현지인들도 좋아할만큼 그 맛이 훌륭하다. 옛날의 쓰키지 시장은 원래 위치에서 멀지 않은 곳인 토요스豊洲지역으로 이전하면서 역사 속으로 사라졌다.

쓰키지 시장은 도쿄의 중앙 도매시장 중 가장 오래된 역사를 가진 수산물, 청과물을 취급하는 종합시장으로 특히 수산물은 세계에서 가장 물량이 많다. 장내에서는 주로 경매로 도매판매자가 중계 유통업체 등에 생선 등을 판매한다. 참고로 새벽에 열리는 참치 경매는 누구나 견학할 수 있다. 이 시장은 장외시장場外市場과 장내시장으로 나뉘는데 장외시장은 상점가와 이어져있는 소매시장이며, 장내시장은 수산물 경매가 이뤄지는 도매시장이라 할 수 있다. 도매시장은 새벽에 문을 열었다가 오전 9시만 지나도 활기가 덜해지기 때문에 특히 경매를 구경해볼 생각이라면 새벽 시간에 방문해야 한다.


장내의 사카나가시 골목魚がし横町에는 스시와 해산물 덮밥[06]을 파는 음식점이나 전문용 칼을 취급하는 가게, 선물가게 등이 늘어서 있는데 어느 가게든 좁고 좌석은 없다. 특히 맛있는 스시나 해물덮밥 매장이 집결해 있는 곳도 장내라고 불리는데 야마토스시大和寿司나 스시다이すし大라는 유명한 스시집은 항상 길게 줄이 늘어서 있다. 긴 줄에 시간을 낼 수 없어 여기서 음식을 먹어 본 적은 없다. 대신 장외시장에 있는 스시잔마라는 음식점에 가끔 가서 회며 스시며 다른 여러 가지 해산물 요리를 시켜 먹곤 했다. 값도 비싸지 않다.

큰 참치를 해체하는 것을 옆에서 지켜 보는 것도 구경거리 중의 하

---

06　丼(どんぶり), 돈부리라 불리우는 큰 그릇에 스시용 밥을 담고 그 위에 생선회를 얹은 것.

나이다. 참치를 가르는 장도長刀는 크기가 어마어마하다. 칼이 유명하다하여 사카나가시 골목에서 식도를 하나 산 적이 있다.

## 오다이바御台場

텐노즈아일 사무실 건너편에는 오다이바가 있다. 그 너머 멀리 하네다 공항을 떠나는 비행기를 바라보고 있노라면 향수에 젖을 때가 있었다. 사무실 근처에는 오다이바로 건너가는 전철역이 있었기 때문에 점심시간에 가끔 여유가 있을 때 다녀 오기도 하였다. 공휴일에는 바닷가 공원 옆에 있는 힐튼호텔의 야외 찻집에 앉아 여유있게 차를 마시며 눈 앞에 펼쳐진 레인보우 브릿지Rainbow Bridge며 도쿄타워와 도쿄의 스카이라인을 보며 휴식을 취하는 것이 좋았다.

1853년 페리 제독의 미함대가 내방하여 에도 막부에 문호개방을 요구하였다. 이에 위협을 느낀 막부는 에도 주변을 방어하기 위해 서양식 해안포대인 다이바台場, だいば[07]를 건설하였다. 포대는 1854년 두 번째 페리 제독이 내방할 때까지 일부 완성되었고, 시나가와다이바品川台場라고 불리었다. 오다이바라고 불린 것은 막부에 경의를 표하기 위해 다이바라는 말을 높여 부르는 말이다. 페리의 함대는 메구로강까지 왔지만, 완성된 다이바해안포대의 영향으로 요코하마로 물러가 그곳에 상륙하였다. 다이바는 정사각형과 오각형으로 된 포대이다.

---

07  에도시대 말 해안방어(海岸防禦)를 위해 만든 포대. 에도 막부가 1825년에 발표한 외국선 추방령인 이국선 타격령(異国船打払令)에 의해 다이바가 만들어지기 시작했다. 처음에는 막부나 각 번에서 이국선의 타격을 위해 해안이나 하안에 쌓는 것이 많았다. 그러나 막부 말기부터 메이지시대에 걸쳐 일어난 무진전쟁(戊辰戦争, ぼしんせんそう), 하코다테전쟁(函館戦争, はこだてせんそう)과 서남전쟁(西南戦争, せいなんせんそう)에서는 보루나 참호, 흙벽 등 야전축성도 '다이바'라고 불리게 되었다. 이것들은 해안선뿐만 아니라 고개, 고지대, 교통의 요충지에 쌓는 경우도 많았다.

도쿄는 1980년대부터 도심의 혼잡을 완화하기 위해, 도쿄 임해부 도심으로 해안개발을 진행했다. 레인보우 브리지 건설과 세계도시박람회의 개최로 그곳에 기업유치를 유도하기 시작하였다. 1997년 후지TV가 신주쿠 구에서 이전하였다. 같은 해 방영된 후지TV드라마 『춤추는 대수사선踊る大搜査線, おどるだいそうさせん』등의 영향으로 오다이바의 지명도가 상승하였고, 2002년 철도 노선인 린카이선의 전구간 개통으로 상업시설뿐만 아니라 주거시설과 테마파크가 연이어 들어섰다.

오다이바는 인공적으로 만들어진 섬으로 현재도 끊임없이 진화하고 있다. 쇼핑, 맛집, 온천, 테마파크 등 다양한 즐길거리로 현지인은 물론 많은 외국인 관광객이 방문하고 있다. 크게는 오다이바 해변공원과 팔레트타운, 배 과학관, 아리아케의 네 구역으로 나뉘어지며, 각 구역은 잘 정비되어 있는 산책로로 이어져 있어 걸어다니며 관광할 수 있다. 밤이 되면 일루미네이션으로 유명한 레인보우 브릿지를 중심으로 환상적인 야경이 펼쳐진다. 로맨틱한 분위기의 해변가에서 데이트를 즐기는 커플들을 볼 수 있다. 인공섬이긴 하지만 도쿄에서 바다를 접할 수 있는 곳이다.

멀리서 보아도 눈에 띄는 건축물은 후지TV 본사다. 일본 현대 건축의 거장「단게 겐조丹下健三」가 설계한 건물로 오다이바의 랜드마크 중 하나인 은빛 구체이다.「하치타마はちたま 전망대」라 부르는 동그란 원 안으로 올라가면 눈 앞에 도쿄 시내의 전경이 270도로 펼쳐진다. 최근 완공된 도쿄 스카이트리는 물론이고 후지산까지도 전망이 가능하다. 후지TV 방송국도 견학할 수 있다.

도쿄만의 관광명소를 둘러보는 여름 크루즈가 있는데 도쿄 타워, 레인보우 브릿지, 오다이바, 오이 컨테이너 부두, 하네다공항을 둘러본다. 선내 데크는 대절 객실과 일본식 방, 레스토랑 다이닝, 리클라이닝 시트가 있는 자유 공간 등 다양한 시설을 갖추고 있다. 무대에서는 쇼가 열리고, 음식 포장마차 같은 파티 플랜도 있어서 여름 무더위에서 벗어나 바다 위에서 즐거운 한 때를 보낼 수 있다.

오다이바 부두에서 출발하여 건너편의 히노데日の出, 하마리큐공원을 거쳐 스미다강을 거슬러 올라가 아사쿠사까지 운행하는 관광선도 있다. 이곳 도쿄만에는 컨테이너 부두가 이어져 있는데 일본이 수출로 산업발전을 이룰 때 한참 분주했던 곳이다.

### 불꽃놀이 花火 , 하나비

바닷가에서 펼쳐지는 환상적인 불꽃놀이인 도쿄만 하나비대회는 유명하다. 관광지인 오다이바와 하루미晴海, 히노데 사이의 도쿄만 바다에 12,000발을 쏘아 올리는 여름날의 큰 불꽃놀이 대회. 약 70만 명 이상의 관람객이 불꽃놀이를 보기 위해 유카타浴衣를 입고 모인다고 한다. 도쿄만 불꽃놀이 대회는 오다이바お台場, 하루미はるみ, 히노데日の出, 시바우라しばうら 부두 등 여러 곳에서 볼 수 있으며 록본기 힐즈와 도쿄 타워 등 도심에서도 볼 수 있다.

대학생들은 선배들을 위해서 아침 일찍 나가서 좋은 곳에 자리를 잡는데 기꺼이 하루를 보낸다고 들었다. 뿐만 아니라 필자가 근무하는 하루미 소재의 회사에서도 직원과 가족들을 초대하여 즐거운 저녁을 보내기도 하였다.

필자가 살던 집의 옥상 테라스는 둘로 나뉘어져 있는데 불꽃놀이날과 할로윈데이에는 입주민에게 파티를 열며 개방한다. 이날 비로소 서로 얼굴을 보며 인사를 나눈다.

## 4. 메이지징구 明治神宮, 명치신궁

홍콩인 친구가 부인과 도쿄를 방문하여 같이 메이지징구를 구경하러 가자고 했다. 마침 이삿짐 정리를 도와주기 위해 도쿄에 온 처제들도 같이 동행했다. 당시로는 신사를 처음 방문해 보는 것이고 일본 근대사에 관련된 정서 탓으로 기피했던 필자로서는 썩 내키지 않는 면도 있었다. 그러나 그저 관광명소라는 생각으로 가기로 했다. 숲은 키가 큰 나무들로 무성했고 포장이 되지 않은 길은 이곳이 그냥 숲길이라면 산책하기 좋은 길이었다. 신사 입구에 쌓여있는 일본술 사케의 술통들도 희안했고 참배객들이 무언가 써서 매달아 놓은 나뭇조각과 접어서 묶어 놓은 흰종이들도 낯설었다. 경내에서는 일본식 결혼식이 끝나 신랑 신부와 가족들이 사진을 찍고 있었는데 입고 있는 복식들도 신기했다. 신사 내부는 자세히 들여다 보고 싶은 생각도 없었지만 보아도 별로 보이는 것이 없었다. 오히려 인파 속에서 사람 구경을 즐긴 셈이다.

메이지징구明治神宮, 명치신궁는 하라주쿠역原宿駅 근처에 있는데 메이지천황과 그의 아내 쇼켄황후의 신사다. 우리나라는 중국을 중심으로 하는 외교관계인 조공체제 안에 들어있었기 때문에 국왕을 왕이라 호칭하였지만, 일본은 이 체제 밖에 있었기 때문에 국왕을 천황이라 호칭하여 왔으므로 굳이 왕으로 바꾸지 않고 칭호를 그대로 사용하기로 한다. 우리도 고종 황제시절 국왕을 황제로 호칭한 적이 있다. 1912년 메이지천황이, 1914년에 쇼켄황후가 각각 사망하자 두 인물을 위해 메이지징구를 건설하기 시작하여 1920년 완성하였다. 유명무실했던 천황가를 부흥시킨 인물이니 천황가의 중흥시조인 셈이다. 나중에 알게

신사에는 몇 종류가 있는데
일본신화 속 신들을 모시는 신사,
조상을 신격화해서 모시는 신사
그리고 메이지징구와 같이
실존인물의 사후 만들어진 신사이다.

된 사실이지만 신사에는 몇 가지 종류가 있는데 일본신화 속 신들을 모시는 신사, 조상을 신격화해서 모시는 신사 그리고 메이지징구와 같이 실존인물의 사후 만들어진 신사이다. 메이지징구는 21만 평의 숲으로 일본 전역에서 기증된 12만 주의 나무로 이루어진 상록림이 덮고 있다. 숲은 도쿄 중심의 휴식처가 되고 있다.

에도 막부 말기에 무능한 쇼군을 밀어낸 무혈혁명인 메이지유신明治維新을 통하여 일본 개화파들이 권력을 잡는 과정에서 에도 막부시대에는 유명무실했던 천황제를 부활시키며 명치를 천황으로 추대했다. 영국의 국왕제를 본떴다고 한다.

### 오모테산도表参道

오모테산도表参道는 아오야마青山와 메이지징구 사이에 있는 거리이다. 오모테산도는 메이지징구 정문에서 아오야마 쪽으로 일자로 뻗어 있다. 고급 명품 샵이 들어있고 세련과 멋을 찾는 사람들이 가는 곳이다. 느티나무 가로수길이 뻗어 있으며 길가와 골목길의 오픈 카페에서 잠시 여유를 즐길 수 있다.

이곳도 11월에 들어서면 긴자나 마루노우찌의 크리스마스 장식이 현란한 곳으로 특히 밤에는 좋은 구경거리를 제공한다. 교외를 다녀오다 이곳에 정차하는 전철에서 보면 오모테산도에서 내리는 사람이나 타는 사람은 뭔가 세련되었다고 느끼곤 했다.

### 도쿄 여성의 특징

여담이기는 하나 일본 여성에 대해 개인적인 생각을 피력한다면 다음 몇 가지이다. 예상 외로 키 큰 사람들이 눈에 뜨인다. 드물기는 하나 가끔씩 와일드한 여자도 있다. 헌신적인 태도를 지닌 여성들이 아직도 남아 있다. 눈에 띠는 옷을 입지는 않지만 다 고르고 고른 옷이라 본인들에게 수수하면서도 어울린다. 머리칼이 흐트러진 사람은 거의 볼 수 없을 정도로 정갈하다. 전철이나 식당에서 부인들이 모이면 예상 외로 시끄럽다. 남의 흉을 잘 보지 않지만 공공질서를 지키지 않는 관광객을 보면 자기들끼리 수근거리기도 한다. 야망을 지닌 여자들도 가끔 있다. 중년이 된 여성들은 독립적인 생활패턴을 유지하는 경우가 적지 않다.

### 하라주쿠 原宿

하라주쿠역原宿駅으로부터 오모테산도 주변에 걸쳐진 구역이 하라주쿠原宿에 속하는 구역이다. 대표적인 관광지로 외국인이 여행오면 반드시 들리는 도쿄의 번화가 중 한 곳으로 유명하며 그 때문에 메인 거리인 타케시타도오리竹下通り는 연중 사람들로 북적인다. 우리나라의 홍대 거리 같다.

휴일의 하라주쿠역은 중고등학생 정도 되어 보이는 젊은이들이 발 디딜 틈없이 몰려들어 역을 빠져 나가기조차 힘들다. 길 건너 다케시타竹下 입구로 들어서니 인파에 떠밀려 움직이고 앞으로는 사람들 머리만 보인다. 첫 인상은 마치 남대문 시장이나 이태원 같았다.

### 시부야 渋谷

시부야는 집 앞에서 긴자선을 타면 십여 분 만에 도착하는 긴자선 종점이다. 역은 백화점 건물의 3층 위치에 있기 때문에 내려오면서 백화점을 구경하게끔 되어 있다. 역사驛舍를 나오면 시부야 사거리인데 언제 가도 특유의 젊은이들이 넘쳐나는 곳이다. 시부야에는 지하철역과 국철역사, 서쪽으로 가는 이노카시라선 출발 역사, 요코하마로 가는 도요코선 철도 역사도 있어서 복잡하기 그지 없다.

시부야는 통칭 젊은이들의 거리이다. 유동인구가 엄청난 곳으로 신촌 및 강남역과 분위기가 비슷하다. 신주쿠新宿, 이케부쿠로池袋와 함께 도쿄 3대 부도심副都心이라 불린다. 시부야역에서 신주쿠를 거쳐 이케부쿠로까지 가는 지하철의 이름도 부도심선副都心線이다.

시부야역 주변에 109백화점과 Q프론트 같은 랜드마크와 수많은 옷 가게와 음식점이 있다. 역 바로 앞에는 X자형 건널목으로 「시부야 스크럼블 교차점渋谷 スクランブル交差点, Shibuya Scramble Crossing」이 있다. 그야말로 수많은 인파 속을 걸으며 젊음을 느껴보는 것도 좋다.

# II. 일본의
## 문화와 풍습

### 1. 일지신사 日枝神社, 히에진자

아카사카에 살면서 전철을 타고 내리며 실제로 가장 많이 이용하던 역의 이름은 긴자선銀座線의 「타메이케산노溜池山王」역이었다. 이 역 이름은 도쿄 전체 전철역 이름 중에 몇 번째 안에 드는 이상한 역 이름일 것이다. 타메이케溜池는 어느 정도 이해가 간다. 이 근처가 에도성의 소토보리外堀 해자가 있던 지역이니 연못 하나 있었던 것이 이상하지는 않다. 그런데 「산노오山王」 즉, 산왕이라는 대목에 오면 이해가 불가능해진다.

세월이 한참 지나고 집 근처에 히에진자日枝神社라는 큰 신사가 있다는 것을 알게되고 이 신사에서 하는 마쓰리의 이름이 「산왕제山王祭」라는 것을 알게되고 나서 그런 연유로 붙여진 이름이거니 생각하고 지내왔다. 일본 고대사에 대한 관심이 생기면서 접한 책에서 이 신사가 백제계 선조를 모시는 신사라는 설명을 듣고 나서는 산왕이라는 단어에

친근감이 조금 생기기 시작했다.

히에진자日枝神社, 즉 일지신사는 도쿄의 3대 신사 중 하나인데 「가스미가세키霞ヶ関」[08]의 정부 부처 건물들, 총리공관, 국회의사당, 참의원 의장 공관 등 관공서와 인접해 있다. 집에서는 소토보리 대로를 건너면 바로 히에진자가 있다. 걸어서 5~10분 거리라고 할까? 이 신사의 재미있는 점은 신사로 올라가는 층계 옆으로 몇 번을 갈아타는 긴 에스컬레이터가 있다는 점이었다. 신사와 에스컬레이터, 좀 어울리지 않는 조합이지만 이유가 있었다. 신사를 상징하는 도리이鳥居 규모도 엄청나다. 주변에 오래된 나무들이 울창하게 신사를 둘러 싸고 있어 긴 역사를 말해 주고 있었다. 동쪽으로 신사의 정문이 나 있는데 여기는 계단만 있고 오래된 도리이가 있는 것으로 보아 옛날에는 이 쪽을 주요 통로로 한 것 같았다.

소토보리 쪽에 난 에스컬레이터를 타고 올라가면 입구 왼쪽 편으로 제일 먼저 눈에 뜨이는 것이 「마쓰시타 고노쓰케松下幸之助」의 『청춘』이라는 명언이다.

"청춘이란 마음의 젊음이다. 신념과 희망이 넘치고 용기에 차 매일 새로운 활동을 계속하는 한 청춘은 영원히 그대 곁에 있다."

마쓰시타 고노스케는 「미쓰시다 정경숙松下 政経塾」이라는 소수 정예를 육성하는 고등교육기관을 만든 사람이다. 마쓰시타 정경숙은 1979년 마쓰시타松下 그룹의 창업자인 마쓰시타가 자신의 사재를 털어 만

---

08  가스미가세키(霞ヶ関)는 '노을의 관문(關門)'이라는 뜻으로 일본 무존(日本武尊, 야마토다케루)이 에조이(蝦夷, 이민족)의 습격에 대비해 무사시국에 두었던 관소를 '가스미가세키'라 부른데서 시작되었다고 한다. 그 이름은 관소에서 구름과 놀(雲霞) 너머 먼 곳을 바라볼 수 있다는 데서 유래되었다.

들었다. '일본 정치를 바꾸자'는 구호와 함께 출발한 정경숙은 '경영의 신'이라 불리는 마쓰시타 생애의 마지막 작품이다. 그의 나이 86세 때였다.

마쓰시타는 5세 때 아버지를 잃은 뒤, 가난으로 9세 때 초등학교를 중단해야 했다. 자전거회사 급사로 사회생활을 시작해 마쓰시타 그룹을 일궈냈다. 학연, 혈연, 지연과는 전혀 무관한, 무에서 유를 창조한 오사카大阪를 대표하는 기업가다. 기업의 목적을 돈이 아닌, '평생고용을 기반으로 한 사회적 환원'이란 일본적 가치로 바꾼 경영철학가이기도 하다. '노동조합과 원활한 관계를 통해 평생고용'이란 일본식 경영 시스템을 정착시킨다.

마쓰시타가 정경숙을 세운 이유는 여러 가지가 있지만 '기존의 정치인에게 투자해 일본을 변화시키는 것보다 직접 정치인을 길러서 일본을 발전시키는 것이 더 효율적이다'는 경영의 논리가 그 중 하나이다. 1기생은 전부 23명이었는데 대학졸업생, 직장인, 공무원, 전자기술자, 음악가, 축산농부에 이르기까지 다양한 경력을 가진 청년들이었다. 아베 수상 전임자였던 노다 수상이 정경숙 1기 출신으로 정경숙 졸업자 중 처음으로 2011년 수상內閣総理大臣이 되었다. 참고로 소프트뱅크의 손정의는 2기 출신이다.

## 2. 마쓰리祭り

이쯤에서 일본의 마쓰리에 대해 이야기해 보자. 일본의 마쓰리를 처음 본 것은 일본 TV를 통해서였다. 한 번 꼭 직접 가서 보아야겠다고 생각하면서도 날짜를 번번이 놓쳐 한번도 제대로 보지 못하고 마쓰리를 끝내고 돌아가는 행렬의 끝을 먼 발치서 본 정도였다. TV에서 중계되는 마쓰리를 처음 보면서 어디선가 많이 본 듯한 데자뷔 느낌을 받았는데 어느날 그것이 명쾌해졌다. 놀랍게도 첫인상은 북한에서 일사불란하게 진행하는 대규모 마스게임, 그 느낌이었다. 왜 이런 느낌을 받았을까 스스로도 궁금하던 차에 어느 날 읽던 책에서 비슷한 답을 찾을 수 있었다. '가장 성공한 공산주의, 일본'이라는 구절이 서양학자가 쓴 책 속에 있었다.

원래의 마쓰리는 오늘날처럼 일사불란하게 진행되지 않았을런지도 모른다. 일본이 전체주의 시대를 거치면서 대중이 동원되어 통일된 형식의 마쓰리가 진행되고 있다는 생각이 들었다. 일본인들은 마쓰리를 자랑스러운 자기들만의 민속행사로 생각한다. 필자의 마쓰리에 대한 생각을 인텔리인 일본어 선생에게 이야기했더니 평소 감정 표현이 전혀 없는 선생의 얼굴에서도 일순 언짢은 표정이 스치고 지나가는 것을 읽을 수 있었다.


실제로 마쓰리를 제대로 구경한 것은 동네에서 벌어진 아카사카 마쓰리였다. 신여[09]를 메고 바퀴달린 산차山車, だし를 앞에서는 끌고 뒤에서 밀며 가는 행렬과 앞에서 그 사람들을 응원하는 사람, 그리고 깃발을 든 사람들과 행렬로 이루어져있다. 마쓰리를 바라보던 중 정말 놀라운 광경을 목격하였다. 마쓰리에 임하는 사람들의 열정이다. 가마를 메는 것은 몹시 힘든 일인데 남녀가 혼연일체가 되어 성심성의를 다하

---

09   神興(しんよ), 御興(みこし), 신을 모신 가마. 우리나라 상여 모양과 흡사하다.

### 마쓰리 祭り

일본의 마쓰리는 신神의 강림에 임하여 신을 받들고
신에게 봉사하는 것에서 유래했기 때문에 일본 고유의 신앙인
신토神道와 분리해서 생각할 수 없다.

여 열중하고 있는 모습을 눈 앞에서 보고 깜짝 놀랐다. 더구나 이 행렬의 앞에서는 어린 여자 아이들이 박수를 치고 펄쩍펄쩍 뛰면서 호루라기를 불며 어른들을 응원하는 모습도 인상적이었다.

일본의 마쓰리는 신神의 강림에 임하여 신을 받들고 신에게 봉사하는 것에서 유래했기 때문에 일본 고유의 신앙인 「신토神道, しんとう」와 분리해서 생각할 수 없다. 예로부터 일본의 신은 산이나 바다 저편에서 강림하는 것이라 여겼는데, 마쓰리에서 신사神社에 상주하지 않는 신을 맞이하기 위해서는 강림의 증표가 필요했다. 그래서 마쓰리에서는 반드시 사카키榊[10]나 고헤이御幣[11]를 세우고, 신이 강림한 곳에는 그 표시로써 금줄을 쳤다. 마쓰리의 대표적인 상징인 다시山車, だし[12]는 신을 제장으로 영접하기 위한 교통수단이었다.

일본의 민속학자 「야나기타 구니오柳田国男」에 따르면 현재와 같은 화려한 다시山車, だし는 교토의 「기온 마쓰리」가 최초라고 한다. 마쓰리는 지역공동체 전체의 행사일뿐만 아니라 화려한 분위기를 연출하기 때문에 많은 사람들이 모여든다. 이러한 제례의 모습은 매우 다양하고 동일본 지역과 서일본 지역 간에도 차이가 많다. 마쓰리는 그것을 행하는 일정한 집단의 존재를 전제로 한다. 일본의 시골이나 도시에서도 흔히 크고 작은 신사를 볼 수 있는데, 각 신사마다 각각 모시고 있는 신이 다르다. 그 고장과 깊은 관련이 있는 산이나 신체神体를 모시고 있

---

10  비쭈기나무로 신사에서 제례할 때 사용하는 나무

11  신토(神道)에서 무녀나 신관들이 쓰는 도구. 나무막대, 흰종이나 천으로 만든다.

12  축제 때 끌고 다니는 장식한 수레. 바퀴가 달린 일종의 가마

는 경우가 많다. 또한 씨족氏族의 선조를 선조신先祖神으로 모시는 신사가 있는데, 이 선조신을 우지가미氏神라고 한다. 그러한 우지가미를 모시는 신사에 있어서 그 지역의 구성원은 신사의 성원이며 우지코氏子라고 불린다.

마쓰리는 보통 신토神道의 대표인 간누시神主와 우지코氏子 집단에서 선발된 소규모 집단으로 구성되는 제례 조직에 의해 지휘를 받는다. 마쓰리의 양식은 신사마다 다를 뿐만 아니라 전국에는 지방색이 짙은 각양각색의 마쓰리가 전승되고 있다. 현재 일본 각지에서 열리는 계절 마쓰리는 본연의 종교적 의미보다는 각 지역 주민의 단결과 오락적 퍼포먼스를 위한 성격이 짙게 나타나 있다. 야나기타 구니오에 따르면, 이는 근세 이후 마쓰리에 참가는 하지 않고 구경만 하는 사람이 생기게 되면서 마쓰리 본연의 모습이 크게 바뀌었기 때문이라고 한다. 즉 마쓰리의 종교적 의미가 퇴색하고 참가자와 방관자 공동의 극적이고 축제적인 내용으로 변용되었다는 것이다.

'마쓰리祭り'라는 말은 '제사를 지내다'의 명사형으로, 원래는 신에게 제사를 지내는 것을 말하며 그 의식을 가리키는 말이기도 하다. 현재에도 지진제, 기원제의 형태로 남아있다. 일본신화에 나오는 아마노이와토天の岩戸, あまのいわと[13]의 앞에서 하는 제사가 일본에서 가장 오래된 것으로 알려져 있다. 초기의 마쓰리는 사람들의 눈에 띄지 않는 비밀스러운 장소에서 이뤄지는 경우도 있었다. 오늘날에도 중심이 되는 의

---

13 천상에 있다는 암굴의 문

식을 한정된 사람들끼리만 모여서 하는 마쓰리도 일부 남아있다.

현재 일반적인 의미로써의 마쓰리는 신사나 절을 주체 혹은 무대로 하는 경우가 많다. 의식에서는 풍작, 풍어, 사업번창, 무사고, 무병장수, 가내안전 등을 빈다. 또는 이것들의 성취를 감사하며 지내는 것도 있고, 다섯 가지 명절[14] 등 연중행사가 발전되기를 기원하기 위한 것이나 위인을 기리기 위해서 행하는 것 등 여러 가지가 있다. 이런 목적에 따라서 개최 시기나 행사의 내용이 아주 다양하고 같은 목적, 같은 신에 대한 마쓰리이더라도 취향이나 전통에 따라, 지방이나 지역에 따라 크게 차이 나는 경우도 많다. 일본의 3대 마쓰리로는 도쿄의 간다 마쓰리, 교토의 기온 마쓰리, 오사카의 덴진 마쓰리를 들 수 있다. 뒤에 자세히 설명하기로 한다.

히에진자日枝神社는 이미 무로마치室町 막부 전반부의 남북조시대南北朝時代. 1336~1392년부터 있었다고 한다. 김달수씨의 책에 의하면 히에진자는 백제계 신사라고 한다. 에도의 마을 수호신으로 간다명신神田明神이었던 것에 반해 히에진자日枝神社는 에도성江戸城을 수호하는 신으로 막부의 보호를 받았다. 최성기最盛期에는 신여神輿 3기, 산차山車 60대라는 대행렬을 이루어 에도를 대표하는 여름 마쓰리가 되었다고 한다.

### 산왕山王, 산노우 **신앙**

교토 근처의 히에산日枝山, 후에 비예산比叡山의 히요시대사日吉大社에서 생겨난 신토의 신앙이다. 산왕은 히예산에 주재한다는 신의 별명이다.

---

14 설에 해당하는 오쇼가쓰(お正月)와 추석에 해당하는 오봉(お盆)

히요시신사, 히에진자 또는 산노우신사는 히요시신사에서 갈라져 나온 같은 계통의 신사로 대산조신大山咋神, 오오야마구이노가미, 대물주신大物主神, 오오모노누시, 대국주신大国主神, 오오쿠니누시을 제신으로 하고 일본 전국에 약 3,800사가 있다. 전체 신사의 수가 10만 개이니 약 4%가 되는 셈이다. 참고로 대물주신이나 대국주신은 일본에서도 인정하는 한반도 도래인의 신이다. 즉 대국주신大国主神은 이즈모出雲대사에 모셔진 신으로 도래인을 대표하는 신인 스사노오素戔嗚尊신의 아들 또는 후손으로『고사기』에 묘사되어 있다. 대국주신은 백제 근초고왕의 아들인 근수구왕이라는 설도 있다. 참고로 일본에 가장 많은 신사는 규슈의 온천으로 잘 알려진 벳푸別府가 있는 오이타大分현의 우사宇佐에 본사가 있는 하치만신사八幡, 하타로 약 4만여 개이다.

산왕山王이라 하는 것은 산악신앙山岳信仰에 기초한 애니미즘 형태의 신앙대상으로 우리나라의 산신신앙에서 그 맥을 찾아 볼 수 있다. 불교에서 산왕은 지주신地主神을 이야기한다. 일본에서는 불교와 신토가 혼합神仏習合되는 과정에서 천태종天台宗에 의해 산왕신토山王神道가 퍼져 나갔다고 한다.

### 우리의 산신당, 산신각과 산신山神신앙

마을의 뒤쪽 산중턱이나 산기슭에 당을 마련하여 산신山神을 모셔 놓은 마을 제당이다. 대체로 산 전체를 신성하게 여기면서 산신이라는 신격이 형성되어 산신당을 모시게 된다. 반드시 산에만 있는 것은 아니다. 마을의 평지라 하더라도 산신을 신격으로 한 제당을 상정想定하기도 한다. 일본의 신사도 뒷 산을 신체神體로 삼는 경우가 있다. 산신당은 마을의 수호신을 섬기는 제당이라는 점에서 마을신앙에 포함되는 반면에 때로는 무속신앙에 포함되기도 한다.

산신에 대한 기록은 삼국유사의 단군신화에 등장한다. 우리민족의 시조인 단군은 고조선을 건국하여, 1500년 동안 다스리고 아사달로 돌아와 숨어서 산신이 되었다. 천신의 아들인 환웅이 신단수 아래로 강림하고, 그 후예인 단군이 산신이 된다. 우리나라 신선신앙仙道의 시조로 모셔지고 있다. 삼국사기, 고려사, 조선왕조실록 등에는 산천에 제사를 지냈다는 기록이 많이 보인다. 조선 태조 때 지리산, 무등산, 금성산, 계룡산, 감악산, 삼각산, 백악산을 나라를 지켜 주는 신으로 위했고, 남산을 목멱대왕으로 봉하여 후대로 내려오면서 산을 위하는 신앙이 성행하였다.

한반도에서 불교가 민간신앙이었던 무속신앙, 즉 샤머니즘을 흡수하는 과정에서 생긴 것이 절 뒤에 있는 산신각, 삼성각과 칠성각이다. 이를 보면 일본 열도의 신토神道, 산왕山王신앙, 산왕신앙과 불교의 혼합과정이 모두 한반도와 흡사하다. 히에신사의 산왕山王은 우리의 산신山神이 도래인과 같이 일본 열도로 이주한 것으로 보인다. 한반도에서 사라져가는 민속신앙이 일본 열도에 보존되고 있다고 볼 수 있다. 우리나라에는 계룡산 신원사에 보물로 지정된 산신제단山神祭壇인 중악단中嶽壇이라는 산신각이 있다. 묘향산의 상악단과 지리산의 하악단 그리고 계룡산 신원사의 중악단을 삼악이라 하는데 계룡산에 있는 중악단만 현존하고 있다.

## 에마絵馬

에마는 그림이 그려진 나무판인데 소형이고 말 등의 그림이 그려져 있고, 여백이나 이면에 기원의 내용이나 이름 등을 쓰는 것으로 판매되고 있다.

나라시대에는 신의 탈 것으로 말, 신마神馬, 신사에 봉납한 말를 봉납하던 것이 기록되어 있다. 말을 봉납할 수 없는 사람은 점차 나무나 종이, 흙으로 만든 말의 상으로 대용하게 되어, 헤이안시대부터 판에 그린 말의 그림으로 대신할 수 있게 되었다. 에도시대에는 안전이나 장사 번성 등의 실리적인 소원을 비는 풍습이 서민에게도 퍼져지게 되었고 오늘날과 같이 개인이 작은 에마를 봉납하는 형태는 에도시대에 시작한 것으로 볼 수 있다.

## 신년新年 풍경

새해 첫 3일 이내에, 종교나 신앙이 없는 일본인도 신사나 사원을 방문하여 새해 첫 기도를 올린다. 하쯔모데初詣라고 하는데 이는 단순한 전통이다. 이 시기에는 수많은 사람들이 줄을 서서 작은 제물5엔 동전도 던지는데, 고엔이라는 발음이 인연이란 뜻이 되기 때문이라 함을 올리며, 제신에게 새해를 맞이하여 자신의 소원을 비는 것을 볼 수 있다. 직장인들은 새해 첫 출근 후 점심시간을 이용하여 참배를 다녀온다. 아카사카 근처에서 참배하러 밀려드는 공무원과 직장인들 때문에 에스컬레이터가 필요한 것이다. 추울 수도 있기 때문에 신사에서는 발효된 쌀로 만든 부드럽고 달콤하며, 통상 따뜻하게 마시는 '아마자케甘酒 단술'를 무료로 나눠준다. 사람들은 길흉을 알 수 있는 제비おみくじ, 오미쿠지를 뽑으며, 새해 부적과 호신부를 산다.

일본에서 가장 인기 있는 새해 풍습 중 하나는 신사나 사원에서 그
해 운수를 확인할 수 있는 제비를 뽑는 것이다. 제비에는 전문적인 설
명이 들어있어 운또는 불운의 정도와 부, 건강, 사랑 등에 관한 자세한 내
용을 알 수 있다. 제비가 불운이라면 그 제비를 사원이나 신사 마당에
있는 지정 장소에 묶어 두는 것이 관례로 예상되는 불행을 피하려는
행위라 할 수 있다. 이 오미쿠지御神籤, 신사나 절에서 점치는 것를 창시한 인물
은 신라계 도래인의 후손인 원삼대사이다. 뒤에 소개한다.[15]

부적과 호신부를 아우르는 용어인 오마모리御守り는 전통적으로 신
사나 사원에서 구매한다. 악령 쫓기, 사랑, 재물, 안전한 출산 등 다양
한 목적만큼이나 다양한 오마모리가 존재한다. 가장 일반적인 형태는
작은 비단 주머니다. 또한 악마를 무찌르는 화살 부적羽矢 破魔矢, 하야마도
있다. 정초에는 길거리에 이 화살을 들고다니는 사람을 많이 볼 수 있
다. 어찌보면 일본은 아직도 수많은 민속신앙이 그대로 남아있는 나라
인 셈이다.

## 3. 일본의 3대 마쓰리祭り

**간다 마쓰리**神田祭, 5월14~15일
에도江戸, 도쿄 3대 축제 및 일본 3대 축제의 하나로 꼽히는 성대한 마
쓰리다. 6일간에 걸쳐 펼쳐지는 행사 중에서도 간다神田, 니혼바시日本

---

15  212페이지 참고

**오마모리**御守り

부적과 호신부를 아우르는 용어인 오마모리御守り는

악령 쫓기, 사랑, 재물, 안전한 출산 등 다양한 목적만큼이나

다양한 오마모리가 존재한다.

橋, 오테마치大手, 마루노우치丸の内, 아키하바라秋葉 지역을 신위가마가 지나가는 '신코사이' 행사 및 100개의 우지코마치神社의 신자들 지역의 신위가마가 미야이리神社에 들어감 참배를 하는 '신위가마 미야이리'가 열리는 이틀간은 특히 많은 사람들이 모여든 가운데 박력이 넘치는 축제 행렬을 즐길 수 있다.

5월 14~15일 간다신사에서 행해지는 마쓰리로, 미코시神輿, 가마 축제이다. 에도시대 산노오마쓰리와 1년씩 교대로 실시되었고, 산노오마쓰리山王祭, 산왕제가 무가武家의 마쓰리인데 반해 이 마쓰리는 서민들의 마쓰리로서 인기를 모았다. '천하天下마쓰리'라고도 불리며 장군將軍을 뵈러 가는 영예를 얻고자 하는 사람들이 호화로운 다시山車, 옥대玉臺를 만들어 그것으로 번창했지만 관동 대지진으로 소실되었다고 한다. 현재, 크고 작은 미코시가마 200여 개와 '간다바야시[16]'로써 소박하면서도 화려했던 지난날의 민심을 읽을 수 있다. 간다 마쓰리의 유래는 17세기 전으로 거슬러 올라가는데 도쿠가와 이에야스德川家康의 세키가하라関ヶ原 전투 승리 그리고 에도시대 도쿠가와 막부 번영의 상징으로 시작되었으며, 1960년대 이후 매년 축제가 벌어지고 있다. 축제의 중심은 화려한 전통 옷을 입은 사람들과 가마들이다. 여러 개의 오미코시가마가 일시에 출발하는 장관을 볼 수 있다.

도쿄의 헌책 서점들의 거리로 유명한 「간다」거리에서 오차노미즈御茶ノ水 다리 건너있는 간다묘진신사神田明神神社부근에서 축제가 시작된

---

16  흥을 돋우기 위해서 피리, 북, 장구 등으로 반주하는 음악

다. 규모가 매우 크고, 다양한 지역 주민들의 자발적으로 참여하며 일본인들에게 가장 친근한 축제 중 하나로 손꼽힌다. 마쓰리가 시작되기 며칠 전 묘진신사를 방문한 적이 있는데 신사 안에 보관된 몇 개의 가마를 볼 수 있었다.

### 기온 마쓰리 祇園祭, 7월16~17일

7월이 되면, 마을에서 '콘치키친, 콘콘치키친'이라는 '기온바야시[17]'가 들려온다. 교토의 여름을 알리는 기온마쓰리의 개막이다. 이 기온마쓰리는 일본 3대 마쓰리의 하나이며 원조로 교토의 유구한 전통을 자랑한다. 각지에서 실시되고 있는 기온제祇園祭, 기온회祇園會의 거의 대부분이 교토의 이 기온마쓰리를 그대로 이어받았으며, 규모, 제례기간, 역사적 가치면에서 명실공히 최고의 마쓰리로 인정받고 있다. 이 화려한 잔치는 악성 전염병이 유행하였던 869년에 기온신사神社에서 '고료우에御靈會[18]'를 개최하게 된 것이 시작이라고 한다. 29일간에 걸쳐서 여러 가지 제사가 행해지지만, 16일의 '오이야마宵山'와 다음날의 '야마보코山鉾, 꽃수레순행'이 가장 유명하다.

김달수씨에 의하면 기온마쓰리의 기원은 고구려에서 온 것이라고 한다. 교토의 원래 지명이 성을 중심으로 생활했던 고구려인의 특징을 반영하는 산성山城, 야마시로이었던 점으로 미루어보면 그 가능성이 점쳐진다. 교토는 대표적인 도래인 하타秦씨의 본거지였고 나라奈良에서 교

---

17  박자를 맞추고 흥을 돋우려고 연주하는 음악
18  죽은 사람의 원령이나 악성 전염병을 옮기는 신을 위로하는 제사

토로 수도를 옮기게 된 것도 백제계 유민들인 오우미近江 상인들의 적극적인 수도 유치작전으로 이루어진 것을 보면 마쓰리가 시작된 즈음 이 지역에서의 도래인 집단의 영향력을 알 수 있다. '기온의 역사'에서 자세히 설명한다.

'오이야마'는 모든 야마보코가 제등을 하고, 초저녁 어스름할 때 그 화려한 모습을 드러내는 풍치있는 행사다. 온 마을 거리가 사람들로 가득차고 거리에 인접한 집들은 그 인파에 둘러싸인다. '야마보코순행'은 모든 야마보코가 집합해서 거리를 행진하는 것으로 기온마쓰리의 절정을 이룬다. 순행의 선두에 '치아稚兒[19]'가 서고, 역병사악疫病邪惡을 없애는 '나끼나타長刀'로 고료우에의 성격을 전하고 있다. 각각의 호코에는 총 40~50명의 사람이 올라탄다. 그리고 전통의 기온바야시를 연주하며 행진한다.

### 기온祇園의 역사

기온은 교토 히가시야마구에 위치한 유흥가이다. 기온은 신사 참배객을 수용하기 위해서 건설됐다. 현재는 일본에서 게이샤로 유명한 동네로 발전했다. 기온의 게이샤는 게이코芸子라고 불린다. 기온에 가면 누구나 길거리에서 어린 게이코 견습생인 마이코를 볼 수 있을까 기대를 한다. 교토시내 중심에 위치하는 시조도리四条通り, 사조거리를 기온방향으로 걸어가면, 야사카八坂신사의 서문西楼門, 니시로우몽이 나온다. 야사카신사는 교토의 인기 관광명소 중 하나로서 기온마쓰리의 중심이 되는 신사이다.

---

19 사찰 등의 축제 행렬에 차려 입고 나오는 아이

야사카신사에 모시는 신은 부부 사이인 스사노오素戔嗚尊와 쿠시나다히메櫛稲田姫命와 이들 부부의 자식 8명을 일컫는 야하시라八柱御子神이다. 이 여덟 명의 아들은 하치오지八王子 신앙이 되어 전국에 퍼진다. 뒤에 다시 설명한다. 스사노오素戔嗚尊신은 일본에서도 한반도 도래인의 신으로 인정하는데 신사 중의 신사인 이즈모대사出雲大社의 신이다. 그러면 다른 신들은 일본 열도의 신이냐면 그렇지않고 기실은 후대에 도래한 백제계의 신이다.

한반도의 백제가 멸망한 후 일본 열도에 있던 백제 세력이 일본 열도의 통제력을 장악하여 일본이라는 국명으로 새나라를 만들었다. 그 백제계 일본이 일본 열도에 남아있는 그 전의 역사를 바꾸는 과정에서 백제계의 신은 일본 고유의 신이되고 그 이전의 신가야, 신라, 고구려신은 도래계의 신으로 취급한데서 비롯된 일이다. 이 과정에서 일본 열도에 있던 가야, 신라, 고구려 도래인들의 자취지명, 유적는 지워졌다. 같은 이유로 도쿄평야에 남아있는 신라, 가야, 고구려 유적이 감추어져 알려지지 않았던 것이다. 결국 일본 열도에서 한반도 민족 도래의 역사는 한반도인에 의해 지워진 셈이 된다. 고구려, 신라, 가야의 역사는 백제에 의해 지워졌고 백제는 일본으로 탈바꿈했으니 말이다. 이곳에 있는 인연의 신 오오쿠니大國主社신에게 기도하기 위해 젊은 사람들도 많이 오는데 이 신도 한반도 도래인이 정착했던 이즈모 지역의 신으로 스사노우의 후손이다. 젊은 사람들이 시마네 시골에 있는 이즈모신사까지 찾아가는 이유도 이즈모신사에 있는 인연의 신에게 빌기 위해서이다.

야사카신사八坂神社는 한반도 도래인이 일본 열도에 남긴 유산으로서, 고구려에서 건너가 교토 일대山城, 당시 지명은 야마시로에 살던 야사카

가문이 만든 신사이다. 야사카八坂는 사이메이천황齋明天皇, 백제계 여왕[20]이 고구려의 이리지 가문에 준 일본 성씨다.

　필자는 '일본 열도의 어느 지역을 한 때는 고구려계가 '지배'했느니, 신라, 가야계가 지배했느니 백제계가 지배했느니'하는 지배층을 중심으로한 역사 접근법 보다는 어느 지역에 살던 기층민족이 고구려, 신라, 가야계 이주민인지 백제계 이주민인지에 더 관심이 있다. 이런 접근법에서 보게되면 어느 순간 일본 열도 전체가 한반도 이민도래인의 땅으로 보인다.

### 텐진 마쓰리 天神祭, 7월24~25일

　매년 7월 24일에서 25일에 행해지며 일본 3대 마쓰리이자 일본 3대 선상마쓰리이다. 또한 교토의 기온마쓰리처럼 오사카 사람들의 생활 속 깊이 정착한 축제이며, 스가와라노 미치자네菅原道真[21]의 진혼제가 기원으로 천년 이상의 역사를 가진다. 배에서 카미보코神鉾[22]를 띄워보내는 유서 깊은 '호코나가신지鉾流神事'로 막이 오르지만, 첫날의 볼거리는 경내境內에서 열리는 '카라우스唐臼'이다. 오사카 성 진영의 북이었던 모요오시다이코催太鼓의 아래에 통나무를 깔고 북치는 사람이 뒤로 몸을 젖히며 연주한다. 다음날에는 모요오시다이코를 선두로 궁중의상을 입는 3천 명에 의한 화려한 오카토교陸渡御가 열리고, 밤이 되면 선

---

20　백제를 부흥시키기 위한 백촌강의 전투에 전 국력을 쏟아 구원군을 파병한 백제계 여자 천황

21　역모죄로 억울하게 죽은 헤이안시대의 정치인으로 오늘날 학문의 신으로 추앙받는 인물로 신라계 도래인의 후손

22　창과 비슷한 형태의 무기

필자는 일본 열도의 어느 지역을 한 때는
고구려계가 지배했느니, 신라, 가야계가
지배했느니 백제계가 지배했느니'하는 지배층을
중심으로한 역사 접근법 보다는
어느 지역에 살던 기층민족이 고구려, 신라,
가야계 이주민인지 백제계 이주민인지에 더
관심이 있다.
이런 접근법에서 보게 되면 어느 순간 일본 열도
전체가 한반도 이민<sub>도래인</sub>의 땅으로 보인다.

도제船渡御가 열린다. 100척 남짓한 대선단이 도지마천堂島川을 지나서 상류로 올라간다. 각 선단이 장기를 펼치고, 수천 발의 불꽃이 밤하늘을 수놓는다. 하이라이트는 25일에 있는 '여름 대축제'와 오후 6시부터 시작되는 후나토쿄船渡御[23]이다.

### 오사카大坂의 역사

이왕 오사카의 텐진 마쓰리를 소개하였으니 오사카의 역사도 소개하기로 한다. 고분시대의 오사카[24]지역은 중요 항구였다. 오사카시 남쪽 평야에서 발견되는 고분의 수가 많고 크기가 크다는 것은 정치력이 집중되었었다는 증거다. 당시 개로왕의 동생이고 무령왕의 숙부삼국 사기 혹은 아버지일본서기인 백제의 곤지왕이 이 지역에 주재하였다. 5세기에 난바難波에 고즈궁高津宮이 세워졌다. 5, 6세기에 도래인들이 들어와 정착하였다.

645년에 고토쿠천황孝德天皇은 소가씨 세력을 몰아낸 다이카 개신쿠데타에 성공한 후 오사카에 나니와노 나가라노 도요사키노 미야難波長柄豊碕宮를 지었고 이 지역에 수도 나니와쿄難波京를 만들었다. 나니와難波라는 지명은 이렇게 만들어져 지금도 오사카의 번화가 이름으로 남아 있다. 비록 수도가 655년에 다시 아스카飛鳥로 이전했지만 나니와는 야마토大和와 한반도를 연결하는 수륙 교통의 요지로 남게 되었다.

744년에 나니와는 쇼무聖武天皇에 의해 다시 수도가 되었다가 다음해

---

23  약 100여 척의 화려한 배들이 도지마가와 (堂島川)와 오가와(大川)를 거슬러 올라가는 행사
24  당시의 항구는 현재 간사이 국제공항이 있는 사카이(堺) 지역이다.

황궁은 나라奈良로 돌아갔다. 항구로서의 기능은 나라시대가 끝날 즈음에 이웃 지역으로 옮겨갔지만 헤이안쿄平安京, 교토를 연결하는 활기찬 수륙 교통의 중심지로 남았다.

무로마치시대인 1496년에 정토진종淨土眞宗의 본거지로서 이시야마 혼간지石山本願寺가 옛 나니와 황궁 부지에 설립되었다. 1570년에 오다 노부나가의 공격이 시작되었고 10년 후에 수도승들은 항복하였고 절은 파괴되었다. 1593년에 도요토미 히데요시가 오사카성城을 이시야마 혼간지 부지에 축조하였다.

1614년부터 1615년에 걸쳐 도쿠가와 이에야스가 오사카성을 공격하여 함락시킨 후 오사카는 1619년에 에도 막부의 직할 영지로 되었다. 그리고 요도강淀川의 치수를 위해 인공 수로인 아지강安治川을 개통하여 시내 각지에 물이 흐르는 도시가 되었다. 당시 홍수의 피해를 막기위해 강을 직선화하면서 많은 논新田이 새로 생겼고 북해도에서 수입한 마른 정어리鰯 가루를 비료로 사용하면서 농업 생산력이 현격히 향상되어 백성들의 삶의 질도 향상되었다. 다시 말하면 오사카가 본격적으로 개발된 것은 에도시대 이후이다. 그러나 이는 쌀값의 하락을 가져왔고 엉뚱하게도 쌀로 월급을 받던 무사武士, 사무라이 계급의 몰락을 부추기게 된다.

에도가 정치와 행정의 중심지였다면 오사카는 경제의 중심지였다. 전국에서 생산된 모든 농공산품은 일단 오사카에 모여 가격이 결정—物—價된 뒤에 전국으로 유통되었다. 이 당시 오사카를 금융의 중심지로 만든 원인은 참근교대參勤交代, 산킨코타이제도[25]이다. 이 제도는 각 번의 다이묘가 정기적으로 에도를 오고 가게 함으로써 각 번에 재정적 부담을 가하고, 볼모를 잡아두기 위한 에도 막부의 제도이다. 이 제도에 따라 각 번은 도쿠가와 가家에 반기를 들기가 매우 힘들어졌고, 도쿠가와가가 15대에 걸쳐 번영을 누리는 요인이 되었다. 또한 재정에 어려움을 겪는 다이묘들이 쌀을 빌리는 대출이 일어나고 번에서 생산될 쌀을 미리 매매하는 선물先物제도도 발달하기 시작한다.

오랜 세월 동안 오사카는 일본의 경제 중심지로써 인구의 상당수가 상인 계층에 속했다. 에도시대를 거치면서 오사카는 일본의 주요 도시 중 하나로 성장하였고 활기차고 중요한 항구로서 옛 역할을 회복하였다. 재일교포가 가장 많은 도시이기도 하다.

## 4. 카메이도신사亀戸神社의 천신天神

아카사카에서 지요다선을 타고 오테마치大手町에서 환승, 한조몬선으로 갈아탄 후 카메이도亀戸역이나 긴치초錦糸町역에서 내려 한 15분쯤 걸어가면 등꽃 축제로 이름난 카메이도천신신사亀戸天神神社가 나온다. 역에서 신사에 이르는 길은 온통 상점으로 번화하다. 조금 한적한 길 건너편에 있는 수건 가게에 들렀다. 일본은 선물을 보낼 때 보자기로 싸기 때문에 보자기도 진열되어 있었는데 연보라색 등꽃이 예쁘게 그려져 있다. 신사에 도착하니 경내에는 수없이 많은 등꽃이 보이고

---

25 산킨(参勤, 참근)은 일정 기간 주군(쇼군)의 슬하에 오고 가는 것, 코타이(交代, 교대)는 여가를 제공 받아 영지에 돌아가 행정 사무를 보는 것을 의미한다.

꽃구경 나온 사람들로 가득하다. 원래 학교 운동장이나 뒷마당에 등꽃에 덮힌 쉼터만으로도 아름다운데 여기는 온통 등꽃으로 덮여 있다. 이곳은 도쿄타워를 대체한 스카이트리Sky Tree Tower에서 2km 정도 떨어진 거리라서 꽃구경 내내 스카이트리가 보인다.


### 등나무 축제藤祭り

등나무 축제는 카메이도신사亀戸神社의 경내에 100주 이상 있는 등나무 꽃이 일제히 피기 시작하는 4월 하순부터 시작한다. 경내에 있는 마음 심心자 모양의 연못인 신지이케心字池에 비치는 등꽃의 모습과 연한 향기가 많은 사람들에게 사랑을 받아 '도쿄 제일의 등나무 명소'로 알려져 있다. 특히 등불이 비치는 연못에 조용히 너울거리는 등꽃의 모습 또한 아름답다고 한다. 하여간 이날 본 만큼 많은 등꽃을 다시 볼 수 없으리라. 등나무 축제는 도쿄 주변은 물론 일본 각지에서 4월 하순에서 5월 상순 사이에 열리는데 이 기간 동안 엄청난 인파로 붐빈다. 백 개 이상의 노점이 붐비는 서민 동네의 정서도 느낄 수 있다.


### 카메이도천신사亀戸天神社

에도 초기 스가와라菅原道真의 후손이었던 다자이후 텐만구太宰府 天満宮의 신관, 스가와라 오도리菅原大鳥居信祐가 퍼트린 천신신앙의 신사이다. 다자이후 천만궁은 후쿠오카 필수 관광 코스 중 한 곳이다. 교토에서 좌천되어 후쿠오카에서 생을 마감한, 헤이안시대의 귀족이자 뛰어난 학자, 시인, 정치가였던 스가와라노 미치자네菅原道真는 학문에 뛰어났기 때문에 일본인들 사이에 '학문의 신'으로 모셔지고 있다. 학업 성취를 바라는 수험생들이 찾는 신사이다. 스가와라노는 뛰어난 학문적

재능 뿐만 아니라 무고한 혐의를 받았으면서도 일생을 성실하게 노력한 훌륭한 인물로 '지성의 신'으로도 숭앙받고 있다.

신사의 본당은 참배객이 많아서 발을 들여 놓기도 힘들었을 뿐 아니라 일본의 모든 신사에서 풍기는 우리 정서에는 친숙하지 않은 분위기 때문에 들여다 볼 생각도 없었다. 외국인들이 우리나라 성황당을 쳐다 볼 때도 비슷한 기분이 들지 모르겠다. 그러나 이 신사에는 한반도와 관련된 많은 비밀이 숨어 있었다.

### 스가와라노 미치자네菅原道眞. 845~903년

우선 이 신사에 모시고 있는 신은 신라계 도래인의 후손이라는 점이다. 학문의 신神으로 크게 존경 받고 있는 신라계 도래인 가문의 스가와라노 미치자네는 헤이안平安시대 초기의 시인이며 문장가, 철학자로 당대 최고의 학자였다. 그의 아버지 역시 뛰어난 학자로 정부의 고관을 지냈으며 어머니도 도래계 가문 출신이었다. 마치자네는 젊어서 벼슬 길에 들어서 54세에 우대신右大臣이 될 때까지 파격적인 승진을 하다가 당시의 실권자 후지와라藤原時平 좌대신의 모함을 받게 된다. 미치자네는 규슈의 다자이후 정청[26]으로 좌천되어 2년 후인 903년에 다자이후에서 59세로 세상을 떠난다.

그가 세상을 뜨자 그를 모함했던 사람들이 모두 이름 모를 이유로 죽어갔다. 또한 교토에는 질병과 천재지변이 끊이지 않게 되자, 사람

---

26  한반도와 중국대륙과의 무역 사무를 관장하던 일본의 무역, 외교 본부

들은 미치자네의 원혼이 앙갚음한 것이라고 소문이 돌았다. 그 때 한 무녀가 그의 신사를 마련해 주면 재앙이 그칠 것이라고 예언하였다. 정적이었던 후지와라 가문이 앞장서서 그를 모시는 신사를 짓고 공양하자 모든 이변이 거짓말처럼 사라졌다고 한다. 이 신사가 바로 다자이후 텐만구신사로 일본 텐만구신사의 총본산이다. 매년 7월 24~25일에 오사카에서 그의 원혼을 달래는 마쓰리가 열리는데 그것이 바로 텐진天神 마쓰리다. 매년 입시철이 되면 각 지역의 텐만궁에는 수험생들과 학부모들이 모여들어 합격을 기원하는 사람들로 인산인해를 이루는데, 한국의 학부모까지 온다고한다.

『일본서기』에 나와있는 스가와라노 미치자네 가문의 내력이다. 신라의 소시머리牛頭, 우두, 소머리에 살다가 동해를 건너 일본의 이즈모出雲 지금의 시마네현로 옮겨 왔다는 스사노오 노미코노素戔嗚尊나 신라왕자인 즉 천일창天日槍, 아메노히보코과 같은 신라계 도래인의 후손들은 하지土師 씨로 불려 왔다고 기록 되어 있다. 또 일본 황실 족보인 신찬성씨록에는 미치자네의 증조부 하지土師古仁가 왕명에 의해 하지에서 스가와라노로 개명하였다고 되어 있다. 그래서 스가와라노 미치자네는 신라 천일창天日槍 왕자의 후손이 되는 것이다.

구메 구니타케久米邦武 교수는 부여의 영고迎鼓, 고구려의 동맹東盟, 예맥의 무천舞天, 진한의 소도蘇塗와 같은 한반도의 천신 숭배사상이 일본에 수입되어 신사神土가 되었다고 주장하다 도쿄대학에서 쫓겨났다. 일본에서 역사가 오래된 천 여개의 신사는 모두 한반도에서 도래한 조상을 모신 신사일뿐더러 일본 신사에서 모시는 제신祭神의 대다수가 한반도와 관련된 신들로 이는 구니타케 교수의 주장을 뒷받침해 주는 사실이다. 일본 최고의 신사 텐만구에서 모시는 제신 역시 신라 도래인의 후손 스가와라노 미치자네인 것이다.

### 천신天神

또한 이 신사에서 모시는 천신은 놀랍게도 우리는 벌써 잊어버린 한반도 고대의 신이라는 것이다. 『일본서기』와 『고사기』에 나오는 일본 개국신화의 신은 천신天神과 국신國神으로 구별되며 천신天神, 외래호족이 일본의 국토에 내려와서 그곳에 원주原住하던 국신國神, 지방호족을 정복하여 지배하는 것으로 되어 있다.

그 천신天神이 강림한 지방은 이즈모出雲, 시마네현와 휴가日向, 규슈 동남부에 있는 다카치호高天穗로 이즈모에 내려온 것이 스사노오노미코토素盞嗚尊이며 휴가에 내려온 것이 니니기노미코토瓊瓊杵尊라고 전한다. 이들은 신라인과 가야인으로 일본의 역사시대를 연 숭신천황崇神天皇, 3세기 시기에 대국주신의 제사를 그의 아들에게 맡겼다는 『일본서기』의 기록과 대국주신이 스사노오미코토의 아들 또는 5대손이라고 전하는 것을 보아 초기 일본의 국가 형성에 많은 영향을 끼쳤음을 알 수 있다. 이들은 일본의 개국신으로 추앙받았고, 일본 왕실의 중심신앙은 이와 같은 하늘의 천신들을 받드는 신토神道이다.

일본 왕실은 지금도 '신상제新嘗祭'라는 이름으로 한국신韓國神들에 대한 제사를 매년 시행하고 있다본서 35페이지에 소개. 이는 일본 왕실 행사 가운데 가장 중요한 제사로 왕실의 정통성을 나타내는 근간이기도 하다. 그 중에서 새로운 천황의 즉위식이 있는 해에 열리는 신상제를 '대상제大嘗祭'라고 하며, 천황의 권위가 하늘로부터 부여 받았음을 나타내는 의식이라 할 수 있다.

구메 구니타케久米邦武 교수의 1892년에 발표한 논문『신도는 제천의 고속神道は祭天の古俗』을 좀더 살펴 보자. 그는 하늘의 천신들을 그들의 조상신으로 떠받들게 된 일본신토가 본래 일본의 것이 아니고 상고시대 고조선에서 단군을 신앙하던 고조선의 조선신朝鮮神들에 대한 천신天神 제사양식이 고대 일본으로 건너왔다는 사실을 고문헌들을 제시하며 구체적으로 논증했다. 그리고 고조선에서 임금이 하늘의 신에게 제사 드리는 국가의 제천대전은 곧 일본왕실에서 천신에게 제물을 바치는 신상제라는 국가의 큰 제사를 거행하는 일로 옮겨왔다는 사실을 밝혔다. 그러므로 지금까지 일본 천황가 사당인 이세신궁에 천황이 직접 찾아와서 천신에게 제사 드리고 있는 '이세신궁의 신상제 제사는 아마테라스 오미카미天照大神에게 제사 지내는 것이 아니고 본래 부여의 영고신迎鼓神, 고구려의 동맹신東盟神, 예濊의 무천신舞天神 등등 조선신을 제사지내는 것이다. 그러나 그 사실을 숨기고 천조대신을 주신으로 삼았다'라고 비판했다. 즉 일본왕실에서도 고조선의 한신韓神 등 조선신들의 제사를 모셔오고 있다는 것이다.

일본의 모든 신사 입구에는 항상 고마이누高麗犬라고 불리는 두 마리의 개가 신사를 지키고 있다. 고마이누는 고구려를 의미하는 고마와 개를 지칭하는 이누의 합성어다. 입구 오른쪽에 있는 개는 입을 벌리고 있는 수놈이고 왼쪽은 입을 다물고 있는 암놈이다. 일본 고서에 적혀 있기로는 고구려에서 데려 온 개인데 헤이안平安시대 이후부터 신사의 정문을 지키는 파수꾼이 되어 액厄을 방지하는 역할을 하고 있다고 한다. 텐만궁에 이르는 진입로 양쪽에는 각양각색의 소를 조각해놓고 있는데 이것은 스가와라노 미치자네의 조상인 우두천왕牛頭天王을 상징한다고 한다.

## 5. 일본의 신神과 신사神社

필자의 본 책은 기원전 3세기부터 7세기까지의 약 천년 간의 고대사를 다룬다. 이 시기에 쓰여진 역사서는 현존하지 않기 때문에 기본적으로 이 시대의 신화와 전설에서 역사를 찾아내는 접근방식을 취하고 있다. 일본의 신들은 우리에게 너무나 생소하다. 따라서 독자의 입장에서는 신화에 등장하는 신들에 대하여 어느 정도의 사전 지식이 필요하리라 생각한다. 기본적으로 일본의 신이란 일본의 신앙인 신토神道의 주재신들로 일본의 원주민 신앙에서 비롯되어 민속신앙, 자연신앙, 조상신앙 등에 기반한다. 본서에서는 이 중 조상신앙의 대상이 되는 신들을 추적한다. 한반도로부터의 이주민 세력이 모셨던 신들, 그들을 대표하는 신들 이야기부터 그들의 역사를 찾아낸다.

일본은 황실이 신토의 중심에 있다. 천황의 조상들이라는 가미神가 신토의 중심이고 여기에 지방의 신들도 합쳐졌다. 황실의 신들은『고사기古事記』와『일본서기日本書紀』, 즉 기기記紀를 기반으로 한다. 즉 일본의 역사가 시작되었다는 타카마가하라高天原의 신들이 중심이 되고 있다. 다만 이렇게 8세기에 만들어진 기기記紀에 나오는 신들의 원 출처가 되는 문헌은 한정되어 있다.

지방의 신들은 기기에 나타나기도 하지만 각 지방의 자체적인 역사 기록인 「풍토기風土記」를 기반으로 한다. 기기記紀와 달리, 본래 일본 각 지에는 이즈모出雲를 시작으로 지방을 대표하는 신을 중심으로 한 신앙이나 전승이 전재하고 있었던 것으로 보이는데 7세기 이후 중앙 정권의 영향력이 확대됨에 따라 자체적으로 모시고 있던 신들은 모두가 쿠니쓰신国津神이라고 하는 형태로 바뀌어 「타카마가하라 신화高天原神話」에 통합된 것으로 보인다.

일본 신화는 피정복 세력 또는 선주先住세력인 쿠니쓰신国津神이 니니기를 필두로 하는 정복세력 또는 후진後進 세력인 아마쓰신天津神에게 국토葦原中国를 이양移讓한 것으로 묘사하고 있다. 여기서 쓰津. の는 '의'의 뜻이다. 쿠니쓰신国津神은 중앙정권에 의해 평정된 원주민과 선주민先住民들이 믿었던 신이고, 정복정권의 왕족이나 유력한 씨족이 믿었던 신이 아마쓰신이 된 것으로 보인다. 쿠니쓰신国津神에 대해서는 기기에 도입될 때 변용되어 본래의 전승이 남아있지 않은 것이 많고 원래 기록 문서는 후세에 상실되었다.

고대 일본은 몇몇 지역을 중심으로 한반도로부터 이주가 시작되면서 발전하며 세력이 형성되었다. 규슈와 혼슈 북쪽의 이즈모 지역이 대표적이다. 규슈 북쪽해안으로는 지역적으로 가까운 가야 쪽에서 이주가 시작되었고, 신라방면에서는 혼슈 북쪽인 이즈모로 이주하였다. 이러한 이유 때문에 규슈를 발생지로 하는 일본의 건국신화격인 천손강림신화는 가야의 신화를 닮아있고, 이즈모 신화는 신라 이야기가 들어있다. 규슈의 동북부인 기타큐슈와 우사지역에도 신라로부터의 이주가 있었다. 이러한 지역들은 초기에는 가야와 신라로부터 이주가 혼재되어 있었으나 시간이 흐르면서 위에 거론한 세력들의 주도하에 들어갔다. 앞에서 기술한 규슈 북쪽해안, 이즈모 지역과 규슈 북동부에서 형성된 신화와 신들이 일본 신화의 원형이 된다. 규슈의 신들이 아마테라스와 니니기이고, 이즈모의 신이 스사노오와 대국주신이며 규슈 동북부의 신이 야하타신이다. 여기에 천일창이라고 하는 또 다른 신라세력의 진출이 있었고, 해인족이라고하는 현해탄을 근거로 하던 또다른 이주민들의 신화가 존재한다.

일본의 고대사를 살펴보면 두 번의 커다란 변화가 있었던 것을 눈치챌 수 있다. 하나가 규슈 니니기 신과 이즈모의 대국주신과의 세력다툼으로 규슈의 니니기 세력이 이긴다. 이 역사는 나라양보라는 신화로 남아있다. 2-3세기경에 일어난 일이 아닌가 생각된다. 또 하나는 4세기 중반에 일어난 한반도로부터 강력한 세력의 진출인데 규슈의 기존세력이 소멸되면서 아스카지역에 새로운 세력이 자리잡으며 일본열도의 중심세력으로 등장한다. 이 역사는 진무천황의 동정이나 응신천황의 등장으로 기록되어있다.

일본에는 '8백만'이라고까지 말하는 수많은 신들이 있지만 '해밑섬, 일본을 걷다'를 읽는데 있어 필요하다고 생각되는 대표적인 신神들을 우선 소개한다.

신神들의 계보

**가. 규슈**九卅**계의 신**가야

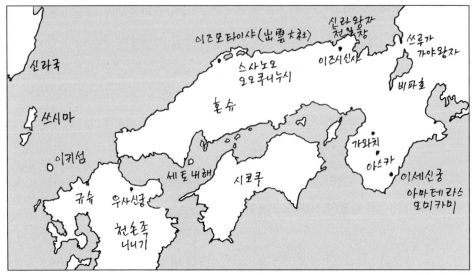

일본신화

저서 『고사기는 신화가 아니다古事記は神話ではない』라는
책에서 사쿠라이桜井光堂 교수는 일본신화에서
아마天는 한반도를 표시한다고 써놓았다.
다카'아마'노하라高天原, 천신 '아마'노미,
딸 '아마'데라스天照大神의 '아마'는 모두 한반도를
일컫는 말이라는 것이다.

8세기에 일본국이 성립되면서 창세신화와 건국신화가 정립되었다. 역사가 가장 오래된 규슈 가야족의 신화를 당시 중앙정권의 건국신화로 받아들인 것 같다.

- **이자나기** 伊邪那岐命, 伊弉諾神 **와 이자나미** 伊弉冉, 伊邪那美

『고사기古事記』에 따르면 이자나기는 모든 일본 신들의 시조다. 이자나기의 왼쪽 눈에서 '아마테라스天照'가, 오른쪽 눈에서는 '츠쿠요미', 마지막으로 코에서는 '스사노오'가 탄생한다.

- **아마테라스 오미카미** 天照大御

태양의 신이자, 황실의 조상신의 하나다. 일본에서 가장 큰 신사인 이세신궁에 모셔지고 있으며 국가의 최고신으로 일본의 8백만 신을 지배하는 여신이다. 츠쿠요미는 밤의 신이자 달의 신으로, 츠쿠요미 노미코토月読命로 불린다.

- **니니기노 미코토** 邇邇芸命

『고사기』와 『일본서기』에는 일본 천황가의 직계 시조가 되는 신으로 서술되어 있으며, 태양의 여신 아마테라스天照의 손자로서 천손天孫이라는 호칭으로 불린다. 아마테라스의 명으로 아시하라노 나카쓰쿠니葦原中國를 다스리고자 삼종신기를 받아 타카마가하라高天原에서 지상으로 내려왔다. 이것을 일본 신화에서는 '천손강림天孫降臨'이라고 부른다. 이즈모의 신인 대국주신, 오오쿠니누시大国主神에게 나라葦原中國를 양도받는다.

## 나. 이즈모出雲계의 신신라

### - 스사노오素戔嗚

바다와 폭풍을 다스리는 신으로 스사노오 노미코토須佐之男命라고도 불린다. 후세에 만들어진 건국신화에 스사노오는 타카마가하라천상계에서 쫓겨난 뒤 신라의 소시모리曽尸茂梨에 강림했다. 타카마가하라천상계에서 쫓겨났다는 스토리는 모든 집단을 통일하는 충실한 건국 신화를 만들기 위해 꾸며진 것으로 보인다. 스사노오는 다시 바다를 건너 동쪽으로 가서 일본 땅 이즈모出雲에 도착한 후 이즈모국에서 토착세력을 물리친다. 스사노오는 일본 신화의 가장 대표적인 영웅신이다. 스사노오는 아마테라스보다 더 많은 신사의 제신으로 모셔져 있다.

신라에서 온 신이라는 연유로 스사노오는 현대 일본에서도 대놓고 한반도 도래인의 신으로 인정하고 있고 여러 종류의 한반도 도래인 신들을 스사노오로 통일하기도 했다. 스사노오와 그의 후손인 다음에 소개하는 오오쿠니누시를 모시는 신사와 신사가 소재하는 그 지역도 일단 도래인과 관련이 있다. 그렇다고 다른 신들, 즉 아마테라스나 니니기가 도래인과 관련이 없는 것이 아니다. 여기에 신들의 비밀이 숨어 있다.

### - 대국주신, 오오쿠니누시大国主神

이즈모 신화의 신으로서, 일본 신화에서 하늘의 신天津神을 대표하는 아마테라스와 대조적으로, 대지의 신國津神을 대표하는 신이다. 아시하라노나카즈쿠니葦原中国, 혼슈 중서부 일대를 건국한 후 니니기에게 국토를 이양한다. 즉 대국주신은 선주세력으로서 정복세력인 니니기에게 항복했다는 의미이다.

　스사노오의 혈통을 잇고 있는데『일본서기』에서는 스사노오의 아들로 언급되고,『고사기』와『신선성씨록新撰姓氏録』에서는 스사노오의 6대손으로 나온다. 그의 활약상을 읽어보면 우리의 광개토대왕, 근초고왕과 세종대왕과 같은 중흥조를 연상시킨다. 그러나 실제에 있어서 오오쿠니누시大国主神는 원래 따로 있던 토착신앙들이 하나의 신으로 결합하면서 만들어진 신으로 추측되고 있다. 이러한 개별 토착신앙의 상당수는 시코쿠四国에 기원을 두고 있다고 한다. 그 이유는 이즈모 계통 신화와 관련된 토착신앙의 출발점을 더듬어가면 아와지시마淡路島를 거쳐서 시코쿠가 나온다고 한다. 고대에 시코쿠에 있던 세력들이 아와지시마를 경유해 본토로 흘러들어가면서 토착신앙도 같이 전파된 것으로 여겨진다. 일본의 창조신으로 여겨지는 이자나기와 이자나미도 사실은 아와지시마의 토착신이다.


- 대물주신, 오오모노누시 大物主神

　대물주신, 오오모노누시大物主神는 대국주신, 오오쿠니누시大国主神의 별명別名이다. 대물주신을 주제신으로 받드는 신사 중 가장 역사가 깊은 곳은 나라현의 오오미와 신사大神神社, 三輪神社로, 일본 내에서 가장 오래된 신사이다. 이즈모에 있던 세력이 나라의 동남쪽에 나타나는 것은 이즈모 세력의 일부가 이동한 증거로 보인다.


- 사대주신, 고토시로누시 事代主神

　오쿠니누시大国主神의 아들로, 규슈의 니니기 세력이 국양을 강요해 왔을 때, 아버지를 대신해 승낙하는 뜻을 답한다. 여러가지 사정을 살펴보면 사대주신 고토시로누시事代主神는 피정복왕조의 후계자대국주신의 아들로서 정복왕조와 협력하며 민중의 반항을 진정시키며 전쟁 후의 평화를 구축하는 역할을 하였던 것으로 보인다.

## 다. 규슈북동부 우사宇佐계의 신신라

### - 하치만 신八幡神

하치만 신은 일본 기타큐슈北九州의 호족이었던 우사 씨宇佐氏의 씨족신이었다고 하며 우사 신궁宇佐神宮에서 제사를 받들었는데, 이후 야마토 조정大和朝廷의 수호신이 되었다. 『부젠국 풍토기豊前国風土記』에는 '옛날, 신라국의 신이 몸소 건너오셔서 이 가와라河原, 香春에 머무르셨다 '고 하였다. 가와라 신사香春 神社에 모셔지던 신이 후에 우사 신궁宇佐神宮으로 옮겨졌다. 즉, 우사 신궁에 모셔진 하치만 신은 신라계라는 의미이다. 하치만八幡은 훈독으로 야하타노카미やはたのかみ라고도 읽는다. 야는 많은 숫자, 또는 '위대한'이라는 뜻이고 하타는 '바다'라는 뜻으로 바다를 건너온 위대한 하타족秦族의 신이라는 뜻이 들어있는 것이다.

하타秦씨는 아야漢씨와 더불어 일본의 한반도 도래 씨족 가운데 가장 규모가 큰 성씨이다. 하타秦씨에서 갈라져 나온 성씨姓氏들이 일본에서 가장 많은 비율을 차지한다고 한다. 하타秦씨가 교토의 사가노嵯峨野 지역으로 재이주한 시기는 5세기 후반 무렵으로, 볍씨를 가지고 온 하타씨秦氏는 저수지와 수로를 만드는 관개농업을 시작했고 우수한 토목 기술을 가지고 현재의 교토 지역을 개발하였다.

– 이나리 오미카미稻荷大神와 스쿠나비코나노미코토少彦名命

교토에 있는 농경과 풍요를 주관하는 여우 신사인 후시미 이나리 신사伏見稻荷神社는 하타씨족들이 모시던 씨족신 이나리 오미카미稻荷大神에게 제사를 지내던 곳이다. 하타씨의 씨족신인 이나리 신稻荷神 또는 이나리 님ぉ稻荷樣, 오이나리사마은 비옥과 쌀, 농업의 신으로 이제까지 나온 신들과 달리 인물신人物神이 아니다.

도래인 씨족 핫토리가家 집안에서 모시는 스쿠나비코나노미코토少彦名命도 원래는 하타씨가 모시던 신이다.


– 오진 천황応神天皇, 호무다와케노미코토譽田別尊 또는 오토모와케노미코토大鞆和氣命

하치만 신을 오진 천황으로 지목한 기록은 『고사기』, 『일본서기』와 『속일본기』에는 등장하지 않는다. 따라서 하치만 신의 유래를 오진 천황으로 보는 데는 엄밀하게 말해 근거가 없다고 할 수 있다. 나라 시대에서 헤이안 시대에 걸쳐 처음으로 오진 천황이 하치만 신과 동일시되기 시작했음을 추정할 수 있다. 정복정권 또는 신 정권이 토착의 신 또는 선주민의 신을 가로챈 것으로 보인다. 신라계인 가마쿠라 막부가 이 신을 섬긴 것은 자연스러운 일일 것이다.


**라. 세토내해**瀬戸内海, 세토나이카이**와 쓰루가**敦賀**를 통한 진출**


– 천일창, 아메노히보코신라

아메노 히보코天之日矛, 天日槍, 천일창는 『고지키』, 『일본서기』에 나오는 신라의 왕자이다.

히보코는 아카루히메라는 여인을 정실로 삼았는데 어느 날 아내를 욕하며 비난했고, 그녀는 '부모의 나라'로 돌아간다는 말을 남기고는 작은 배에 올라 난바難波, 오사카의 나루터에 있는 히메코소 신사比売碁曾神社로 떠나버렸다. 히보코는 깊이 반성하고 아내를 찾아 일본으로 향했다. 그러나 난바 해협을 지배하는 신이 방해하여 아내가 있는 곳으로 갈 수 없었기 때문에 다지마但馬에 장착하고 말았다. 그는 그곳에서 현지 여인과 결혼했다고 한다.

『일본서기』에 신라 왕자 아메노 히보코가 7종의 신보인 하후토의 구슬·아시타카의 구슬·붉은 돌·칼·모·거울·곰의 히모로기熊神籬를 가져왔다고 그의 도래를 기술하고 있다. 그 뒤 하리마·오우미·와카사를 거쳐 다지마의 이즈시에 이르러 그곳에 정착하였다고 한다. 아메노히보코 집단이 다지마로 이주한 경로는 이즈모出雲 신화에서 이즈모 세력이 일본에 진출한 이즈모 쪽과는 다른 방향이다. 그래서 신라 사람들의 일본 진출은 하나의 경로만 이용된 것이 아니고, 여러 경로가 이용되었을 것이라고 생각된다. 이 설화를 보면 신라 사람들이 일본으로 이주한 것은 여러 차례 다양한 경로로 이루어졌다고 볼 수 있다.

『하리마국풍토기播磨国風土記』에 나오는 천일창에 대한 다음과 같은 기록을 보면 천일창의 일본열도 진출은 군사행동을 수반했던 것으로 보인다. 객신외래신인 천일창이 한국韓の国에서 바다를 건너 우즈카와宇頭川 강변에 도착해 현지의 수장인 아시하라노 시코오노미코토葦原志挙乎命에게 주둔할 땅을 구하자 시코오는 바다에 머무는 것만을 허락했다. 이에 천일창은 검으로 바다를 휘저으며 생긴 섬에 묵었다. 시코오는 그 영력에 경외심을 품고 천일창보다 먼저 지역을 장악하기 위해 북상하였다. 천일창이 '팔천의 군을 거느리고 이와노오오가미이화대신, 伊和大神와 싸웠다'고 했다. 지금도 '팔천군 고전장 터八千軍野古戦場跡'라는 것이 있으며 그것이 있는 칸자키쵸神崎町 지명에도 '팔천 종八千種'으로 남아 있다. 다지마但馬의 이즈시신사出石神社에 모셔져 있다.

## – 츠누가아라시토都怒我阿羅斯等

『일본서기』에서만 나오는 가야 왕자 츠누가아라시토都怒我阿羅斯等는 아메노히보코와 동일시된다. 『하리마국 풍토기播磨国風土記』에는 신으로 등장한다. 의부 가락국加羅国, 意富加羅国, 大加耶의 왕자인 츠누가아라시토都怒我阿羅斯等는 아메노히보코가 일본에 정착하기 전에 일본에 건너간 것으로 되어 있다. 이마에 뿔이 난額に角の生えた 츠누가아라시토는 혼자서 배를 타고 아나몬穴門, 長門国, 현 야마구치현에서 이즈모국出雲国을 거쳐 쓰루가敦賀에 도착했다고 한다. 이것이 이곳의 지명인 '쓰누가角鹿, 현재의 쓰루가敦賀의 어원이라고 한다. 천황은 츠누가아라시토가 귀국할 때 선대 숭신천황의 휘인 미마나任那라는 국명과 붉은 비단赤絹을 선물로 주었다. 그런데 신라인이 이를 듣고 군사를 주어 그것을 모두 빼앗아 버렸다. 이로써 이후 신라와 임나는 불화를 겪었다고 한다. 실제로 이 야기를 보면 천일창과 상이한 면이 많다.

## – 아카루히메阿加流比売神

일본 신화에 등장하는 태양을 나타내는 붉은 마노 구슬의 화신으로 되는 여신이다. 『고사기』에서는 신라 왕의 아들인 천일창천지일모, 아메노히보코 아내이다. 옛날 신라의 아구누마阿具奴摩·阿具沼라는 늪에서 한 여인이 낮잠을 자고 있을 때, 햇빛이 무지개처럼 내려와 여인은 바로 임신하여 붉은 구슬을 낳았다는 그녀의 탄생담은 일광감응과 난생 모티프로 이루어져있다. 오이타 히메시마, 오사카 난바 그리고 군마 묘기 신사 등에 모셔져 있다.

## 마. 해인족

### - 무나가타 세 여신宗像三女神

다기쓰히메노 미코토多岐津姫命, 이치키시마히메노 미코토市杵嶋姫命, 다기리히메노 미코토多紀理姫命

무나카타 세 여신은 일본에서 무나카타 씨宗像氏 등 해인인 아마비토海人 집단이 섬기는 신이다. 무나카타 세 여신은 후쿠오카의 무나카타 대사宗像大社를 총본궁総本宮으로 하여 일본 전국 각지에 모셔져 있는 여신들의 총칭이다. 이 세 여신은 일본에서 고대 한반도로 해상교통의 평안을 수호하는 신이다. 오키노시마沖ノ島 등 현해탄의 여러 섬에 모셔져 있고 야마토 조정에 의해 예로부터 중시된 신들이다. 아마테라스가 나라를 만들기 전에 태어난 것으로 기기에 나와 있는 것으로 보아 역사가 오래된 것으로 보인다.

원래는 무나카타씨胸形氏 등 지쿠시筑紫, 규슈 북부의 해인족이 고대부터 집단으로 모시는 신이었는데 한반도와의 관계가 긴밀화되면서 토착신이었던 세 신이 4세기 이후 국가신으로 모셔지게 되었다. 현해탄의 오키노시마沖ノ島, 후쿠오카의 무나카타 대사宗像大社 외에 히로시마의 이쓰쿠시마 신사厳島神社와 가마쿠라의 제니아라이벤자이덴錢洗弁財天 등에도 모셔져 있다.

- 해인족의 신 와다쓰미綿津見命와 아들 호다카미穂高見命

와다는 '바다'의 고어이고 쓰는 '-의'이며 '미'는 신령의 뜻이므로, 와다쓰미는 바다의 신령이라고 하는 의미가 된다. 와다海, 바다 + 쓰미住 み, 살다, 즉 바다에 사는 집단으로 보기도 한다.

와다쓰미 해인족은 본거지였던 규슈에서 나가노의 아즈미노安曇野 지역으로 이동하였으며 제신은 호타카 신사穂高神社에 모셔지고 있다.

## 바. 기타

- 사루타히코 오카미猿田彦大神

일본 신화에서 국신国津神들의 우두머리이다. 기기에 등장하는데 천손강림시 아마테라스가 내려보낸 천손 니니기노 미코토의 길을 안내하는 것으로 보아서는 니니기 정복 세력이 규슈로 들어올 때 협조한 인물이다.

김달수씨는 사루타히코의 원래 발음은 우리밀 '쌀'로 즉 한반도에 쌀을 가지고온 선조로 해석한다. 이 해석이 일반적으로 받아들여질지 모르겠으나 필자가 일본의 신들을 새롭게 보고 가까워지는데 중요한 계기가 되었다.

## 결어

필자가 일본열도에서 3세기 이전의 한반도 이주민들의 자취를 찾아가는데 있어서는 위에 소개한 도래인의 신들과 신사를 중점적으로 조사하고 방문하였다. 또한 신사를 방문하여 신사에서 모시는 제신의 명단을 확인하고 앞에 거명된 신들의 이름이 나오면 신사가 있는 지역을

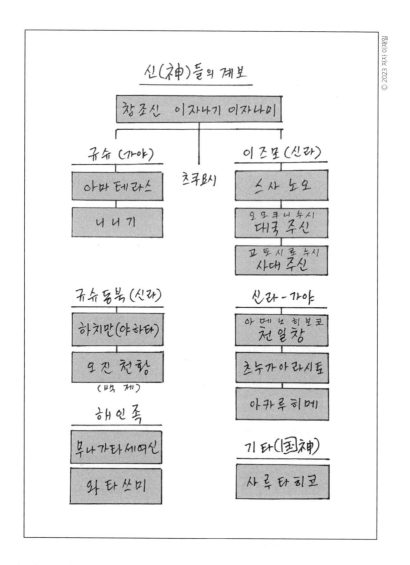

위 신神들에 대한 이해는 본서를 읽는데 매우 중요하므로
앞으로 계속하여 몇 번에 걸쳐 되풀이할 예정이다.

개척했던 한반도 이주민들의 출신지를 추정하였다. 추가하여 4세기에서 7세기의 역사는 이 시기에 이주민 세력에 의해 조성된 것으로 보이는 고분들을 답사하고 탐구하였다.

참고로 일본열도에는 고구려계 신에 관한 기록은 찾기가 쉽지 않았는데 5세기 초에 이주가 이루어져서 그렇지 않나 하는 생각이다. 따라서 고구려계 이주민에 관한 역사는 주로 고분을 통해 이루어졌다.

## 일본신神의 신명 神名 읽기[27]

### - 이름의 구성

일본신의 신명神名은 '이름과 존칭' 두 부분으로 구성되어 있다.

아마테라스 오오미-카미, あまてらす おおみ-かみ

| 아마 | 테라스 | 오오미 | 카미 |
|------|--------|--------|------|
| **天** | **照** | **大御** | **神** |

아마天는 하늘이고, 테라스照는 비춘다는 뜻으로 신의 이름이다.
오오미 大御는 크다, 위대하다는 뜻. 카미는 신神이다.
오오미카미 大御神는 존칭이다.

### - 존칭

대표적인 존칭으로는 미코토命, 尊와 카미, 신神이 있다.

### - 남신과 여신

---

27  일본어에는 띄어쓰기가 없지만 여기서는 이해를 돕기 위해 띄어쓰기로 한다.

히코彦가 들어가면 남신이다. 한자로 比古히코로 표기하기도 한다.

　　사루다 히코, さるた ひこ

　　　　사루 다　히코
　　　　猿田 彦

히메比売가 들어가면 여신이다. 다른 한자로 姫히메를 쓰기도 한다.

　　아카루 히메-노-카미, あかる ひめ-の-かみ

　　　아 카 루　히 메　카미
　　　阿加流 比売 神

　　이치키시마 히메-노-카미, いちきしま ひめ-の-かみ

　　　이치 키 시마 히메 카미
　　　市杵嶋 姫神

- 적용

　　오오쿠니 누시, おおくに ぬし

　　　오오쿠니　누 시
　　　大国 主神

大国오오쿠니는 큰 나라라는 뜻으로 나라를 크게 일으켜 세웠다는 뜻이다.
광개토대왕의 광개토廣開土와 비슷한 의미일 것이다. 主神누시는 존칭이다.

　　오오모노-누시, おおもの-ぬし

　　　오오모노　누 시
　　　大物 主神

大物오오모노 오오는 크다는 뜻이고, 모노는 物물로 천지간에 있는 유무형물
을 의미한다. 主神누시는 존칭이다. 긴 이름에 적용해보자

　　아마테루 쿠니테루 히코 아메노호아카리 쿠시타마 니기하야하- 노-미코토

あまてる くにてる ひこ あめのほあかり くしたま にぎはやひ-の-みこと

아마테루　쿠니테루　히코　아마노호아카리　쿠시타마　니기하야히　미코토
**天照　国照　彦　天火明　櫛玉　饒速日　命**

天照아마테루 하늘을 비추고, 国照쿠니테루 나라를 비추는 彦히코 남신이다.

天火明아메노호아카리 태양빛과 열을 신격화한 것이다.

櫛玉쿠시타마 머리빗는 빗과 보석으로 신기한 영奇霊의 의미다.

饒速日니기하야히 민첩하게 활동하여 풍요를 실현하는 곡령穀霊의 뜻이다.

命미코토 존칭이다.


**- 참고**

신의 이름에 아마 또는 아메天가 들어가면 천속족,

즉 바다를 건너온 가야나 신라의 신이라고 한다.

하늘天, 아메, 하늘에서 내리는 비雨, 아메와 바다海, 우미의 음가가 비슷하다.


## 6. 하치오지八王子, 팔왕자**와 우두천왕**牛頭天王, 소머리천왕, 소시머리천왕


아카사카에서 출발하여 요쓰야에서 중앙선으로 바꿔타고 신주쿠를 지나 약 30분을 더 가면 다치가와立川라는 역이 있다. 이 역은 철도 교통의 중심지로서 남쪽으로 향하는 통과역이며 북쪽으로 향하는 세 노선의 출발점이다. 다마강 상류인 오우메青梅를 거쳐 미타케御岳계곡으로 가는 노선과 중간에 하이지마拝島에서 아키가와秋川 계곡으로 가는 짧은 철도 노선도 있고 역시 하이지마에서 갈라지는 하치코라인은 군

마현의 다카사키高崎까지 연결된다.

미타케 계곡을 갈 때는 요쓰야에서 오우메까지 이동한 후 갈아타면 된다. 아키가와로 가는 길목에 있는 아키루노あきる野, 해당 한자 없음시에 적석총이 있어 들리기도 하였다.

### 하치오지 八王子

다치가와에서 중앙선 철도를 계속 타고 가면 얼마 지나지 않아 하치오지, 즉 우리말로 팔왕자八王子, 하치오지라는 정말 희안한 지명의 도시가 있다. 도쿄 시내에서는 한 시간 이상 걸리는 거리인데 1990년에 필자 가족이 이곳을 여행한 적이 있었다. 마침 고교 동창생 B군이 이곳 S그룹 일본 공장의 책임을 맡고 있어서 이 친구 집에 초대받아 들른 것이다. 그 때 갓난아기였던 동창생의 딸애가 시집을 갔으니 세월이 많이 흐른 셈이다.

그 때 필자의 흥미를 끌었던 것은 하치오지八王子, 팔왕자라는 지명이었다. 분명 무슨 유래가 있을텐데 하면서도 정보를 찾는 방법도 모르고 일본어를 읽을 수도 없어서 기억 속에만 남아있었다. 일본에 살면서 후지산이나 야마나시 쪽으로 갈 때 이곳을 지나면 항상 그 의문이 되살아났다. 그래서 시간을 내어 본격적으로 알아보니 다음과 같은 사연이 있었다.

### 하치오지, 지명의 유래

하치오지라고 하는 지명은 일본 전국에 분포되어 있다. 그것은 소머리천왕牛頭天王과 8명의 왕자를 모시는 신앙이 퍼지는 가운데 하치오지신사八王子神社나 하치오지곤겐사八王子権現社가 건립되었는데 이 신앙이 지역의 신앙을 통합하면서 지명으로서 정착해 갔기 때문이다. 물론, 이곳 도쿄 하치오지의 기원도 같아서 이곳에 있는 하치오지성八王子城에 하치오지신사가 있다. 하치오지신사 내력에 대하여 종관사宗関寺, 소우칸지에 전해지는 기록은 다음과 같다.

헤이안시대인 913년의 가을, 교토에서 방문한 묘행妙行, 묘코우라는 학승이 후카자와산深沢山, 나중에 하치오지 성으로부르게 됨 정상의 바위집에서 수행을 시작했다. 밤이 깊어지자 갑자기 강풍이 불고 천둥이 울리고 여러 가지 요괴가 무리를 이루며 모습을 드러냈다. 요괴들은 묘행妙行, 묘코우 주변에 몰려 들다가 순식간에 종적을 감춰버렸다.

또, 달빛 아래에서 경을 외우고 있는데 이번에는 바위집 위로부터 큰 뱀이 내려와 묘행의 주변에 또아리를 틀더니 버젓이 잠을 자는게 아닌가. 묘행은 손에 든 여의봉으로 머리를 쳐 '눈을 떠라' 하니 큰 뱀은 순식간에 사라졌다.

날이 밝자 8명의 동자를 데리고 신이 나타나서 하는 말이 '나에게 속하는 신들과 제자들은 당신의 덕에 감복했으니 원컨데 이 땅에 머물러 달라. 나는 당신의 간고神護의 법에 따르겠다'고 했다. 묘행이 이름을 묻자 소머리천왕牛頭天王을 따르고 있는 여덟 왕자八王子, 하치오지라 대답하고 종적을 감춰버렸다.

묘행은 더 수행을 쌓아 후카자와산을 천왕봉으로 하고 주위의 8개 봉우리를 8왕봉으로 해서 각각 사당을 세우고, 소머리천왕과 하치오지八王子를 모시는 하치오지 신앙이 시작되었다. 다음 해, 후카자와산 밑에 절이 건립되어 점차로 가람도 정비되어 갔다. 25년이 지난 후 묘행의 공적이 알려져 화엄보살華厳菩薩의 칭호가 수여되는 동시에 절의 명칭도 소머리산 진고지牛頭山 神護寺라고 바뀌었다. 이 절이 지금의 종관사宗関寺, 소우칸지이다.

이 이야기는 필자의 견해로는 토속 종교와 불교가 만나면서 생기는 갈등이 해소돼가는 과정을 설화한 것으로 생각된다. 여기서 필자의 관심을 끈 것이 우두천왕이다. 우두천왕은 한반도와 일본뿐만 아니라 중국과 인도에도 있는 신앙적 인물이다. 일본에는 한반도에서 도래한 스사노오素戔嗚尊라는 신이 일본신화에 등장하는데 일본인들은 이 스사노오를 우두천왕이라고 부르기도 한다. 스사노오 신과 우두천왕 중 어느 것이 먼저 일본 열도에 들어 갔는지, 아니면 한반도에서 이미 혼합된 상태로 들어간 것인지는 잘 모르겠으나 우두천왕이라 불리는 스사노오가 한반도 도래인의 신인 것은 분명하다.

다치가와의 북쪽인 아키가와 계곡이나 아키루노あきる野시 근방 그리고 더 북쪽의 다마강 상류인 미타케 계곡에도 한반도 도래인의 흔적이 산재하는 것을 미루어 보아 하치오지 지역도 도래인의 땅이었을 것이다. 따라서 도래인을 위주로 한 집단의 전통 민속신앙神道, 신토이던 우두천왕 신앙이 불교와 만나 팔왕자八王子 신앙과 혼합해가는 과정을 암시하는 지명의 유래라는 잠정적 결론을 내렸다. 이러한 신앙의 뿌리가 되는 일본신화와 스사노오素戔嗚尊에 대하여 알아 보기로 한다. 참고로 일본 고대사의 연구에는 신화와 신화에 나타나는 신들을 모신 신사의 연구가 중요하다.

### 교토京都의 야사카신사八坂神社

일본의 3대 마쓰리 중 하나인 기온 마쓰리 부분에서 이미 소개한대로 사이메이천황齋明天皇, 백제계 여왕 재위시인 656년에 고구려로부터 왜국에 온 사신 이리지는 신라국 우두산牛頭山의 스사노오를 교토 야사가 마을八坂鄕에 모시고 와서 제사를 지내게 되었다. 이리지는 왕실로부터 야사카八坂造, 야사카노 미야쓰코라는 성을 받았다. 즉, 고구려 사신 이리지공이 신라의 우두산에서 스사노오素戔嗚尊, 즉 우두천왕, 牛頭天王의 신위를 모셔다가 받들게 되었다는 곳은 교토의 기온사인 오늘의 야사카신사八坂神社이다.

신사의 입구 나무현판에 '백제국왕, 우두천왕'이 새겨져 있고 그 앞에는 거대한 우두천왕 동상이 있다. 스사노오를 우두천왕牛頭天王 또는 신라 명신新羅明神으로서 모신 야사카 신사는 일본내 기온신사의 총본산이고, 한반도에서 모셔간 역병 퇴치 수호신 우두천왕牛頭天王을 주신으로 섬기고 있다.

### 일본신화日本神話

일본신화에 대해서 이야기하면서 다시 한번 '스사노오'를 설명한다. 일본의 건국신화를 아주 짧게 요약하면 다음과 같다.

옛날 규슈九州 동쪽의 고천원高天原 다카아마노하라에 천신 아마天노미의 자식인 이자나기남신와 이자나미여신가 있었는데 서로 결혼하였다. 남신 이자나기의 왼쪽 눈에서 딸인 아마테라스天照大神, 천조대신, 태양신, 오른쪽 눈에서 스쿠요미달의 신, 코에서 아들인 스사노오素戔嗚尊, 바다의 신가 나온다. 이 중 스사노오가 행실이 좋지않아 고천원에서 쫓겨나 한반도의 신라국 소시머리曾戶茂梨, 소머리에 머물다가 다시 배를 타고 바다를 건너 이즈모국出雲國, 시마네으로 건너온다. 팔두사八頭蛇를 제압하고 나라를 이루어 후손인 오오쿠니大国主命, 대국주명가 다스리게 된다.

아마테라스가 스사노오를 그냥 둘 수 없어 손자인 니니기를 보내어 이즈모국을 정복하였고 신권만 남겨놓고 통치권을 양도 받는다. 니니기의 증손자인 와카미케가 가시하라樫原, 나라와 아스카 중간 지점에 나라를 세우니 이 사람이 일본의 초대천왕인 진무천황神武天皇이다.

여기서 재미있는 것은 진무神武의 아버지 이소라를 낳은 진무의 할머니는 토요타마라는 용왕의 딸인데 그녀의 신사가 대마도에 있는 와타즈미신사和多都美神社라는 것이다. 이소라가 태어난 곳도 신사 앞의 갯벌이라 한다. 와타즈미신사 앞에 바다를 향해 차례로 늘어서있는 도리이鳥居들이 한반도를 향하고 있어 천황족의 한반도 도래설을 암시하고 있다.

712년 간행된 일본 최초의 역사서 『고사기古事記, 고지키』에 기록되어 있는 내용으로 『고사기』는 백제 유민으로 당대의 석학이었던 야스마로安麻呂에 의해 편찬되었다. 구전과 지방 호족들의 기록을 모아 신화의 틀에 짜맞춘 것이라고 한다. 시간이 지나며 수많은 개편이 이루어졌다.

저서 『고사기는 신화가 아니다古事記は神話ではない』라는 책에서 사쿠라이桜井光堂 교수는 일본신화에서 아마天, 때때로 아메로도 표기는 한반도를 표시한다고 써놓았다. 다카'아마'노하라高天原, 천신 '아마'노미, 딸 '아마'데라스天照大神의 '아마'는 모두 한반도를 일컫는 말이라는 것이다. 명쾌한 지적이 아닐 수 없다. 이 팁만 알고 있으면 난해하기 짝이 없는 일본신화의 실마리를 풀 수 있다.

일본신들의 이름은 우리말로도 해독이 된다고 한다. 그것은 그들이 한국에서 이주해간 실존 인물이었거나, 한국계의 어느 집단을 상징했음을 의미한다. 재미있는 사실은 신라, 고구려, 백제, 가야 등 어느 계통에 속하는 신인지 알 수 있도록 이름에 비밀 코드를 심어 놓았다는 점이다. 이름에 한자 '천天'이 섞여 있는 신은 신라계통이다. 더러는 가야계통의 신 이름에도 '천'자가 보인다. 고구려 계통의 신 이름에는 대체로 '고高' 자가 들어 있다. '건建', '무武' 자도 고구려계임을 나타내는 암호다. '풍豐', '이伊'는 가야계, '서瑞', '월月'은 백제계 신들을 나타낸다. 잃어버린 왕국을 쓴 최인호 작가는 이런 진실의 코드가『고사기』를 편찬한 백제 유민 안마려安麻呂, 야스마로의 배려라고 쓰고 있다.

## 스사노오素戔嗚尊

『일본서기』에 나타나는 스사노오素戔嗚尊 신의 이미지는 부정적이다. 스사노오는 아버지로부터 바다를 다스리라는 명령을 받는다. 그러나 그는 이 명령에 따르지 않고 '어머니의 나라인 내根나라'로 가고 싶다며 계속 울부짖어 푸른 산을 온통 메마르게 만들고 강물도 바닥나게 한다. 아버지 신으로부터 추방령을 받은 스사노오는 누이 아마테라스天照신이 살고 있는 다카마노하라高天原에 가서 폭행을 저지르다 이곳에서도 추방당한다. 그 후 신라의 소시모리소머리 즉, 우두라는 데로 가지만, '이런 데서는 살고 싶지 않다'라며 배를 만들어 바다 건너 동쪽의 이즈모出雲국으로 간다. 그곳 주민을 괴롭히는 큰 뱀을 처치하고 터줏대감의 딸과 결혼해 그곳을 다스리다 노후에 드디어 '내 나라'로 돌아간다.

그런데 확실한 것은 다른 신들은 그 출신지를 구체적으로 밝히지 않고 하늘에서 왔다고 하는 반면 스사노오의 경우는 신라국이라고 밝히고 있다. 이것으로 미루어 필자의 추측은 일본 열도에 백제의 세력이 들어오기 전에 이미 존재하던 한반도 도래인특히 가야, 신라의 이주민 집단의 신이 아닐까 생각한다. 아마데라스라고 하는 백제가 선택한 가야 이주민의 신이 이즈모 지역에 모여 살던 선주민의 신인 스사노오의 세력을 겪고 일본 열도의 패권을 차지한 사실을 신화를 빌어 표시해 놓았다는 생각이다. 뒤에 들어온 지배 계층인 백제계는 자신들의 정통성을 확립하기 위하여 선주 도래인의 신인 스사노오를 악의적으로 표현하지 않았을까 하는 생각이다. 지금도 한반도 도래인의 조상신을 모시고 있는 신사에는 반드시 스사노오素戔嗚尊 신이 있다.

혼동을 일으킬 여지가 있지만 참고로 온조의 형인 비류가 이끌던 비류백제가 일본의 기틀을 확립했다고 주장하는 학자들은 스사노오를 고구려사실은 부여의 신으로 보기도 한다. 비류왕의 어머니인 소서노召西奴 왕비의 이름을 알고 있는 한국인이라면 '스사노오'가 '소서노'와 흡사한 것을 알 수 있다. 이 주장에 따르면 고구려에서 남하해 미추홀이라는 곳을 도읍으로 삼은 비류는 다시 남하해 경상도 고령으로 간다. 당시 가야산은 우두산牛頭山이라 불렸다. 스사노오의 별명이 바로 '우두천왕牛頭天王'인데 비류왕과 스사노오를 동일 인물로 보는 까닭이 여기에 있다.

서기 656년 고구려의 사신인 이리지가 신라국가야 우두산에 있는 스사노오의 영혼을 일본 교토로 옮겨 제사 지냈다는 위의 기록으로 미루어, 스사노오素戔嗚尊와 비류왕이 동일 인물이라면 비류왕은 미추홀에서 죽은 것이 아니라 그보다 훨씬 훗날 고령에서 죽은 것이 된다. 이에 앞서 그는 일본 이즈모 지방으로 진출, 이곳에서 한동안 활동을 하다가 다시 '나의 나라'를 뜻하는 내根국國으로 돌아간다. 고령 일대를 차지하고 있던 대가야는 562년 신라에 의해 멸망한다. 따라서 '대가야국의 우두산'도 '신라국의 우두산'이 됐고, 적국에 버려져 있던 스사노오, 즉 비류왕의 영혼은 656년에 가서야 고구려인 후손인 이리지에 의해 일본으로 모셔졌다는 얘기다. 그렇다면 대가야가 고구려와 관련이 있는 나라였다는 얘기도 된다. 참고로 고령에 있는 대가야 고분은 규모가 엄청나다.

### 우두천왕牛頭天王

우두천왕은 몇 가지 기원이 있는 것 같다. 인류가 공유하는 신화에 등장하는 공통의 신인지도 모르겠다.

중국 역사에 나오는 동이족의 치우천황蚩尤天皇은 항상 양쪽으로 쇠뿔 모양의 장식이 달린 구리로 만든 투구를 쓰고 전장에 나갔다. 지금도 우리는 최고위층 사람을 우두牛頭머리라 한다.

본래는 인도 신화의 뇌신 인드라가 불교로 흡수되어 천부의 일원이 된 것이라고 한다. 이것이 중국에 들어와 4세기 경에는 염제 신농씨와 습합習合[28]하기도 했다. 일본에서 우두천왕은 스사노오와 습합하였으며 우두천왕을 모시는 신토의 신사도 존재한다. 우두천왕 섬야노陝野奴, 스사노오를 모신 신사神祠를 소머리 절牛頭寺, 우두사이라고 부른다.

### 7. 고쿠분지国分寺 백제 와당

---

28    외래 신앙이나 민속이 토착 신앙이나 민속과 만나서 융합됨을 말함

아카사카 집에서 출발, 요쓰야에서 중앙선쥬오선으로 갈아타고 기치 조지吉祥寺와 미타케三鷹를 지나 타치가와立川역 몇 정거장 전에 고쿠분 지라는 역이 있다. 집에서 한시간 정도 걸리는 곳이다. 역에서 나와 서 남방으로 나있는 길을 따라가다 보면 무사시고쿠분지武蔵国分寺의 대문 이 고색창연하게 서 있다. 역에서 걸어서 20분이 안되는 길인데 사잇 길이 불안해 큰길로 가서 이 정도 걸린 것이다.

우선 고쿠분지国分寺라는 말이 생소하다. 우리나라에서는 들어보지 못한 이름이기 때문이다. 한자를 보면 일단 정치적 연관성이 느껴진 다. 정부에서 관리하던 절이었고 지방의 정치 행정 중심지에 세워졌다 는 것으로 보아 고쿠분지라는 절이 세워질 당시 이 근처가 지방 행정 의 중심이었음을 암시한다. 근처에 있는 후추府中라는 지명에서도 지방 정권이 있었던 곳임을 알 수 있다. 고쿠분지를 지도에서 보면 커다란 가람인데 일반인에게 공개되는 장소는 거의 없었다. 대문 뒤의 조그만 정원과 유물을 전시한 박물관이 전부이고 뒤에 넓게 펼쳐져 있는 옛 사찰 부지는 지금도 발굴 중이었다.

이곳을 방문하고 제일 의아했던 점은 박물관에 진열된 많은 수막 새였다. 발굴 과정에서 채취된 것이라고 한다. 수막새가 고대사 연구 에 중요한 이유가 있다. 옛날에 지어진 건물은 어떠한 이유로 불타거 나 무너져 땅 속에 묻히게 된다. 이때 기와와 수막새는 유실되거나 마 모되지 않는 한 사라지는데 오랜 시간이 걸리기 때문에 역사의 증표가 된다. 따라서 수막새가 발견되면 예전에 그곳에 서있던 건물의 연대와 기풍을 이야기해주어 건물의 연대와 건립 주체에 대한 정보를 제공한다. 특히 수막새에 그려진 문양은 시대와 지역에 따라 특색이 있고 다르기 때문에 폐허에 풍화되지 않고 남아있다가 출토되는 수막새는 숨길 수 없는 역사의 단서가 된다. 박물관에 진열된 수막새는 전문가가 아닌 필자의 눈에도 너무 낯익은 모양이었다. 백제 수막새에 있는 연화문이 그려져 있었다. 몇 가지 점에서 진열된 수막새에 대한 관심을 갖게 되었다.

첫째, 박물관의 관람이 통제되고 있고 사진 촬영은 일체 금지된다. 수막새가 고가의 물건도 아니고 무슨 대단한 비밀도 아닌데 지나치게 보안을 유지하는 느낌이 들었다.

둘째, 박물관의 설명에 따르면 이 수막새는 당시 이곳 주위에 이주해 살던 백제인 기와장들이 만든 것이라 한다. 무언가 석연치 않은 점이 있는 것 같았다. 백제인 기와장들이 하필 이 근처로 이주해 왔다는 이야기인데 우연의 일치라고 하기엔 무언가 모자란다.

이 때 본 수막새의 인상이 너무 강해서 그 후 수막새에 대한 연구를 하는 계기가 되었다. 수막새를 그저 고대 예술품으로만 생각하다가 강력한 역사의 증거가 될 수 있음을 처음으로 느꼈기 때문이다. 고쿠분지의 역사에 대하여 알아보기 위해 일본의 '기록된 역사'를 살펴 보기로 한다. 일본 정사인 『고사기』와 『일본서기』가 710년과 720년에 각각 편찬되었으니 그로부터 약 70년 전부터 시작해본다.

**국분사**国分寺, 고쿠분지

고쿠분지가 만들어지게 되는 시대 상황이다. 645년, 당시 정치의 중심지 아스카飛鳥에서 일본 고대사의 흐름을 결정짓는 쿠테타가 일어났다. 이 사건을 주도하였던 인물은 나카토미中臣鎌足와 나카노에 왕자中大兄皇子였다. 당시의 권력자 소가노이루카蘇我入鹿와 소가노에미시蘇我蝦夷가 제거되어 4대 100년을 이어왔던 소가씨의 시대가 막을 내린다.

총리격인 내신內臣에는 나카토미가 임명되어 권력을 장악한다. 참고로 나카토미를 기리는 신사는 아스카의 석무대石舞台라는 돌무덤 옆으로 난 길을 따라 산 쪽으로 차를 몰면 언덕길이 나오는데 언덕의 정상 부근 계곡에 세워져 있다. 나카토미의 아들이 당나라에 유학갔다가 돌아와 지은 신사라고 하는데 단잔신사談山神社라 하며 가을에 단풍이 우거져 경치가 아주 좋은 곳이다.

나카토미와 나카노에황자에 의해 656년 다이카 개신大化 改新이라는 대개혁이 단행된다. 호족들의 소유였던 사유지와 사민私民들을 모두 천황에게 복속시키며 호족들의 정치, 경제적 기반이었던 구니國, 코오리郡, 아가타縣 등을 정리한다. 이 나카노에 왕자가 어머니 제명천황사이메이의 명을 받아 662년 백제를 부흥시키기 위해 한반도 서해안에서 벌어진 국제 해전인 백촌강의 전투에 대규모 일본측 구원병력을 보내고 지휘하던 장본인이다. 후에 덴지천황天智天皇, ?~672년이 된다.

다이카 개신 이후 한반도에서 백제와 고구려가 멸망하고 일본 내에서 또 한번의 정변인 임신의 난672년이 일어난 후 일본日本이라는 나라가 탄생한다. 불교도 씨족불교에서 국가불교로 탈바꿈하며 국가로서의 체제가 갖추어지자 전국 각 지방마다 국분사國分寺라는 공공 사찰이 건립된다. 국분사의 건립은 741년 시작 되는데 지역마다 국분승사國分

僧寺와 국분니사國分尼寺를 각각 하나씩 건립하고, 사찰 운영의 재원으로서 봉호封戶를 부여하고, 10~20인의 승려를 상주시킨다. 국분사의 운영 및 관리는 각국各國. 지방국의 수령인 국사國司에게 그 책임이 주어졌다. 일본 전역에서 확인되고 있는 국분사는 총 118개에 이른다. 절터만 남아있는 경우가 많다. 지명중에 '고쿠분國分' 혹은 '고쿠분지国分寺' 등으로 불리는 곳은 나라시대 국분사가 있던 곳이며, 지역의 관청과 가까운 곳에 건립되었기 때문에 도심에 절터가 위치하는 경우가 많다.

나라시대奈良時代인 758년 건립된 동대사東大寺. 토다이지가 국분사의 총본산이며 높이 15m, 무게 50여 톤의 노사나불盧舍那佛이 조영되었다. 국분사는 일본 열도에 일본이라는 새로운 나라가 만들어지는 과정에서 불교를 국교로 끌어들이며 만들어진 국가 사찰이었던 것이다.

일본 열도는 701년부터 일본을 국호로 사용하는데 일본이라는 말은 원래 해뜨는 동쪽을 가리키는 방위 개념으로 중국에서는 백제를 일본日本으로 표기했고, 백제는 왜국을 일본日本으로 불렀는데 일본은 이를 국호로 정하여 고유명사로 만든 셈이다. 초기에는 히모토日本. 즉 해밑(섬)라고 불렀다한다. 이 책의 제명도 여기서 따왔다.

불교가 국가의 정치 목적을 우선으로 하던 시대에 신라의 원효대사처럼 민중의 구제와 교화를 통해, 또 민생을 살리는 의미있는 토목공사를 통해 대중적 존경을 받았던 행기行基라는 백제 출신의 중도 있었는데 후에 소개하기로 한다.

## 백제 와당瓦當

막새라고도 부르는 와당瓦當은 목조건물의 처마 끝을 장식하던 것으로 꽃풀무늬草花文, 둥근무늬圓文, 마름모무늬菱形文, 연꽃무늬蓮花文 등 다양하지만 주로 연꽃무늬가 많이 보이고 있다. 특히 백제의 연꽃무늬에는 꽃잎 끝으로 유연하게 곡선이 내려가다가 끝부분에 이르러서는 돌출하는 반전수법反轉手法이 매우 아름답다. 귀족계층이나 양반들만 기와집에서 살 수 있었던 한반도에서 기와는 권위와 부富의 상징이었다.

옛날 막새를 보고 싶으면 종로구 부암동의 유금와당박물관柳琴瓦當博物館이나 용산 국립박물관 와당특별전시실에 들르면 된다. 유금와당박물관은 부암동의 한적한 골목길을 조금 걸어 올라가면 코너에 있다. 방문객이 드물기 때문에 미리 전화로 예약하는 것이 좋다. 고대 중국, 일본, 한국의 동아시아 와당 3,000여 점, 중국 토용 토기 1,300여 점을 소장하고 있다. 유창종 관장은 1987년 일본인 의사로 평생을 한국의 기와와 벽돌을 수집하고 연구한 이우치1992년 졸씨가 한국의 국립박물관에 자신이 소장한 기와와 벽돌 1,082점을 기증한 것을 보고 느낀 바 있어 25년간 수집한 귀한 보물들을 국립박물관에 모두 내놓았다. 그 후 고인이 된 이우치의 아들이 남은 유물 1,301점을 유금 와당박물관에 다시 기증하였다.

기록에 의하면 백제는 588년에 일본에 와당 문화를 전하는 와박사瓦博士를 파견해 사찰인 아스카의 아스카사飛鳥寺와 오사카의 시텐노지四天王寺, 사천왕사의 기와를 제작할 정도로 건축과 기와 제작기술이 뛰어났다. 백제 기와의 문양은 연화문蓮花文이 특징으로 기와에 새겨진 연꽃

잎이 부드러운 곡선으로 처리되어 한층 세련되고 우아한 느낌을 자아냈다. 백제의 막새는 일본의 아스카 문화에 영향을 끼쳤다.

도쿄 고쿠분지 박물관의 설명은 일본에서 주장하는 역사의 시나리오를 잘 따르고 있다. 즉 일본에는 원래부터 일본 열도에 살던 '일본인'이 있었는데 6세기 초의 어느 때에 정치 세력을 형성하여 아스카飛鳥에 야마토大和라는 왕국을 건설한다. 그들은 이웃나라인 백제에서 불교와 기술자와 문물을 받아들여 문화를 발전시킨다. 학교에서 배운 역사이다.

여기서 필자가 의심하게된 부분이 일본 열도에 옛날부터 살고 있던 '일본인日本人'이라는 원주민들이 어떻게 하여 급작스런 발전을 하였으며 이들은 과연 어떤 종족일까하는 점이다. 그리고 하필이면 왜 백제에서 주로 문물을 받아들였나 하는 점이다.

잠시 위에 기술한 역사를 돌이켜 보면 소가씨蘇我氏의 가문이 100년간 정권을 잡았다고 되어 있으니 서기 545년에서 645년간이다. 545년은 백제는 중흥기의 한 가운데 있다. 소가씨가 백제계였다는 설이 광범위하게 지지되고 있고 소가씨를 물리친 나카노에 황자中大兄皇子도 국가의 명운을 걸고 구원병을 한반도에 파병한 것을 보면 절대적으로 친백제계이다. 다시 말해서 645년의 쿠테타는 백제계 간의 왕권 다툼이었다고 볼 수 있는 것이다.

불교가 처음 일본에 전해진 것은 6세기경552년으로, 백제의 성왕이 특사를 파견하여 금동석가불상 1구와 경론을 전했다고 한다. 7세기초 당시의 황태자이며 정치적 실권을 장악하고 있던 성덕태자, 즉 쇼오토쿠 태자574~622년가 불교문화를 전파하는데 있어 주동적인 역할을 하게 된다. 성덕태자聖德太子는 소가씨와 함께 오사카의 사천왕사, 나라의 법륭사를 지었다고 알려져 있다. 불교를 이용하여 반대파를 몰아냈다고도 알려져 있다. 또 하나 놀라운 사실은 성덕태자가 실존인물이 아니고 소가씨 때문에 만들어진 인물이라는 설도 있다. 일본의 불교는 전파 후 오랫동안 귀족이나 국가를 위한 종교에 지나지 않았으나 13세기에 접어 들어서야 서민들 사이에서도 상당히 번성함과 동시에 무사계층에게는 선禪이 보급되기에 이른다.

18세기 중반에 고쿠분지는 쇼군의 매 사냥터가 되고, 샘물이 흐르는 수로 옆으로 사냥을 위한 길을 만들었는데 이 길의 이름이 오타카노미찌お鷹の道이다. 국분사에서 돌아올 때는 오타카노미찌를 걸어서 역으로 돌아왔다. 주택가와 숲 사이에 수로가 나 있는데 물흐르는 소리가 졸졸졸 나는 고즈넉한 길로 걷기에 좋았다. 새로운 아이디어가 샘솟듯 나올 것 같았다.

## 8. 다카오高尾산의 텐구天狗

일본에 살면서 한국의 친구들 중 일본에 연고가 있는 친구들이 있는 것을 알게 되었다. 한 친구는 딸이 도쿄에 있는 명문 대학에 다니고 있고 다른 친구는 딸이 외국에서 대학을 마치고 도쿄에서 프랑스 수준의 제과학교에 다니고 있다고 했다. 그 후 친구의 두 딸들과 함께 주말에 도쿄 근교의 다카오산에 다녀 오기로 했다. 두 딸과 우리 부부는 신주쿠역에서 전철을 타고 산으로 향했다. 도쿄의 서쪽에 있는 다카오산高尾山은 해발 599m의 산으로 도쿄 사람들에게 주말 산책 장소이다. 우리로 말하면 북한산이나 도봉산에 해당하는 곳인 셈이다. 미슐랭 가이드의 별 3개짜리 관광지로 선정된 부담없는 관광 코스이다. 다카오산에는 초심자부터 상급자까지 모두가 즐길 수 있는 몇 군데의 하이킹 코스가 있을 뿐만 아니라, 케이블카와 리프트를 이용할 수도 있다. 역 주변에는 미술관, 음식점, 상점가 등이 있다.

다카오산의 케이블카는 도심에서 다카오산으로 들어가는 현관과 같은 게이오선 다카오산입구역高尾山口駅과 전망대로 가는 다카오산역高尾山駅을 연결하고 있다. 케이블카는 표고 차이가 271m 되는 두 역을 연결하고 있기 때문에 경사가 심한 곳은 무려 31도 이상으로 일본 최고의 급경사다.

케이블카를 내려 산정상까지는 꽤 걸어야한다. 중간에 나오는 약왕원薬王院, 야쿠오인이라는 절 안을 통과해서 얼마를 더 걸어가면 정상 광장에 도달한다. 다카오산 정상은 후지산을 바라볼 수 있는 장소로서 '관동지역의 후지산 전망하기 좋은 곳 100선' 중 한 곳에 선정되어 있다. 날씨가 좋은 날에는 산 정상의 전망대에서 후지산의 웅장한 모습을 선명하게 감상하실 수 있다는데 그 날은 구름이 끼어 보지 못했다.

케이블카를 탈 수 있는 곳까지의 하산길은 오를 때와는 다른 길로 내려가기로 했다. 경사가 심한데다 두 명이 지나가기엔 좁아 걷기조차 힘들다. 고소공포증이 있어 산 쪽에 붙어 내려가는 P양이 안타까웠다.

내려갈 때는 케이블카 대신 에코 리프트를 타보기로했다. 이 리프트는 다카오산입구역 옆에 있는 산로쿠역山麓駅에서 산쵸역山頂駅까지를 연결하고 있는데 케이블카 노선 옆으로 설치되어 있다. 바람을 느끼며 탈 수 있어 기분이 좋았다.

다카오산에는 몇 군데의 등산로가 있는데 그중에서도 가장 일반적인 것이 다카오 오모테산도高尾表参道라고 불리는 코스라고 한다. 다카오산역高尾山駅, 전망대를 지나 불사리탑仏舎利塔, 산문山門, 야쿠오인薬王院 등의 명소를 견학하는 전장 3.8km의 코스로 약 2시간 걸려 산 정상에 도착한다.

등산로 입구에는 음식점이 줄지어 있는데 유명하다는 소바점 다카하시야高橋家로 들어갔다. 다카오산을 방문할 때는 꼭 한 번 이 식당의 명물 토로로소바とろろそば를 먹어야 한다고 한다. 신슈信州산 소바가루에 토로로마를 갈은 것를 더하여 만든 매끄러운 소바, 야마토이모참마의 한 종류와 나가이모참마를 섞은 끈기 있는 토로로의 조합으로 토로로소바의 맛을 느낄 수 있다.

이 여행 후 일본에 큰 지진이 나던 날, 시내에 나와 있던 P양은 집에 갈 수가 없어 가까운 우리집으로 피신하여 여진으로 계속 흔들리는 무서운 밤을 처와 함께 보낸 후 수양딸처럼 지내는 사이가 되었다.

### 야쿠오인 薬王院

다카오산역高尾山駅과 산 정상 사이에 있는 다카오산 야쿠오인薬王院은 744년 만들어진 유서 깊은 절이다. 경내의 이즈나권현당飯縄権現堂 앞에는 보기에 기분이 으시시한 텐구天狗 동상이 서있다. 이 텐구가 경내의 분위기를 압도한다. 예로부터 일본에서 텐구天狗는 신과 같은 존재로서 믿어져 왔는데 다카오산은 텐구가 사는 산으로 알려져 있으며 텐구의 힘을 두려워해 스스로 움직인 삼나무가 남아 있다거나 텐구가 가지고 놀았다는 바위 이야기가 전해지기도 하는 등 텐구에 얽힌 에피소드가 넘쳐나는 곳이다. 이곳의 텐구는 진언밀교의 다키니텐 茶枳尼天[29] 신앙과 산악신앙인 슈겐도修験道가 연결되어 태어난 텐구의 일종인 카라스텐구의 모습으로 머리카락은 솟아 있으며 검과 여의주를 갖고 화염을 배경으로 해서 다리에 뱀이 감긴 백여우에 올라타 있다. 화염에서 집을 보호하는 힘이 있고, 이즈나곤겐飯繩權現이라는 이름으로 숭배되기도 한다. 또한 주술의 달인으로 인간에게 여우를 조종하는 힘을 전수한다고 알려졌다.

일본을 이해함에 있어서 난해한 것이 몇 가지가 있는데 그 중 하나가 요괴다. 여기서는 주술적인 밀교와 결부된 산악신앙의 상징인 텐구 그리고 주술적인 힘을 믿는 슈겐도修験道라는 민속신앙을 소개하기로 한다. 특히 산악신앙은 외래종교인 불교가 들어오기 이전에 이미 일본 열도에 존재하던 신앙으로 한반도의 원시신앙이기도 한 산신신앙과 연관이 있다고 본다.

**텐구**天狗
본래 '천구天狗'는 중국의 요괴로서, 별똥별이나 혜성의 긴 꼬리의 모

---

29  불교의 야차로 일본에서는 이나리 신앙과 섞여 백여우를 탄 선녀의 모습으로 나타나며 검, 보주, 볏단, 낫 등을 지니고 있다.

양으로부터 생겨난 상상속의 동물이라고 한다. 중국의 상고서인 산해경山海經에 기록되어 있다. 텐구天狗의 유래는 유성의 꼬리가 개狗와 닮은 점에서 하늘天의 구狗, 천구天狗라고 한데서 기인한다. 일본에서 텐구라는 단어가 처음 등장한 것은 『일본서기』에 있는 637년의 사건으로 '이상한 소리를 내며 하늘을 날아다니는 것'이란 기록이 그 처음이다. 지표면까지 도달한 별똥별의 일종으로 생각된다. 당시 사람들은 이 물체가 뭔지 몰라 어리둥절해 했는데 당나라 유학을 마치고 돌아온 민旻이란 백제 학승이 '이것은 별똥별이 아니라 텐구, 아마기츠네天狐가 우는 소리다'라고 말했다는 기록이 있다. 민旻스님은 652년 입적하지만 그의 말은 텐구사상이 되어 1400여 년이 지난 지금도 일본인들의 삶 속에 뿌리 깊게 남아있다.

구카이空海나 엔친円珍 등이 일본에 밀교를 전파하면서 별 신앙과 연관되고, 나라시대 엔노 오즈누役小角의 산악신앙과 결부되면서 가마쿠라시대에 이르러 슈겐도의 수도승山伏, 야마부치을 텐구로 부르게 되었다. 민간에서는 평지에 사는 일반인들이 산악지역을 이계異界로 보고 두려워하며 그곳에서 일어나는 기괴한 현상을 텐구의 이미지와 결부시켜 텐구를 산의 신으로 보려는 경향이 생겨났다. 텐구를 가리켜 구힌狗賓, 산인山人, 산의 신山神 등으로 칭하는 지역이 있다.

밀교의 전파로 텐구는 덩치가 크고 눈이 부리부리하며 콧대가 높은 상상의 요괴로 변형되어 가기 시작했다. 그러다가 텐구는 일본 고유 산악신앙인 슈겐도의 '산복山伏, 야마부시'과 인연을 맺게 되며 산복이 마귀의 일종으로 여겨지기 시작하였다. 평지에 살던 일반인들은 산악지대의 험한 곳에 사는 괴이한 존재로서 텐구를 인식하기에 이른다. 우락부락하고 코가 큰 인간 모양을 하였으나 날개를 달고 이리저리 날아다니는 신통력을 지닌 텐구는 그 뒤 다양한 모습으로 변한다. 일반적으로 전해지는 코가 길고 붉은 얼굴에 야마부시山伏의 의복을 입고 굽이 높은 게다를 신고 부채나뭇잎 혹은 매의 깃털로 만들어진 부채를 가지고 자유롭게 하늘을 날아다니며 흉악한 일을 저지른다는 것은 중세 이후에 해석된 것으로 사실 텐구의 모습은 일정하지 않다. 가장 많은 것은 승려의 모습이지만 아이의 모습이라든가 오니鬼의 모습도 있으며, 하늘을 난다는 점에서 솔개의 이미지를 따온 모습도 많다.

헤이안 말기에 지어진 금석물어집今昔物語集, こんじゃくものがたりしゅう에서는 하늘을 날며 사람을 홀리는 매鷹라 불리는 마물이나 얼굴은 텐구, 몸은 사람으로 한쌍의 날개를 가진 마물 등, 텐구天狗 설화가 많이 기재되어 있다. 헤이케 이야기平家物語에서는 '사람이되 사람은 아니고, 새이되 새가 아니고, 개이되 개가 아니며, 팔다리는 사람, 머리는 개, 좌우에는 날개가 있어서 날아다니는 것'이라 기술되어 있다. 교토시 시라미네신궁白峯神宮의 제신으로 있는 금색 솔개로 변한 스토쿠천황崇德上皇, 긴 날개를 가지고 있다던 고시라카와천황後白河天皇 등이 기록된 태평기太平記에서는 령靈을 텐구로 소개하고 있다.

텐구의 성립배경에는 여러 종교가 얽혀있어 종류나 모습은 다르지만 일반적으로는 야마부시山伏의 의복을 걸치고 얼굴은 붉고 코는 길며 날개가 있어 하늘을 난다고 한다. 그 중 코가 길고 뭉툭한 놈을 대텐구人天狗, 코가 날카로운 놈을 소텐구小天狗 혹은 까마귀 텐구烏天狗, 鴉

天狗라 한다. 산에 사는 사람들에게 있어서 자연의 맹위, 산적, 도적의 공포 등이 겹쳐 생긴 것을 까마귀 텐구烏天狗．鴉天狗라 추정한다. 일반적으로 텐구라 하면 이것을 가르킨다.

### 슈겐도修験道

언젠가 나고야에서 출발하여 나가노로 넘어가는 나카센도中山道의 옛길인 기소로木曽路를 여행하던 중 근처에 있는 중앙 알프스의 온타케산御嶽山를 방문한 적이 있다. 온타케는 표고 3,067m의 복합 성층화산으로 2014년 분화하여 50여 명에 달하는 인명 피해가 있었던 산이다. 경사가 심해 앞이 가끔 보이지 않는 불완전 도로를 운전하여 올라가 로프웨이를 타니 2,150m 지점에 내려준다. 구름 덮힌 정상을 바라보며 산책을 하던 중 기묘한 모습의 일행을 발견했다. 남자가 지게를 지고 노인을 태우고 산에서 내려오고 뒤에 두 여자가 따라가는데 검은 두건을 쓰고 흰 가사를 입었는데 발목 부분이 조여져 있다. 놀라운 사실은 돌이 굴러다니는 너덜길에 두 여자가 신발을 신지 않은 맨발이었다는 것이다. 그때는 슈겐도에 대한 지식이 없었던 때이다. 나중에 알게 된 사실이지만 온타케산은 산악신앙의 산이었다. 통상은 후지산富士山, 시라야마白山, 다테야마立山를 일본3영산日本三霊山으로 말하고 있지만, 이 중에 시라야마 또는 다테야마를 온타케산과 바꾸어 3영산으로 하는 경우도 있다. 일본의 산악신앙사에 있어서 후지산에 버금가는 집회장소로 서민 신앙이 모여있는 영산이다. 가마쿠라시대 온타케산 일대는 수험자의 수련장이었다.

희귀한 복장을 한 산악신앙인들을 야마부시山伏라고 칭하는데 삼베로 만든 법의法衣를 입고, 이마에 단추와 같은 토킨이 달린 검은 모자

## 슈겐도 修験道

뒤에 두 여자가 따라가는데 검은 두건을 쓰고 흰 가사를
입었는데 발목 부분이 조여져 있다. 놀라운 사실은 돌이
굴러다니는 너덜길에 두 여자가 신발을 신지 않은
맨발이었다는 것이다.
그때는 슈겐도에 대한 지식이 없었던 때이다.
나중에 알게 된 사실이지만 온타케산은 산악신앙의
산이었다.

頭巾를 쓰고 큰 지팡이와 호라가이法螺貝[30]라는 악기를 불면서 산중에서 수행修行하는 산악신앙인들이다. 지금은 불교에 종속되어 있지만 원래는 불교가 전래되기 이전부터 야마부시山伏 습관이 전승되어 왔다고 한다.

슈겐도의 창시자는 엔노 오즈누役小角로 일본의 토착 산악신앙에 불교密教와 도교 등이 혼합되어 만들어진 종교다. 수행을 통하여 번뇌를 떨치고 깨달음을 경험하여 힘을 얻는다고 하여 슈겐도修験道라고 한다. 일본의 토착종교인 신토의 영향도 받았지만 기본적으로 수행체계는 불교 쪽에 가깝다. 슈겐도를 수행하는 이들을 슈겐자修験者나 야마부시山伏라 부르는데 야마부시란 산山, 야마에서 엎드려伏し, 후시 수행하기에 붙여진 이름이다.

슈겐도는 7세기 일본 아스카시대에 본래 음양사陰陽師[31] 집안 출신인 엔노 오즈누役小角라고 하는 인물이 창시하였다. 엔노 오즈누役小角는 어렸을 때부터 혼자서 산에 들어가 명상을 하거나 기도를 하는 등 자기만의 수행을 하다가 17세 때 간고지라는 절에서 공작명왕의 주법을 배웠다. 이 주법의 힘을 바탕으로 20세에는 유명한 주술사가 되어 귀족의 병을 고치기도 하였다. 카츠라기산葛城山에서 처음 산악수행을 시작하여 일본 전역의 명산을 돌며 수행하다 킨푸산奥秩父連峰의 金峰山 2,599m에서 슈겐도의 기초를 닦았다. 전설에는 공작명왕의 주법으로 이산저산을 날아다니며 수행했다고 전해진다. 그래서 일본에 있는 슈겐도의

---

30   소라나 고동에 구멍을 내어 소리 나게 만든 악기
31   음양오행 사상을 기초로 풍수지리 등을 보던 기술직으로 후에는 점술, 주술, 제사 전반을 관장하게 된 직업

영산靈山들은 모두 엔노 오즈누役小角가 수행했다는 전설이 있다.

참고로 공작명왕孔雀明王은 밀교의 독특한 명왕 중 하나로 독사를 잡아먹는 공작새를 신격화한 것이다. 불교 전설에 의하면 어떤 비구가 산에서 뱀에게 발을 물려서 고통 받을 때 부처님이 불모공작명왕대다라니 주문을 외우자 뱀독은 물론 모든 병이 나았다고 한다. 이 주문은 모든 재앙을 물리치고 비를 불러 인간에게 이득을 준다고 하여 밀교에서는 제마除魔의 법력으로 쓰기 위해 진언하기도 하며 기우제의 술법으로 사용하기도 하였다한다.

산악수행을 거듭하던 엔노 오즈누는 마침내 '요즘 중생들을 보니 너무 힘들어하는 것 같다.' 하면서 나라현의 오미네산大峰山 1,915m의 정상에서 기도를 올려 세상을 구할 만한 본존을 청했는데 처음에 석가여래, 천수관세음보살, 미륵보살이 순서대로 나타났으나 엔노 오즈누는 모두 거절한다. 이후 세 불보살이 떠나고 나서 이 세 불보살의 공덕이 하나로 뭉쳐진 자오곤겐藏王権現이 특유의 무서운 모습을 하고 나타나자 그 모습을 보고 '저런 강한 부처야말로 중생들을 구원할 수 있다'라면서 자오곤겐을 슈겐도의 본존불로 삼고 오미네산을 슈겐도의 본산으로 삼았다.

슈겐도는 헤이안시대에 크게 융성하였으며 이후 독자적인 교단으로 성장하였다. 하지만 슈겐도의 위치와 성격이 불교와 신토의 중간쯤인 데다가 불교나 신토처럼 강력한 통합 교단이라기보다는 친목모임이나 신앙 공동체적 성격이 강하다 보니 구성원들의 일은 신사의 신관이 맡거나 깊은 산골 절의 주지가 맡게 된다. 각자의 수행생활에만 전념하는 식이라 지금은 지방 산악을 거점으로 근근히 살아남아 있다.

슈겐도修験道는 엔노 오즈누役小角가 창시자로
일본의 토착 산악신앙에 불교밀교와 도교 등이
혼합되어 만들어진 종교다.
수행을 통하여 번뇌를 떨치고 깨달음을 경험하여
힘을 얻는다고 하여 '슈겐도'라고 한다.
일본의 토착 종교인 신토의 영향도 받았지만
기본적으로 수행체계는 불교 쪽에 가깝다.

슈겐도의 교리는 밀교적인 영향이 강하다. 밀교의 본존불인 대일여래를 관하면서 대일여래와 일체화됨으로서 해탈을 추구하는 것이 슈겐도의 가르침인데 이는 밀교의 수행법인 삼밀 중 본존불을 마음 속으로 관하는 수행법인 의밀의 수행법이다. 그러나 일반적인 밀교와는 달리 입산수행을 강조한다. 이는 애니미즘의 산악숭배 신앙의 영향을 받은 것으로 슈겐도에서는 산 자체를 신성한 성지 또는 부처 그 자체로 보기에 입산만으로도 대일여래와 일체화되었다 보기도 한다. 따라서 산속에서의 험난한 수행은 슈겐자 자신의 번뇌와 업을 씻고 새롭게 태어나는 과정으로 본다. 다만 이런 해탈을 하는 수행만 하는 것은 아니고, 슈겐도의 정의인 '수행을 통하여 번뇌를 떨치고 그리하여 깨달음을 경험한 힘을 얻는다'는 정신으로 수행의 힘으로 고통에 빠진 중생들을 구하기 위하여 각종 주술을 연마하기도 하고, 신사에서 제사를 주관하거나 민간에서 사람이 병이 나면 한국의 무당이나 판수들처럼 병 고치는 의식을 행하기도 하였다.

이러한 힘을 얻기 위한 혹독한 수행으로도 유명한데 바위 절벽을 맨손으로 타거나 폭포를 맞으며 불경을 외우기, 한겨울 밤에 얼음을 깨고 강에 들어가기 등의 수행이 있다. 이를 뉴부入峰, 또는 미네이리峰入り라고 하는데 보통 짧게는 2박 3일, 길게는 보름 가까이 진행된다. 특히 유명한 것은 니시노 노조키西の覗き라고 하는 수행으로 신객新客이라 불리는 첫 뉴부入峰 수행 참가자의 양 어깨에 밧줄을 묶어 상반신을 절벽으로 미는 것이다. 대개의 수행은 산악도로를 따라 쥬쿠宿이라고 불리는 성지를 순례하면서 경전을 외우는 것이다.

슈겐자의 복장으로 유명한 것이 토킨頭襟이라고 불리는 관과 유이게사結袈裟라고 불리는 가사다. 슈겐쟈들의 이마에 메어있는 검은 단추 같은 것이 토킨이다. 토킨頭襟은 슈겐쟈의 개조인 엔노 오즈누役小角가 유배에서 풀려 돌아왔을 때 위로의 의미로 몬무천황이 하사한 관에서 유래하는 것으로 원래는 검은 옻칠로 단단하게 한 천이다. 유이게사結袈裟는 가사를 접어서 묶은 형태에서 시작되었는데 엔노 오즈누役小角가 산에서 수행 중에 걸치고 있던 가사가 말려 올라간 모습에서 따왔다는 전승이 있는데 산에서의 수행에 거추장스러운 가사를 개량한 것이다. 털로 만든 공 혹은 몇 개의 법륜法輪모양의 장식을 단다.

산신이나 산신령이라는 말은 산에 있는 '신비하고 초자연적인 기운'을 말하는 것으로 보인다. 우리나라에 있는 3천 여 사찰 중 2천 4백 곳에서 산신을 모시고 있을 정도로 산신은 우리의 옛 전통 속에 들어있다. 지금도 산신제의 전통이 살아있는 곳이 있는데 등산모임인 산악회의 산신제를 예전에는 '산제'라 했고 밤12시경에 올렸는데 지금은 '시산제'란 명칭을 많이 사용하며 음력 정월달에 지낸다. 주변에 어려운 산들을 열심히 등산하는 사람들을 보면 슈겐도처럼 도를 닦는 듯한 모습이 언듯 생각나기도 한다.

## 9. 부동존不動存과 일본의 불교

도쿄 도심에는 메구로目黑라는 지역이 있다. '눈이 검다'는 뜻이기는 하나 분명 한자가 이두처럼 사용된 소리글자인 듯하다. 아카사카에서 남북선 전철을 타면 10분 정도 걸리는 거리로 도쿄 순환선인 야마노테선과 마주친다. 역에서 내려 남쪽 방향으로 내려가면 벚꽃으로 유명한 메구로目黑강이 나오는데 역에서부터 경사가 심한 내리막 언덕길이다. 강 건너 언덕 아래 지역에 샘물이 솟는다는 용천사가 있다.

## 용천사龍泉寺

천태종 사원인 메구로 후도우不動 류센지龍泉寺는 808년 자각대사慈覚大師가 창건하였다고 전해지는 간토관동 최고의 부동영지다. 용천사는 일반인에게는 메구로부동존目黑不動尊이라고 불리운다. 인왕문仁王門을 지나면 대본당大本堂으로 올라가는 경사가 급한 긴 돌계단이 보인다. 돌계단의 왼편으로 돗코의 폭포, 전후도도前不動堂, 세이시도勢至堂 등이 있고 오른쪽에는 서원院書, 지조도地蔵堂, 간논도観音堂, 아미다도阿弥陀堂 등이 있다. 규모는 크지만 전반적으로 쇠락한 느낌이 든다.

## 부동존不動尊

부동不動은 부동명왕不動明王, 범어로 아찰라나타, 일본말로 후도묘오 또는 무동명왕無動明王, 부동존이라 부른다. 우리나라에는 흔치않은 밀교의 부처이다. 이 부처를 처음 본 느낌은 무섭고 신기하다는 것이었다. 원래는 힌두교의 시바신의 다른 명칭으로 불교는 이를 대일여래부처님의 진신.眞身를 나타내는 칭호의 사자使者로서 받아들였다. 여기서 부동움직임이 없음의 뜻은 깨달음의 자리에서 벗어나지 않고 굳건히 유지된다는 뜻이다. 일본에서 대중적으로 숭배되며 지명 중에 부동이 붙은 지명도 쉽게 찾을 수 있다. 생김새가 무섭고 강해보여 기도하면 액이 사라질 것으로 생각하는 사람들이 너도 나도 부동존을 모셨기 때문에 원래 가장 높게 모셔지던 신이 가장 대중적으로 숭배되게 되었다.

한반도 역사상 불교가 가장 성했던 고려시대에는 밀교의 의례가 퍼지면서 부동명왕을 포함한 명왕에 대한 신앙이 어느 정도 있었던 듯하지만 조선시대에 들어오면서 거의 잊혀졌다. 일본에서 유독 인기가 높았기에 일본에는 조각이나 그림으로 많이 남아있다. 그 중에는 형상이 무시무시한 것들도 있다. 보통 업화와 같은 불길이 온 몸을 두르고 있는 것으로 묘사되는데 '가루라염'으로 가루다가 뿜는 불꽃이라고 한다. 왼쪽 입술이 윗입술을 물고 오른쪽은 무섭게 찡그리며, 오른쪽 눈은 위를, 왼쪽 눈은 아래를 노려보고 있다.

## 밀교

밀교란 비밀리에 전해지는 종교적 사상을 가리키는 통칭인데 광의로는 폐쇄적으로 전해지는 신비주의를 가르키지만 본래는 고전 인도 철학의 사조이다.

일본에서는 '순밀純密', '잡밀雜密'로 밀교를 구분하는데, 순밀은 극단적인 신비주의 체계 속에서 발달한 비밀스러운 상징주의 철학을 중시하며, 잡밀은 철저하게 주술력을 통한 현세 구복성이 강하다. 일본 불교의 유물·유적 중에 대일여래나 허공장보살과 관련된 것이 많다. 일본 진언종은 아직까지 비밀주의가 강하다고 한다.

한국에는 신라 때 잡밀 밀교가 조금 들어온 뒤 통일신라 때 순밀이 들어온 것으로 추정되며 왕오천축국전으로 유명한 승려 혜초도 사실 밀교 수행승이었다고 한다. 고려 때 왕실과 귀족 중심으로만 발전하였으나, 조선초 맥을 유지하다가 임진왜란 이후로 그 맥이 끊긴 것으로 추정되고 있다.

## 일본의 불교

일본불교의 특징은 전통적으로 국가권력과의 밀월관계를 계속해온 데서 찾을 수 있다. 이는 불교가 전래된 6세기 초부터 근대에 이르기까지 계속된 일본불교의 역사적 성격이다.

일본에 불교가 처음 전래된 것은 『일본서기』에 552년이라고 기록되어 있으나 그 이전에 이미 백제로부터 도래한 사람들에 의해 널리 신봉되고 있던 것으로 보인다. 일본에 불교가 정착하는데 크게 기여한 인물은 성덕태자574~622년라고 알려져 있다. 그의 스승이었던 고구려승 혜자의 가르침에 따라 불교를 국가통치이념으로 채택했고 백제승 혜총에게서 불경을 배워 불교신앙의 기초를 닦았다고 전해진다. 이후 중국으로 유학승을 파견, 대륙불교를 받아들이는 한편 대사원을 건립했다. 이 시대는 삼론三論, 성실成實, 법상法相, 화엄華嚴, 율律 등 6종의 학파가 나왔다.

헤이안시대平安, 784~1185년에 들어와서는 새로운 불교가 도입되었다. 최징과 공해가 천태와 진언 밀교를 수입한 것이다. 최징最澄, 사이초, 766~822년은 당에 유학하여 천태교학을 배워 귀국한 뒤, 히에산에 연력사를 세우고 천태교학의 바탕위에 세워진 염불 위주의 밀교인 일본 천태종天台宗의 개창자가 됐다. 천태종과 진언종은 공통적으로 밀교의 종파다. 공해空海, 구카이, 773~835년는 최징과 같이 유학했으면서도 장안에 머물면서 불공삼장의 제자 혜과로부터 진언眞言宗밀교를 전수받아 고야산에 새로운 도량을 세웠다. 천태와 진언은 교단조직을 확립하고 일본 종파불교의 원형이 됐다.

헤이안시대 중기에 법연法然, 호넨, 1132~1212년은 왕생을 위해 오로지 염불만 할 것을 제창하며 천태종으로부터 독립을 선언하고, 정토종淨土宗을 세웠다. 법연의 제자 친란親鸞, 신란, 1173~1263년은 아미타불의 자비에 의해서만 왕생이 이뤄진다고 주장하고, 타력보은他力報恩 염불을 강조하며 정토종으로부터 독립하여 새로운 종파를 세웠다. 이것이 오늘날 일본 최대의 종파가 된 정토진종淨土真宗이다. 정토종과 정토진종의 탄생으로 귀족불교가 민중불교로 전환되었다.

가마쿠라시대1185~1333년에 와서 민중불교의 뿌리를 내렸다. 이 시대에 중국으로부터 선禪도 수입되어 영서1141~1203년는 임제종 계통의 선을 도입했고, 도원1200~1254년은 조동종 계통의 선을 들여와 일본 선종의 창시자가 됐다. 이 시대에 등장한 불교운동 중 하나가 일련日蓮, 니찌렌, 1222~1282년에 의한 법화종日蓮宗, 일련종인데 법화경 하나만을 의지하는 것을 종지로 세우고 개교했다.

무로마찌시대1392~1477년에는 잦은 전란으로 대부분의 사원은 경제적 궁핍을 이기지 못해 황폐화되었다. 불교는 농민과 연합하여 무사계급에 저항하는 무장봉기를 일으키기도 하였으나 이 시대에 번창한 것은 정토진종淨土真宗뿐이었다. 정토진종은 세력이 커져 정토진종의 본사인 본원사는 사실상 봉건영주적 세력이 되었다. 정토진종은 조상숭배를 받아들이고 농민의 종교가 되기 위해 신토와 결합했다. 그 후 정토진종은 비승비속非僧非俗의 세속종단으로서 혈연에 의해 상속되는 가장 일본적인 형태의 불교로 정착케 된다.

에도시대1598~1867년에 이르면 다시 국가불교 체제로 전환케 된다. 도쿠가와 막부시대는 불교의 자유로운 포교활동 금지, 사원건립 제한, 출가자의 제한 등 탄압정책을 실시하는 한편 국가권력에 의한 본말사本末寺제도를 채택했다. 주지의 임명권에 관여하여 승려들은 주지가 되기 위해서는 막부가 실시하는 시험에 합격해야 했고, 그것은 불교 교학과 각 종파의 종학을 발전시키는 계기가 되었다. 각 종파는 경쟁적으로 학교를 경영하여 큰 곳은 천 명 이상의 학승이 모여 강의와 연구를 했다. 불교교단은 일반인들을 위한 강습소까지 개설해 불교를 일반민중에게 가르쳤다.

막부는 그리스도교 금제禁制를 위해 불교를 이용하였고, 불교는 정치의 일단을 청부맡아 기독교 금제를 강화했다. 기독교를 믿던 사람은 반드시 개종하여 불교사원에 신자로 등록을 시키고 그 증거로 사찰에서 증명서를 발급받도록 했다. 이 제도를 일반인에게도 보급시켜 혼인, 여행, 이사 등에서 사찰이 발급한 증명서가 제출되어야만 했다. 이것은 일종의 호적제도로서 막부가 불교를 억압하면서 동시에 불교를 위무시키기 위한 하나의 방편이었다.

막부의 이 같은 불교 관리는 오늘날 일본불교의 특색인 단가檀家제도를 확립하는 계기가 됐다. 단가제도란 특정사찰이 신토집안의 장례나 제사 등을 독점하고 신자들은 그 대가로 일정액을 보시하며, 신토집안은 대대로 그 사찰의 신자檀家, 단가가 되는 제도이다. 그러한 사찰을 단나사檀那寺라고 한다. 모든 주민이 어떤 형태로든 불교사원과의 관계를 갖지 않을 수 없고, 그로 말미암아 자연스럽게 민중은 불교를 신앙케 되었던 것이다.

불교사원의 기독교 억제를 위한 관련 행정업무에 대해 직접 보상하는 대신, 국가는 불교사원들이 스스로 보상을 챙기도록 허용했다. 이렇게하여 생긴 단가제도는 불교사원이 스스로 만든 보상의 길이었다. 단가제도는 법으로 규정된 것은 아니었다. 이러한 제도에 대해 국가는 묵인을 하였고, 세월이 흐르면서 관습으로 깊이 뿌리를 내리고 정착되어 갔다.

단가제도 혹은 사단제寺檀制로 불린 이러한 관습은 불교사원이 자신에게 소속된 자의 죽음 및 사후의 운명에 관련되는 모든 종교적 의례의 집행권을 영구적으로 독점하는 제도를 지칭하는 것으로 각 개인은 순종해야만 했다. 죽음에 관한 의례집행권의 독점에 경제적 보상의 길이 있었다. 죽음에 관련된 장례식 그리고 사후 거행되는 조상숭배의례를 위시한 각종 제사의례는 일정한 경제적 대가의 지불을 전제로 한다. 몇 십 가구의 소속 신도를 거느리기만 하면 사원은 경제적 어려움 없이 운영이 가능했다.

소속 신도들로부터 수입을 올리기 위해 각 불교사원은 죽음에 관련된 의례를 여러 가지 명목으로 늘리고 정례화하는 한편, 죽음과 직접 관련 없는 분야에까지 종교 사업을 확장해 갔다. 불교사원이 요구하는 사항을 거절할 경우에 소속 신도는 기독교인이 아니라는 신분증명의 발급을 거절당할 수 있었다. 만약 거부되는 사태가 야기된다면 그것은 삶과 죽음의 문제로 전개될 수 있었다. 일본인은 자연히 죽음에 관련된 종교적 문제를 불교에 의존하게 되었고, 이를 또한 당연한 것으로 받아들이게 되었다. 단가제도의 관습은 부동의 전통으로 자리 잡아 오늘날에도 일본인의 사후 세계를 지배하고 있다.

일본불교는 이 단가제도로 인해 승려의 사회적 지위가 크게 향상되었으나, 한편으로는 불교를 체제 순응적으로 만들었고, 승려는 관료화되고 안일과 타락이 생겨 에도시대 말기에 이르러서는 극심한 부패상을 노출케 되었다.

일본불교는 메이지유신을 맞이하자 배불론자들에 의해 폐불훼석의 운명을 맞게된다. 폐불훼석廢仏毁釈은 메이지 정부가 불교 사원과 승려들이 받고 있던 특권을 무너뜨리기 위해서 사원, 불경, 불상 등을 훼손한 사건이다. 명치 초기 일본의 국학자와 신토주의 정치세력은 신토神道에 의한 교육추진을 선포하여 신불神佛을 분리하는 정책을 취했다. 배불운동은 전통의 명찰을 폐허화시켰고 불상과 경전을 소각했다. 사찰이 발행하던 사령寺領, 사찰이 발행하는 각종 증명서이 폐지되고 토지도 몰수됐다.

일본불교의 역사적 특색 가운데 하나는 엄격한 종파불교이다. 일본의 종파불교는 무로마찌시대에 이미 확립되었으며 대표적 종파는 최징의 천태종, 공해의 진언종, 법연의 정토종, 친란의 정토진종, 도원의 선종, 일련의 일련종이다. 진언종, 정토진종과 일련종은 신도가 천만 이상되는 종파이다. 일본에서는 종파가 다르면 본존불이 다른 것은 물론이고 가람배치양식, 가사의 색깔과 모양, 심지어는 독경의 음률까지 다르다. 또 종파별 종학이 발달해 교의와 신앙, 수행방법도 다르다.

요약하면 일본불교의 맥은 밀교의 일파인 천태종과 진언종이고 천태종에서 정토종이 나오고 정토종에서 정토진종이 나온 것이다. 일련종도 천태종에서 나왔다. 지역적으로는 사이타마와 군마 등 도쿄 북쪽과 시코쿠 및 쿄토 서쪽의 효고현에 정토진종이 성하고 일련종은 야마나시, 선종은 시즈오카와 혼슈 북쪽에 성하고 나머지 지역은 모두 정토종이 성하다. 한국불교의 관점에서 보면 이상하고 다르다는 느낌이 많이 든다.

## 10. 일본민가원 日本民家園

일본민가원日本民家園은 에도시대의 새지붕茅葺, 가야부키의 고민가古民家들을 모아놓은 야외박물관이다. 에도시대에 지어진 방앗간, 창고다카쿠라, 농촌 가부키 무대 등 문화재 건축물이 전시되고 있다. 우리나라의 초가집처럼 일본에서도 예전에는 시골에 발길을 옮기면 새지붕집이 흔히 보였는데 요사이는 보기가 쉽지 않다고 한다. 도쿄에서 오다큐선 小田急線을 타고 무코가오카 유원向ヶ丘遊園역에서 내려 도보로 10여 분정도 걸리는 이쿠타 녹지生田緑地내에 있다.

### 고민가 古民家

고민가는 일본의 민가 중 오래 전에 건축된 집을 말한다. 고민가는 새지붕茅葺, 가야부키을 하고 있다. 새지붕의 모양에는 모양이 간단한 것부터 뱃집지붕 조형切妻造り, 요세무네寄棟造り 조형, 발작집 지붕 조형入母屋造り 등 3개가 있다. 형태의 차이는 다음과 같다.

뱃집지붕切妻造, 기리쓰마쓰꾸리은 책을 펴서 엎은 것 같은 형상 또는 16절 종이를 세로로 가운데를 접은 후 뒤집어 덮어 씌운 지붕 형태다. 제일 단순한 형태의 지붕으로 바닥이 높은 창고로부터 발전했다고 한다. 기리쓰마쓰쿠리切妻造는 통상 뱃집지붕에 분류되지만, 처마妻庇가 클 경우는 발작집 지붕으로 여겨질 경우도 있다. 절과 신사의 건축에서는 새지붕은 필수가 아니지만 뱃집지붕은 필수로 여겨진다. 우리나라에 서는 맞배지붕이라고 부르는데 지붕의 평면이 두 개의 긴 네모꼴로 이 어져서 왈曰자 모양으로 측면에서 볼 때는 ㅅ자 모양이 되는 지붕을 갖게 된다. 이와 같은 지붕을 일명 박공지붕이라고도 부른다. 맞배지 붕을 더 정확히 설명하면 세마루지붕으로서 밑에서 올려다 보면 서까 래가 노출된 것이 마치 배 밑창을 보는 것 같다고 해서 붙여진 이름이 다. 합장조갓쇼즈쿠리, 合掌造는 맞배지붕의 일종으로 일본의 폭설지역에 서 볼 수 있는 주택의 건축양식으로 억새로 된 지붕의 경사가 심한 지 붕이다. 지붕의 형태가 합장할 때 손의 형태와 유사하여 갓쇼즈쿠리라 고 불렀다고 한다. 갓쇼合掌는 '합장'을 뜻한다.

요세무네寄棟는 뱃집지붕에서 발전한 형태로 용마루 양쪽으로 경사 를 넣은 지붕이다. 수혈식 주거로부터 발전했다고 생각되는 형상으로 일본 각지에서 보여진다. 우리나라에서는 우진각지붕이라고 하는데 지붕이 사면으로 구성되어 앞뒷면은 사다리꼴이 되고 좌, 우면은 삼각 형 모양이 된다. 처마끝은 같은 높이로 가지런히 집을 휘감아 돌아서 비바람의 노출이 적으며 용마루는 다른 형태보다 짧아지기 때문에 격 식을 중요하게 생각하지 않는 초가에서 가장 많이 지어진 지붕의 형태 이다.

발작집 지붕入母屋은 뱃집지붕의 경사면을 한번 더 꺾어서 윗쪽은 급 경사, 아랫쪽은 완경사로 만든 지붕으로 용마루 아래쪽 지붕에도 경사 를 만들고 들창이나 연기가 빠지는 창을 낸 구조의 복잡한 지붕이다. 우리나라에서는 학각지붕이라 하는데 맞배지붕과 우진각지붕이 합쳐 진 모양의 지붕으로서 구조와 방식은 복잡하지만 외관미가 좋아 기와

집에서 흔히 쓰는 지붕이다. 일본의 경우 농촌의 민가 외에 절과 산사의 건축에 많이 보여진다.

### 새지붕 가야후키

새지붕茅葺, 가야후키, 萱葺은 새, 참억새나 치가야 등을 재료로 지붕을 이은 가옥 지붕 구조로 가야후키야네茅葺 屋根라고 한다. 이용하는 재료에 의해 와라부키藁葺, 볏짚지붕, 구사부키草葺, 초가라고 구별하는 경우도 있다. 영국이나 독일 등 세계 여러 곳에서도 널리 보여지며 일본 특유의 것은 아니다. 우리나라 초가집과 같은데 지붕을 이은 재료가 볏짚이 아니고 억새이며 집이 큰 것이 특징이다.

새가야, 茅는 참억새의 별명이지만, 치가야 등의 총칭이기도 하다. 새지붕은 가장 원시적인 지붕으로 일본에서도 조몬시대에는 새를 사용한 지붕의 주거가 있었다고 보고 있다. 나라시대 이후에는 판자 지붕이나 나무껍질樹皮葺지붕도 있었을 가능성이 있지만, 야요이시대 이전의 유적에서 복원되는 수혈식 주거 등의 지붕은 통상 새지붕으로 여겨진다.

재료가 되는 식물은 수분이 많은 상태로 지붕에 사용하면 곧 썩어버리므로 겨울이 되어 풀이 시들기를 기다렸다가 채취한다. 봄이 될 때까지 충분히 건조시키고 나서 쓰지만 내구성을 높이기 위해 사용 전에 연기를 쐬기도 한다. 건물의 내부에서 아궁이나 난로를 사용하면 연기로 내구성을 향상시킬 수 있지만 신사 건축의 경우는 건물 내부에서 불을 사용할 수 없기 때문에 민가의 새지붕보다 수명이 짧아진다.

기본적으로 비가 새는 것을 방지하기 위해서 지붕을 급경사로 하지

새지붕

「새가야, 茅」는 참억새의 별명이지만, 치가야 등의 총칭이기도 하다.

새지붕은 가장 원시적인 지붕으로 일본에서도 조몬시대에는

「새」를 사용한 지붕의 주거가 있었다고 보고 있다.

나라시대 이후에는 판자 지붕이나 나무껍질 지붕도 있었을

가능성이 있지만, 야요이시대 이전의 유적에서 복원되는

수혈식 주거 등의 지붕은 통상 「새지붕」으로 여겨진다.

만 사용하는 식물의 줄기 등이 굵으면 틈이 커져 비가 쉽게 새기 때문에 경사도의 높이가 요구된다. 초가지붕의 물매경사도는 볏짚 지붕일 경우에는 보통 45~50도이며, 샛집 지붕은 60~65도의 경사각을 이루는데 볏짚이 새가야. 茅에 비해 방수성이 더 좋기 때문이다. 통풍성, 단열성이 뛰어나고 비소리가 작아지는 등의 장점이 있지만 수명이 짧고 이웃에서 화재가 생겼을 경우에 쉽게 연소해 버린다. 태풍 같은 강풍에 날리는 단점도 있다. 촌락이 발전하고, 주택이 밀집하는 마을이 형성됨에 따라서 화재에 약한 단점 때문에 도시都市나 가도에 늘어선 마치야町屋 등에서는 기와의 보급으로 빠른 시간 내에 종적을 감췄다. 에도의 시가지 등에서는 화재의 위험때문에 새지붕이 금지되어 있었던 시기도 있었다.

한편 농촌에서는 재료인 참억새, 치가야, 볏짚 등의 채취가 용이하고 농한기에 공동 작업으로 재료의 입수와 지붕의 보수를 할 수 있었기 때문에 20세기 중반까지 일본 각지의 산간 농촌에 새지붕이 많이 남아 있었다. 태풍의 피해가 큰 지역에서는 강풍에 약한 단점 때문에 새지붕이 빠른 속도로 감소하고 있었다. 오사카 산간에 남아있던 새지붕 민가는 제2차 세계대전 후에 농촌의 과소화過疎化가 진행되면서 공동 작업으로 지붕을 새로 이는 것이 곤란하게 되고 까다로운 규제로 신축이 어려워지고 삼스기목 등의 목재가격이 일시적으로 앙등해 가야가 자라던 장소가 삼목림으로 변하면서 급격하게 종적을 감췄다.

이세징구伊勢神宮 정궁과 별궁 등의 절과 신사의 건축에서는 옛날 방식에 준해 새지붕을 유지하고 있는 예가 있다.

### 새가야, 茅지붕집의 특징

새지붕집에 들어가 보면 그 조용함에 먼저 놀라게 된다. 새지붕집이 뛰어난 단열성은 새삼 이야기할 필요도 없지만 통풍성도 겸비하고 있다. 현대의 모든 건축재료와 기술을 동원해도 새지붕집이 가지는 단열성, 보온성, 배수성, 통풍성, 흡음성을 겸비한 지붕을 만들어 내는 것은 쉽지 않다. 반면에 최대의 약점은 화재에 취약한 것이다.

참억새는 벼과의 다년생 식물로 도처에서 무리지어 자라고 있지만 도시화가 진행되면서 식생지역이 점점 줄어들어 버렸다. 참억새 등의 벼과 식물은 풀베기, 점화, 방목 등이 계속되는 한 매년 재생산하는 것이 가능한 자재로 건축재료로서 최적이다. 재료 확보에 대해서 원래는 촌락주변에 가야바茅場가 있었다. 이렇게 매년 새를 채집하기 위해서 확보된 토지인 가야바에서 가축의 먹이 등으로 쓰기 위해 정기적으로 거둬들이면서 참억새 초원을 유지하고 있었다.

새지붕의 수명은 통틀어서 몇 년이라고는 대답할 수 없다. 새지붕의 수명을 가장 크게 좌우하는 것은 그 재료이며 밀짚으로 지붕을 인 지붕은 참억새나 갈대로 지붕을 인 지붕보다 수명이 1/3로 줄어든다. 볏짚의 경우 수명은 다시 1/3이 더 줄어버린다. 그 주기는 대체로 참억새나 갈대로 지붕을 이었을 경우에 장소나 사용 상태에 따라 다르지만 보통 20~30년 정도이다. 수명을 다하면 지붕 전체를 새로 교체하는 경우가 많다.


### 새가야, 茅의 어원과 신화

새의 어원에는 여러 설이 있어 지붕을 이는葺く, 후쿠 것에서 왔다는 설, 가리야풀을 베어 올린 집, 刈屋설 혹은 오와야헛간, 上屋설과 조선어 기원설

이 있다. 이 중 조선어 기원설을 찾아 일본의 신화를 살펴보도록 한다.

'가야노히메'는 일본신화에 등장하는 풀의 신이다. 『고사기』에서는 가노야노히메신鹿屋野比壳神, 『일본서기』에서는 구사노오야가야노히메草祖草野姬라고 표기하고, 『고사기』에는 별명이 노쯔지노가미野椎神라고 적혀 있다. 『고사기』에 있어서는 가야노히메는 산신인 오오야마츠미大山祇神. 스사노오의 처의 조부와의 사이에서 4대 8주의 신을 낳았다. 눈치채셨겠지만 가야새에 얽힌 신화에 도래인의 신들이 등장한다. '새'는 지붕을 이는 데도 사용되는 등, 인간에게서 가까운 풀이며 집 지붕을 이는 풀의 영령으로서 풀의 신을 부르는 이름이 되었다.

필자는 억새를 '가야'라고 부르는 것이 신기하여 한반도의 가야와 연관성이 있을 듯 싶어 신화를 연구해보니 위와 같은 내용이 있었다. 좀 더 조사가 필요하지만 한반도에서 전래된 것으로 보인다.

### 일본의 역사적인 주택양식

헤이안시대 귀족의 주거는 침전조寢殿造다. 침전이라고 불리는 중심 건물이 남쪽의 정원을 향하고 정원에는 타이코바시太鼓橋가 걸린 연못이 있고, 동서에 대집對屋. 다이노야이라고 불리는 부속적인 건물을 지어 복도로 연결하고 동서의 대집에서 복도를 남쪽으로 내어 조전釣殿. 쓰리도노을 지었다.

무가조武家造는 가마쿠라시대 무가주택의 양식으로 실용성을 중시하고 간소한 조형이며 귀족문화에 대항한 무가에게 어울리는 주택양식이다. 소규모 가옥으로 주위에는 견고한 담이나 도랑을 돌린다. 정원 공간도 침전조에 비해서 작다. 중문이나 앞뜰이 침전조의 히로시 정원을 대신하고, 안뜰이 분화되어 감상 위주가 되고 있다. 이 기본구성은 무로마치까지 답습되고 있다.

서원조書院造는 무로마치시대부터 근세 초에 걸쳐서 성립한 주택 양식이다. 서원을 건물의 중심으로 한 무가주택의 형식으로 서원이란 서재를 겸한 거실의 중국풍 호칭이다. 무사 시대에는 자시키座敷. 응접실가 교섭이나 정보 교환 등의 접객 장소로서 중요성이 늘어났기 때문에 생겨났다고 여겨진다. 칸막이가 크게 발달하고 다다미를 깐 자시키를 만들고, 고저차이를 두어 높은 주실을 상단, 낮은 실을 하단이라고 불러 자리에 의한 계급차이를 명료하게 보이게 된다. 나중에 이 서원은 물건장식의 공간이었던 자시키의 도꼬노마床の間가 일반화되고, 각 실 사이의 칸막이인 창호를 맹장지로 하고 그 위에 자주 장병화障屏畵가 그려졌다. 오늘날도 도꼬노마의 위치에 의해 윗자리와 아랫자리가 결정되는 것은 서원조書院造의 전통이 살아있는 것이다.

## 11. 기모노着物 와후쿠和服

가나가와현 요코하마시 나카구에 있는 일본 정원인 산케이엔三渓園을 방문한 적이 있다. 원내를 구경하던 중 임춘각 앞에서 일본 전통의 상을 입은 예비부부들이 사진을 찍고 있는 모습과 월화전과 춘초로에서 열리는 다도행사에서 부인들이 기모노를 입고 마당을 누비는 광경을 보았다.

### 일본 옷 와후쿠和服의 역사

조몬시대, 야요이시대에는 편천실을 직교하여 짠 천으로 의복이 만들어졌다고 추측이 되고 있다. 야요이시대의 의복에 대해서는 위지 왜인전의 기술에 의하면, 왜인의 옷은 폭넓은 천을 서로 묶어 입었다고 한다. 고분시대 호족들의 분묘로부터 발굴되는 토용을 보면 이 시대의 옷은 남녀 모두 상하 2부식이며, 남성은 윗도리와 느긋한 바지 같은 긴 치마하까마를 입고 무릎 아래를 끈으로 연결하고 있다. 여성은 윗도리와 자락이 긴 스커트의 모습이다. 이 복장은 귀족계급으로 추측된다.

7세기 말부터 8세기 초에 만들어진 다카마쓰즈카 고분의 벽화 인물상은 남녀 모두 옷깃을 맞추는 방법이 히다리마에左前, 왼쪽이 위로 오는였다고 한다. 그 벽화에서는 상반신을 가리는 옷자락이 하반신을 가리는 옷과 몸의 중간에 들어가 있지 않고 밖에 나와서 아래로 드리워져 있다고 한다. 그 벽화에 그려진 허리띠는 가죽이 아니고 직물로 추측되고 있다. 나라시대 복식은 중국의 당과 한韓의 옷으로부터 영향을 받고 있다고 여겨지며 의장적으로 닮아 있는 부분이 많다.

701년에 일본에서 제정된 다이호 율령大宝律令의 의복령에는 조정에서 입는 옷으로서 예복, 조복, 제복이 정해져 있다. 헤이안 후기에 성립되었다고 여겨지는 『반다이나곤에고도바伴大納言絵詞』라는 그림두리마리에는 서민의 모습이 그려지고 있다. 남성 대부분은 맑은 날이나 궂은 날에도 편안하게 입는 평상복水干, すいかん 모습을 하고 있는데 치마하까마는 무릎 아래까지 내려오는 기장이다. 여성은 넓은 소매나 통소매小袖, こそで의 평소 차림으로 허리천을 감은 모습도 보인다.

가마쿠라, 무로마치시대에는 서민이 입고 있었던 평상복을 기초로

하여 밑을 터서 늘어뜨리는 히타타레直垂[32]를 할 수 있었다. 가마쿠라시대에 무가의 예복이 되었다. 무로마치시대에 들어가면서 히타타레는 무가의 제1정장이 되었다. 남성의 기모노인 무사의 다이몬大紋[33]과 서민의 스오우素襖가 출현했다. 여성용의 의복도 간소화되어 치마도 서서히 짧아져 주름바지치마하까마로 전화하여 치마는 없어졌다. 이 다음은 통소매 위에 수건처럼 허리에 휘감는 모양이 되었다. 통소매 위에 기장이 긴 소매를 걸쳐 입는 우찌가케打掛[34]가 생겼다.

에도시대가 되면서 한층 간략화되어 겉옷 상의肩衣, 가타기누와 치마袴, 하까마를 조합시킨 카미시모裃[35]를 이용할 수 있었다. 서민의 문화로서 통소매小袖, こそで가 대유행한다. 외견은 수수하지만 점차 금붙이로 장신구를 걸치는 것을 좋아하게 되었다. 허리띠 결말이나 짝 끈이 발달하고, 허리띠를 뒤에서 묶게 되었다.


### 유카타浴衣

유카타浴衣는 와후쿠和服의 일종이다. 통상의 와후쿠와는 달라 긴 속옷을 착용하지 않고 맨 몸 위에 입는 약식 복장이다. 헤이안시대의 유가타비라湯帷子가 그 원형으로 여겨진다. 유가타비라는 목욕용 의복으로 이 시대에는 사람들과 목욕을 하는 기회가 많았기 때문에 땀 제거와 알몸을 감출 목적에서 사용된 것이라고 생각된다. 소재는 물에 강

---

32  예복의 일종. 소매 끝을 묶는 끈이 달려 있고 문장(紋章)이 없으며 옷자락은 하의 속에 넣어서 입음.

33  커다란 가문의 문장을 다섯 군데 물들인 베로 지은 예복(直垂, 히타타레)

34  일본 여자옷의 띠를 두른 위에 걸쳐 입는 덧옷. 옛날, 무사 부인의 예복이었으며 지금은 결혼식 등에 입음.

35  에도시대 무사의 예복 차림.

7세기 말부터 8세기 초에 만들어진
다카마쓰즈카 고분의 벽화 인물상은 남녀 모두
옷깃을 맞추는 방법이 히다리마에<sub>左前, 왼쪽이 위로 오는</sub>
였다고 한다. 그 벽화에서는 상반신을 가리는
옷자락이 하반신을 가리는 옷과 몸의 중간에
들어가 있지 않고 밖에 나와서 아래로 드리워져
있다고 한다. 그 벽화에 그려진 허리띠는 가죽이
아니고 직물로 추측되고 있다.
나라시대 복식은 중국의 당과 한의 옷의 영향을
받고 있다고 여겨지고 의장적으로 닮아 있는
부분이 많다.

하고 물 흡수가 좋은 마가 사용되었다는 설이 있다.

아즈치 모모야마시대 경부터 목욕 후에 입어서 피부의 수분을 흡수시킬 목적으로 널리 이용하게 된다. 이것이 에도시대에 들어가서 서민들이 애호하는 의류의 일종이 되었다. 유카타의 이름은 유카타삐라湯帷子의 준말이다. 옷감은 목화기지로 통상의 옷감보다도 다소 틈을 열어서 짠 평직물이 많다. 특히 여름철 목욕 후 의복 또는 잠옷으로 주로 입는다. 일본 무용에서는 연습복으로 사용된다. 가정에서도 손쉽게 세탁이 가능해서 청결을 유지하기 쉬운 것도 애용되는 한 요인이다. 일본 옷 중에서도 가장 단순한 동시에 기본적인 복식이다.

원래는 맨몸 위에 직접 입는 것인데 최근에는 스타일 있는 옷ぉ洒落着, 오샤레기으로서의 수요도 많아져 유카타를 착용하고 외출하는 경우도 있기 때문에 속옷을 입는 경우가 많아졌다. 유카타 사양이 경량화되거나 땀 흡수성에 뛰어난 하다시쥬반肌襦袢, 속옷이 그것이다. 여성은 유카타를 입을 경우 간소한 일본식 복장용의 간이 슬립용 내의를 사용하는 경우가 많다.

남자는 허리띠인 3척 대三尺帯, 여자는 반폭대半幅帯를 착용하는 것이 통례였지만, 옷매무새를 간편하게 하기 위해 간이 허리띠인 병아대兵児帯를 이용하기도 한다. 최근에는 남자는 초간편 허리띠角帯를 이용하는 경우도 많다. 남자의 허리띠는 일반적인 허리 부분이 아니고 배꼽보다도 다소 아래, 골반에 걸쳐 편한 모양으로 맨다.

유카타에 맞는 신발은 맨발에 나막신인 게다下駄가 일반적이다. 셋타슬리퍼처럼 낮은 게다를 신는 경우도 있다. 남녀 모두 상대방이 보면 알파

벳 소문자 y처럼 되게 오른쪽 옷깃을 아래로 하고, 왼쪽의 섶을 위로 포개서 입는 것이 맞다. 자락은 약간 위로 들고 복사뼈가 보일듯 말듯 한 정도로 입는다.

## 포목吳服, 고후쿠

포목吳服이라는 말은 필자의 시대에 누구에게나 익숙한 말이다. 옷 감 파는 가게를 포목상이라고 불렀다. 그런데 사실 포목은 일본에서 옛부터 전해져온 일본 특유의 옷, 즉 와후쿠和服, 일본옷와 같은 의미의 말이다. 일본인들은 중국 삼국시대180~280년 오나라에서 일본옷의 원형 이 되는 직물이나 봉제의 방법이 전해져 와서 이렇게 불리게 되었다고 믿고 있다. 과연 그럴까 한번 짚고 넘어가기로 한다.

포목은 비단으로 된 의복을 의미하는 말이며, 면으로 된 의복은 후 토모노太物라고 불린다. 오늘날 일본 특유의 의복은 기모노 또는 와후 쿠라고 불리는 경우가 많아져 포목라고 하는 말의 사용 빈도는 줄어들 고 있다. 그러나 불가사의하게도 일본옷을 팔고있는 가게에 관해서 만 큼은 포목집이라고 하는 통칭이 일반화되어 있어 와후쿠덴和服店이라 고 불리지 않는다. 그 이유는 포목이라고 하는 말은 상당히 옛부터 있 었던 것에 비해 와후쿠和服라고 하는 말은 서양에서 전해진 양복의 반 의어로서 메이지시대에 채용된 역사가 짧은 말인 것에 유래하고 있기 때문이다. 즉 일본옷, 와후쿠라고 하는 말이 생기기보다 아득한 옛날 에 포목집은 이미 존재하고 있었다는 것이다. 더불어 기모노라고 하는 말은 단지 입는 물건을 나타내는 말이며, 본래 포목이냐 양복이냐에 관계없이 이용하던 말이었다. 16세기에 일본인이 사용하고 있었던 '기모노'라고 하는 말이 유럽에서 일본 특유의 옷이라고 하는 의미로 사용되게 되고, 그것이 일본에 다시 들어와 퍼져 현재에 이르고 있다. 일본옷을 팔고 있는 가게는 지금도 옛날도 포목집이라고 하는 통칭 이외에는 없다.

포목상吳服商은 포목吳服이라고도 칭해지는 일본옷의 판매에 관여하는 사업자, 상인을 말한다. 역사적으로는 에도시대에 규모의 확대나 업태의 개혁을 거치며 메이지시대 이후 근대적인 백화점 발달에 기초가 되었다. 현대에는 포목집, 포목점, 포목전문점, 포목소매상吳服屋, 吳服店, 吳服專門店, 吳服小売商 등으로도 불린다.

교토에서는 에도 막부의 정책으로 중세 이후 상층도시민上層町衆의 일부가 몰락하는 중에 오우미, 이세, 미노 등으로부터 유입된 상인들이 주로 궁궐 가까운 곳에 자리 잡고 신흥상인新興町人, 신코초인으로서 거래 주도권을 쥐게 되었다. 특히 황실, 장군가, 여러 영주 등의 포목 용무를 맡는 포목상은 포목소吳服所라 불렸다. 유력한 포목상은 기내畿內, 에도 등에 지점을 마련하고 광역적 유통을 실현했다. 에도시대의 포목상은 상품을 직접 들고 가서 보여주며 판매하는 방문판매를 하였고, 수금은 일년에 1회 내지 2회의 외상판매였기 때문에 대손 리스크가 컸다. 판매가는 수입업자에 의해 정해지는 형태이었다.

포목이란 중국에서 삼국이 패권다툼을 하고 있었을 때 그 중 장강 일대와 강남에 있던 오나라에서 전래한 직물이라는 의미로 이해하게 된다. 당시는 '구레 하토리クレ ハトリ, 즉 구레吳, クレ+하토리機織り, ハトリ'라고 말해지던 것이 소리읽기가 되어 '고후쿠'가 되었다고 설명한다.

여기서 두 가지 점을 짚고 넘어간다.

첫째, 고대 일본 사람들에게 있어서 구레吳는 중국의 오나라를 가리키는 말이 아니라 한반도를 가리키는 말로 쓰였다. 따라서 한반도 도래인을 구레히토吳人라고 불렀다는 기록이 많다는 점이다. 참고로 일본어 구레의 어근은 '구루くる'로 '오다来'라는 뜻이다.

둘째, 하토리服部, 織, 服織, 機織는 도래인의 대표적인 성씨 중 하나라는 것이다. 참고로 닌자의 성씨도 하토리이다.

이렇게 보면 '와후쿠吳服'라는 것은 한반도 도래인의 복식으로 보는 편이 더 논리적이라고 생각한다.

## 도래인에 관한 가설과 필자의 견해

춘추시대BC 5세기에 오吳와 월越 사이에 치열한 싸움이 한창일 때, 많은 보트피플이 쿠로시오 해류를 타고 일본에 도착했다는 설이 있다. 그들이 일본에 벼농사를 알렸다는 설도 따라온다. 세토나이카이의 구레吳나 북륙지방北陸地方, 호쿠리쿠의 에치젠越前, 엣추越中, 에치고越後가 그들 중국대륙 이주민들의 고향 지명이라는 설도 있다. 후세에 오吳의 옛 땅에서 온 도래인에 의해 포목吳服이나 오음吳音이라고 하는 한자의 읽기가 전해졌다는 설이다.

확실히 일본의 고대사에는 오와 월이 자주 등장한다. 처음에는 일본 사학자들이 단지 일본인의 한반도 도래설을 감추기 위해 억지로 중국을 끌어 들인 것이라고 생각했다. 그러나 한반도에 살던 원시 우리민족이 북방민족의 대규모 남하에 의해 일본 열도로의 이주가 시작된 같은 시기에 일본 열도가 아닌 중국 남부로 이주했거나[36] 또는 적극적인 영토확장 정책에 의해 세력을 확장하여 중국 남북조시대의 오월과 경계를 이루었다면 영토 확장에 의한 대륙 백제설 동족이 살고 있는 한반도 남부와 중국 남부와 일본 열도를 자유롭게 왕래하던 한반도 이주민들이 있었을 것이고 이들을 구레히토吳人라고 불렀을 가능성도 있다는 생각을 하게 되었다. 그렇다면 이들은 중국인이 아닌 것이다.

## 12. 일본어의 뿌리

매화로 유명하고 일본 3대 정원의 하나인 카이라구엔偕楽園도 구경할 겸 미토水戸로 향한다. 아카사카에서 전철로 2시간 반 정도 걸리는 곳이다.

### 히타치국日立國 미토번水戸藩

미토번은 일본 에도시대 히타치국 내에 있던 번藩으로 지금의 이바라키현 중북부 일대이다. 당시 번청은 미토성미토시으로 도쿠가와 고산케御三家의 하나인 미토 도쿠가와 가문水戸德川家이 1609년 이후부터 대대로 다스렸으며 최대 고쿠다카石高는 35만석[37]이었다. 막부 말기 존왕양이尊王攘夷 운동이 형성된 곳이며, 마지막 쇼군인 도쿠가와 요시노부德川慶喜의 고향이기도 하다. 미토번藩은 기이紀伊, 와카야마, 오와리尾張, 아이치와 함께 고산케御三家를 이루는 친번親藩으로 에도의 도쿠가와 막부

---

36  필자의 가설에 따른 대륙백제설
37  1석은 한사람이 일년 동안 먹을 수 있는 쌀

종가와 함께 쇼군 계승권이 주어진 가문이 살던 곳이다.

히타치국은 도요토미 히데요시로부터 지배를 인정받은 센고쿠 다이묘戦国大名인 사타케가문이 다스리고 있었다. 막부 초기의 혼란기를 거치면서 미토에는 이에야스의 11남 도쿠가와 요리후사徳川頼房가 들어왔다. 요리후사는 셋째 아들 미쓰쿠니光圀에게 번주 자리를 물려 주었다. 2대 번주 미쓰쿠니光圀는 학문을 좋아하였고, 대일본사의 편찬을 시행하여, 미토번에 존왕尊王의 기풍을 심어놓았다. 이러한 토양을 바탕으로 미토번에서 발생한 미토학水戸学은 막부 말기 존왕양이 운동에 강한 영향을 미쳤다.

참고로 존왕양이는 왕을 높이고, 오랑캐를 배척한다는 의미로 미국에 의해 원하지 않는 개항을 한 이후 일본 천황을 지지하고, 서구 열강은 배척할 것을 주장한 존왕양이파들의 정견이 되었던 미토학水戸学의 사상적 토대다.

### 히타치日立는 해돋이

미토는 히타치국의 수도였다. 히타치는 도쿄평야의 가장 동쪽으로 태평양에 면해 있는 도시다. 이 도시의 이름으로 일본어와 한반도어의 관계를 살펴보기로 한다.

히타치의 '히'가 우리말 '해'에 해당한다는 사실은 한일 비교문화론을 통해 증명되었다. '히'가 '해'로 풀리면 다음은 '타치tachi'인데, 이것은 우리말 '돋이toji'의 일본식 발음이다. 우리가 발을 들 때도 '발돋움'이라 하고 피부에 뭐가 날 때도 '닭살 돋는다'는 식의 표현을 하듯 '돋이'는 우리에게 친근한 단어다. 이 우리말 '돋이<sub>toji</sub>'가 일본어로 건너간 발음이 바로 '다치<sub>tachi</sub>'다. 일단 자음의 배열과 뜻이 같다. 학자들의 연구결과에 의하면 일본어가 고대 조선어에서 파생된<sup>혹은 뿌리가 같은</sup> 언어이기 때문에 현대의 일본어와 현대의 한국어 사이에 규칙적이고도 일정한 1대 1 대응의 치환관계가 성립한다고 한다.

한국의 표준말과 방언 사이에도 이러한 규칙성은 존재한다. 예를 들면 표준말의 '형님'이 방언 '성님'으로 'ㅎ'과 'ㅅ'사이에 왔다 갔다 하며, '-라고 해도'의 어미가 경상도 방언에서 '-락캐도' 식으로 'ㅎ'과 'ㅋ'사이에 바뀌는 경우다. 한국어와 일본어 사이에도 한국 내의 방언 간에 존재하는 것과 거의 동일한 규칙적인 변환이 이루어지고 있다.

한일 양국어의 발음대응규칙에 따라 ㅅ, ㅈ, ㅊ 등 3가지 치음<sub>齒音</sub>사이에서 현대 한국어의 'ji<sub>지</sub>' 발음이 일본어의 'chi<sub>치</sub>' 발음으로 바뀌었다는 것을 알게 되면 히타치와 해돋이의 대응 관계가 풀린다. 즉 '히타치<sub>hitachi</sub>'는 '해돋이<sub>haitoji</sub>'라는 한국어와 자음에서부터 모음에까지 1대 1로 대응하는 '한국어의 일본 사투리'인 것이다.

한국말 '사투리<sub>saturi</sub>'는 지방의 고유언어, 즉 방언을 뜻하는데, 일본어에서 시골을 뜻하는 마을 '리<sub>里</sub>'를 '사토<sub>里</sub>'로 훈독한다. 한국 현대어 '사투리'나 일본의 시골을 뜻하는 '사토'나 모두 '사토' '사투<sub>satu</sub>'라는 공통된 의미의 단어를 포함하고 있다.

### 「아나타<sub>あなた, 당신</sub>」는 한국인

한일 고대사를 연구하면서 아주 감명깊게 읽은 책의 제목이다. 책에서 밝힌 두 언어의 관계에 대하여 알아보자.

유라시아 서쪽 끝 섬나라인 영국의 영어는 대륙의 독일어와 자매 관계에 있으며 두 언어 모두 게르만어권으로 불리는 공통의 선조로부터 나온 것이다. 그런데 생각해보면 이상한 것이 유라시아 동쪽 끝 한국어와 일본어의 관계에 대해서는 밝혀진 것이 없다.

이에 일본 언어학자 시미즈 기요시清水紀佳씨와 한국인 박명미朴明美씨는 일본어의 뿌리를 캐는 작업에 전념하여 결론에 도달한다. 박명미씨는 구마모토대학 문학부 언어학과에서 공부하고 시모노세키시립대학 한국어 강사이다. 시미즈 기요시 박사는 도쿄대학 대학원 재학중 아프리카에 통역원으로 갔다가 그곳에서 본격적으로 비교언어연구를 하게 됐다.

고대 이집트 언어는 현대 아프리카 언어와 같은 계통이며 또한 영어는 독일어의 자매어로서 게르만 언어의 하나다. 그렇다면 일본어는 어떠한가. 연구에 몰두하여 작업이 얼마 진행되지 않아 놀라운 사실을 발견하기에 이르렀다.

이들의 연구는 산길에서 시작되었다고 한다. 기타큐슈北九州에서 시모노세키下關를 가다보면 산길, 즉 산로北九州市 山路라는 마을 이름이 있다. 이 산로山路의 발음 'Sanji'다. 통상의 한자 발음으로 보면 'Sanro'이거나 'Yamaji'가 되어야 하는데 'Sanji'로 발음하는 것이 특이했다. 두 학자는 'Sanji'의 발음이 '산길'의 한국 사투리인 '산질'에서 유래되었다고 생각했다. 화산으로 유명한 규슈의 아소지阿蘇路, 고베 앞바다에 있는 아와지淡路섬 등도 같은 원칙을 적용하면 된다.

이밖에도 우리말과 일본어가 비슷한 경우는 너무나 많았다. 노루-노로獐, 다발-다바束, 더기-다케岳, 독-도쿠리德利 등 주로 일상생활에서 사용하는 언어들을 비교하여 시미즈 교수팀은 5천여 개의 유사한 단어를 찾아냈다.

두 사람은 언어가 뜻에 비해 음은 잘 변하지 않는다는 사실에 착안해 단어의 뜻보다 발음에 초점을 두어 연구했다. 시미즈씨는 '한국어에서도 표준어 '먹다'를 경상도에서 '묵다'라고 발음하듯 언어는 모음변화가 자음 변화보다 크다'며 '한국어와 일본어 모두 모음보다 자음이 안정돼 있어 자음 음운 대응에 초점을 맞췄다'고 설명한다. 예를 들면 한국어 '거미gm-i'와 같은 뜻의 일본어 '구모kum-o'에서 자음인 g와 k가 대응하며, 따라서 gm과 kum은 공통 어근이다. 책에는 구두gud-u와 쿠츠くつkut-u, 노루noru와 노로のる noro, 바지baj-i와 파치ぱっちpat-ti 등 어근이 같은 예를 1,300개를 찾아내어 소개한다.

발음이 서로 다른 것처럼 느껴지는 어휘들은 자음삭제, 순경음 탈락 등의 음운법칙으로, 뜻이 다른 어휘는 단어 발생원리를 통해 어원이 같음을 보여주고 있다. 한국에서 달이 차고 이지러지는 현상을 보고 '닳다'라는 단어가 나왔듯이 일본에도 달을 뜻하는 츠끼つき, tuki와 '닳다'라는 의미의 츠끼루盡きる, tuk-ir-u라는 단어 사이에 음운적 연관성이 있다는 사실이 그 예다.

'호랑이'라는 말에 관해 연구한 것도 있는데 요약하면 다음과 같다. 열도에서는 '호랑이'를 '토라虎, tor-a'라고 한다. 두 학자는 '돌아다니다'

'일본어는 바로 한국어 그 자체다'
'순수한 한국어와 일본어 고유어의 어근이
거의 같다'
그러므로 '일본어는 한고어韓古語라는
어머니에서 태어난 딸 언어의 하나이며
현대 한국어와는 자매 관계이다.'

라는 말에서 '돌dor-'이라는 접두사를 발견했다. 이것은 '호tor-a'의 'tor'와 완벽하게 일치하는 어원이었다. 열도에서는 술주정뱅이를 '토라とら, tor-a'라고 부른다. 또한 건달이나 불효자들을 가리켜 '토라 자식'이라고 하며 도둑고양이를 '토라 네코'라고 부른다.

한국에서 '막 돼먹은 사람'이나 '정신나간 사람'을 '또라이'라는 속어로 부르고 있는데 이 말은 '돌아이'에서 나온 것이 아니라 일본으로 건너갔던 '돌아다니다'의 '돌'이 '토라토라'가 되어 다시 들어온 것일지도 모른다.

하카다博多, 후쿠오카의 유명한 전통 축제인 야마가사山笠 축제의 '야마가사'라는 말도 한반도에서 왔다고 한다. 고대어 연구가 박병식 씨는 '일본어의 비극1987년, 평민사'이라는 책에서 야마가사山笠에 대하여 다음과 같은 분석을 내렸다.

'가야족의 일본 상륙은 기원전 500년 무렵이다. 규슈九州 북부지방에는 '야마'가 붙은 지명이 많다. 현 고령경북지방에 해당되는 '미오사마국彌烏邪馬國'이 가야국 최초의 맹주盟主였다. 일본인들은 '미오사마국'을 '미오 야마코쿠'라고 한다. '야마가사山笠'는 '야마에 가자'라는 우리말에서 ㅈ이 ㅅ으로 변화되어 생긴 말야마가자-야마가사이다. '야마가사'는 고향을 그리는 가야인들의 심리를 반영한 말로서, 그들이 고향에 돌아가고 싶은 절절한 염원을 토로한 절규의 목소리'라는 것이다.

시미즈 기요시清水紀佳씨와 박명미朴明美씨의 결론은 다음과 같다. '일본어는 바로 한국어 그 자체다'. '순수한 한국어와 일본어 고유어의 어근이 거의 같다' 그러므로 '일본어는 한고어韓古語라는 어머니에서 태어난 언어의 하나이며 현대 한국어와는 자매 관계이다.'라고 말한다. 문화의 DNA라고 할 수 있는 언어학적인 측면에서도 한일 두 나라의 언어가 같은 뿌리를 갖고 있다는 사실이 밝혀진 셈이다. 세계 언어학계에서 자리를 잡지 못한 한국어와 일본어의 관계를 정립하고 한일 두 나라의 상반된 고대사에 대한 논쟁을 불식시키는데 도움이 될 것이다.

앵글로 색슨족이 대륙에서 게르만어를 가지고 영국으로 이주한 것과 같이 기원전 4세기경부터 일본 열도로 이주하기 시작한 우리민족은 당연히 언어도 함께 가지고 간다. 이 언어를 한어韓語라 부르며 현대 한국어와 구분한다. 이때 우리 민족이 일본 열도에 가지고 들어간 한어를 열도한어라 부르고, 한반도의 한어를 반도한어라 부른다. 영어와 대륙의 네덜란드어는 방언에 따라서 지금도 매우 비슷하며, 영어와는 방언연쇄를 형성하는 것과 같이 반도한어와 열도한어도 방언연쇄를 형성하고 있다. 우리민족의 열도 이주가 시작된 때부터 5~6백년 간은 통역 없이도 서로 통했을 것이라 추측해 볼 수 있다.

특히 일본어가 한국어에 영향을 준 것이 아니라 한국어가 일본어에 영향을 주었다는 주장은 주목할 만하다. 박명미씨는 '언어의 경제성으로 후대의 언어는 음운체계가 더 단순해진다'며 '한국어가 형태론적으로 더 복잡하며 한국어로 일본어의 체계를 설명할 수 있지만 일본어로 한국어 체계를 설명할 수 없기 때문에 한국어가 먼저 나타났다고 본다'고 말했다. 또 시미즈씨는 '이는 앵글로 색슨족이 유럽 대륙에서 게르만어를 가지고 영국으로 이주했듯이 우리민족은 일본 열도로 이주하면서 한어韓語를 가져갔다는 언어학적 증거'라고 설명했다.

이 연구는 고구려, 부여 등의 언어와 일본어 오키나와와 류큐어를 포함하는 광범위한 한어韓語 비교언어학으로 발전할 수 있다. 그리고 한일 두 나라의 상반된 고대사에 대한 논쟁을 불식시키는 데도 도움을 줄 것으로 기대한다.

참고로 「제러드 다이아몬드」의 저서 『총균쇠』의 부록에서도 '일본어는 고구려어와 유사하다'고 한 부분이 있다.

# 제2부
# 도쿄평야의
# 고대사

도쿄평야에 산재한 한반도 이주민들의 흔적을 본격적으로 찾아 나선다.

필자의 역사기행은 도쿄 북쪽의 사이타마에 있는 고려신사라는 곳에서 우연하게 시작된다. 여기서 고려라함은 고구려를 일컫는 말로 일본말로는 고마라고 한다. 이 신사를 방문한 후 고려신사에 모셔진 고구려 왕족 약광이라는 인물이 1,799명의 고구려인들과 함께 이 지역에 고구려 군을 세우는데 활약했다는 사실을 알게 된다. 그런데 필자의 의문은 약광이야 왕족이었기 때문에 본국에서 먼 이곳까지 편하게 이동하였겠지만 도쿄평야에 폭넓게 흩어져 살고 있었다는 이들 1,799명의 고구려 사람들은 언제 어떻게 이곳 도쿄평야까지 이동해왔을까 하는 것이었다. 이러한 사실을 이제까지 듣거나 전혀 배운 적이 없었기 때문에 필자의 역사적 호기심을 더욱 자극했다. 약광의 발자취를 따라 도쿄 남쪽 오이소에 있는 또 다른 고려신사를 방문하면서 의문은 더욱 커져만 갔다.

자료를 구하던 중에 이 분야를 먼저 연구한 재일 역사가 김달수씨의 '일본 속의 조선 문화'라는 책을 접하게 된다. 이 책에는 한반도 도래인들이 도쿄평야에 뿌리내린 많은 사실들이 적혀 있었다. 책에서 얻은 정보로 처음 방문한 곳이 도쿄 남쪽을 흐르는 다마강가 고마에狛江지역에 있는 귀총고분이었다. 이 고분을 발굴한 일본 학자에 의하면 이 고분의 조성년대는 5세기 후반이며 피장자는 고구려인으로 추정된다는 것이었다. 그렇다면 약광이 도착하기 약 200년 전에 이미 이곳에는 고구려인들이 살고 있었다는 이야기가 되는 것이었다.

그 후에 방문하게 된 고마에서 멀지 않은 심대사라는 절에 얽힌 복만이라는 고구려 청년의 전설에서도 의문이 생기게 된다. 마을 촌장 부부가 복만이를 사위로 받아들이지 않는 이유가 이마키今來, 즉 도래한 지 얼마 되지 않은 사람이기 때문이라는 것이었다. 이 때 불현듯 생각난 것이 복만이가 이마키라면 촌장 부부는 무엇일까하는 생각이었다. 연구하다보니 그들은 후루끼古來, 즉 오래 전에 도래한 사람이었다. 그 때 생긴 큰 의문이 그렇다면 당시 일본 열도에 살고 있던 사람들 중에 이마끼와 후루끼를 제외하고 원주민인 아이누족을 뺀다면 순수 일본인은 얼마나 될까 하는 생각이었다.

다음으로 방문한 곳은 도쿄 북쪽에 있는 사키다마 고분군이었다. 이제까지 어디서도 보지못한 규모가 엄청난 고분들이었다. 여기서 일본 대형 고분의 대표적인 형태인 전방후원분을 보게 되었다. 이 중 이나리고분에서 발견된 철제 환두대도가 한일고대사, 특히 왜와 백제와의 관계에 중요한 유물임을 알게 되었다.

신라에서 도망나온 히메 여신을 모시는 묘기신사의 하코소와 가야의 지명이 남아있는 도미오카 지역과 인근의 기류시 일대에 전해 내려오는 비단 생산 역사에서 이곳에 뿌리내린 신라 역사를 알게된다. 아카기산 산정호수에 있는 아카기신사에 전해오는 가야-신라에 관련되는 한사카라야시로의 전설 및 하루나산 주변 일대의 가야-신라 관련 유물들에 대해 알게 된다. 군마의 대표고분인 천신산 고분을 방문하고 도래인의 흔적을 확인한다.

결국 도쿄평야의 북쪽에는 가야와 신라로부터의 이주민 세력이 자리 잡았음을 알고 도쿄평야의 남쪽 지역은 고구려 이주민 세력이 자리 잡았음을 파악하게 된다.

서기 534년 무사시국이 둘로 갈라져 이 도쿄평야에서 남무사시와 북무사시 사이에 전쟁이 벌어진다. 고구려 세력인 남무사시는 북쪽 신라세력의 후원을 받고, 북무사시는 서쪽의 백제 세력인 야마토의 지원을 받아 고구려-신라 연합세력과 백제연합 세력 사이의 전쟁이 일어났던 것이다. 도쿄평야에서 한반도 세력 간의 전쟁이라는 놀라운 일이 벌어졌던 것이다.

제2부는 이런 내용들과 도쿄평야에서의 역사기행이 기술되어 있다.

해밑섬, 일본을 걷다

# III. 도쿄평야에서
## 우리민족의
## 고대사를 만나다


## 1. 사이타마의 고려신사高麗神社

    고려신사, 일본 열도에 남겨진 우리민족의 고대사 답사여행이 시작된 곳이다. 이곳은 정말로 우연히 방문하게 된 곳이다. 이 때의 방문을 생각하면 인생이란 자기 의지로 이루어지지 않는 것이라는 생각이 든다. 이곳을 방문하기 전에도 인터넷을 통해 한국인 여행자의 고려신사高麗神社 방문기를 읽은 적이 있었지만, 역사적 사실이 자세히 기술되어 있지 않아 낯설게만 느껴졌다. 한편으로는 일반적인 현상이기도 하지만 고려 역사에 대한 관심이 적었기 때문이기도 하였다. 고려 왕조의 경우 눈에 보이는 유적들이 대부분 북한지역에 있기 때문에 필자를 포함하여 일반인들의 관심도가 떨어진다는 이야기다.

    후에 알게 되었지만 여기서 고려高麗는 「고구려高句麗」를 뜻한다. 고려신사를 처음 방문하게 될 즈음에는 꽃에 관심이 많아 직원들과 회의를 시작하기 전에 주말에 다녀온 꽃구경 이야기로 분위기를 풀곤 했

159

다. 어느 날 일본인 직원인 K씨가 지난 주말에 자기집 근처에 있는 꽃밭을 다녀왔다고 하면서 안내문까지 가져다 주는 것이 아닌가. 그렇게 해서 바로 그 주말에 가게된 곳이 고려高麗, 고마라는 곳이었다.

이케부쿠로역池袋駅에서 고마역高麗駅 사이를 운행하는 꽃무릇 관광 특별열차로 갈아타고 고마역에 내렸다. 꽃무릇 축제 기간에는 특별열차가 고마역까지 바로 간다. 역 광장에는 커다란 장승 한 쌍이 서 있었다. 고마高麗역, 바로 우리나라의 고구려를 뜻하는 역 이름이다. 사연을 잘 모르는 필자로서는 감격스럽기보다는 어안이 벙벙했다.

일본인들은 왜 '고려'를 「고마」라고 발음할까? 일본에서는 백제는 「구다라」, 신라는 「시라기」로 읽는다. 고구려를 고구려라고 표기하는 경우는 거의 드문데 이때는 「거우쿠리」로 발음한다. 당시의 한정된 고대사 지식에 근거하여 고구려는 곰 토템신앙을 가졌기에 일본에서는 '고려高麗'를 「고마」라고 발음한다고 추정했다. 고마역이 있는 사이타마埼玉현 히다카日高시에는 '고려高麗'가 붙은 명칭이 많은데 고려천川, 고려산, 고려치峙, 고개, 고려향鄕, 고려역, 고려신사, 고려소학교, 일본식 김치찌개인 '고려과鍋, 일본 발음은 '나베' 등이다.

전차에서 내린 사람들이 움직이는 방향을 따라 동네 골목길을 돌아 다리를 건너가다 보니 드디어 강 옆으로 빨간색 꽃이 숲속에서 보이기 시작했다. 일본말로는 만쥬샤게曼珠沙華, まんじゅしゃげ 또는 피안화彼岸花이고, 우리말로는 꽃무릇이다. 고려천이라는 유자형으로 구부러진 강의 안쪽에 있는 긴챠쿠다巾着田, きんちゃくだ[38]라는 밭에 피어있는 오백만 주의 꽃무릇 군락이었다. 우주공간의 항성들을 형상화해 놓은 듯한 꽃송이의 모양도 특별했지만 수백만 그루의 빨간 꽃이 한꺼번에 피어있는 모습은 장관이었다.

긴챠쿠다巾着田, 작은 주머니, 염낭 모양의 밭는 사이타마현 히다카시의 서부, 고마혼고高麗本郷를 흐르는 고마가와高麗川에 둘러싸인 주머니 모양의 평지다. 8세기에 이 부근에 이주한 고구려 도래인이 크게 돌아나가는 고마강을 이용해서 이 땅을 개간해서 논을 만들고 벼농사를 짓기 시작했다고 전해진다. 매년 9월말이 고마강가의 하천 부지에 있는 만 칠천 평의 군락지에 500만 송이의 꽃무릇石蒜, 석산, 彼岸花, ひがんばな 또는 만쥬샤게曼珠沙華가 만발하는 시기다. 일본 제일의 석산石蒜 군락지이다.

가을꽃으로 붉은색 꽃을 피우는 꽃무릇은 우리나라 남부지방 사찰 근처에서 만날 수 있는 여러해살이 풀로서 수선화과에 속한다. 꽃의 생김새가 워낙 멋있어서 이 꽃을 접하는 사람들은 그 아름다움에 빠질 정도다. 꽃무릇의 특징은 잎은 없고 외줄기로 50cm 정도 위로 곧게 뻗은 꽃대 끝에 5~7송이의 붉은 꽃송이가 우산모양으로 배열되어 있는 것이다. 수술은 꽃 밖으로 길게 활처럼 뻗어 있는 것이 특징이다. 꽃은 아름답지만 향기가 없다. 잎 모양은 넓은 선형線型으로 난초를 닮았다. 9월 들어서 알뿌리에서 굵은 꽃대가 올라와서 풀잎 없이 꽃을 피운다. 즉 꽃이 필 때는 잎이 없고 잎이 필 때는 꽃이 없어 잎과 꽃이 함께 할

---

38  www.kinchakuda.com, www.pixtastock.com/photo/88926

수 없다花葉不相見 相思花.

꽃무릇을 석산石蒜이라고도 하는데 '산蒜'은 원래 '달래'를 뜻한다. 석산이라는 이름은 꽃무릇 알뿌리의 맛이 매우면서 달고 마늘냄새가 나는데서 비롯되었다. 전라북도 고창 선운사禪雲寺와 전라남도 영광 불갑사佛甲寺의 꽃무릇 군락이 유명하다. 꽃무릇을 사찰에 심는 이유는 사찰에서 불경의 제본과 서화나 탱화를 제작하려면 접착제가 필요했고 꽃무릇에는 양질의 전분이 많아 대용으로 사용할 수 있어서이다. 꽃무릇과 비슷한 꽃으로 상사화相思花가 있다. 상사화는 여름꽃이고 꽃무릇은 가을꽃이며 석산石蒜은 붉은 색이고, 상사화는 분홍색이다. 상사화란 이름은 꽃과 잎이 함께하지 못하는 이 식물의 생태가 마치 사랑하는 연인이 서로 만나지 못하고 그리워만 하는 처지와 같다하여 붙여진 이름이다.

꽃밭 끝에 강을 건너는 다리가 있고 옛날 농사기구 전시장이 있었다. 안에 진열된 나무와 쇠로 만든 농기구는 우리나라 옛날 농기구와 모양이 흡사했다. 일본 벼농사의 일대 혁신을 가져왔다는 탈곡기[39]도 보였다. 강을 따라 걷다보니 옛날 고구려 마을의 가옥이 있어 구경했다. 다리가 아파서 역으로 돌아갈 생각으로 버스를 기다리는데 마침 버스가 왔다. 그런데 버스 행선지 표시에 고려신사高麗神社라고 쓰여있는게 아닌가. 그때 일본인 직원이 귀띔해준 '근처에 고려신사가 있는데 시간이 되면 들려도 좋다'는 말이 생각나서 버스에 올랐다.

---

39 빗처럼 생긴 여러갈래 가느다란 쇠스랑을 막대 끝에 달아 벼이삭을 효과적으로 훑어서 떼어내는 간
단한 농기구

버스가 포장된 길을 따라 나즈막한 언덕길을 10여 분 올라가더니 신사 옆 정류장에 내려준다. 경내는 마침 고구려 축제를 한다고 시끌 벅적하다. 고구려 의상을 전시해 놓은 곳도 있고 한쪽에서는 신녀 셋이 전각에 설치된 무대 위에서 전통의상을 입고 춤을 추고 있다. 신사 본전으로 갔더니 고구려신사高句麗神社라는 현판이 걸려있다. '구'자는 작게 써있었다. 일본 땅 동쪽의 한적한 시골에서 발견한 고구려 신사, 이것을 어떻게 해석해야 할까? 신사 뒷쪽에는 고구려 마을의 옛날 초가집 민가도 한 채 서있었다. 경내를 둘러보고 이번에는 신사 입구 쪽으로 발을 옮겼다. 버스 정류장이 신사 옆문 쪽에 있어서 정문은 미처 구경을 못했기 때문이다. 그곳에는 이 신사의 유래 및 신사에 모셔진 약광若光이라는 고구려인에 대한 설명이 있었다. 그리고 이 신사를 방문한 사람들의 이름이 쓰여 있는데 영친왕을 비롯하여 일본 수상들의 이름이 있다. 이 신사가 출세의 운이 있는 곳이라 정치가들이 많이 참배한다는 설명도 있었던 것 같다. 산길을 따라 올라가면 약광若光의 무덤이 있고 절도 있다고 하는데 이미 다리가 아파 더 이상 걷기가 힘들어 역으로 돌아오는 버스에 올랐다.

## 약광若光

고구려인 약광이 도쿄평야의 외진 곳까지 오게 된 사연이 궁금하여 그 날부터 자료를 찾기 시작했다.

고약광高若光은 668년 고구려 패망 후, 일본 나라시대에 사이타마로 이주 후 정착하였다. 일본에서 왕씨王氏를 칭하였기 때문에 왕약광王若光라고도 한다. 일본 이름은 고마노 잣코우高麗 若光다. 이것이 약광에 관

163

경내는 마침 고구려 축제를 한다고 시끌벅적하다.

고구려 의상을 전시해 놓은 곳도 있고 한쪽에서는 신녀 셋이

전각에 설치된 무대 위에서 전통의상을 입고 춤을 추고 있다.

신사 본전으로 갔더니 고구려신사高句麗神社라는 현판이 걸려있다.

'구'자는 작게 써있었다.

일본 땅 동쪽의 한적한 시골에서 발견한 고구려 신사,

이것을 어떻게 해석해야 할까?

한 공식 설명이다. 고구려의 마지막 왕인 보장왕의 아들로 알려져 있기는 하지만 그가 고구려의 왕족이었는가에 대해 확실하게 말할 수는 없다고 한다. 일본에서는 그에게 외국 왕족의 자손을 뜻하는 고키시王의 가바네姓. 성 かばね[40]를 주었지만, 고구려 왕족으로서의 그의 출신에 대해 의문을 제기하는 설도 있다. 그러나 약광과 함께 정착했다는 고구려 유민들의 숫자가 1,799명이나 육박했다는 기록과 고구려 멸망 후 일본에 흩어져 살던 1,799명의 유민들을 규합하여 고려군을 형성했다는 역사적 기록을 보면 이 지역에서 그에 대한 인식이 어떠하였는지를 상징적으로 보여 주며 이는 그가 고구려 왕족이었을 가능성이 높다는 것을 의미한다.

고약광의 이름이 처음 등장하는 것은 『일본서기』로 666년 보장왕이 왜에 파견한 사신단의 부사 자격으로 일본을 방문했던 것이다. 668년에 고구려가 나당연합군의 공격으로 패망하면서 그는 귀국할 기회를 잃었다. 일본 조정은 그에게 관위를 주었으며, 703년에는 고려왕高麗王의 카바네姓를 받았다고 『속일본기續日本紀』는 적고 있다. 다만 이를 끝으로 일본의 역사에서 '약광' 내지는 '고마노코키시高麗王'라는 성을 칭하는 인물은 전혀 등장하지 않고 있다.

고려신사의 전승에 따르면, '약광'은 고려군으로 오기 전에 사가미군相模郡의 오이소大磯. 가마쿠라와 아타미 중간의 해안 마을에 살았으며, 716년 무사

---

40  야마토 · 나라(大和 · 奈良) 시대에 씨족의 존비를 나타내기 위한 계급적 칭호. 성(姓)으로 신분을 나타내며 호주를 나타내는 씨(氏)와 나름. 우리와 중국은 성과 씨기 같으나 고대 일본에서는 다르게 사용되었다.

시국武蔵国에 고마군高麗郡, 고구려 마을이 설치됐을 때, 조정은 동해도東海道의 7개 구니國에서 1,799명의 고구려인을 고려군에 이주시켰다속일본기. 그때 고려군의 군수격인 대령大領으로 임명된 것이 바로 고약광이었다는 것이다. 오이소를 떠나 당시 황무지였던 고려군을 개척하고 민생을 안정시킨 약광이 오이소를 떠난 뒤에도 오이소 사람들이 그의 덕을 그리워하여 고려사高麗寺를 짓고 고약광의 영혼을 모셨다고 한다. 이후 오이소에는 다카쿠高来신사와 일부 흔적만 남았고, 메이지시대의 신불분리령에 따라 신토로 편입됐고, 현재는 약광 대신 일본 황실의 조상신을 모시고 있다. 가나가와현 오이소정大磯町 고마야마高麗山에 소재한다.

만년의 약광은 흰머리과 흰수염을 길러 고마군 사람들로부터 '흰수염님白髭樣, 백발상, 시라히게사마'으로 불리며 존경을 받았다. 생전에 약광은 사루타신猿田彦命을 제사지내는 신사를 세우고 거기에 다케노우치武内宿禰를 제사지내며 숭배했고, 사후에는 고려군 사람들로부터 고려명신高麗明神으로 숭앙의 대상이 되었다. 고마신사고구려신사가 세워진 뒤에는 백발명신白髭明神으로서 신사에 모셔져 오늘날까지 제사를 받고 있다.

이 부분에 매우 주목할만한 대목이 들어 있다. 약광이 사루猿, 우리말의 쌀대신을 제사지내는 신사를 세우기 전에 이곳은 도래인의 신神인 스사노오素戔嗚尊신을 모시는 신사였다고 하고 시라히게신白髭神이 흰수염을 휘날리는 약광의 모습에서 나왔다는 것은 다른 지역에도 시라히게신사白髭神社가 많은 것으로 보아 속설로 보이고 히라히게白髭는 신라를 뜻하는 시라기新羅의 음차문자로 보아 이전의 신라 도래인들이 세운

신사에 약광을 신으로 추가해 앉힌 것으로 보인다.[41]

약광은 사후 군민郡民들에 의해 불법佛法을 지키는 산신으로 추대되었으며 종손이 대대로 승락사 안에 있는 사당산신각에서 제사를 집행하였다. 그러나 메이지유신 이후 신불분리령에 따라 승락사가 성천원과 고려신사로 분리되면서 현재에 이르고 있다.

요약하면 고려촌과 고려신사高麗神社의 역사는 나라시대로 거슬러 올라간다. 동아시아 맹주였던 고구려는 668년 나당연합군의 공격으로 멸망했다. 사절단으로 666년 일본으로 온 고구려 왕족 약광은 고국이 망하자 716년 도쿄 주변 일대에 흩어져 살던 고구려 망명객과 유민 1,799명을 모아 무사시노 벌판 일대에 정착했다. 이후 이곳은 고려군이 되었다. 이 기록은 매우 중요하므로 번역과 그 일본어 원문을 함께 소개한다.

### 번역

약광은 716년 무사시국에 신설된 고마군의 수장으로서 이곳에 부임하였다. 당시의 고마군은 미개한 벌판으로 알려졌는데 약광은 스루가시즈오카, 가이야마나시, 사가미가나가와, 가즈사, 시모우사지바, 히타치이바라기, 시모쓰케도치기의 각지에서 이주한 고려인고구려인 1,799명과 함께 이곳을 개척하게 된다. 약광의 사망 후 고마군민은 그 덕을 기려 영혼을 고려명신묘진으로 제사지냈다. 이것이 당사 창건의 경위이다.

---

41  김달수씨의 생각에 필자의 의견을 더한 것임.

## 일본어 원문

若光は716年武蔵国に新設された高麗郡の首長として当地に赴任してきました. 当時の高麗郡は未開の原野であったといわれ, 若光は, 駿河静岡, 甲斐山梨, 相模神奈川, 上総下総千葉, 常陸茨城, 下野栃木の各地から移り住んだ高麗人高句麗人1,799人とともに当地の開拓に当たりました. 若光が当地で没した後, 高麗郡民はその徳を偲び, 御霊を'高麗明神'として祀りました. これが当社創建の経緯です.


여기서 필자의 호기심을 자극한 부분이 '1,799명의 고구려 사람들이 살던 지역'이었다. 이 7개 지역은 도쿄평야 전체와 후지산 너머의 시즈오카와 후지산 북쪽의 야마나시를 포함하고 있다. 왕족인 약광은 유능한 선원과 수행원들의 보호를 받으며 나라奈良까지 갔다고 치지만 그렇지 않은 일반 고구려 백성들이 어떻게 알고 무슨 수로 이 지역까지 올 수 있었다는 말인가? 이들의 지역적 분포를 보면 결코 한 배를 타고 온 사람들처럼 보이지 않는다. 가정을 해본다면 이 이주민들은 어떤 경로로 이 지역에 이미 이주하여 정착하고 살던 사람들이었다고 생각할 수 있다. 이미 기원 400년 경 야마나시山梨와 나가노長野 일대에 살고 있던 고구려인들의 기록이 이 가정을 뒷받침한다. 이들은 단지 일본 열도에 늦게 도착한今き, 이마키, 이제 막 들어온 고구려인일 뿐 첫 번째 이주자는 아니었을 것이다. 일본의 사료는 철저히 이들이 한반도의 고구려가 멸망하여 이주한 사람들이라고 적고 있고 그 이전에 이미 이곳에 살고 있던 한반도로부터의 선주先住 도래인에 대해서는 침묵하고 있다. 고구려 멸망으로 수십만의 고구려인이 강제로 당나라로 끌려 갔으니 이를 피하기 위해 다른 곳으로 피난한 보트피플이 있었다고 상상할 수 있다<sub>우리 쪽의 기록은 없음</sub>. 만약 고구려 멸망으로 인한 고구려 유민들이 일본 열도로 향했다 하더라도 그들은 그들의 선조들이 이미 살고 있었던 연고가 있는 지역으로 향했을 것이다.

이 때 생긴 의문, 즉 1,799명의 고구려인들의 이주 이유와 이주 경로에 대한 강한 의구심이 일본 열도 내 한반도인 도래의 역사를 찾는 원동력이 되었다.

고려군은 1180년간 지속되다 1896년 이웃한 이루마人間군에 병합되었다. 하지만 인간의 지명에 대한 집착 본능으로 도처에 고려라는 이름이 남아있다. 지금은 지역 경계의 변경으로 이루마군에 인접한 히다카시가 고려군을 대표하고 있다. 이러한 전통의 한복판에 고려신사가 있다. 신사를 지키게 된 약광의 후손은 '고려'라는 성을 쓴다. 현대 일본어는 고려高麗를 '고우라이'라고 읽는다. 그러나 이 지역에서만은 철저히 '고마'로 발음한다. '고려신사高麗神社'는 '고마신사<sup>42)</sup>', '고려천高麗川'은 '고마천고마가와'로 읽는 식이다. 고마는 곰熊, 웅을 뜻하는 일본어 '쿠마'와 비슷하기에 학자들은 고구려족은 곰을 숭배했던 것으로 본다. 환웅과 혼인해 단군을 낳은 웅녀熊女를 배출한 족으로 보는 것이다. 고마신사는 고구려의 핏줄을 이었다는 사실을 감추지 않는다. 고마신사의 현판은 전부 '고려신사高麗神社'로 썼는데, 딱 하나만 '고구려신사高句麗神社'로 썼다. 하지만 '구句'자는 작게 써놓았다. 이 현판은 친일파 조중응이 쓴 것이라 한다.

---

42 일본 발음은 '고마진자'이다.

고마신사에 대한 한국인의 관심은 전후에도 이어졌다. 아이러니하게도 일본 유력 인사의 발길도 끊이지 않았는데 그 이유는 이곳에서 빌면 이뤄지는 것이 많다고 알려졌기 때문이다. 이러한 명성 덕분에 고마신사는 연간 40만 명이 찾는 유명 신사가 됐지만, 보통의 한국인은 고마신사를 알지 못했다. 그러다 중국이 고구려를 그들의 역사로 편입하는 동북공정을 펼치는 사실이 알려지면서 한국인의 주목을 받기 시작했다.

참고로 고려군이 설치된 지 42년 뒤 인근 지역에 신라군新羅郡도 생겨난다. 당시의 신라군의 영역은 지금의 아사카시朝霞市, 와코시和光市, 니자시新座市, 시키시志木市와 도쿄도 호우야시 다마군東京都 保谷市 多摩郡, 네리마구의 오이즈미지역 도요시마군 구 하시도촌練馬区의 大泉地域 豊嶋郡 旧橋戸村, 기다루촌木樽村이 포함되어 있었다고 추정한다. 고구려와 신라는 함께 이곳을 개척해갔다. 당시 일본의 나라 정부는 고구려, 백제, 신라 유민들의 유입을 막지 않았다. 고구려인들은 말타기와 철기 및 농업기술을 가져오고, 신라인들은 건축과 미술에 영향을 주었다. 이들 영향력은 점차 커져 몇백 년이 지난 후 가마쿠라 막부 탄생의 기반 세력이 되며 절정에 이른다[43]. 메이지유신 이후 일본 정부는 한국 관련 지명을 없애 버린다. 고려군을 이루마군入間郡으로 바꾸고 이를 다시 히다카시日高市, 쓰루가시마시鶴ヶ島市, 한노시飯能市의 3개 시로 나눴다. 그래서 지금은 고려촌이 히다카시에 속한 조그만 동네 이름으로 바뀐 것이다. 1898년에는 오이소의 고려신사 이름은 다카구신사로 바

---

43 사이타마현의 역사 기록에 필자의 생각을 보탠 해석

꿰었고, 약광을 모시는 제사도 금지하고 대신 일본 천황신을 제사지내게 했다. 고구려 후예들인 고려씨는 26대까지는 고구려인끼리만 결혼해 혈통을 보존했다. 그러나 이후 일본인과의 통혼으로 현재는 일본인화됐다.

고려신사高麗神社는 군국주의자들에 의해 악용된 역사도 지니고 있다. 일제강점기에는 고려신사를 '외래 민족이 일본에 동화된 전형'으로 선전하면서 많은 이들을 참배시켰다. 이 때문에 새로 부임하는 조선 총독이나 고위 관리들은 이곳을 참배하고 조선으로 떠났다. 방명록엔 조선 총독의 이름이 남아 있다. 이후 고려신사는 출세운이 있는 신사라는 유명세를 타고 각계 인사들이 방문했고 고려신사를 참배한 정치인들이 훗날 총리가 됐다. 의미심장한 대목이다. 일본의 여러 신사를 방문하다보니 신사가 도래인과 연관이 많을수록 일본인들은 그 신사에 영험력이 많다고 느끼는 경향을 발견했다. 신사 입구에는 영친왕과 이방자 여사 부부가 기념식수한 나무가 있다. 한일협정을 맺은 뒤 정치인들과 정부 관계자들도 이곳에 들렀다. 대부분의 주일한국대사들도 이곳을 방문했다.

## 2. 오이소大磯의 고려신사高来神社

또 다른 고려신사를 방문하기로 했다. 약광若光이 고려군으로 가기 전에 머물렀다는 오이소大磯로 향한다. 집을 나와 긴자선을 타고 신바시에서 JR 도카이도선東海道線을 갈아타면 한 시간 반이면 가는 곳이다. 파트너는 지명을 보더니 혹시 우리 경상도 말인 '오이소'가 아니냐고 묻는다. 가능성은 있으되 근거 없이 말을 만들고 싶지 않아 고개만 끄떡였더니 국문학을 전공한 파트너는 생각날 때마다 그 말을 되풀이 한다. 여기서 이즈반도 건너의 시즈오카 누마즈沼津에 있는 이자카야에 갔을 때 종업원이 '왔쇼이, 왔쇼이' 하면서 손님들을 환영하는 소리를 듣고 영락없이 우리말로 들려 놀란 적이 있었는데 파트너의 영감이 또 작동한 모양이다.

역 뒷길로 고려신사를 향해 가는데 마을 이름이 고려정高麗町이다. 고려 1정목高麗一町目, 고려 2정목高麗二町目 등 한자로 고려라고 쓰여있다. 얕은 언덕길을 올라가니 고려신사 입구가 나온다. 한자로는 고라이高來신사인데 일본말로는 다카쿠신사라고 읽는 모양이다. 창건 당시 고려신사였으나 메이지유신 후 지금의 이름으로 바뀌었다. 오이소 일대는 고구려 도래인들이 모여 살았던 곳이다. 다카쿠신사는 에도시대에는 경내에 있었던 사찰에 도쿠가와 이에야스의 영정을 안치할 정도로 중량급 대우를 받았다. 도쿠가와막부 시절에는 누구든지 다카쿠신사 앞을 지날 때는 반드시 말에서 내려 신사에 예를 표하게 했을 정도로 신사의 격이 높았다.

신사 안 한쪽에 절이 있다. 일본의 신사나 절에 가보면 재미있는 것이 있다. 새로 만들어진 절 안에 옛날 신사가 있는 곳도 있고, 새로 지어진 신사 안에 옛날 절이 있는 곳도 있다. 그리고 같은 터 안에 신사나 절이 여러 개인 경우도 많다. 새로 절이나 신사를 지으며 옛날 흔적을 남겨두기 때문일 것이다. 한 예로 나라의 동대사東大寺 안에는 가라구니신사辛國神社라는 가라야시로韓社, 한사가 남아있다. 즉 동대사 자리는 원래 한국신사韓國神社가 있던 자리라는 뜻이다. 신사 안에 약광에 관한 오래된 그림이 있다하여 보았으면 했는데 신사의 내부는 자물쇠로 잠겨있다. 계절이 음력 10월이라 신무월神無月이기 때문에 신사와 궁사가 모두 한달간 휴업인 것을 모르고 급한 마음에 방문했기 때문이다. 신사의 뒷산인 고려산高麗山. 고마산을 오르기로 했다. 정상까지 올라가는 데는 시간이 그리 많이 걸리지 않았지만 오르는 길은 경사가 심한 부분이 여러 곳 있었다. 산 정상에는 오래된 기도터가 있고 작은 사당도 있었다. 산 위에서는 바다가 훤히 내려다 보이고 동쪽으로 흐르는 강이 보였다. 오이소 지방 중앙에 자리잡은 고려산은 넓은 들판 가운데 투구를 얹은 모양처럼 솟아있다. 평야지대에 갑자기 산이 우뚝 서 있는 것이다. 그래서 고려산이 랜드마크가 되었을 것이라 생각한다. 오이소를 감싸안은 고려산은 한때 24개의 고구려 사찰이 있던 신성한 산으로 주민들은 이 산에서 벌목도 하지 않았다고 한다.

다시 경내로 내려와 궁사나 궁사의 집을 찾으러 다니다가 신사 건물 앞에서 작은 판대를 놓고 안내지를 나누어 주고 있는 평복 차림의 사람을 발견했다. 직감적으로 궁사일지도 모른다는 생각이 들어 '와타나베 궁사 아니신가' 물어 보았더니 맞다고 한다. 궁사에게 신사 본전 안에 있는 그림을 볼 수 있겠냐고 물었더니 선뜻 기다리라고 하면서 사라진다. 조금 있다가 열쇠를 들고 오더니 문을 열고 우리를 본전 건물 안으로 들어 오라고 한다. 신사의 본전 건물 안에 처음 들어가 보는 것이라 약간 긴장이 되었다.

본전 내부의 오른쪽 벽에 기대했던 그림이 붙어 있었다. 이 그림은

신하들 뒤에는 투구를 쓰고 창검을 든 군사들이
호위하고 있다.
이 젊은이가 약광若光이라는 설명이다.
궁사의 설명에 의하면 군사들의 투구 모양으로
고구려 군사라는 것을 알 수 있다고 한다.

사실은 애마絵馬라고 부른다. 현대의 애마는 일반 참배객들에게 파는 손바닥만한 집모양의 나무판이지만 원래는 말馬이었고, 시절이 흐른 뒤에는 커다란 말의 그림으로 바뀌었다. 이 애마는 크기가 보통 보는 서양화 사이즈였는데 색이 바래기는 했지만 길 떠나는도착하는 그림이라는 해석도 있다 사람들이 그려져 있었다. 포구에 배가 기다리고 있고 관복을 갖춰 입은 젊은이가 나이 지긋한 신하들의 배웅을 받고 있다. 신하들 뒤에는 투구를 쓰고 창검을 든 군사들이 호위하고 있다. 이 젊은이가 약광若光이라는 설명이다. 궁사의 설명에 의하면 군사들의 투구 모양으로 고구려 군사라는 것을 알 수 있다고 한다. 이 포구는 과연 어디일까? 약광이 고구려를 떠난 것이 고구려가 망하기 2년 전인 666년이라면 662년 백제를 멸망시킨 당나라 해군들이 활개치는 서해 바다를 이용했을 가능성은 낮고 아마 함경도 쪽의 동해안에 있는 항구가 아니었을까하는 상상을 해본다. 그림의 연대를 물었더니 에도시대에 그려진 그림이라 한다. 300~400년 된 그림인 모양이다. 누군가 약광의 사연을 알고 있는 사람이 상상력을 발휘해서 그린 그림이리라.

궁사에게 매우 소중한 그림이니 잘 보존해 달라는 부탁을 하고 시주를 한 후 본전을 나왔다. 본전을 나와서 궁사에게 고맙다는 말을 전하고 이런저런 얘기를 나누다 보니 잘 생긴 궁사는 아직 미혼이고 결혼할 생각이 없는 모양이었다. 누이 동생이 하나 있는데 여동생이 세습직인 궁사의 대를 이을 가능성이 있다고 말한다. 궁사는 고려신사의 마쓰리에 내해서도 설명해 주었는데 7월의 이른 아침에 청년들이 가마를 둘러메고 고려산 정상까지 올라간다고 한다.

전해오는 말에 의하면 약광은 8개의 돛을 올린 배를 타고 이곳 오이소 해변에 도착했다고 한다. 그는 마을의 번성을 공약했고 오이소는 고려산을 중심으로 비약적인 발전을 이루게 된다. 이곳에서의 성공을 바탕으로 관동지역 일대의 고구려 도래인들을 모아 사이타마의 고려촌으로 이주하였다는 것이다. 약광 일행의 상륙은 당시 이곳에 거주하던 사람들에게는 매우 큰 사건이었을 것이다. 이 마을의 가장 큰 축제는 「미후네 축제御船祭」인데 짝수해마다 2년에 한 번 2척의 배 모양의 수레山車가 다카쿠 신사를 출발해 행진하는 축제이다. 이 배에 모셔지는 신이 약광이다. 약광 일행이 오이소에 상륙했을 때의 모습을 재현해낸 것이다. 약광이 배를 타고 건너 온 것이 배를 통해 신이 찾아올 것이라는 일본인의 믿음과 잘 어우러진다. 미후네 축제의 하이라이트는 배 위에서 약광이 상륙할 당시의 모습을 그린 노래에 있다. 「곤겐마루權現丸」라는 노래는 약광을 기리는 노래다. 곤겐은 부처나 보살이 중생을 구제하기 위해 나타난 모습이고 그가 탄 배가 곤겐마루다. 당시 갑자기 바다가 소란스러워 마을 사람들이 수상히 여기고 포구에 나가니 멀리 배 한 척이 8개의 돛을 올리고 오는 것을 발견한다. 배에 탄 약광은 소리친다. 이에 주민들이 감사하다며 약광을 삼가 받드는 노래 가사이다. 지금 생각해보면 8개의 돛이라는 것도 앞에 기술한 하치오지八王子 신앙과 관련이 있지 않을까 싶다.


'나는 일본인이 아니다. 고구려인이다. 너희들 중 귀의하는 사람이 있다면 오이소 해안의 수호신이 되어 자손 번영을 지켜줄 것이다.'

'われは日本の者にあらず，もろこしの高麗国の守護なるが，じゃけんの国を逃れ来て，日本に志し，汝ら帰依する者なれば，大磯浦の守護となり，子孫繁昌と守るべし.'

오이소에서 머물던 약광은 이전에 토착한 고구려인들과 어떻게 합류하여 사이타마의 고려군으로 향했을까? 약광이 모았다던 이 지역의 고구려인들은 어떤 사람들이었을까? 아마 그들은 많은 수가 다마강 유역, 즉 지금의 고마에狛江지역에 살고 있었을 것이다. 과거 무사시 지역에는 고구려 도래인들의 유적 유물이 산재해 있다. 한반도의 도래인들은 동해를 건너 일본 열도의 북쪽 해안을 통해 나가노로 들어와 야마나시 쪽으로 남하하기도 하고 일부는 가루이자와 고개를 넘어 지금의 고즈케上野, 지금의 군마현로도 유입되었다.

나가노와 군마지역에 고구려인이 유입된 증거의 하나가 메밀국수다.「메밀국수」는 에도시대에 유행하기 시작했다. 하지만 나가노와 군마지역의 메밀의 역사는 한참을 더 거슬러 올라간다. 한반도 도래인들이 이곳에서 밭작물을 재배하기 시작했고 그들이 집중적으로 메밀을 재배했다고 전해진다. 논은 거의 신라 사람들의 것이라고 생각되지만 밭은 고구려 영향이다. 고구려의 농업은 밭을 중심으로 한 농업이다. 밀, 보리, 메밀 따위는 역시 밭에서 나는 작물이다. 밭농사는 논경작보다 훨씬 고도의 기술을 요구한다. 밭을 가는 게 어렵기 때문이다. 논이야 물을 끌어오면 되지만 밭은 상당히 고지대에 만들어진다. 또한 밭을 경작하기 위해서는 금속 도구가 필요하다.

약광과 함께 했다는 1,799명의 고구려인들은 당시 무사시국 일대의 다양한 곳에서 모인 사람들이었다. 필자의 생각으로는 무사시노와 군마지역을 포함하는 도쿄평야 일대에 이미 많은 고구려와 신라의 이주

민들이 정착해 살고 있었지만古き, 후루키, 먼저 정착한 이민 비교적 늦게 이주하여 아직 완전히 삶이 정착되지 않은今き, 이마키 뒤에 온 이민 고구려인 1,799명이 고려군으로 모였을 가능성이 많다. 현재는 작은 마을인 고려향이지만 이들이 새로운 도시를 건설할 당시는 규모가 현재의 5~60 배였다고 한다. 이 신도시의 급성장은 고구려인들이 가진 첨단기술력 덕택이었다. 한반도에서 건너 온 대장장이는 새로운 기술인 금속가공 기술을 가지고 있었고 또한, 그 세공 기술이 대단히 뛰어났다. 남겨진 유물 중에 종이와 세공품뿐만 아니라 훌륭한 마구제품이 많다는 건 금세공, 목세공, 직물기술을 모두 아우르고 있었다는 의미다. 그런 기술을 이용하면서 발전했을 것이다.

이 지역에 있는 크기 100m급의 대형 고분들은 5~6세기 말까지 조성된 것이다. 특히 고구려와 연관된 것으로 보이는 고분들은 주로 6세기 말에 조성되었다. 1,799명의 고구려인을 모을 수 있던 것은 고분시대古墳時代[44]를 통해서 여기저기에 고구려인들이 살았기 때문이었을 것이다. 약광은 새로운 지도자로 나타나 그런 사람들을 모은 것이다. 이것이 필자가 사이타마에 있는 고려신사를 방문하고 얻은 고구려인 1,799명에 대한 의문의 해답이다. 이곳에는 고구려가 멸망해서 망명한 고구려인들이 도착하기 전에 이미 많은 한반도 도래인이 살고 있었던 것이다.

고마군고려군이 만들어지기 전에 이 지역의 중심도시는 군마지역이었다. 이후 중심지는 고마군으로 이동한다. 첨단기술자들이 만든 신도

---

44  일본에서 많은 고분이 축조되었던 시대. 약 4~6세기 또는 7세기까지를 말함.

시 고마군은 급성장을 한다. 그런데 왜 아무도 살지 않던 이곳에 도시를 만들게 된걸까? 그 당시 이곳은 일본 열도의 원주민인 아이누족들과 경계를 이루던 곳이다. 아이누족으로부터의 공격을 막아내기 위해 이곳에 강력한 인구 집단이 필요했을 것이다. 따라서 서쪽에 있던 나라정부는 용맹한 고구려인들이 이 지역을 맡아주길 기대한 것 같다. 고마군의 역사를 살피다보면 일본의 무사, 즉 사무라이 집단이 왜 관동지역에서 발전했는가 하는 이유도 밝혀진다.

## 3. 하코네箱根와 고구려高麗

일본을 처음 방문했을 때 가본 곳이 하코네다. 신주쿠에서 로망스카를 타고 하코네 유모토에 도착한 후 등산열차, 케이블카, 리프트를 타고 산을 넘어 아시노코에 도착, 다시 해적선을 타고 호수를 건너던 생각을 하면 지금도 좋은 추억거리다. 일본에 살면서 김달수씨의 책을 읽으며 알게된 것이 하코네가 고구려 도래인 약광의 세력에 의해 개발되었다는 것이다. 김달수씨도 하코네신사를 방문하여 그 역사를 알아보려하였지만 신사의 협조를 받지 못했다. 그보다 더 현대를 사는 필자는 인터넷의 풍부한 자료를 이용하여 하코네와 고구려인의 관계를 알아보았다.

### 하코네箱根

「하코네箱根, 函根」는 하코네 칼데라 부근의 일대를 가리키는 지명으로 행정구역으로서의 하코네마치箱根町를 말한다. 예로부터 도카이도東海道의 요충이며, '천하의 험소天下の険'라고 불리던 하코네 고개 기슭에

179

는 슈쿠바宿場와 관문검문소이 있었다. 근대 이후 휴양지와 관광지로 발전하여 수많은 온천과 함께 아시노코芦ノ湖, 오와쿠다니大涌谷, 센고쿠하라仙石原 등이 특히 유명하다.

하코네산은 산 모양이 상자와 같이 보이기 때문에 붙은 이름이 아니다. 하코는 하케, 가케와 어원이 같은데 수직으로 우뚝 솟아있는 지형을 나타낸다. 사방이 우뚝 솟아있는 벽에 둘러싸여진 협곡을 '하코'라고 하는데, 상자도 사방이 수직이기 때문에 하코箱,상자라고 하는 것이다. 하코네화산을 형성하는 가미야마와 고마카다케 등의 트로이데식 화산은 땅딸막하게 급사면을 형성하고 있어 그 험한 모습을 하코+네봉우리라고 말한 것이다. 홋카이도의 하코다테야마를 비롯해 전국 각지의 하코로 된 지명은 대부분 벼랑이나 급사면을 가리킨다.

### 하코네신사箱根神社

하코네신사는 하코네마치의 모토하코네에 있는 신사다. 구 신사의 등급은 국폐소사国幣小社[45]로 예전에는 하코네 곤겐箱根權現, 미토코로 다이곤겐三所大權現으로 불려졌다. 곤겐權現은 일본에서 불교가 융성하던

---

[45] 등급 외 등급이나 다름없는 「이세 신궁」의 밑으로 크게 관폐사(官幣社)와 국폐사(國幣社)로 나누고, 그 안에서 대·중·소로 구분했다. 여기서 폐(幣)란 본디 폐백(幣帛)이라 하여 신에게 바치는 예물을 뜻하는데, 일본 정부는 각 신사에 주는 유지비와 예물을 가리키는 뜻으로 썼다. 관폐사는 일본 황실(궁내성)에서, 국폐사는 일본 정부에서 유지비를 지원했다. 크게 관폐대사(官幣大社)·국폐대사(國幣大社)·관폐중사(官幣中社)·국폐중사(國幣中社)·관폐소사(官幣小社)·국폐소사(國幣小社) 등 6등급으로 나누었다.
1872년 메이지 정부는 따로 별격관폐사(別格官幣社)라는 등급을 신설하고 관폐소사에 준하여 대우하기로 했다. 별격관폐사는 '나라에 큰 공을 세운 자'를 주된 제신으로 모시는 신사 중에서 선별했다. 1946년 사격제도가 폐지되기 전까지 총 28개 시설이 별격관폐사가 되었는데, 그중 한국인들에게 가장 잘 알려진 곳이 바로 야스쿠니 신사이다. 신사 도리이 앞 표석에 옛 사격을 새긴 곳이 많다. (나무위키, 근대사격제도 참고)

시대에 발생한 신불습합神佛習合[46] 사상으로 신토의 신들이 부처나 보살의 화신으로서 일본 땅에 나타난 것이다. 아시노코의 구두룡 전설을 전하는 용신신앙의 성지이며, 신사 앞의 호수에서는 나라시대에 하코네 곤겐을 건립한 만권상인과 구두룡대신의 전설을 재현하는 용신호수龍神湖水 마쓰리 축제가 매년 6월에 거행되고 있다. 경내에는 사적인 마강석馬降石이 있는데 시메나와注連繩, 금줄를 둘러 놓은 이 돌은 백마를 타고 신이 강림한 바위라고 전해진다. 돌 위에 난 구멍은 말의 발굽자국으로 구멍에 고인 물은 가뭄에도 마른 적이 없다는 신기한 바위다. 또 참배길의 오른쪽에는 마승석馬乘石이 있어 백마의 신앙을 지금도 남기고 있다.


제사지내는 신祭神은 하코네대신箱根大神으로 아마테라스의 손자 니니기瓊瓊杵尊, 니니기의 처 고노하나사쿠야히메木花咲耶姫命, 신무천황의 할아버지 호오리彦火火出見尊의 3신을 총칭하는 신이다.

타카마가하라高天原에 있는 천조대신 아마테라스오오미카미의 명을 받아 히무케日向의 다카치호 미네高千穂峯에 내려온 천손 니니기는, 지신 오오야마스미大山祇神, 스사노오의 자식의 딸 고노하나사쿠야히메木花咲耶姫命와 결혼하여 히코호호데미노미코토彦火火出見尊를 낳는다. 이 3신을 하코네대신이라하여 모신다. 하코네대신은『육국사六国史[47]』나『엔기식 신

---

46  신불습합(神佛習合)이란, 일본에서는 오랜 세월 신토와 불교가 서로 영향을 주고 받아 불교 중심으로 두 종교가 반쯤 합쳐진 것을 말한다.

47  『육국사』는 나라 시대부터 헤이안 시대에 걸쳐 엮은 여섯 가지의 관찬 한문으로 쓰인 편년체 역사책이다. 『일본서기』, 『속일본서기(續日本書紀)』, 『일본후기(日本後記)』, 『속일본후기(續日本後記)』, 『일본문덕천황실록(日本文德天皇實錄)』, 『일본삼대실록(日本三代實錄)』이다.

명장延喜式神名帳[48]』에는 보이지 않는다.

『하코네산箱根山엔키나라비니죠緣起幷序, 1191년』에 따르면 고대부터 하코네산에 대한 산악신앙이 활발했고, 특히 가미야마神山, 하코네산의 최고봉, 1,438m에 대한 신앙이 깊어 가미야마를 예배할 수 있는 고마카다케駒ヶ岳 산 정상에서 제사가 행하여지고 있었다고 한다. 특히 고쇼천황孝昭天皇[49]시대에 성점聖占 행사가 이 고마카다케駒ヶ岳에서 열려 신선궁神仙宮을 열고, 가미야마神山를 신체산으로 모신 것이 산악신앙에 큰 영향을 주었다고 여겨진다. 고마카다케 산의 정상에서는 현재도 10월 24일에 고진까축제御神火祭가 행하여지고 있어, 고대의 가미야마神山에 대한 제사의 흔적이 남아있다.

### 만권상인

757년 만권상인万卷上人이 현재 위치에 이궁里宮을 창건해서 승, 속, 여僧. 俗. 女의 3체신을 하코네 미토코로 곤겐箱根三所權現으로서 제사 지내고 불교仏敎와 슈겐도修驗道를 받아들였다. 그 후, 전승에서는 만권이 사람들을 괴롭히고 있었던 아시노코의 구두룡九頭龍을 굴복시켜 현재의 구두룡신사본궁九頭龍神社本宮를 건립하고, 구두룡을 수호신으로서 모신 것으로 여겨진다. '독룡이 파도를 일으키고 구름을 불러 사람들이 피해를 면할 수 없게 되자 만권은 용이 사는 깊은 곳에 들어가 돌단을 쌓고 기도하자 독룡은 모습을 바꾸어 보물과 석장 및 물병을 바치며 항복을 요구했다'고 『하코네산箱根山연기병서緣起幷序』에 쓰여있다. 만권상

---

48 『엔기식 신명장』은 927년에 정리된 전국의 주요 신사일람이다. 이 책에 이름이 나오는 신사를 식내사(式內社)라고 부른다.

49 『고사기』에 있는 5대 천황으로 재위기간이 기원전으로 되어 있으나 실존 여부와 연대는 불분명함.

인은 신과 부처를 잇는 성승이며 또 나라시대奈良時代. 710~784년에 동쪽으로는 가시마에서 서쪽으로는 이세에 이르기까지 광범위하게 종교활동을 벌여 신사와 불각을 만든 유명한 인물이다. 여러 곳에 이 만권상인의 유적과 고문서가 남아있다.

가마쿠라 막부의 역사서인『아즈마가가미吾妻鏡, あずまかがみ』에는 석교산 전투에서 진 미나모토노 요리토모를 당사의 궁사가 구출했다라는 기사가 있어 이후 간토 무가関東武家의 숭배를 받게 되었다. 가마쿠라시대鎌倉時代에 미나모토노 요리토모가 하코네신사를 받든 이후 당신사와 이즈산신사 참배의 관습이 만들어져 집권 호우조씨北条氏나 전국무장 도쿠가와 이에야스 등, 무가에 의한 숭배가 독실한 신사로 번성했다. 근세, 관도로 도카이도가 정비되고 하코네 숙소나 관문이 마련되어 동서교통의 안전 기원소로써 당 신사의 숭배가 점점 활발해져 서민신앙의 성지로 변모했다. 천황제 부활 이후 천황족의 참배소로도 유명하였다. 고마카다케산 정상에 하코네 모토미야箱根元宮가 재건되고 구두룡신사의 신궁이 하코네 신사의 경내에 건립된 것은 현대에 들어와서이다.


### 고마카다케산駒ケ岳山

고마카다케산 정상에 있는 원궁은 가미야마神山의 히모로기神籬로서, 가장 원시적인 신토神道, しんとう의 제사가 행하여지던 곳이다. 고마카다케는 북쪽에 있는 영산 가미야마를 예배하고 고대 제사 및 산악신앙이 행하여진 곳이다. 히모로기란, 신토에 있어서 신사 이외의 장소에서 제사를 할 경우에 임시로 신을 맞이하기 위해 마련한 신이 머무는 곳을 말한다.

고진까축제御神火祭는 10월 24일 고마카다케산 정상의 고대 제사유적인 암단岩垣에 둘러싸여진 제장에서 가미야마를 정면으로 보며 거행된다. 봉화신사燧火神事에서 채화한 불은 화톳불에 옮겨진다. 신전에 불을 바쳐 예제를 거행한 뒤, 불은 산을 내려가 호수를 건너서 하코네 신사로 옮겨진 후 다음날 축제가 거행된다.

### 고마카다케 산명의 유래

일본의 기록들을 소개한다.

고마카다케의 '고마'는 고려에 통한다는 견해가 있다『일본자연지명사전』.

コマ駒は高麗に通じるという見方もある。『日本自然地名辞典』

산 정상 가까이에 말의 발톱이라는 큰 바위가 있다. 이것이 산명의 기원으로 말모양 곤겐의 돌사당駒形権現の 石祠이 있다『世界山岳百科事典, 세계 산악백과사전』. 등등원문 생략 몇 가지의 설이 있지만, 고려악으로부터 고마카다케가 되었다는 것이 유력한 것 같다.

いくつかの説があるが、'高麗ケ岳'から'駒ケ岳'になったと言うのが有力のようだ。

문화사학자 다니 유우지씨는 '후지산은 왜 후지산인가'라는 책에서 하코네 고마카다케의 산명에 대해서 고찰하고 있는데 그 개요는 다음과 같다.

箱根駒ケ岳の山名の由来のついては、諸説がある。 文化史研究家の谷有二氏は、'富士山はなぜフジサンか'の中で、箱根駒ケ岳の山名について考察されている。 その概要は、次のとおりである。

한반도 북부의 고구려를 멸망시킨 싸움에서 나라를 잃은 고려인이 일본 열도로 도피했다. 그 중 한 그룹인 고구려왕 약광의 일단이 가나가와현의 오이소해변에 상륙해서 정착했다. 이 부근을 교통 정보에서는 도우가하라唐が原라고 하고 있지만, 정확하게는 '모로코시옛날 일본에서 외국을 이르던 말가하라'라고 하는 지명이 남아있다.

고구려인 정착의 증거로 근처에는 고려산이 있고 고라이신사가 있다. 지금은 '고마야마'라고 읽고 있지만 '고우라이산'이며 '다카쿠신사'라고 읽고 있지만 바로 '고라이신사'다. 오이소를 본거지로 하고 있었던 고려인들은 하코네까지 개척의 영역을 넓혀 가서 1,327m의 산 정상에 '고려 곤겐'을 짓고 제사지냈다. 고려 곤겐을 모신 산이 하코네의 고려악이 되어 뒤에 '하코네 고마카다케'가 되었다고 한다.『하코네 곤겐 연기』 나도 이 설을 지지하고 싶다.

その証拠に, 近くには「高麗山」があり, そこには'高来神社'が祀ってある. いまでは, 'こまやま'と読ませているが 'こうらいさん'であり, 'たかくじんじゃ'と読ませているが, まさしく「こうらいじんじゃ」だ. 大磯を本拠地にしていた高麗人は, 箱根の開拓にまで広げいって, 1,327mの山上に '高麗権現'を祀った. 高麗権現を祀った山が箱根の高麗ヶ岳になり, 後に「箱根駒ヶ岳」となったという.『箱根権現縁起』 わたくしも, この説を支持したい.

오이소에서는 지금도 매년 7월 18일에 축제가 행하여지고 있는데 고구려의 약광이 상륙한 것을 기념하는 일이다. 이곳에 고구려인 집단이 상륙하여 한 쪽으로는 사이타마현의 무사시노로 영역을 넓혀 갔다. 한편은 하코네 쪽으로 확장하여 하코네 곤겐이 된다. 하코네에 고마카 다케라고 하는 것이 있는데 이때의 구마는 말馬의 말이 아니라 원래는 고구려를 말하는 고마다. 하코네 곤겐은 하코네 신사인데 오이소 고마 신사의 분사다.

今でも每年7月18日にお祭りが行われていまして, 高麗の若光がそこから上陸すると いう神事です. ここに高句麗の連中が上陸して, 一方は埼玉県の武蔵野に広がってくる. 一方は箱根のほうに広がって, 箱根権現になります. 箱根に駒ケ岳というのがあります が, あれは馬の駒ではない. 元は高句麗のコマです. 箱根権現, 箱根神社は大磯の高麗神社 の分社です.

게다가 거기에서 더욱 영역을 확장하여 아타미에 가서 이즈산신사 가 된다.

しかもそこからさらに広がって, 熱海に行って伊豆山神社になります.

하코네 신사의 보물인 하코네 곤겐 두루마리 그림에는 천축의 시라 나국과 파라나국의 공주와 왕자가 일본에 건너와서 하코네신사와 이 즈산신사 두 곳의 신権現이 되었다고 전승에 기록되어 있다. 위의 역사 와 관련성을 보여준다.

## 4. 사무카와신사寒川神社와 도래인

공휴일 이른 아침에 비교적 심한 지진으로 잠을 깼다. 재일在日소설 가이며 고고학자인 김달수씨의 『일본 속의 조선문화日本の中の朝鮮文化』 책을 읽다 불현듯 한번 방문해 보고 싶은 가나가와神奈川의 사무카와

신사寒川神社가 생각났다. 잠도 일찍 깼으니 아침 일찍 혼자 다녀오자는 마음으로 집을 나섰다. 전철 앱을 체크하니 집에서 신사가 있는 미야야마宮山역까지 전차를 세 번 갈아타며 1시간 25분쯤 걸리는 것 같았다. 마침 전날 다녀온 마치다町田에서 조금만 더 가면 되는 곳이라는 생각에 가벼운 마음으로 집을 나섰다. 10시 반이면 집에 돌아올 요량이다. 사무카와 신사寒川神社는 한반도 도래인과 인연이 깊은 곳이다. 현재 신사의 소재지인 고좌군高座郡. 일본 발음 고자군은 예전에는 고려군高麗郡이었다. 사이타마埼玉의 니이자新座郡가 예전에는 신라군新羅郡이었던 것과 같다.

신사의 규모는 상당히 컸다. 무슨 행사가 있는지 아침인데도 북소리가 계속 들려오고 흰 저고리에 검은 치마와 빨간 치마를 입은 수십명의 신녀들이 본전으로 들어간다. 여러 신사를 방문하면서도 처음 보는 풍경이다. 신사에서 모시고 있는 제신이 씌여있는 안내판에서 정식으로 모시는 신 이외에 한반도 도래인과 관계가 깊은 하치만야하타신, 스사노오신, 사루다히코신을 확인할 수 있었다. 신사의 여러 곳을 둘러보고 정확히 오전 10시 32분 집에 도착했다.

### 사무카와신사寒川神社

사무카와신사는 가나가와현 고자군 사무카와마치 미야야마神奈川県 高座郡 寒川町 宮山에 있는 신사이다. 오래된 신사인 식내사이고 사가미국 이치노미야相模国 一宮. 대표신사이었다. 구 신사의 등급은 국폐중사国幣中社였고, 현재는 신사본청의 특별표시신사가 되어 있다.

가나가와현 중앙 남부, 사가미강 하구로부터 약 7km 거슬러 올라간 좌안동쪽 저대지 위에 있다. 고대에는 사가미만相模湾이 여기까지 들어와 있었고, 사무카와 신사가 건립된 당시서력 500~700년에는 해면이 높아 사무카와 신사가 직접 사가미만에 향하고 있었다고 한다. 신사에서 8km 상류의 에비나시 고쿠분海老名市 国分 부근에 사가미 고쿠분지国分寺가 있었던 것으로 보아 예전에 사가미국의 중심지였던 모양이다. 조정朝廷에서도 명신대사名神大社로 숭상하였다. 사가미국 내에 있는 엔기식내사 13사 중에서도 대사大社로 여겨진 것은 당사 뿐이다. 사무카와寒川의 한자 표기를 '佐無加波'로 쓴 적도 있다. 현재도 팔방 노조키八方除의 수호신方災厄除의 神으로서 관동간토일대에서 참배자의 방문이 끊이지 않고 정초 사흘간에는 40만 명이 참배하기 위해 방문한다고 한다. 사무카와 신사에서 보면 사절기에 각각 하지에는 단자와의 다이센丹沢의 大山, 춘분과 추분에 후지산, 동지에 하코네의 가미야마神山 방향으로 해가 진다.

고대, 사가미 강가에 사가미국의 통치자가 주재했고 유력한 호족 누군가가 이 신사를 조성했다고 추정된다. 웅략천황 시기에 봉폐奉幣, 공물을 바치는 식의 기록이 있고, 727년 신전건립 기록이 있지만, 공식적으로는 846년의 『속일본후기』에 신사 등급従五位下이 지정된 기록이 있다. 『엔기식 신명장』에는 사가미국 고자군 사무카와신사 명신대相模国 高座郡 寒川神社 名神大라고 기재되어 있고, 가마쿠라시대의 '아즈마 가가미吾妻鏡에는 사가미국의 이치노미야一宮로 여겨졌다. 가마쿠라 막부의 창시자인 미나모토노 요리토모源頼朝가 신마神馬를 바친 기록이 있고 이후 막부의 실세였던 호우조씨北条氏로부터 숭상되었다. 전국시대 이후, 사가미국을 지배한 호우조씨나 도쿠가와 이에야스로부터 사령社領을 인정을 받았으며 다케다 신겐이 행군 중에 당사를 참배하고, 안전기원을 위해 자신이 감춰 두고 있던 투구와 칼을 봉납했다고 하는 것으로 보아 상당히 중요한 신사였던 모양이다.

사가미국에는 조몬시대繩文時代, 기원전 3세기 이전의 제사 흔적이나 유적이 많이 존재한다. 사무카와 신사의 기원은 역사서에 등장하기 이전의 고분시대 혹은 이전으로 거슬러 올라갈 가능성도 있다. 한자로 추울 한寒자와 내 천川 자를 쓰는 한천이란 지명은「사무카와」라고 발음한다. 이곳에서는 사무카와의 유래를 '청량한 물이 샘솟는 곳이란 뜻에서 한천寒川이란 이름이 붙었다'라고 소개하고 있다. 한국이라면 찬우물이나 냉천, 냉정 같은 이름과 같은 뜻이다.

### 고구려 제철 기술의 일본 전파

'사무카와'란 땅이름에 주목한 기무라씨는『아키타 노시로 지방의 고대 제철과 지명』이라는 논문에서 '노시로시 사무카와寒川 지역에 9세기 후반 커다란 고대 제철 콤비나트가 있었던 유적이 발굴되었다'고 밝히고 있다. 일본 전역에서「사무카와寒川」란 땅이름이 흔치 않은데 아키타 지방 2곳, 니이가타 1곳, 도치기, 가가와에 각각 1곳이 있다. 사무카와신사寒川神社가 있는 곳의 지명도 가나가와현神奈川県 고자군高座郡 사무카와쵸寒川町인데 그 위치를 보면 남쪽에서 북쪽으로 쭉 이어지고 있다고 말한다.

『속일본기』에는 지금의 시코쿠四國 사누키 지방의 구니사무카와군

에 사는 가라가누치베韓鍛冶部는 기이국현, 와카야마지방의 강력한 호족으로 백제왕과 함께 일본에 도래한 제철 기술자 집단을 말하며 사무카와는 도래계 제철기술자들의 거주지 이름이라고 밝히고 있다. 기무라씨는 사무카와의 '사무さむ'는 제철과 관련 있는 것으로 보고 백제계 가라가누치베韓鍛冶部 기술자들이 야마토정권 때 관동지방으로 대이동을 함에 따라 오사카, 나라 일대에서 북쪽으로 진출한 것으로 보고 있다. 특히 사무카와신사가 자리한 가나가와는 과거 간나가와로 읽었으며, 가마쿠라의 칼 제련, 오다하라의 주물 등 철과 관련된 전통공예 산업이 이를 입증하는 것으로 보고 있다.

기무라씨는 또 다른 논문 '팔랑석 동안의 고대제철과 지명'에서 제철산업을 일으킨 곳의 땅이름이 사무카와임을 주목하면서 규슈로부터 아키타秋田에 이르는 제철산업을 일으킨 사람들을 한반도 도래인으로 보고 있으며 이들을 이 지방의 유력한 경제권자로 추정하고 있다.

또 고바야시씨는 『고대의 기술』에서 '금의 발견자와 야금기술자는 모두 도래인'이라고 했으며 한 예로 치치부의 구리광산을 발견한 신라인 김상원을 들고 있다. 금광이나 구리광산의 발견은 채굴의 기술을 보유하지 않고는 어려운 작업이다. 이는 숙련된 한반도의 제철기술자가 아니면 도저히 발견할 수 없는 일이었던 것으로 일본 사서들은 앞다투어 한반도 도래인의 선진화된 제철기술을 문헌에 기록해두고 있다.

일본 최초의 구리광산 발견지인 돗토리현을 시작으로 야마구치, 관동지방 무사시국의 치치부에 이어 아키타현에 이르는 제철루트가 한반도 도래인의 이동루트와 밀접한 관계가 있음은 주목할 일이다. 또한 제철산업이 번창한 곳의 땅이름이 사무카와라는 사실도 매우 흥미로운 사실이다. 사무카와신사가 자리한 사무카와마을도 .예전에는 제철공업이 번창했었고 이를 토대로 경제권을 쥔 한반도 출신 호족들이 가문의 사당으로서 사무카와신사를 지어 조상신을 모셨을 것이다. 이를 입증하는 것이 사무카와신사에서 모시는 제신이다. 현재 사무카와신사의 제신은 사무카와신사가 생긴 초기부터 모시던 신이 아니다.

### 사무카와신사의 신

현재의 제신祭神은 사무카와 다이묘진寒川大明神으로 사무카와히코寒川比古命와 사무카와히메寒川比女命의 두 신인데 기기記紀, 『고사기』와 『일본서기』에는 기재가 없고, 상세한 것은 불명하다. 두 신이 오미나가미大水上命, 스사노오의 장인인 오오야마츠미大山祇神와 동일 신의 자식이라는 설도 있다. 제신에 대해서는 두 신 외에도 여러 신佐河大明神, 八幡神, 菊理媛命, 澤女神, 스사노오, 素盞鳴命와 稲田姫尊, 大己貴尊, 오오쿠니, 大国主에 관한 기록이 있다.

일본 위키피디아에 소개된 사무카와신사의 제신을 보면 '제신은 하치만신야하타신이라고도 함 또는 쿠쿠리히메신, 스사노오신이라고 전해지나 현재는 사무카와히코노미코토寒川比古命과 사무카와히메노미코토寒川比女命를 모시고 있다'라고 설명하고 있다. 모시는 신이 바뀌었다는 말이다. 바뀌기 전의 신인 하치만신이나 스사노신 등은 한반도 도래인의 신이다.

### 하치만신, 야하타신

하치만신은 일본 기타큐슈北九州의 호족이었던 우사씨宇佐氏의 씨족

신이었다고 하며 우사신궁宇佐神宮에서 제사를 받들었는데 숱한 영검을 보인다. 이어서 야마토조정大和朝廷의 수호신이 되었다. 역사적으로는 신탁을 잘 내린 신으로서도 알려져 있었다. 부젠국 풍토기豊前国風土記 일문逸文에는 '옛날, 신라국의 신이 몸소 건너오셔서 가와라河原, 고하루, 香春에 머무르셨다'고 하였다. 신토의 카타노 카바네 계도辛嶋勝姓系図에 따르면 야하타신은 스사노오노 미코토素戔嗚尊와 그 아들 이소타케루 신五十猛神의 자손으로 아마테라스와 친척간이라고 적혀있다.

### 스사노오신素戔嗚神

스사노오素盞嗚尊, 스사노오노미코토는 일본 건국신화에 나오는 용감하고 잔인한 무사인데 그는 하늘 나라 고천원高天原에서 아들신 이타케루신五十猛神을 데리고 신라국 우두산소머리산, 소시모리으로 강림하였다. 이 땅에서 살고 싶지 않다며 진흙으로 배를 만들어 타고 떠났다. 일본 이즈모 땅으로 건너간 스사노오의 아들 혹은 5세신 내지 6세신이 이즈모신사의 주신인 오오쿠니대국주신다. 일반적으로 이 신들을 한신이라 하는데 한신韓神은 '한반도 계열의 신'으로 신라가야계열의 신인 스사노오素盞嗚尊의 자손들이다. 시마네현 이즈모시의 '이즈모出雲대사'는 스사노오와 그의 후손을 모신 15곳 중 으뜸가는 큰 사당이다. 이즈모대사가 있는 곳은 경상북도의 동해바다 맞은편 지역이다.

### 사루타히코猿田彦命

사루타신은 우리말로 하면 '쌀신'이라고 한다. 쌀을 경상도식으로 '살', 다시 일본식으로 발음하면 '사루'가 된다. 『일본서기』에는 다음과 같이 복잡하게 설명하고 있으나 천손족보다 더 일찍 일본 열도에 정착한 선주 도래인임이 분명하다. 『일본서기』의 사루타히코에 대한 내용이 재미있어 소개한다.

사루타히코 또는 사루타히코노카미는 일본신화에 등장하는 신으로 『고사기』 및 『일본서기』의 천손강림의 단에 등장한다. 천손강림의 즈음에 아마테라스에게 보내진 니니기의 길 안내를 한 토착 신, 즉 지신인 구니쓰카미国津神다. 『고사기』에는 「사루다히코신」이 한자로 '猿田毘古神, 猿田毘古大神, 猿田毘古之男神'로 『일본서기』에는 '猿田彦命사루타히코'로 표기되어 있다.

천손족하늘의 자식, 텐진신, 한반도 도래인=야요이과 구니쓰가미천손족 도래 전의 원주민=승문인의 사이를 연결해 준 일본 열도에 먼저 도착하여 정착해 있던 유력 호족의 대표로 여겨지고 있다.

天孫族 天津神. 大陸からの渡来民族=弥生人と, 国津神 天孫族 渡来前の原住民=縄文人との仲を取り持った, 有力豪族の長と考えられている.

니니기가 하늘에서 내려 오려고 했을 때, 하늘에 길이 몇 갈래로 나뉘어져 있는 곳에 서서 타카마가하라에서 아시하라葦原中国까지를 비추는 신이 있었다. 그 신의 코 길이는 7척七咫. 나나아다, 1척은 한 뼘의 길이, 키는 7자, 눈이 야다노가가미八咫鏡. 구리거울같고 빨강 꽈리 같이 아름답게 빛나고 있는 모습이었다. 거기서 아마테라스와 다카기신은 아마노우즈메天宇受売命에게 그 신에게 가서 누구인지 알아보라고 명했다. 그 신은 지신천신의 반대. 구니쓰가미인 사루다히코로 니니기를 선도하려고 마중 나왔던 것이다.

니니기 일행이 무사히 아시하라에 도착하자 니니기는 아마노우즈메로 하여금 임무를 마친 사루다히코를 고향인 이세로 데려다 주게 하였다. 사루다히코는 자신의 고향인 이세국의 이스즈가와五十鈴川의 상류로 돌아갔다.

사루다히코가 이세의 아자카マッサカ 바다에서 고기잡이를 하고 있을 때, 히라후가이比良夫貝, 키조개에 손이 끼여 익사한다. 사루다히코는 죽으며 3신으로 화하는데 바다에 「가라앉고 있을 때에 생긴 신底どく御魂」, 「토해낸 숨의 포말이 올라오면서 생긴 신つぶたつ御魂」과 「포말이 수면에 닿을 때 생긴 신あわさく御魂이라고 한다. 바다에 빠질 때 생긴 거품에서 나온 3신은 아사가가신사[50]에 모셔지고 있다. 쓰바키신사椿大神社 미에현 스즈카시의 신사연고에 의하면 사루다히코가 이세의 아자카에서 익사한 후에 동 신사의 능高山土公神御陵에 매장되었다고 적혀 있어 이것이 사루다히코의 무덤으로 여겨지고 있다. 또, 후타미오키타마신사二見興玉神社, 미에현 이세시에 전해져 온 기록에 의하면 동 신사의 경내 해중海中에 있는 오카타마신세키興玉神石, 흥옥신석는 천손강림의 즈음에 사루다히코가 내려선 신적神跡이라고 전해지고 있다.

『왜희명세기倭姬命世記, 신토의 오경 중 하나』에 의하면, 야마토히메倭姬命가 아마테라스를 제사지내기에 좋은 땅을 구하러 여러 지방을 순방할 때 사루다히코의 자손인 오타히메大田命가 야마토히메를 선도해서 이스즈

---

50  미에현 마쓰사카시에 위치한 '오아자카'와 '고아자카'의 두 신사(神社)

가와五十鈴川의 상류 일대이곳에 아마테라스를 모시는 이세신궁이 있다를 헌상했다고 여겨지고 있다. 오타히메의 자손은 우지노쓰치기미宇治土公, 우지토공라 칭하고, 대대로 이세신궁의 다마구시오우쩬도玉串大内人에 임명될 수 있게 되었다.

사루다히코는 그 모습 때문에 텐구天狗의 원형이라고 하는 설이 있다. 천지를 비추는 신으로 불리기에 아마테라스 이전에 이세에서 신앙되고 있었던 태양신이었다는 설도 있다. 쓰바키 신사의 제례시 신여가마를 옮길 때 텐구 가면을 덮어쓴 사루다히코 역을 하는 사람이 선도를 한다. 그 외에도 시가현 다카시마시에 있는 백발白鬚, 시라히게신사의 제신이 된 후에 시라히게묘진白鬚明神의 이름으로 전국 각지에서 제사지내고 있다.

### 사가미相模의 고자군高座郡

가나가와현神奈川県 중앙에 있는 고자군은 고대부터 계속되는 군의 명칭으로 사가미만相模湾 쇼난湘南 해안부터 북쪽을 향해서 가늘고 길게 이어지고, 서쪽은 아이코우군愛甲郡, 오즈미군大住郡과의 사이를 사가미강이 흐르고, 동쪽은 가마쿠라군鎌倉郡과의 경계를 사카이가와境川, 旧高座川가 흐르고 있다. 가나가와현은 후지사와시藤沢市, 지가사키시茅ヶ崎市, 사가미하라시相模原市, 야마토시大和市, 에비나시海老名市, 자마시座間市, 사무카와마치寒川町를 포함하는 광대한 지역이다.

고자군 중앙부의 에비나시海老名市, えびなし 주변에는 고분이 많고 국분사国分寺, こくぶんじ가 있다. 현재 국분사적이 발굴되어 보존되고 있다.

당시, 국분사는 지방국의 중심지에 있었으므로 사가미의 수도는 고자군에 있었다고 추정된다. 고자군은 기록상으로 사가미국 안에서도 가장 이른 『일본서기』 상 675년에 다카쿠라군高倉郡, たかくらぐん으로 등장한다. 다카쿠라군은 뒤에 고자군高座郡으로 군명이 정착된 것이라고 해석된다[51]. 다카쿠라군高倉郡은 다카쿠라太加久良로 읽혀지고, 고자군도 『화명초和名抄』[52]에 다카쿠라로 불려, 사가미국의 중심지이었다고 생각된다.

## 무사시국 니이자와 사가미국 고자 지명의 공통성武蔵國 新座와 相模國 高座 地名의 共通性

니이자新座와 고자高座의 공통성에 대해서 생각해 보자. 무사시의 니이자군은 신라인을 중심으로 758년에 군이 만들어진 당시 신라군이었다. 이유는 모르지만 헤이안시대에 들어가서 니이자군으로 변하고, '니이구라'라고 불렸다. 중세가 되어서 니이자군은 아라쿠라군新倉郡이라고 쓰고, '니이쿠라'라고 불렸다. 그리고 근세에 들어서는 '니이자'라고 불리게 되었다.

사가미의 고자군은 처음 다카쿠라군으로 씌었지만, 고자군으로 변하고, 모두 '다카쿠라'라고 불려왔다. 이쪽도 '고우자'라고 불리게 된 것은 근세가 되고 나서다. 이렇게 보면, 사가미의 고자는 고구려계 도

---

51  가나가와현사(神奈川県史)

52  『화명류취초』(일본어: 和名類聚抄)는 일본 헤이안 시대(平安時代) 중기에 저술된 사전이다. 조헤이(承平) 연간(931~938년), 다이고 천황(醍醐天皇)의 다섯째 공주인 긴시 내친왕(勤子內親王)의 요구로 미나모토노 시타고(源順)가 편찬하였다. 약칭은 『화명초(和名抄, わみょうしょう)』이다. (위키백과 참조)

래인의 지역으로서 고구려를 나타내는 高倉, 高座라고 하는 지명이 된 것으로 이해된다. 한편, 무사시의 니이자는 신라인을 중심으로 만들어진 군이 신라의 '신'을 남겨서 니이자新座, 니이쿠라新倉라고 하는 지명이 된 것으로 보인다. 이 지명에 관심을 가진 일본인들의 글을 몇 개 인용한다.

> 고구려高句麗도 'Ko-kor'로 발음되고 '高倉'도 Ko-kor로 발음되어 각각 대국大国, 대부락大部落, 대군大郡이라고 하는 의미의 조선어라고 하는 설이 있다.[53]

> 고구려고구리는 고크다는 뜻가 국명이고 구라句麗는 곳간으로 좌座, 창倉모두 '구라'라고 읽는다. 이렇게 보면, 고구려계 도래인이 거주한 사가미의 지역이 '고高좌'가 되고, 신라인을 중심으로 군이 된 무사시지역이 '신新좌'가 된 것이라고 생각된다.

> 사무카와寒川는 소고寒河의 취음자로 고대 조선어의 사가사당의 뜻라고 말하고, 신사는 조선 도래인의 씨족신이라고 하는 설도 있다神社は朝鮮渡来人の氏神という説もある.

> 사가미국 이치노미야의 제신과 고구려한반도계의 도래신에 대한 질문이다. '가나가와현에 있는 사무카와신사의 제신은 불분명하다'고 여겨진다. 이전에는 야하타신, 구구리히메菊理媛, 시라야마히메, 스사

---

53  나카지마 도시카즈씨(中島利一氏)가 편찬한 사무카와마치사(寒川町史)에서 인용.

노오, 구시나다히메稲田姬, 스사노오 신화에 등장 등 기기記紀에 등장하는 신들이 있었던 것 같다.' 사무카와신사의 안내에 의하면, 이 땅은 고구려계의 도래인이 이주한 땅이라고 써있다. 초기에 제신으로 여겨진 야하타신 등은 한반도계의 신이라고 생각한다.

왠지 모르게 마음에 걸리는 것이 '사가에寒河江'가 어쩌면 조선어일 것이다고 생각하고 있을 때 단바 모토지씨丹波基二氏의 '지명地名'이라고 하는 책이 나왔다. 그래서 '사무카와' 쪽을 열어 보았더니, 조선어의 '사가'로부터 왔다고 되어 있다. 이곳에 조선 도래인의 촌락이 있었고, 사무카와신사는 그들의 병신兵神을 모신 곳이라고 쓰여져 있었다. 요컨대, 사무카와신사는 조선에서의 도래인이 자기들의 조상신祖神을 모신 신사인 셈이다. 이곳은 고구려 집단이 오기 전에 이미 모셔진 신사다.

방문한 후 고분 등의 상황을 보고 그렇게 알게 되었다. 그 위에 또 고구려 도래인의 역사가 덮인 것이다.

사가미국 즉, 지금의 가나가와현은 도래인, 특히 고구려와의 연고가 깊은 지방이다. 사가미국에서 가장 훌륭한 신사, 이치노미야인 사무카와신사가 있는 장소는 고자군이라 한다. '고'라는 글자는 고구려에 유래한다고도 말한다.

相模の国,今の神奈川県は渡来人,とりわけ高句麗とのゆかりが深い土地柄です.相模の国で一番偉い神社,一宮の寒川神社のある場所は高座郡といい,'高'の字は高句麗に由来するとも言われます.

## 5. 고마에狛江 고분古墳군, 조후調布

도입부에서 언급한 바와 같이 역사 연구는 지층을 파 내려 가는 것과 같다. 오늘 우리가 살고 있는 이곳이 과거에는 어떠했을까를 알아내는 과정이다. 이 책은 일본, 특히 도쿄 지역의 현대 모습을 소개하는 것으로 시작하였다. 그리고 여기에 덧붙여 역사의 표피층에 해당하는 현대 및 근대시대의 바로 아래 있는 에도시대 역사에 대해서도 언급하였다.

에도시대가 시작되기 전의 도쿄평야는 무사시노武蔵野라 불리는 벌판이었고 기본적으로 저개발 지역이었다. 에도시대 직전인 전국시대에는 도쿄평야 주변에는 지금의 도쿄 남동쪽에 있는 에비나海老名를 중심으로한 사가미相模지역에서 호조 우지야스北条氏康가 가이甲斐, 현 야마나시의 다케다 신겐武田信玄과 경쟁하였다. 그 이전의 가마쿠라시대에는 이 지역의 무장세력 집단이 주축이 되어 가마쿠라 막부를 세우는 중심 세력이 되었고, 가마쿠라의 수도를 서쪽인 교토에서 도쿄 남쪽의 가마쿠라鎌倉로 옮기게 된다. 이 무장세력의 중심에 한반도 도래인 세력이 있었다는 것을 밝혀줄 예정이다. 그리고 그 이전인 헤이안, 나라시대에는 서서히 나라와 교토의 중앙 통치력이 도쿄평야에도 미치기 시작하였으나 이곳에 살던 한반도 도래인 집단은 독립적인 세력을 유지하고 있었다. 이들이 독립적인 세력을 유지했던 사실은 고구려 도래인들이 이주한지 4백 년이 지난 서기 800년이 되어서야 일본식으로 싱씨를 바꾼다는 나가노長野 지방의 고구려 도래인 집단의 역사 기록과 가마쿠라시대 이전에 도쿄평야 일대에서 조세권을 유지한 채 활약하던 도래인 세력이 주축이된 무사시7당武蔵七堂이라는 지방 세력으로 증명될 수 있다. 여기서 다시 얼마를 거슬러 올라가면 고분시대라는 시대에 도달한다.

### 고분시대古墳時代

일본에는 다른 어느 나라 역사에서도 찾아볼 수 없는 고분시대古墳時代라는 역사 기간이 있는데 3세기 말부터 7세기 말까지의 약 400년간을 말한다. 이 시기에 조성되어 현재까지도 일본 열도에 남아있는 십만여 개의 고분 중 필자와 파트너가 처음 방문한 고분은 도쿄의 고마에狛江역 근처에 소재하는 귀총고분亀塚古墳, 카메쓰카고분이었다.

일본의 고대사에 무지하던 필자는 일본에 고분시대라는 역사시대가 있었다는 사실을 잘 모르고 있었다. 고분이라면 우리의 경주나 부여, 평양 인근과 그리고 고구려 구토인 집안集安에 있는 고분에 대한 지식이 전부였다. 일본에 있는 고분에 대해서 아는 지식은 오사카 근처에 있다는 물에 둘러싸인 열쇠구멍 모양의 큰 고분인 다이센고분大仙古墳 정도였다. 그리고 일본의 중세 이전의 역사에 대해서는 학교에서 배운 대로 일본은 백제의 영향을 많이 받았는데 성덕태자쇼토쿠태자를 시작으로 백제에서 문물을 도입하여 문화를 발전시켰고 백제 멸망 이후에 백제의 귀족과 유민들이 일본으로 이주하여 또 한번 백제의 문화가 전달되었다는 것이었다.

백제의 문물이 전달되기 시작하던 6세기 말 이전의 일본 역사에 대해서는 아는 바가 없었다. 아스카飛鳥라는 곳에서 일본의 문명이 시작되었고 그 이전의 역사는 일본의 신화神話에 기록되어 있는데 일본인의 조상은 규슈에서 왔다고 기록되어 있다는 정도였다. 또한 일본 열도에는 아이누족이라는 원주민이 살았는데 일본인들이 아이누족을 북쪽으로 쫓아내 버렸다는 것, 즉 일본 열도에는 원주민인 아이누족이 살고 있었지만 '일본인日本人'이라는 또다른 토착민들이 문명화되면서 세력이 커져 아이누족을 토벌했다는 것이었다.

일본에 산지 3년 반이 지나던 어느날 사이타마에 있는 고구려신사라는 곳을 우연히 방문하게 되었고 고구려신사에 모셔져 있는 고구려 왕족 약광이라는 사람은 이곳으로 이주하기 전에는 도쿄 남쪽, 가마쿠라와 아타미 사이의 해변가 도시, 오이소大磯라는 곳에서 몇 십년간 지배자로 지냈다는 사실도 알게 되있다. 한반도와 멀리 떨어져있는 도쿄 평야에 필자가 배웠던 백제의 역사가 아닌 한반도 북쪽의 고구려 역사가 남아 있는 것을 보고 우선 놀라움을 금치 못했다. 일본의 역사서에는 고구려의 국력이 기울던 시절 고구려 백성들이 일본으로 이주하였다고 쓰여있다. 우리 역사서에는 이러한 구절이나 설명조차 없지만 고구려신사는 고구려가 멸망한 이후 지어진 신사이니 논리적으로 크게 벗어나지 않는 설명이었다.

고구려신사에 관한 자료들을 찾아보다가 우연히 재일 소설가 겸 역사가였던 김달수선생의 '일본 속의 조선문화'라는 책을 접하게 되고 도쿄지역에 고구려 신사 뿐만이 아니라 한반도에서 도래渡来한 도래인의 유적이 많다는 것을 알게 되었다. 이렇게 책에 소개된 한반도 도래인의 유적 중 처음 방문한 곳이 고마에狛江 고분군이다.

고마에狛江역은 아카사카역에서 치요다선千代田線을 타고 치요다선 종점인 요요기우에하라代々木上原에서 오다큐선小田急線 완행으로 갈아타서 총 승차시간이 30분 정도 걸리는 곳이니 도쿄 중심부에서 그리 멀지 않은 곳이다. 도쿄의 남서쪽에 위치하며 타마강多摩川을 건너기 전에 있다. 역에서 내려 서쪽으로 나있는 비교적 번듯한 골목길을 따라가다가 주택가 골목길을 몇 번 돌아가는 중 파트너필자의 처가 담벼락에 써있는 귀총고분이라는 팻말과 화살표를 발견했다. 가리키는 곳으로 가보니 막다른 골목인데 철조망이 쳐있고 그리 높지 않은 무덤이 보였는데 그 위에 비석이 서있고 귀총고분이라 써있었다. 겉보기에 이것이 고분인지 어떤 유래를 가지고 있는지 전혀 알 길이 없었다. 다행히 안내판이 서 있었는데 발굴 조사를 마치고 발굴된 유물들은 지역의 박물관埼群古墳館에 보관되어 있다는 내용인데 눈길을 끄는 것은 고분의 주인과 고분이 조성된 연대였다.

고분의 주인은 '도래인渡来人'이고 조성연대는 '5세기 후반'이며 고구려 쪽으로부터의 도래인으로 추정한다는 내용이었다. 5세기 후반의 고구려는 491년까지 98세를 살고 79년을 재위한 장수왕 시절로 광개토대왕을 이은 고구려의 전성기 때이다. 일본 열도에 가까운 가야, 신라, 백제로부터의 도래인이라면 그래도 이해를 할텐데 일본의 동남쪽 끝인 도쿄지역으로 이주하기에 고구려는 지역적으로 너무 멀리 있는 나라가 아닌가?

문헌을 살펴보았다. 1951년 이 고분의 발굴조사를 지휘한 국학원대학国学院大学의 고고학자 오바이와오大場磐雄교수는 이곳의 부장품副葬品 등을 근거로 귀총고분亀塚古墳, 카메쓰카고분의 피장자는 도래계渡来系씨족이라고 주장하였다. 고분 원형의 규모는 전방부 14m, 후원부 31m, 전장 51m인 작지 않았던 고분이고 가리비조개모양帆立貝式의 전방후원분이다. 지금은 고분의 일부만 남아있는 셈이다.

그 후 고마에 고분군狛江古墳群의 조사가 진행됨에 따라 동 고분의 출현시기가 5세기 후반으로 주변지역의 고분보다 좀 늦고 비교적 단기간에 조성된 특징을 찾아내었다. 고마에狛江라는 지명이 고마高麗. 발음은 고마이고 한자는 고려인데 일본에서 고려는 고구려를 뜻한다와 유사한 것으로 보아 고마에 고분군狛江古墳群은 고구려 도래계 집단의 고분군이라는 설이 넓게 지지되고 있다. 고분에서 발굴된 금동제 모각식판金銅製 毛彫飾板에는 용, 인물, 기린이 묘사되어 있어 고구려의 고분벽화와 유사성이 있어 그 관련성도 주목받고 있다.


현재는 전방부前方部의 일부가 남아있는 정도이지만 다양한 부장품, 고분의 규모, 분의 형태로 보아 다마강多摩川 유역의 중기를 대표하는 고마에지역 수장首長의 분묘로 보고 있다.


여기서 멀지 않은 곳에 또 다른 고분이 있다고 하여 이어진 주택가 골목길을 따라 찾아 나섰다. 지나가는 골목길가 집들의 문패들을 살펴보니 책김달수저 『일본 속의 조선문화, 日本の中の朝鮮文化』의 설명대로 잘 보지못하던 성씨가 여럿 있었다. 책의 설명에 의하면 도래인의 후손들이 아직도 이 근처에 살고 있고 그들이 간직해 온 성씨라는 것이다. 참고로 우리나라의 성씨는 260여 개인 반면 일본의 성씨는 10만 8천여 개로 읽는 방법이 다를 경우까지 계산하면 13만에서 30만까지도 된다고 한다. 우리는 김, 이, 박, 세 성씨를 합치면 인구의 40%가 넘는데 일본은

스쯔끼로 시작하는 10대 성씨를 합쳐도 10% 밖에 안될 정도로 성씨의
집중이 없다.

골목을 나가서 큰길을 건너 뒷골목으로 들어가 학교 옆에서 또 다른
고분을 찾았다. 귀총고분에 비해 보존이 잘 되어있었고 주변에 철책이
쳐져 있었다. 가부토쓰카고분兜塚古墳이다. 고분의 모양이 투구를 닮았
다고 하여 붙여진 이름이다. 고분은 원형을 하고 있다. 분구의 지름이
36m, 높이 5m이다. 분구의 주변에는 분묘를 보호하기 위해 물을 채
워 놓았던 주호周濠의 흔적이 있다고 한다. 분묘에서는 원통 하니와円筒
埴輪. 흙으로 만든 토기, 나팔꽃 모양 토기朝顔形埴輪 등이 채취되었다 한다. 분
구의 표면을 보호하기 위해 쌓은 후키이시葺石로는 강에 있는 돌인 가
와라이시河原石를 사용했다고 한다. 이 지역에는 이와 같은 고분이 13
기 존재한다고 한다. 고분이 있는 부근 지역은 다마강 근처라서 강과
관계가 있는 몇 군데의 전통 유적지들이 산재해 있다. 일본 전통 가옥
한 채가 소규모 민속박물관으로 되어 있어서 방문하였다.
이 지역으로 이주한 도래인들은 벼농사로 생존에 가장 중요한 식생
활을 영위하고 베布, 麻짜기로 의생활과 지붕이 높은 남방식 초가집으
로 주거를 하였을 것으로 추정된다. 이러한 생활방식에 가장 적합한
자연환경이 물이 있는 강가일 것이며 고마에는 이러한 자연조건이 제
대로 갖추어진 지역이다.

### 조후調布
고마에서 다마강을 거슬러 올라가 북쪽 방향에 있는 지역의 지명이
다. 도래인들은 베를 짜서 강물에 빨아 말렸으며 조후 지역에서 베

생산이 많았던 이유 때문에 지금도 지명에 베 포布자가 남아 있다고 한다.

이제까지 살펴본 고분과 관련된 역사를 풀어서 당시5세기 후반에서 6세 기 전반 이 지역의 역사적 상황을 재현해보기로 한다. 아래 가설은 현재 확인되는 일본 열도 내에 존재하는 신라가야, 백제, 고구려 고분들의 분 포도를 참조하여 만든 것이다.

한반도 북쪽에 있던 고려고구려의 옛 국명는 날로 번창하여 남쪽으로 백 제의 영토를 침공하여 세력을 넓힘과 동시에 신라와는 긴밀한 동맹또 는 주종관계를 맺는다. 4세기 중반 이후 세력을 키우기 시작한 백제는 4 세기 말 광개토대왕의 공격으로 심각하게 위축되었다가 5세기 초에 들어서면서 부흥의 기틀을 다진다. 한편으로 고구려의 계속되는 공격 에 백제지역에 살던 일반 백성들이 전쟁이 없는 땅을 찾아 일본 열도 로 이주하기 시작하고 백제의 일부 지배층도 새로운 이민지역의 통치 권을 확보하기 위하여 백성들의 이주에 발맞추어 일본 열도에 지배세 력을 파견한다. 영국의 이민이 미대륙으로 이주하자 영국의 통치조직 이 신대륙에 세워진 것과 같은 과정으로 볼 수 있다. 백제의 이주민은 주로 지금의 오사카와 나라를 중심으로 하는 열도의 서부지역으로 이 동하였다. 물론 이 지역을 미리 점유하고 있던 가야, 신라지역 이주민 세력과 갈등이 빚어지고 백제민의 이주에 앞서 이 지역을 차지하고 있 던 가야, 신라의 구세력은 일본 열도의 동부 지역인 무사시지금의 도쿄평 야지역으로 재이동을 하게 된다.

이 이야기에서 제일 해석하기 힘든 부분은 고려고구려의 등장이다.

결론적으로 고려의 이민은 일본 열도의 북쪽 즉 우리의 동해 바다의 일본 연안인 현재의 가나자와 일대와 노토반도 및 여기서 남쪽으로 교토 일대까지 그리고 북쪽 해안 일대와 해안에서 남쪽으로 나가노 지방에 폭넓게 이주하였다. 일부는 나가노 지역에서 남쪽으로 나있는 지구대를 따라 흘러내리는 하천을 타고 내려가서 후지산 북서쪽의 야마나시 지역, 그리고 또 산을 넘어 동쪽으로 이동하여 도쿄평야에 이주하였다. 나가노 지역으로 이주한 사람들이 중산도를 타고 가루이자와 고원에서 산을 내려와 도쿄평야로 내려왔다고도 추측할 수 있다.

그러면 한반도 북쪽이나 동해안 지역의 고려<sub>고구려</sub>에서 일본 열도의 북쪽 해안까지의 이동 경로에 대한 의문이 남는다. 우선 이 두 곳을 잇는 해로가 고대부터 있었다고 본다. 이 두 지역 사이에는 해류의 이동이 있기 때문에 지금도 니이가타 지역에서는 한반도 북한지역의 부유 쓰레기가 떠내려 온다는 것이 확인되기 때문이다. 지도를 보면 일본 열도는 한반도를 멀리서 감싸고 있는 모양세를 보인다. 우리나라 동해안의 길이는 두만강 하류에서 부산까지 약 800km이고 일본 본섬의 북쪽 해안은 북쪽 아오모리에서 남쪽 야마구찌까지 약 1,600km이다. 동해안을 떠나 출발한 배가 풍랑을 만나지 않는다면 대부분의 경우에 한반도를 동남 방향에서 구부러진 그물처럼 에워싸고 있는 일본 본섬의 북부 해안에 상륙할 수 있을 것으로 보인다.

다른 하나의 가능성은 고려<sub>고구려</sub>와 관계가 좋던 신라의 해안으로 일단 남하하여 그곳에서 일본 열도의 서북쪽으로 이동을 상상할 수 있다. 이렇게 이동하여 나가노를 통하여 도쿄평야로 내려와 자리잡은 고려 이민의 무덤이 고마에 지역에서 고분으로 발견된 것이다.

그러나 한반도의 동, 서해안에서 남해안으로 항해하여 대마도를 거쳐 시모노세키 해협을 지나서 세토내해를 빠져나와 열도의 남쪽으로 항해하여 도쿄평야에 도달하였다고 하기에는 약간의 무리가 따른다. 이 경로는 백제 이주민의 이동 경로이다.

## 6. 심대사深大寺의 복만이 이야기

도래인 총각 복만의 전설과 마귀를 쫓는 신라계 도래인의 후예인 원삼대사의 전설이 있는 심대사深大寺는 도래인들의 자취가 묻어있는 천년 고찰이다. 이 절은 도래인의 무덤이 산재한 고마에狛江 고분이 있는 곳에서 북서쪽으로 5km 정도 떨어진 곳이다.

심대사深大寺 창건은 고마狛라는 지명과 전해지고 있는 연기설화緣起說話를 통하여 고구려또는 고구려와 기원을 같이 하는 부여에서 갈라진 백제에서 건너간 한반도 이주인도래인들에 의하여 세워진 절로 알려져 있다. 다시 한번 언급하자면 '고마'라 함은 일본에서 고구려를 칭하는 '고려'를 음音을 빌려서 표기한 차자借字이다.

절의 창건에 관한 연기설화는 다음과 같다. 나라시대奈良時代의 쇼무천황聖武天皇, 724~749년 때, 이곳 무사시국武蔵國 다마군 마을의 수장은 누쿠이우곤溫井右近, 온정우근이었고 부인은 호녀虎女였다. 이 두 사람 사이에 딸이 있었는데 복만福滿이라는 도래인 청년과 열렬한 사랑을 하게 되었다. 이 소문이 마을 전체로 퍼지자 화가 난 딸의 부모는 자신의 딸을 호수 안에 있는 조그마한 섬에 집을 짓고 그 속에 가두었다. 이 사실을 알게 된 복만이라는 청년은 그녀를 만나기를 절실히 바랬으나 섬으로 건널 수 있는 배도 뗏목도 없었다. 그리하여 하는 수 없이 그는 최후의 수단으로 수신水神인 심사대왕深沙大王에게 빌고 또 빌었다. 그러자 물 속에서 한 마리의 거북이 나타났다. 그리하여 그는 거북이의 등을 타고 섬으로 건너가 그녀를 만날 수 있었다고구려 주몽 또는 부여의 신화에 닮은 데가 있다. 이윽고 두 사람은 결합하여 남자아이를 낳았는데, 이 아이는 총명하기가 이를 데 없었다. 아이는 자라서 불문佛門에 출가하였으며, 그 뒤 중국에 건너가 법상종法相宗을 배운 다음 귀국하여 심대사深大寺를 창건하였다고 한다. 개산開山, 절 창건자인 만공상인滿功上人이 바로 이 사람이다. 그 뒤 만공상인은 부친의 기도로 결국 자기를 태어나게 해준 수신을 권청하여 모시고자 하였으나 수신의 모습을 알 길이 없어 고민하고 있었다. 그러던 중 신라에서 왔다는 수신의 화상을 찾을 수 있었다. 이번에는 불상을 깎을 나무가 없어 한숨짓자 그날 밤 꿈에 신령이 나타나 다마천에 가면 뽕나무 세그루가 있다고 알려줘 이 나무로 조각하여 무사시武藏, 시모쓰케下野, 데와出羽 세 곳에 나눠서 모시게 했다. 이것이 이 절에서 모시는 본존불인 심사대왕이다. 이 전승에서 알 수 있듯이 사찰의 창건은 도래인이며 또 그의 부모를 결합할 수 있도록 도와 준 수신은 신라 신의 모습이었다.

### 이마키今来 및 후루키古来

이 이야기 중에 필자가 깊은 인상과 영감을 받았던 대목이 있다. 부모인 우근과 호녀가 복만이를 딸의 배필로 받아들일 수 없는 이유가 복만이는 「이마끼今き, 今来」 즉 일본 열도에 이주해 온 지 얼마 되지 않은 사람, 또는 최근에 이주한 사람이기 때문이라는 것이었다. 출신과 근본을 잘 알 수도 없고 정착도 하지 못한 청년에게 예쁜 딸을 줄 수

없다는 것은 딸 가진 부모로서는 당연한 이유이겠다.

이마끼라는 단어를 보며 불현듯 떠오른 단어가 있으니 그것은 복만이가 이마끼면 이곳에 이미 살고 있던 사람들은 누구였느냐는 것이었다. 그렇다, 일부 문헌에서는 우근과 호녀가 「후루끼古き, 古来」 즉, 이곳에 온 지 오래된 사람들로서 이즈모신사出雲大社가 있는 시마네島根 근처에서 재 이주한 사람이라고 되어 있다. 후루끼라는 단어에는 이미 자신들은 들어온 지이주한 지 오래된 사람들이라는 의미를 은연중에 내포하고 있지 않은가? 시마네島根는 신라인들의 이주지였다. 결국은 언제 왔느냐의 문제일 뿐 모두 한반도에서 이주한 사람들이란 의미가 아닌가?

이 이야기와 이 때 받은 영감을 계기로 과연 일본인이란 누구인가 하는 의문을 본격화하기 시작했다. '과연 우리가 생각하고 당연시 해왔던 원래부터 일본 열도에 살고 있던 「일본인」이란 것이 정말 있는 것일까'가 더 적절한 질문이라 할 수 있다. 만약 이마키 도래인과 후루키 도래인을 합쳐 전체 일본 인구에서의 비중이 우리가 생각해왔던 것보다 훨씬 크다면 토착민인 일본인의 비중은 상대적으로 크게 줄어들거나 아예 없어질 수도 있는게 아닌가? 이 문제는 천천히 밝혀 보도록한다.

이 절은 이마키인 고구려계의 이주인들과 먼저 이곳에서 터를 잡고 살고 있던 후루키인 신라 계통의 이주인들이 협력하여 창건한 것으로 보인다. 이와 같이 사찰 창건의 내력은 이 지역의 구가舊家인 이시이石井 집안의 문서를 보아도 알 수 있다. 즉, 그 문서에는 고구려와 백제에

이마끼라는 단어를 보며 불현듯 떠오른 단어가
있으니 그것은 복만이가 이마끼면 이곳에 이미
살고 있던 사람들은 누구였느냐는 것이었다.

그렇다. 일부 문헌에서는 우근과 호녀가
「후루끼古き, 古来」 즉, 이곳에 온 지 오래된
사람들로서 이즈모신사出雲大社가 있는 시마네島根
근처에서 재 이주한 사람이라고 되어 있다.
후루끼라는 단어에는 이미 자신들은
들어온 지이주한지 오래된 사람들이라는 의미를
은연중에 내포하고 있지 않은가?
시마네島根는 신라인들의 이주지였다.

결국은 언제 왔느냐의 문제일 뿐 모두 한반도에
서 이주한 사람들이란 의미가 아닌가?
이 이야기와 이 때 받은 영감을 계기로 과연
일본인이란 누구인가 하는 의문을 본격화하기
시작했다.

서 이주한 자들이 심대사의 국보도 가지고 온 것으로 되어 있기 때문이다.

현재 당우堂宇, 건물로는 절 입구의 산문山門과 본당인 대사당大師堂을 비롯하여 고리庫裡, 서원書院, 종루鐘樓 등이 있다. 그리고 심대사深大寺 석가당에는 국보로 지정되어 있는 금동석가여래상이 있는데 이 석가여래상은 관동지방에서는 유일하게 남아 있는 7세기의 작품으로 유명하다. 심대사 본당을 가기 위해서는 산문山門을 지나야 하는데 산문을 가로 질러 조그만 냇가가 있고 복만교가 있다. 산문을 지나 왼쪽으로 작은 연못이 있다. 또 버스를 타고 가며 본 풍경이지만 절 근처에는 제법 커다란 습지가 있는데 복만이 이야기에 나오는 호수가 아닌지 모르겠다. 그 옛날엔 배를 타지 않으면 건널 수 없는 연못이었는지 모른다.

이 연기緣起를 입증해주는 곳이 또 있으니 다름 아닌 호랑이 처녀와 고구려 총각 신을 모시는 고하쿠[54]신사이다. 고하쿠신사 虎狛神社 는 심대사에서 걸어서 약 20여 분 거리에 있다. 아시겠지만, 호랑이와 고마곰는 모두 우리 고대민족의 토템이다. 호랑이는 예滅족의 토템이고, 곰은 맥貊족의 토템이다. 예족은 시베리아에서 내려와 만주 일대에 먼저 정착하였고 나중에 중앙아시아에서 내려온 맥족과 혼합하여 우리민족의 조상이 되었다고 알려져 있는데 일견 평화로운 예滅족이 용맹스런 흉노족 계통의 맥貊족에게 주도권을 내주게 되는 이 이야기가 단군 설화에 나오는 호랑이와 곰의 이야기다. 따라서 호랑이든 곰이든 모두 한

---

54  虎狛는 호랑이와 곰을 뜻함.

반도 도래인들을 상징한다고 보여진다. 참고로 일본 열도에는 호랑이가 없다. 일본신화에는 신라왕자 천일창天日槍, 아메노히보코이 곰신단熊神籬을 들고 이즈모지역으로 건너왔다고 기록되어 있다.

심대사 입구 양쪽 길에는 소바そば라고 쓴 빨간 표시가 있는 메밀국수집이 즐비하다. 여기를 방문할 때는 메밀국수집에서 식사를 하였다. 이곳 심대사의 대명사처럼 되어있는 메밀국수는 도래인과 메밀국수의 관련성을 암시하고 있다. 심대사 말고도 나가노나 군마와 같이 도래인의 유적지가 있는 곳에서는 항상 유명하다는 소바집들을 보았다. 심대사 소바는 한반도 도래인들이 이곳 다마천多麻川 변에 메밀을 심고 경조 때 별식으로 삼은 데서 비롯되었다고 볼 수 있다. 지금도 일본에는 '도쿄의 소바메밀국수'와 '오사카의 우동가락국수'이라는 말이 있을 정도로 메밀국수의 본 고장은 이곳 무사시노武藏野가 있는 관동지방이다.

심대사에서 빼놓을 수 없는 곳이 있는데 원삼대사당이다. 원삼대사元三大師, 985년 졸는 오미쿠지御神籤, 신사나 절에서 점치는 것의 창시자로 잘 알려졌으며 액막이 대사로도 유명한 분으로 신라계 도래인 가문 출신의 고승이다. 원삼대사元三大師, 료겐 대승정는 912년 오우미近江에서 신라계 출신 도래계 가문에서 태어나 승려 수련과정에 들어섰다. 료겐원삼대사의 속명은 히에이산 엔랴쿠지의 천태종 좌주天台宗座主가 되어 교학敎學의 번성과 절의 부흥을 위해 일했다. 1월 3일에 입적하여 원삼대사[55]라 불린다.

---

55  元三의 元은 1월을 뜻함.

심대사 후문으로 나가면 울창한 삼림이 나오는데 이곳이 신대식물
공원神代植物公園, 진다이쇼쿠부쓰고엔이다. 무사시국 시절의 나무들이 아직도
남아있는 곳으로 알려져 있어 웬지 신비스러움이 느껴지는 곳이다. 심
대사가 있는 조후시調布市 마을 역사기인『신편풍토기新編風土記』에 의하
면 799년 목화씨가 처음으로 이곳에 전해졌다고 하는데 다마천多麻川
부근에 사는 광복廣福의 면직 기술로 일본 목면이 시작되었다하며 조
후調布라는 지명의 유래는 여기서 비롯된다고 쓰여있다.

## 7. 김달수金達寿선생과『일본 속의 조선문화日本の中の朝鮮文化』

필자가 한일고대사, 즉 일본 열도에 써나간 우리민족의 역사를 이야
기함에 있어 반드시 소개해야 할 사람이 있다. 일본에 있는 한일고대
사의 유적을 확인하는 답사여행은 우연하게 시작한 일이지만 몇 차례
답사 후 길잡이가 되어준 것은 재일교포 작가인 김달수라는 분이 펴
낸 책『일본 속의 조선 문화』였다. 필자와 파트너의 답사여행은 사이타
마에 있는 고려고구려신사에서 시작되었다. 처음 답사여행을 다녀온 후
늘어나기만 하는 의문을 해결해 보기 위해 한국과 일본의 인터넷을 검
색하다가 필자보다 40여 년 전인 1960년 말에 고려신사를 방문하고
그것을 글로 남긴 김달수라는 재일작가의 이름을 발견하였다. 작가가
50세에 막 접어들 무렵이었다. 선생은 답사여행을『일본 속의 조선 문
화』라는 책으로 발간하였다. 필자는 일본책을 구입하는데 익숙하지 않
던 때라 어렵사리 그 책을 손에 넣을 수 있었다. 1970년에 처음 발간
된 책인데 후에 강담사講談社, 고단샤에서 문고판으로 발행하였고, 문고판

책을 바탕으로 2001년에 재발행된 책이다.

사람의 일생에 있어서 책 한권이 참으로 중요하다는 것을 이 책을 통해 느꼈다. 이 책은 그야말로 필자가 평생을 살며 듣도 보도 못한 새로운 사실들로 가득차 있었다. 필자 부부가 일본에서 생활을 시작한지 3년 반이 지났을 시점이었다. 그 때까지만 해도 필자의 일본어 실력에는 큰 진전이 없던 때였다. 혹시 우리말로 번역된 책이 있나하여 찾아보았더니 없었다. 380쪽짜리 책이었는데 전적으로 한자 실력에만 의지해 이 책을 한번 훑어 보는데 한 달 정도가 걸렸다. 옛날에 출간된 책답게 오래된 흐린 흑백사진이 첨부되어 있었는데 책의 내용을 이해하는데 많은 도움이 되었다.

책의 내용은 고려신사를 비롯하여 도쿄평야에 산재한 한반도로부터 도래인의 유적을 답사한 여행기였다. 고려신사를 방문하고도 놀랄 일이 많았는데 이 책에서 소개하는 내용은 더욱 광범위했다. 이 책의 안내대로 몇 개월에 걸쳐 도쿄평야에 있는 도래인의 유적을 가능한 대로 많이 탐방하였다. 탐방을 마칠 무렵 문득 이러한 역사적 사실을 알게된 것만으로도 일본에 산 보람이 있다는 생각이 들었다. 그러나 그것이 전부가 아니었다. 또 다시 깜짝 놀랄만한 사실을 발견한다. 필자가 읽은 책은 김달수씨가 쓴 『일본 속의 조선 문화』 시리즈의 제1권에 불과했으니 말이다.

김달수씨는 제1권을 쓰고 재일 동포뿐만 아니라 일본 독자들의 깊은 관심을 확인하고 도래인의 유적에 대한 답사를 도쿄평야에서 일본 전국으로 확대하여 그 방문기록을 1991년 작가가 70세가 될 때까지 약 20년간 12권의 책으로 완성했던 것이다. 필자가 구입했던 책은 처음 쓰여진 책이라 제1권이라는 표시가 없었던 것이다. 작가도 아마 처음에는 후속편을 쓸 것이라고는 생각하지 못했기 때문에 제1권이라는 표시를 하지 않은 것이리라. 물론 12권을 전권 다 구입하여 상당 부분을 읽었지만 아직까지도 제대로 읽지 못한 부분도 있다. 처음에는 한 권을 대충 읽는데 한 달 걸리던 것이 나중에는 일주일로 줄었다. 뒤에 이어진 필자와 파트너의 일본 각지로의 답사여행은 나머지 11권에 의존하게 된다.

### 김달수 金達壽, 1919~1997년

김달수선생은 재일교포 작가이다. 경남 창원 출생으로 10세 때 일본으로 건너가 12세에 초등학교 4학년으로 편입하였다. 5학년 역사시간에 '신공황후의 동정설' 학습에 분개, 자퇴하였다고 한다.

『일본서기』에 의하면 신공황후神功皇后, 진구고고는 응신천황應神天皇을 임신한 채로 한반도에 출병하여 신라를 정벌했다고 기록되어 있다.[56] 신라왕은 일본군이 도착하자 스스로 결박하고 항복하였고 말과 마구를 바치겠다고 맹세하였다고 한다. 신공황후는 배에 돌을 대어 아이의 출산을 늦추었고 일본에 돌아가 규슈 치쿠시筑紫에서 응신천황을 출산했다고 전하고 있다. 한국사학계는 일본 신공황후의 삼한 정벌설을 후

---

56 『일본서기』상 200년, 이주갑인상(二周甲引上)로 풀면 서기 320년이다. 이주갑인상은 일본서기의 편집자들이 일본의 역사 연대를 끌어 올리려고 사실(史實)을 120년(2갑자) 가량 앞당겼다는 가설이다.

필자의 개인적인 생각으로 김달수선생의 책이
일본인들의 반발을 사지 않고 받아들여진데는
몇 가지 이유가 있다고 본다.

첫째, 선생이 자신의 주장을 펴기 위하여
철저하게 일본 학자들의 연구 결과를
인용하였다는 점.
둘째, 일본인들도 자신들이 어디서 왔는지에
대한 근본적인 의문을 가지고 있다는 점.
이를 반영하는지 일본 전국에는 시골까지
무수하게 많은 고대역사 연구회가 있다.
또한 우리나라에도 재야사학자 또는
유사사학자가 많이 있지만, 일본에도 그 수가
많다. 이들의 주장은 파격적이고 우연의 일치인
지는 모르겠으나 우리의 재야사학자들이
주장하는 바와 비슷한 점이다.
셋째, 소위 말하는 정치적 선동적 국수주의적
애국적 관점에서 책을 서술하지 않고 사실적
관점에서 설명하였다는 점이다.

세의 조작[57]으로 보고 있으며 일본의 많은 사학자들도 임나일본부설의 모태가 되는 이 『일본서기』의 기술이 이치에 맞지 않는 부분이 많은 바, 조작된 사실로 인정하는 학자가 상당하다.

이후 김달수선생은 여러 가지 일을 하면서 16세에 와세다대학의 강의록을 가지고 독학, 19세에 일본대학 예술과에 입학하였다. 50세까지는 소설가로 활동하였다. 50세인 1970년부터 고대문화 유적기행을 시작하여 '일본 속의 조선문화'를 발간하기 시작, 전 12권을 완간하였다. 한국문화의 현장을 직접 발로 뛰며 발굴, 확인해 이를 집대성함으로써 왜곡된 한일간의 역사를 바로잡는 데 힘쓴 선구자였다. 특히 고대 이래 한반도의 핏줄이 일본 열도에 어떻게 정착하고, 어떤 유적을 남겼는가에 관심을 기울였다. 20여 년간 일본 전국의 현장을 답사하며 '일본 속의 한국문화' 시리즈 12권을 펴낸 것이다.

앞에서 잠깐 언급되었지만 선생이 한일고대사에 관심을 갖게 된 동기는 초등학교 일본사 시간에서 비롯된다. 문제가 되었던 『일본서기』의 내용은 다음과 같다.

기원후 200년, 중애천황仲哀天皇은 구마소熊襲, 지금의 규슈 가고시마 지방가 반란을 일으키므로 이것을 진압하기 위해 신공황후와 함께 규슈에 내려갔다. 이 무렵 한반도에는 신라, 백제, 고려의 삼한三韓이 있었다. 그 중에 신라가 일본과 지리적으로 가장 가깝고 세력도 강해 구마소와도 잘 통했다. 신공황후는 그래서 신라를 치기로 하고 병사를 이끌고 반

---

57  사이메이 여자 천황이 백촌강의 전투에 백제 구원병을 보냈던 사실을 각색

도로 쳐들어갔다. 황후가 '신의 도움과 병사들의 힘으로 신라를 복속시키려 한다'며 신라를 공격하자, 신라왕은 크게 놀라서 즉각 항복을 선언했다. 신공황후는 개선해 돌아왔고 그 후 백제와 고구려도 일본에 복속하게 됐다. 조선 정벌 성공과 더불어 규슈의 구마소도 자연히 진압됐다. 그 후 백제로부터 왕인王仁이라는 학자가 와서 학문을 전하고, 반도로부터 베짜기織機와 야금鍛冶 기술자가 속속 건너와 일본의 세력은 해외에까지 떨치고, 점점 나라가 열리게 됐다.

연대기로도 서기 200년은 터무니없는 소리려니와 삼한은 마한, 진한, 변한이지 신라, 백제, 고구려가 아니다. 반도 정벌에 성공해서 한자와 학문, 방직 야금 기술이 들어왔다는 것도 이치에 맞지 않는다. 나중에 다시 설명하겠지만 이 사건은 일본 열도 내의 한반도 이주 세력 간의 다툼을 각색한 것으로 생각된다.

김달수선생의 교우 범위는 넓었다. 일본의 문호 시바 료타로를 비롯한 문인, 학자, 철학자들이 포함된다. 김달수선생의 생애는 1997년 77세를 일기로 막을 내렸다. 답사여행이 막바지이던 어느날 한국에서 온 기자와 만나 이런 말을 했다고 한다. '지금까지는 내가 이렇게 찾아다녔지만 앞으로 누가 이 일을 계속할 수 있을까?'

김달수선생이 한일 고대사를 본격적으로 연구하기 시작한 것은 도쿄 근교에 '고려신사'가 있는 것을 알게 되면서부터라 말한다. 그의 글을 인용해본다.

문헌을 찾아보다가 옛날에 이곳에 행정구역으로 '고구려군$_{郡}$'과 '신라군'이 있었다는 데 놀랐다. 도쿄에서 가까운 간토$_{關東}$지방의 온천관광지로 유명한 하코네$_{箱根}$, 아타미$_{熱海}$, 그리고 무사시노$_{武蔵野}$ 등지의 한반도 도래문화 유적 답사에 나섰다. 답사기를 모아 책을 발간하니 10만부라는 당시로서는 놀라운 부수가 팔렸다. 그래서 전국을 돌기로 하고 20년 간이나 답사여행과 집필에 몰두했다. 우리 동포만이 아니라 일본 사람들이 더 뜨거운 반응을 보이고, 편지로 한반도 관련 지역이나 설화를 제보하고 도와줬다. 교토$_{京都}$에 취재갔을 때는 한 일본인 의사가 '한국에서는 일제 지배 36년을 말하지만, 고대 일본은 통째로 한국의 식민지였지 않습니까'라고 말해 감격하기도 했다.

필자의 개인적인 생각으로 김달수선생의 책이 일본인들의 반발을 사지 않고 받아들여진데는 몇 가지 이유가 있다고 본다.

첫째는 선생이 자신의 주장을 펴기 위하여 철저하게 일본 학자들의 연구 결과를 인용하였다는 점이다. 그러기 위해 얼마나 많은 책을 읽었을지 짐작이 간다. 필자도 저자의 책을 읽으면서 책 속에 인용된 책들을 되도록 많이 구입하여 해당 부분을 확인하였다.

둘째로는 일본인들도 자신들이 어디서 왔는지에 대한 근본적인 의문을 가지고 있다는 점이다. 이를 반영하는지 일본 전국에는 시골까지 무수하게 많은 고대사 연구회가 있다. 또한 우리나라에도 재야사학자 또는 유사사학자가 많이 있지만, 일본에도 그 수가 많다. 이들의 주장은 파격적이고 우연의 일치인지는 모르겠으나 우리의 재야사학자들이 주장하는 바와 비슷한 점이 많다.

셋째는 소위 말하는 정치적 선동적 국수주의적 애국적 관점에서 책을 서술하지 않고 사실적 관점에서 설명하였다는 점이다. 선생의 역사 접근 방법은 누가 누구를 지배하였다는 지배층 사관이 아니라 여기에 누가 살았는가하는 기층민 사관의 관점에 가까워 보인다. 국가한국, 일본, 신라, 백제, 고구려라는 주권 및 통치권의 입장에서 보다는 지역한반도, 일본 열도, 백제인, 신라인, 고구려인이라는 삶의 터전을 중시한 듯 보인다. 이런 이유로하여 한국에 대한 반감이나 멸시감이 습관화된 일본인이 감정을 앞세우지 않고 이 책을 통해 자신의 역사를 되돌아보게 만든 이유가 아니었나 생각한다. 한국인의 입장에서 선생의 접근 방법은 일본을 미워하고 비판하는 반일反日이라기 보다는 일본을 알고 극복하고 이해하는 것이 극일克日의 방법이었다고 보인다.

그의 글을 다시 인용한다.

일본의 지명이나 유적에는 한반도 도래인의 흔적이 무수히 남아 있다. 간사이關西, 규슈九州 지방은 물론 도호쿠東北 지방에 이르기까지 없는 데가 없었다. 오사카의 백제천川, 백제역驛, 백제왕신사도 그대로 남아있어 가 보았다. 오사카 중심지 신사이바시心齊橋는 신라교橋가 변한 말이다. 오사카 안에도 백제군이 있었는데, 그곳이 지금의 이쿠노구生野區 지역이다. 규슈에도 백제천川, 백제촌村이 있고, 도호쿠 지방의 아오모리靑森에는 신라신사가 있다.

도쿄에서 자동차로 한 시간쯤 내려가면 닿는 야마나시山梨현의 80%가 나카거마군中巨摩郡, 가미上거마군, 시모下거마군으로 되어 있는데, 여기서의 '거마巨摩'는 바로 고마高麗가 변한 것임을 일본 고문헌을 통해 확인했다. 야마나시현 북쪽의 나가노長野현은 야마나시와 더불어 일본에서 손꼽히는 산악지방이다. 평야가 좁고 농지가 드문 곳인데 한반도 사람들이 들어왔다. 고구려의 도래인 케루卦婁씨가 정착해 살다가 400년 후 스즈키須須岐, 鈴木로 성을 바꿨다. 스즈키는 일본 최대 인구의 성씨다. 괘루卦婁, 상부上部, 하부下部, 후부後部 같은 고구려 왕족의 관직명을 성으로 갖고 있던 도래인들이 일본 조정에 성을 바꿔 달라고 청원해 스즈키라는 성을 받았다는 기록도 찾아냈다.

도쿄 동남쪽의 가나가와神奈川현의 하타노秦野시는 '바다하타로 전이'를 건너 온 도래인 마을이었다. 그처럼 고대 일본의 최대 성씨요, 실력자의 상징인 하타秦라는 성씨가 도래인 가계라고 하는 것은 일본 학자들이 정리한 문헌에 나와 있다. 김달수는, 규슈의 하타씨가 서기 702년경 도요구니豊國, 현재의 오이타 부근 인구의 97%를 차지했다는 기록도 발굴해 글로 썼다.

### '한국이 일본을 만들었다'

김달수선생이 답사여행을 통해 추정해낸 한반도에서의 도래 루트는 다음과 같다.

첫 번째가 규슈의 후쿠오카福岡 지방인데 한반도 남서해안의 해류가 그쪽으로 흘렀기 때문이라고 한다. 이 루트로 들어간 사람들이 세토나이카이, 시코쿠四國 지방을 거쳐 오사카, 교토에 터를 잡은 것이 야마토大和 정권이라는 것이다.

두 번째 루트가 일본 혼슈本州의 서쪽 해안 즉 한반도를 바라보는 니이가타新潟, 쓰루가敦賀 방면을 통해서이다. 동해안의 해류가 이곳에 닿기 때문에 고구려와 신라 사람들이 여기에 도착하여 새 삶의 터전이 됐다. 김달수선생은 니이가타 해변에서 발견한 '포항 제5 영정호'라는 그물 부표浮標가 바로 해류의 증빙이라며 보물처럼 보관하고 있었다. 이 루트로 온 고구려, 신라계 사람들은 육로로 남진해서 교토, 나라 같은 긴키近畿, 기내畿內로 흘러갔다. 이중 일부가 나가노나 야마나시 산중까지 진출했다.

세 번째 루트가 혼슈의 북부 해안인데 두만강 하구에서 배를 타고 떠나면, 아오모리 지역의 해변에 표착하게 된다. 김달수선생은 동북부 지방에서 한반도 관련 유적이 대거 발견되는 이유가 바로 여기에 있다고 보았다. 그는 한반도 사람이 '일본을 만들었다'고 주장했다.

전통적인 고고학자나 역사학자에게 가장 큰 도전은 현대 과학에서 온다. 제한된 유물과 기록된 역사에 의존하던 고대사학계는 커다란 도전에 직면하고 있다. 인간의 두개골이나 유전자들을 조사하고 방사성 동위원소에 의한 연대 측정 기술은 기록된 역사의 허구를 파헤치고 있다. 다음은 김달수선생이 1991년 '한국일보' 문창재 특파원과의 인터뷰에서 말한 내용이다.

'한반도 도래인들은 일본의 고대 원주민을 남북으로 내몰고 그들만의 세상을 만들었다. 그들은 철기와 볍씨를 갖고 갔다. 그것은 미개한 열도에서 위력적인 것이었다. 유명한 고야마 슈조小山修三 교수와 도리이 류조鳥居龍藏 박사가 과학적으로 추출한 것이지만, 조몬繩文. 즐문토기에서 나온 말시대의 일본 인구가 최대 26만 명, 말기에 줄어들어 7만 5,000명 정도였다.

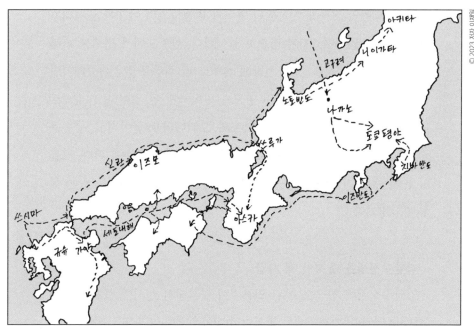

김달수선생이 답사여행을 통해 추정해낸

한반도에서 일본 열도로의 도래 루트는 다음과 같다.

첫 번째가 규슈의 후쿠오카福岡지방,

두 번째 루트가 일본 혼슈本州의 서쪽 해안,

세 번째 루트가 혼슈의 북부 해안이다.

8,000년 동안 그렇게 지속되던 인구가 벼농사기의 야요이彌生시대가 되면 갑자기 59만 4,000여 명으로 늘어난다. 한반도에서 볍씨를 가져간 도래인들이 농사를 짓기 시작해 제대로 된 식량공급이 가능해지면서 수렵 어로채취 생활을 하던 열도가 변화하게 된 것이다. 대량으로 도래한 이주민들은 원주민을 북해도와 오키나와로 몰아내고, 규슈를 중심으로 농경문화를 꽃피우고 고대국가의 형태를 갖추게 된다. 그들이 손에 쥔 철기문화는 원주민의 어떤 대항무기도 제압할 수 있는 신형 과학병기다.

## 김달수선생을 움직인 세 사람

김달수선생이 한국도 아닌 일본에서 일본인의 정서에 반하는 한일 고대사를 발표하기까지에는 망설임이 많았을 것이다. 그런 그에게 용기와 영감을 불어 넣어 준 사람이 다음에 열거하는 세 명의 일본인이다.

### - 사카구치 안고坂口 安吾

'일본 내에서 일어난 역사적인 모든 전쟁은 본국여기서 본국은 놀랍게도 한반도를 지칭한다의 세력 변화에 영향을 받은 것이다'

「사카구치 안고坂口 安吾, 1906~1955년」는 그의 역사서『안고사담安吾史譚』에서 '일본 내에서 모든 전쟁은 본국本國, 즉 한반도의 세력 변화에 영향을 받은 것이다'라는 촌철살인과 같은 한 줄을 남겨 놓았고 이것을 빠뜨리지 않고 읽은 김달수선생은 이 구절에서 큰 영감을 얻는다. 이 말은 국수주의에 찌든 일본의 전후에 찾아온 자유로운 분위기 탓도 있었지만 사카구치 안고라는 작가이기 때문에 할 수 있는 말이었다. 안고는 비주류 소설가였다. 그의 일생을 알아 보자.

사카구치 안고는 일본의 문학가로 니이가타시에서 태어났다. 사카구치가의 선조는 지금의 후쿠오카현 가라쓰의 도공[58]이었다가 후에 니이가타로 이동해 온 지방 부호다. 순탄치 않은 학생시절을 거쳐 막연하게 엄격한 구도자의 삶을 동경하여 도요대학 인도철학윤리과에 입학한다. 1931년에 신진작가로 급부상한다. 1946년, 전후의 시대적 본질을 예리하게 통찰하고 파악한 오피니언 리더로 떠오르며 인기작가의 반열에 오른다. 전후 일본사회의 혼란과 퇴폐를 반영한 작풍을 확립하고 시대의 새로운 윤리를 제시함으로써 일본인에게 충격과 감동을 안겨준 사카구치 안고는 전후 일본 문학을 대표하는 '무뢰파' 작가로 평가된다.

### - 야나기 무네요시 柳 宗悦

'일본의 국보는 다 조선 사람이 만든 것이다'

야나기무네요시柳宗悦 1889~1961년, 한자로 유종열이기 때문에 한국 사람으로 착각할 수도 있으나 철저한 일본인이다. 조선사람보다 더 조선의 예술을 사랑하고 21세기에도 여전히 조선예술을 바라보고 이해하는 틀과 개념을 안출해낸 독보적 존재이다. 일본 민예民藝운동을 이끌었다.

'지난번 나라奈良를 방문했을 때 호류지法隆寺에서 놀랄 만한 옛 미술

---

58  그의 선조가 임진왜란 때 잡혀온 조선도공의 후손일지도 모른다는 추측을 해볼 수 있다.

품을 볼 수 있었다. 모두가 국보나 황실 소장품이라고 했다. 그러나 대부분이 조선의 작품이라는 사실을 부정할 수 없었다.'

'조선예술에 대해 존경하는 마음과 추모의 정을 느끼지 않는 우리의 심리상태에는 대단한 모순이 있다고 생각한다. 왜냐하면 국보로 불리는 유물들 대부분이 조선 사람의 손으로 만들어졌기 때문이다. 예를 들면 호류지의 백제관음, 유메도노의 관음입상도 틀림없는 조선의 작품이다. 엄밀히 말해 일본의 국보급 유물은 조선의 미로 채워졌다고 할 수 있다.'[59]

참고로 일본 국보인 관음보살입상, 백제관음 또는 구세관음은 나라奈良의 호류지法隆寺의 팔각원당八角圓堂으로 알려진 유메도노夢殿의 본존 비불로 오랫동안 공개되지 않던 불상이다. 이 불상은 높이 178.8cm로 하나의 구스노끼樟木 통나무로 만든 것이다. 밑에 칠을 하고 금박을 입혔다. 장기간에 걸쳐 백포로 싸 두어 보존상태가 양호하며 내력은 수수께끼에 쌓여있다. 호류지 동원가람의 본존으로서 천년 이상 모셔져 왔음에도 불구하고, 옛 기록에는 이 불상이 언제, 누가 만들었는지 일절 기술하고 있지 않다.

섬세한 미감을 지닌 도쿄제국대 철학과 출신의 지식인 야나기는 그 사실을 알고 있었고, 그것을 인정할만큼 양심적이었다. 1919년 5월부터 시작한 조선의 예술에 관한 많은 저술은 도쿄 유학생 등 식민지 조선의 지식그룹을 감동시켰다. 그들에게 야나기는 그들의 정체성을 재

59 야나기무네요시(柳宗悦), 朝鮮とその藝術(柳宗悦선집 4권), 춘추사 1981

확인케 해주고 일제의 잘못을 공개적으로 비판한 최초의 일본인 저명 지식인이었다. 그러나 그에 대한 비판도 있다. '야나기 무네요시의 두 얼굴<sub>정일성 저</sub>'을 참조하시라.

### – 가나자와 쇼사브로 <sub>金沢庄三郎</sub>

'조선은 신의 나라다. 따라서 일본도 신의 나라다.'

가나자와 쇼사브로는 언어학자로<sub>정치가가 아님</sub> 도쿄대 교수였다. 그는 우리말<sub>당시 조선어</sub>를 좋아하여 일본어와의 비교 연구를 하다가 두 언어가 동일한 언어라는 것을 발견한다. 이를 근거로 일본은 한반도에서 유래한 나라라는 것을 알게 된다. 후에 정치가들이 이 이론을 정치적으로 악용하여 식민지 침탈 정책을 펴면서 정치화에 이용한다. 이후 가나자와 교수의 활동에 대해 알려진 사실이 없는 것으로 보아서는 자신의 이론이 자신이 사랑하던 조선을 피폐시키는데 이용된 것을 알고 칩거하였던지 아니면 정치적으로 핍박을 받았을지도 모를 일이다. 가나자와씨는 자신이 김씨의 후손이고 자신의 선조가 신라에서 왔다고 믿었다한다.

가나자와 쇼사부로<sub>金沢庄三郎</sub>는 저서 일한양언어동계론<sub>日韓兩言語同系論</sub>에서 '한국의 언어는 일본 언어와 동일계통에 속한다'고 주장하였다. 이 학설이 세계적으로 널리 알려져 가나자와가 나중에 지은 일선동조론<sub>日鮮同祖論</sub>이란 책의 제목이 '일선동조론'이라는 말의 어원이 될 만큼 그 파급력이 컸다.

### 한반도 도래설을 주장한 일본인 학자들

일본 열도 주민이 한반도에서 도래한 사람들의 후예라는 주장은 에도시대부터 있어 왔다. 에도시대의 유학자이자 정치인인 아라이 하쿠세키新井白石는 '우리 일본 선조는 마한에서 왔다'고 하면서 '구마소熊襲와 고구려는 동족일 수 있다'고 주장했다. 또 히라타平田篤胤 등의 국학자는 『고사기古事記』와 『일본서기日本書紀』를 연구하면서 '일본과 조선은 예부터 밀접한 관계에 있었다'고 주장하였다.

## 8. 치치부秩父

치치부라는 지명도 일본의 재미있는 지명 중 하나이다. 치치부秩父라는 한자에 무슨 의미가 있는 것이 아니라 분명 음차 문자이리라. 치치부의 이름은 일본의 고대사서인 『선대구사본기先代旧事本紀, 위서 논란이 있음』에 있는 치치부국知知夫國이라는 표기가 현재의 치치부로 바뀐 것이 아닐까라고 말해지고 있다. 어원은 치치나무설, 종유석鍾乳石, 석순을 치치라함설, 축縮, 치치무, 줄어들다설 등이 있는데 이 정도 오래된 지명이 되면 유사시대의 사료, 언어로 해석하는 것은 거의 불가능하다는 의견도 있다.

치치부를 처음 방문한 것은 일본에 살기 시작하고 겨우 몇 달이 지난 후 였는데 마침 한국에서 알고 지내던 K대표 부부가 도쿄를 방문하여 함께 어디를 가볼까 하다가 마침 퇴근길에 전철 안에서 본 관광 안내가 생각나서 가보지도 않은 이곳으로 행선지를 정했다. 치치부의 나가토로長瀞라는 곳을 가면 절경의 강에서 급류 보트를 탈 수 있는 곳이 있다는 광고였다.

이케부쿠로池袋역에서 치치부秩父로 가는 특급열차로 갈아탔다. 치치부까지 2시간 걸린다고 한다. 한노飯能라는 역에서 열차의 진행 방향이 바뀌더니 산길을 올라가기 시작한다. 중간에 고마高麗라는 역이 있는 것을 이때 알게 되었고 의아하게 생각하였다. 알고 보니 치치부秩父는 도쿄도에 속하지만 1,000m의 고지대다. 열차가 세이부 치치부역에 도착하니 모든 승객들이 내린다. 우리는 여기서 다시 20분 이상 별도의 치치부선 기차를 타고 나가토로長瀞까지 가야 하는데 이 역은 종착역인데도 치치부선과 철도가 연결되어 있지 않다는 것이다. 나가토로長瀞로 가는 기차역은 그곳에서 시내를 통과해 10분 정도 걸어가야 나온다는 것이다. 조용한 시내를 여유있게 걸어서 오하나바타케御花畑라는 작은 시골역에 도착했다. 참고로 당시는 일본어가 전혀 되지 않던 때라 영어가 통하지 않는 시골에서는 무조건 손짓과 표정, 아는 일본어 몇 개를 사용하는 수 밖에 없었다. 마침 역무원이 있어서 어렵사리 물어보니 나가토로長瀞에 가는 열차는 하루에 두 번 밖에 없는 데 오후 3시나 되어야 이 역을 통과한다는 것이다. 당황하고 있는데 웬걸 마침 전차가 한 대 들어온다. 이 전차가 나가토로에 가느냐 물으니 간다고 한다. 좀 전에 역무원이 한 말과 다르지 않은가. 그러나 따질 겨를이 없이 반가운 마음으로 전차에 올라탔다.

나가토로역에 내리니 보트를 타는 매표소가 있는데 표를 구매하니 작은 버스를 타라고 안내해준다. 관광객을 태운 버스는 십여 분 달려 강의 상류에 우리 일행을 내려 준다. 구명 조끼와 비옷을 걸치고 10명 정도가 타는 작은 나무 보트에 올랐다. 사공이 있어 긴 장대만을 사용하여 급류를 피해가며 물살을 타고 하류로 내려간다. 중간에 급류 지점이 몇 군데가 있어 물이 뱃전을 넘어오는 스릴을 느끼는 사이에 어느덧 보트의 종착지에 도착한다. 처음 내린 기차역 부근으로 강 양안이 물결에 멋지게 침식된 바위로 둘러싸여 있다. 나가토로역 부근의 시장을 둘러보며 이 지역 특산물인 곶감을 사가지고 돌아오는 전차를 탔다. 마침 옆 자리에 한국인 아주머니가 타고 있었는데 치치부에 일본인 남편과 살고 있는 분이었다. 도쿄로 돌아가는 기차표를 끊는데 도움을 주어 안전하게 도쿄로 돌아왔다.

나중에서야 알게 된 사실이지만 역무원이 우리에게 안내했던 열차는 아직도 이 지역에서 관광객을 위해 운행되고 있는 증기 기관차, SLSteam Locomotive 즉, 스팀 기차의 시간표였다. 우리가 외국 관광객이니 당연히 추억의 SL열차를 탈 것으로 기대한 모양이었다. 정신없었던 첫 방문 이후 치치부를 자주 방문하게 된다. 한국인 동료인 L씨가 이곳의 골프클럽 회원이었기 때문이다. 같이 기차를 타고 치치부역 앞에서 클럽 셔틀버스로 가기도 했고 도쿄에서 승용차를 이용하기도 했다. 알고 보니 이 지역은 고원 분지라 여름에 그렇게 시원하지 않았다. 주변 오쿠치치부奧秩父 산지는 평균 해발고도 1,000~2,000m였다. 시의 중심은 분지이고 아라카와강荒川[60]의 상류 중심으로 시가지가 형성되어 있다. 시 남동부에 있는 부코산武甲山에서는 석회암이 산출된다. 여기저기 시멘트 공장들이 보였다.

치치부가 일본역사에 등장한 것은 서기 708년으로 와도구로야和銅黒

---

60  우리말 아라가야의 아라에서 나온 강 이름이라 한다

역 동쪽의 축산祝山에서 화동和銅, 와도, 정련할 필요가 없는 자연동이 발견되고 서부터 였다. 해저였던 곳이 지각변동에 의해 단층이 발생하면서 위로 드러난 자연동을 채집했던 곳이다. 당시의 겐메이천황元明天皇은 와도 和銅, 화동로 연호를 바꿀 정도로 중요한 사건이었다. 겐메이천황은 백촌 강 전투에서 백제 구원군을 운영한 천지천황天智天皇의 딸로서 아스카 시대의 마지막 천황이다. 헤이죠쿄平城京, 지금의 나라에 천도하기 위해서 자금을 조달할 필요가 있어서 구리를 이용해 돈을 만들어야 했는데 때 마침 자연동이 발견되면서 이것을 가지고 돈을 만들 수 있었기 때문에 대단히 경사스러운 일이었다. 일본 최고古의 유통 화폐라고 말해지고 있는 와도카이찐和同開珎은, 이 자연구리를 바탕으로 만들어진 것이다. 그런데 당시 동광을 찾기 위해 전국을 누볐던 인물들은 다름아닌 신라 인이었다. 이곳의 발견자는 쿠네오유, 카타시와, 김상원이라는 사람들 인데 신라에서 건너 온 도래인으로 알려져 있다. 역사서에 세 인물의 이름이 등장하며 이들이 높은 벼슬을 받았다고 기술되어 있다.

화동 발견지에 있는 히지리신사聖神社의 상징은 동전이다. 신사는 네 명의 가문이 지키고 있다. 신을 모신 곳을 열 때는 이들 모두의 동의가 있어야 한다. 히지리 신사가 신으로 모시고 있는 것은 와도, 다시 말해 정련이 필요없을 정도로 높은 순도를 가진 자연동이다. 와도라는 동銅 은 일본이 바라고 바라던 원재료였고 그것이 이 땅에서 발견되었다. 그래서 그것을 후세에 남기고 싶었고 그리고 귀한 것이기 때문에 신체 神體 즉 신으로 모신 것이다.

이 발견은 고구려인 약광이 고마군을 건설하기 직전의 일이다. 동광의 발견으로 이 지역은 전략적으로 매우 중요해진다. 하지만 이곳은 당시 권력의 중심이었던 나라에서 멀리 떨어진 변방이었다. 이런 이유로 볼 때 고구려군의 설치는 단지 황무지 개발이라는 목적만이 아니었던 것으로 추정된다. 8세기에 도래인이 고마군을 개척한 것엔 치치부 화동 동광의 배후도시 건설의 의도도 있었고 이외에 또 다른 목적도 있었던 것으로 보인다. 동북지역에 이미씨라는 가문이 있었는데 아이누족일 것으로 추정된다. 나라의 권력을 따르지 않는 세력이 있어서 이 동북지역을 정벌하기 위해서는 관동지역이 최전선이 된 것이다. 관동 최전선을 지키기 위해서는 병참지로서 지원할 수 있는 높은 기술력이 필요했던 것이다. 일본 관동지역에서 발생한 무사사무라이들의 철을 다루는 기술 그리고 말을 이용한 전투술은 이 지역에 새로운 기술을 전파하며 정착했던 수많은 고구려인과 분리해서 생각할 수 없다. 황량했던 무사시 벌판에 세워진 고려군高麗郡은 단순한 도시가 아니라 당시로서는 전략적인 신도시였을 것이다.

치치부의 미나노皆野라는 지역은 일본의 여타 지역에서는 볼 수 없는 희귀한 지명과 인명이 많은 곳으로 알려져 있다. 이 희귀 성씨를 조사해 볼 요량으로 특별히 파트너와 미나노를 방문한 적이있다.

방문한 날은 토요일이고 이미 오후가 되어서 우리의 동사무소에 해당하는 마치야쿠바町役場는 이미 문을 닫고 있었다. 시간을 계산하지 못한 것을 후회하는 것도 잠깐, 용감한 파트너가 안에 인기척이 있는 것을 알고 문을 밀고 들어 가는데, 필자도 주저하면서 따라 들어가보니 아직 일하는 직원들이 남아있었다. 방문 목적을 밝혔더니 당장 집계하기가 난감한 모양이다. 주민들의 성씨를 모두 알려 주었으면 좋겠다고 요청했는데 자기들도 뾰족한 방법이 없는 모양이다. 또 다른 문제는 의사소통이기도 했다.

그 후 찾아본 문헌에 의하면 출우, 풍도, 파풍, 보등, 몰낙, 좌종, 정당들의 희귀 지명과 쥬시, 웆도, 하쓰뿌, 호도, 시타로, 사소, 센바 같은 희귀 성씨가 있다. 치치부 지역은 옛날부터 한반도 도래인을 비롯하여 전국시대의 낙인落人, 전쟁에 패한 무사 및 가쿠리 기리시탄숨어 지내는 기독교인들이 은거하던 곳으로 알려져 있다. 희귀한 지명과 성씨도 이런 이유에 기인한지 모르겠다. 치치부라는 지명을 처음 들을 때부터 떠나지 않던 이 지역에 대한 의구심은 아직도 완전히 없어지지 않은 상태다.

도래인의 성씨에 대한 이야기가 나왔으니 우선 고구려계 도래인 중 고려군에 살던 사람들의 성씨를 알아보자. 고려신사에서 보관하고 있는 유물 중 약광가의 족보인 『고려씨계도원본高麗氏系圖原本』이 있는데 여기에는 모두 22개 지파가 올라와 있다. 이들은 뒤에 모두 일본 성으로 개성하였는데 고마高麗, 고마이高麗井, 고마이駒井, 이노우에井上, 가네코金子, 아라이新井, 간다神田, 오카가미岡上, 와다和田, 오노大野, 아베阿部, 혼조本所, 가토加藤, 오카노보리岡登, 오카노보리丘登, 후쿠이즈미福泉, 나카야마中山, 부도武藤, 고야노小谷野, 시바키芝木, 요시가와吉川, 아타라시新 등 22개의 성은 모두 고구려 도래인으로부터 분파된 성씨이다.

부서 일본인 직원 중에 이노우에, 오노, 혼조, 가토, 나카야마라는 성이 있었으니 희귀한 성씨도 아닌 셈이다. 가토상은 무려 4명이나 되었다. 참고로 한국인의 성씨는 얼마 전까지만 해도 300여 개 미만이었는데 지금은 귀화인의 성씨가 늘어나 5,000여 개이고 본관별 성씨를 포함하면 37,000개 정도이다. 이에 반해 일본인의 성씨는 십여 만 개로 발음을 달리하는 경우를 포함하면 30만 개라고 한다.

치치부 지역만의 정서를 보여 주는 중요한 사건 하나가 근세에 발생한다. 1884년 빈농들이 치치부 사건으로 불리는 폭동을 일으켰다. 이 폭동은 자유민권운동自由民權運動의 일환으로 이는 메이지시대에 벌어진 민주주의를 요구했던 일본의 정치, 사회운동이다. 결과로 지도자 7명이 처형당하고 참가 농민이 4,000명 넘게 처벌받아 일본 역사상 최대규모의 민중 봉기로 여겨진다. 우리나라의 동학농민전쟁에 비견된다. 메이지유신은 관서지방의 세력이 주축이 되어 옛날 교토를 중심으로 운영되던 천황제를 부활시켜 관동의 에도 막부를 종식시킨 무혈혁명이었다. 그러나 관동지방의 몇몇 곳에서는 이 정권 교체에 저항하여 전쟁이 발생했다. 아이즈会津의 반란이 그 하나이고 치치부의 폭동도 이 범주에 들어간다고 생각된다. 필자의 개인적인 해석은 다음과 같다. 관서지역은 나라시대부터 시작하여 헤이안시대에 이르기까지 백제의 영향력 하에 정치력이 유지되었던 곳이고 관동지역은 가마쿠라 막부에서 시작하여 에도 막부까지 신라와 고구려의 영향력 하에 운영되던 무신 정권의 지역이다. 메이지유신으로 관동지역이 관서의 영향력 아래로 들어가게 되자 이에 반발한 면도 있어 보인다.

후에 설명할 헤이안시대 말기에 치치부를 근거로 흥기한 다수의 무사[61]집단을 보면 치치부 폭동이 이 지역 주민의 성향을 대변하는 것으

---

61  무장자치지방세력 사무라이의 기원

로 보인다.

치치부가 도쿄평야 및 근처 지역과의 연관성을 보여 주는 설화가 하나 있다. 치치부에도 '오사키'라고 하는 여우가 씌인빙의된 짐승구미호의 꼬리에서 생겼다는의 전설이 있는데 관동지역의 산촌에서 믿어지는 속신이며, 사이타마현, 오쿠타마 지방, 군마현, 도치기현, 이바라키현, 나가노현 등의 지방에 전해지고 있다. 이 짐승은 몸놀림이 빠르기 때문에 신출귀몰하고 항상 무리를 이룬다고 한다. 이러한 짐승의 실재여부에 불문하고 위에 열거된 지역에 같은 설화가 존재하였다는 것은 이 지역들의 연관성을 보여 주는 것이다. 이 지역이 바로 고구려, 신라, 가야의 유적들이 산재한 곳이기도 하다.

### 일본인의 성립 日本人の成り立ち

도래인 연구는 일본인들에 의해서도 활발하게 이루어지고 있는데 도쿄대학 교수였던 하니와라 카즈로埴原和郎의 『일본인의 성립日本人の成り立ち』이란 저술에 대해 잠깐 설명하기로 한다. 그는 일본의 자연 인류학자로 일본인의 75~90%는 조상이 한반도 도래인이라고 밝힌 바 있다. 일본인의 기원에 관한 그의 유명한 학설은 '100만 명 도래설'이라고도 하는데 1987년에 발표한 설이다. 참고로 일본역사에서 기원 3세기 이전을 조몬繩文시대라고 하고 기원 3세기에서 기원후 3세기까지가 야요이弥生시대이다. 3세기 이후는 고분시대가 400년간 지속된다.

인구학의 추계에 의하면, 조몬繩文 일본의 선사시대시대의 후반은 규슈에서 일어난 대규모 화산 폭발로 인구가 감소하여 조몬시대 말기가 되면 인구는 7만 5,000명으로 준다. 그런데 그로부터 약 1,000년 후인 7세기 초의 고분시대 말기가 되면 인구는 540만으로 추계된다. 이 1,000년 간의 인구증가는 농경 초기 단계의 자연증가율로는 도저히 설명할 수 없는 매우 높은 증가율인데 이러한 인구의 급격한 증가를 설명하기 위한 설로서 제창되었다. 이 증가는 자연증가로 설명이 불가능하기 때문에 외부 즉, 한반도로부터 상당 수의 인구 유입이 있었을 것이라는 가정에서 시작한다.

계산의 기초가 되는 변수자연 인구증가율를 바꾸어가며 계산을 한 결과 도래인이 가장 많다고 가정했을 경우에 150만 명, 가장 적을 경우라도 9만 4,000명이 건너왔다고 하는 추측이 성립한다. 이 수는 조몬繩文시대 말기 인구인 7만 5,000명에 비교해서 상당히 대규모인 것이다. 지금까지 현대 일본인의 원류는 야요이弥生시대의 일본인이며, 그 야요이弥生시대의 일본인弥生. 야요이인은 일본 열도에 오래 거주하고 있었던 조몬繩文인이 소진화를 계속하여 이루어진 것이라고 하는 설이 지배적이었다. 하니와라의 설이 발표되자 '100만 명 도래설'은 학회에도 충격을 주고, 비판도 받았다. 그때까지 '도래인의 영향은 무시할 수 있는 정도'라고 하는 의견이 지배적이었기 때문이다. 그 후 대량도래설을 지지하는 인류학적 연구도 상당히 나오고, 90년대에는 유력한 설로서 인지되고 있었다.

100만 명이라고 해도 1,000년간의 긴 시간에 걸쳐 일어난 유입이므로 1년당으로 치면 연간 1,000명 정도이므로 충분히 있을 수 있는 숫자다. 물론 이들이 순수하게 한반도에서 바다를 건너 유입된 숫자이고 일본 열도에 꾸준히 들어와 늘어난 후손들의 수를 모두 합치면 전체

인구의 75~90%가 된다는 이야기다. 이 학설에는 몇 가지 가정이 있는데 첫째, 외래의 도래인들이 유입 되기전에 일본 열도에 살던 선주민은 소위 조몬인으로, 남방 몽골로이드[62]라는 것이다. 두개골 등의 연구로부터 이들은 아이누 민족 및 류큐오키나와 지방의 사람들과 공통점이 많다고 한다. 둘째, 도래인은 주로 한반도에서 벼농사 기술과 함께 유입해 들어온 북방 몽골로이드[63]로, 소위 일본 열도 후後주민인 야요이弥生인의 직접적인 선조라는 것이다. 현재의 일본인은 양자의 혼혈이라고 하는 것이 그의 주장이다.

'하니와라 카즈로埴原和郎'의 학설을 요점별로 요약하고 이에 대한 반대편의 견해를 간략히 덧붙인다.

주장〉 현대 일본인은 조몬繩文계의 사람들과 야요이弥生시대 이후에 도래해 온 소위 도래계 야요이弥生인의 혼혈이다.

반대파 견해〉 비판없이 인정

주장〉 이들은 대부분 고분시대 이전에 도래하였고, 고분시대 이후의 도래인의 영향은 무시할 수 있다.

반대파 견해〉 선주민인 조몬繩文계도 북방 몽골로이드의 유전자를 가지고 있으므로 선주민先主民인 조몬繩文족과 후주민後主民인 야요이弥生인은 같은 민족이다.

---

62  유라시아 대륙이 한랭기에 들어가기 전에 일본 열도에 정착한 사람들
63  유라시아 대륙에서 한랭기를 경과한 사람들

이 비판 역시 일본이 이제까지 주장하던 소위 '일본인'은 독자적인 민족이라는 주장을 뒤엎는 것이다. 기회가 있을 때마다 일본인의 조상은 한반도와 전혀 관계가 없고 중국이나 남방에서 건너왔다던 기존 일본 극우 국학자들의 주장에 정면 배치된다.

주장〉 현대 일본인에서 차지하는 형질의 비율은 거의 조몬縄文계
1에 야요이弥生, 도래인계 9라고 말하는 극단적인 것이며,
조몬인일본 열도 원주민은 거의 멸종하였다는 주장이다.

반대파 견해〉 야요이弥生인들이 들어오자 조몬縄文인들이
자연스럽게 야요이弥生인 문화에 동화하여
야요弥生인화하였기 때문에 이 양자의 구분은 의미가 없다.

주장〉 일본 열도 내에서는 중앙부에서 야요이弥生계의 빈도가 아주
높고, 주변부에서는 조몬縄文계의 빈도가 평균보다 높다.

반대파 견해〉 인구 추정에 사용된 방법론인 유적의 수에 대하여
근본적인 이의를 제기하며 동쪽지방의 유적은 땅 위에 드러나
있으나 서쪽 지방의 유적은 물밑에 있는 것이 많다고
주장한다.

## 정리

우리민족도 알고보면 북방계와 남방계의 비율이 7:3 정도로 섞여 있다고 하지만 대표성을 따라 우리민족을 북방 몽골로이드라고 말한다. 하니와라 카즈로의 학설에 의한다면 일본인은 그저 한반도 도래인

의 후손인 셈이다. 약 천년에 걸쳐 이주한 도래인들 중 주도계층이 된 세력이 자신의 출신지를 잊거나 감추고서 마치 일본 열도의 주민인냥 행세<sub>txt</sub>텟세하며 다른 도래인들을 낮추어 '도래인'이라고 부른 것이리라. 일본인의 역사적 지층을 캐보면 천년에 걸친 도래의 역사가 지층의 저 밑에서부터 겹겹이 보일 것이다. 그 위에 임진왜란 때 잡혀간 사람들과 일제강점기에 강제로 건너가 눌러 살게 된 재일교포들이 지층의 맨 상층부에 나와 있을 것이다. 필자와 파트너도 한반도 사람으로서 한반도의 선조들이 만들어 놓은 오래된 지층의 맨 상층부를 헤메고 다니고 있는 셈이다.

## 9. 교다行田 사키다마 고분군

일본에 와서 고려신사를 방문하고 김달수씨의 책을 접한 후 도래인의 고분 유적으로서 처음 방문한 곳이 고마에狛江 고분이었다. 그 후 사이타마에 대형 고분군이 있다하여 찾아가게 된 곳이 교다行田의 사키타마 고분군이다. 당시만 하더라도 파트너가 고분에 관하여는 관심이 높지 않아 필자 혼자 방문하였다.

일본에 남아있는 우리민족의 고대사를 연구하는 데 있어서 고분만큼 중요한 유적은 없다. 일본 전국에 10만기 이상 남아있는 고분은 모두 3세기에서 7세기에 걸친 4백 년간 조성된 것들이다. 이 때문에 일본은 이 시기를 세계의 어느나라에도 없는 시대 구분인 고분시대古墳時代라 부른다. 그리고 이 시기의 역사는 미스테리 그 자체이다.

일본에서는 이 시기 중에 서기 300년에서 400년 경까지의 기간을 특히 '미謎. 나조. 수수께끼의 4세기世紀'라고 부른다. 고대 일본을 알 수 있는 단서가 되는 중국의 사서에는 266년 야마타이국의 여왕 일여의 조공 기술부터 413년의 왜왕 찬에 의한 조공까지의 사이의 약 150년 간은 왜에 대한 기술이 전혀 없다. 바로 이 기간을 공백의 4세기空白の4世紀 또는 수수께끼의 4세기謎の4世紀라고 부른다. 그리고 나서 왜5왕시대라고 불리는 413년에서 502년까지의 약 100년간도 중국의 기록과 일본의 정사에 나오는 기록이 전혀 일치하지 않는다. 결국 3세기 중반부터 6세기 초까지 약 250년간 일본의 역사기록은 객관성이 보장되지 않는다. 고분시대로 불리는 거의 모든 기간에 해당된다.

일본에는 고고학상 중요한 장소인데도 결코 발굴 조사가 허용되지 않는 금단의 성역이 있다. 일본에서 가장 큰 인덕仁德황릉을 비롯한 천황의 분묘로 지정된 고분들로 천황가의 비밀에 관련있는 장소이다. 이러한 이유들 때문에 현재의 일본이 기술한 정사正史에 따른 고대 일본의 모습은 신화와 전설이 뒤섞여 불명료한 채 방치되고 있다. 아마 이시기에 일본역사의 핵심적인 비밀이 숨어있을 것이고 한반도 도래인의 역사도 숨어있을 것이다.

아카사카에서 일단 도쿄역까지 나가 다카사키선高崎線을 탔다. 약 1시간 후에 교다行田라는 역에 도착했는데 역이 아주 한가하다. 아침 9시가 되니 역 앞의 관광 안내소가 막 문을 연다. 사키타마 고분군에 가는 방법을 문의하니 바로 앞에서 순환 버스를 타면 된다고 한다. 교다역에서 시내 순환버스를 타고 약 15분이 지나니 사키타마 고분공원 앞에 도착한다. 반대편에는 자료관이 있는데 나오는 길에 들리기로 했다. 입구에서부터 작은 고분들이 보이는데 큰 고분까지 가는데는 시간이 소요된다. 이곳은 공원으로 조성되어 있어서 산책길로서도 그만인 듯 싶었다. 이윽고 거대한 고분 몇 개가 눈에 들어 온다. 우선 원분인 마루하카야마고분丸墓山古墳에 도착했다. 지름 105m에 높이 18.9m로 작은 산 크기다. 일본에 이렇게 큰 고분이 있는데 왜 이런 사실을 모르고 지냈을까 한번 생각해 보았다. 웬만한 것은 유네스코 문화유산으로 등재하는 일본이 아직까지 이런 고분들을 문화유산에 올리고 있지 않은지 궁금하다. 일본의 고분은 분묘 위로 올라가는 것이 허용된다. 이 고분에는 편하게 계단까지 마련되어 있었다.

원분의 동편으로 두 개의 전방후원분前方後圓墳이 보이는데 바로 옆에 있는 것이 환두대도環頭大刀가 출토되어 더욱 유명한 이나리야마고분稻荷山古墳이고 뒷편이 하니와흙으로 구운 빨간 토기로 유명한 장군산고분将軍山古墳이다. 환두대도環頭大刀는 주로 한반도의 가야, 신라 백제 등의 삼국시대 무덤에서 출토되는 것으로 높은 신분을 나타내는 위세품威勢品으로 그 형태나 꾸며진 정도, 재질에 따라서 무덤에 묻힌 사람의 신분이나 지위의 차이를 나타낸다. 공주 무령왕릉에서 용과 봉황으로 장식된 화려한 환두대도가 출토되면서 백제에서 최고의 지위에 있었던 왕의 화려한 모습을 추정할 수 있게 되었다. 환두대도는 왕 뿐만 아니라 정치, 사회적인 측면에서 일정한 신분을 상징하는 위세품威勢品이나 신표로 활용되었다. 지배자의 상징으로서 일정한 세력을 가지고 있던 집단들이 중앙 정부로부터 받아 지니고 있었던 것으로 추정된다. 환두대도環頭大刀는 한반도의 고대 삼국뿐만 아니라 일본 열도에서도 사용되었던 것으로 보여지는데 백제계 고분군인 나라현 가와치 아스카河內 飛鳥 지역 이치스카一須賀 고분군에서 출토된 환두대도環頭大刀는 무령왕릉에서 출토된 환두대도와 그 형태가 흡사하여 무덤의 주인을 백제와 관련된 인물로 추정하기도 한다.

이나리야마고분稻荷山古墳에 올라갔다. 길이가 120m로 전방부분에서 원분으로 가는 중간을 허리처럼 내려가다 다시 올라가게 되어 있다. 장군산고분将軍山古墳을 먼발치에서 보고 돌아오는 길에 왼쪽으로 후타고야마고분二子山古墳이 있다. 길이는 제일 길어 138m가 된다. 거대 고구려 고분들이 밀집해 있는 압록강 건너의 집안集安에 가지 않고도 일본에서 그에 못지 않은 큰 고분들을 볼 수 있다는게 신기하게 느껴졌다. 길 건너편으로 가니 그 쪽에도 제법 큰 고분들이 몇 기 있는데 반대쪽에 있는 것들 보다는 규모가 작다. 고분 사이를 걷다보니 마치 서울 근교에 있는 조선 왕릉이나 고려 왕릉 사이를 걷는 듯한 느낌이 들기도 했다. 고분을 다 보고 나서 자료관으로 들어갔다. 이나리야마고분에서 출토된 환두철검도 진열되어 있었다. 필자의 기억으로는 이곳에서 발견된 환두대도도 한국의 무령왕릉에서 발견된 환두대도와 모양이 비슷하다고 한다.

이나리야마稻荷山, Inariyama고분에서 발견된 철검에서는 금상감 명문이 조각되어 있음이 발견되었는데 글자의 내용이 역사학계의 비상한 관심을 끌게 된다. 광개토대왕廣開土大王 비문이나 칠지도七支刀 명문 등과 더불어 이 철검의 명문이 중요한 이유는 그 역사적 값어치 때문이다. 일본 최초의 역사서인 『일본서기』는 720년에 쓰여졌고, 우리나라

사키타마고분군은 이 북무사시국의 고분들이다.

백제세력으로 추정되는 야마토국의 지원을 받은

북무사시국의 고분에서 백제의 것과

유사한 환두대도가 나오는 이유가 설명된다.

최초의 역사서인 삼국사기는 1145년에 발간되었다. 양국 모두 기록된 역사서가 존재하지 않는 시기인 서기 400년대에서 600년대 초기까지의 역사를 알려주는 기록으로 중요할 수 밖에 없는 이유이다. 이 시기의 역사는 중국의 사서에만 의지할 뿐이다.

## 도쿄평야에서 벌어진 남북전쟁

6세기 초 도쿄평야에서는 남무사시국과 북무사시국 간 패권을 다투는 전쟁이 있었다. 남무사시는 북무사시의 북쪽에 있는 게누국毛野国의 지원을 요청하여 북무사시는 남북에서 공격을 받게 된다. 이때 북무사시는 서쪽 세력아스카의 야마토의 지원을 요청하게 되어 결국 이 전쟁은 야마토국大和國과 게누국毛野国 간의 대리 전쟁으로 변한다. 전쟁의 결과 게누국이 패배하여 북무사시가 무사시국의 패권을 차지한다. 사키타마고분군은 이 북무사시국의 고분들이다. 백제세력으로 추정되는 야마토국의 지원을 받은 북무사시국의 고분에서 백제의 것과 유사한 환두대도가 나오는 이유가 설명된다.

한편 남무사시는 고구려계 세력이고 게누국은 신라계 세력이다. 한반도에서와 마찬가지로 신라와 고구려의 관계는 긴밀하여 게누국신라계은 남무사시고구려계의 지원 요청에 응해 고구려와 신라계 연합군이 형성된다. 고구려-신라계 연합군과 백제계 연합군의 전쟁에서 백제계 연합군이 승리한다. 이 전쟁의 결과 오타太田시에 있는 천신산고분과 같은 거대 고분을 가지고 있던 게누국의 세력은 쇠퇴하기 시작하여 게누국의 영역이었던 군마지역의 고분의 규모가 축소되기 시작한다.

**전방후원분**前方後圓墳

우리나라의 고분들은 돌을 피라미드처럼 쌓아올린 적석총 아니면 둥그런 원분圓墳인데 일본의 고분은 대부분 전방후원분이다. 이는 고대 일본의 무덤 양식으로 이름에서 알 수 있듯이 앞은 사다리꼴의 네모형, 뒷부분은 원형으로 전체적으로 위에서 보면 열쇠 구멍 모양을 하고 있다. 장고형 무덤장고분이라고도 한다. 전방후원분은 일본에서 발견되는 무덤 양식으로 3세기부터 7세기까지 발견되며, 주변에 하니와埴輪로 대표되는 많은 부장품들이 묻혀 있는 크게는 수백 m에 달하는 거대 무덤이다. 원형의 뒷부분에는 사람을 매장하고 방형의 앞부분에서는 제사를 지낸 것으로 추정된다. 이는 고대 일본의 발전을 보여주는 무덤 양식으로 서서히 거대해지는 양상을 보이나, 6~7세기 불교의 영향으로 화장제가 도입되고 일본이 중앙집권화의 과정을 거치면서 돌연히 축조가 중지된다.

전방후원분前方後圓墳은 예전부터 일본의 고유한 양식으로 알려져 있으나 한반도 남부지방에서도 일부가 발견되었다. 한반도에서 전방후원분의 이전 형태인 주구묘周溝墓[64]가 대량으로, 그것도 일본보다 한 세기 이상 앞선 시기의 것들이 대량 발굴되면서 전방후원분의 일본기원설이 도전을 받고 있다. 주구묘는 전방후원분의 초기 양식으로 추정되는 무덤 양식이다. 일본에서는 주구묘 중 방형 주구묘가 전방후원분으로 발전했다고 보고있다. 한반도 남부에서 발견되는 주구묘는 장구 모

---

64  무덤 주위에 도랑을 파서 돌린 분묘

습을 하고 있지 않으며 주변에 해자 형태의 홈만 있다.

　1995년 한국에서 처음으로 보령 관창리에서 대규모 집단으로 확인
된 주구묘는 한국 고고학사에서 매우 의미 있는 발견이라 할 수 있다.
이후 주구묘의 연구 결과 마한 성립기 이후 발전기에 걸쳐 마한고지
馬韓古地에서 폭넓게 조성되었던 마한의 대표적인 묘제라는 것을 알 수
있게 되었다. 그동안 일본에서는 이러한 주구묘가 관동에서 규슈지역
까지 분포되어 있어서 야요이시대BC 3~AD 3세기의 독자적이며 보편적
인 묘제로서 알려져 있었다. 그러나 관창리 유적이 발견된 이후 일본
학자들 사이에서도 야요이 문화의 원류는 한반도에서 찾을 수밖에 없
다는 의견이 설득력을 가지게 되었다.

　지금까지 일본에만 있었던 주구묘가 한국의 발굴기법 발달로 한반
도의 주구묘는 연대가 청동기까지 거슬러 올라간다는 사실을 파악하
게 된 것이다. 이 사건으로 당시 일본 사학계 전체는 상당한 충격을 받
아서, 한국에 NHK 방송사가 헬기까지 띄워 영상자료를 찍어가고, 일
본학자가 직접 발굴현장에 찾아와 한국산 주구묘를 바라보며 '평생의
연구가 다 날아갔다'며 눈물까지 흘렸다. 더욱이 전라도에서 기원전 3
세기경의 대형 주구묘들이 발굴되면서 기존의 설은 더욱 흔들리게 되
었다. 이후 강원도 평창을 비롯해 한반도 중부에서도 청동기시대로 추
정되는 주구묘가 발견되었다.

　일본의 고분들이 한반도 도래인 집단의 지도자들 무덤임을 뒷받침
하는 증거와 주장은 고분에서 발굴된 유물들을 통해 넘쳐난다. 그러나

단지 무덤의 형태가 한반도의 것과 같지 않다는 이유로 무덤의 주인에 대한 주장들을 반박할 소지가 있다. 따라서 이 전방후원분에 대한 이해가 중요한 것이다. 또한 무덤의 외형은 후대에 변형이 가능하기 때문에 변형이 불가능한 매장공간의 특성수혈식, 횡혈식석실 등에 대한 이해도 필요하다.

### 하니와埴輪

일본의 고분에는 우리나라 고분에서는 잘 볼 수 없는 것이 있는데 그것이 하니와埴輪다. 한반도 전남지방의 적석총積石塚 무덤 주변을 빙 둘러서 꽂아놓은 통형관 행렬이 보이는데 이것이 일본 열도의 하니와로 연결된다. 장군산고분의 경우에는 무덤 주변이 빨간 하니와로 둘려져 있다.

하니와埴輪는 흙으로 빚어 만든 토기의 일종으로 갖가지 인물이나 동물, 기물器物 등을 만들어 거대한 봉토분 주변에 둘러놓은 것으로, 일본 고분古墳시대에 많이 제작되었다. 토우는 일반적으로 흙으로 빚은 인형을 뜻하지만 넓은 의미로는 동물 모양이나 생활도구를 본 뜬 것도 포함한다. 토우 중에서도 주인이 죽으면 하인을 함께 묻는 풍습인 순장을 대신하는 인형을 토용이라 한다. 하니와는 일본에서 고분시대부터 무덤 위와 주위에 놓아둔 토용土俑을 말한다.

### 고분사전古墳辞典

일본에 현존하는 고분은 10만 개 이상이고 전국 거의 모든 곳에 골고루 흩어져 있다. 고분사전은 대표적인 고분 800개와 고분의 특징이나 부장품 등을 해설하는 사전이다. 사전의 제2부는 용어편으로 고분의 이해에 필요한 제반 지식을 계통적으로 개설하고 있다. 고분 입문서으로서 최적인 책이다. 필자가 고분을 답사할 때 이 사전을 적극 활용하였다.

## 이나리야마고분 철검 명문

1968년 사이타마현 이나리야마稲荷山고분에서 발견된 철검으로 1978년 엑스선을 이용하여 그 명문이 판독되었다. 칼의 앞뒤에 금으로 115자의 한자가 상감되어 일본의 국보로 지정되었으며 현재 사이타마현 사키타마 사적 박물관에는 복제품이 전시되고 있다.

일본에서는 이 명문에 앞서 구마모토현에서도 칼과 명문이 나왔었다. 에다후나야마江田船山고분에서 나온 칼로 은으로 상감한 73자의 명문이 있었다. 그런데 이 두 칼의 명문에 있는 왕의 이름이 문제가 되었다. 에다후나야마고분의 칼 명문 초두에 왕의 이름이 나오고 이나리야마 고분의 철검명문 중에도 대왕의 이름이 나온다. 일본 사학계는 두 왕을 모두 '와카다케루대왕'으로 읽으면서 이 대왕을 유라쿠雄略天皇, 웅략천황에 견주어 정론으로 만들었다. 여기서 유라쿠雄略왕은 456년부터 479년까지 23년간 재임한 일본왕이다. 실제적으로는 초대 천황이라고도 한다.

명문에 나오는 신해년을 471년으로 보면, 이 고분의 출토품이 5세기 말에서 6세기 전반이라는 추정이 가능하다. 이 시대에 조성된 묘지로 가장 확실한 기록을 과시하는 백제 무령왕 묘지가 서기 523년 만들어졌다. 전문가들은 일본이 주장하는 것보다 60년 후의 신해년531년을 전후하여 거의 비슷한 시기에 공주 무령왕묘-사이타마 이나리야마고분-규슈 에다후나야마고분의 순으로 조성된 것으로 본다.

### 왜는 백제의 담로擔魯, 지방 행정 조직

이 명문의 해석에 관련하여 김영석 서강대 명예교수1930년생가 주장하는 설이다. 김 교수는 이나리야마 고분에서 출토된 철검의 명문을 기초로 일본 왕실이 백제 왕실로부터 나뉘었다는 견해를 나타낸다. 이나리야마 고분 출토 철검의 명문은 구다라 백제의 하나의 왕실로부터 두 개 나라의 왕통으로 연결된 것을 알려주는 귀중한 역사 자료라고 주장한다.


### 요시미 석굴무덤吉見百穴

고분 관람을 끝내고 교다시로 돌아왔다. 다음 목적지인 요시미백혈吉見百穴에 가기 위해서는 전차로 두 서너 정거장 도쿄 쪽으로 내려간 고노스역鴻巣駅에서 버스를 타야한다. 마침 비가 오고 있어 버스 운행이 지연되는 모양이다. 역사 안의 식당에서 식사를 하고 고노스역 서구에 있는 정류장에서 버스에 올랐다. 버스는 논으로 뒤덮힌 평지를 달리다가 강을 건너는데 표지판을 보니 아라강이다. 정류소에 막상 내리고 보니 방향을 모르겠다. 마침 근처에 오래된 전통 찻집이 있어서 비도 피할 겸 들어가 길을 물어보니 다리 건너 강 뚝을 따라 올라가라 한다. 백혈百穴에 도착해서 보니 태어나서 처음 보는 광경이 눈 앞에 펼쳐져 있다. 비가 와서 오르막 돌길이 미끄러워 꼭대기까지 올라가지 못했다.

요시미백혈吉見百穴, 햐쿠아나, 햐쿠케쯔은 사이타마현 히키군 요시미마치에 있는 고분시대 후기 횡혈무덤군의 유적이다. 응회암 바위산 사면에 다수의 구멍이 뚫어져 있는 것부터, 일견 이상한 인상을 주는 유적이다. 구멍의 수는 219개라고 말한다. 이러한 유적으로서는 일본 제일의 규모다. 구멍 입구는 지름 1m정도이지만, 내부는 좀 더 넓어지는 경우가 많다. 고분시대 후기6~7세기경에 만들어진 것이며, 다른 많은 고분이 흙을 쌓은 작은 동산 속에 현실이 한 개만 존재하는 구조인 것에 반해, 이곳은 바위산 표면에 깊이가 4~5미터 되어 보이는 작은 굴을 다수 파서 만들어진 집합 분묘다. 구멍에 고분에서 볼 수 있는 것과 같은 대좌 구조가 있어 여기에 관을 안치했다고 여겨진다.

　일부 횡혈굴 벽에는 일본 고대문자라는 모모노키문자桃ノ木文字와 매우 흡사한 '요시미백혈 문자'라는 것이 새겨져 있다고 한다. 한글과 흡사하다고 해서 사진을 보니 그냥은 모르겠고 비슷한 한글로 모양을 변형해놓은 해설란을 보니 획이 조금 닮았다. 참고로 일본에는 대마도에서 발견되었다는 아비루 문자阿比留文字라는 것이 있는데 천상 한글이다. 18세기에 한글을 흉내내 만들었다는 설이 유력한데 일부는 일본 고대문자라고 주장하기도 한다.

### 횡혈묘橫穴墓

　규슈에서 산음山陰, 긴키近畿를 비롯하여 호쿠리쿠北陸, 태평양 쪽을 걸쳐 특히 미나미 칸토南関東에 많이 분포되어 있다. 북쪽 한계는 미야기宮城현 북부라고 전해지고 있다. 시즈오카현에 약 3,000기가 있다. 2004년 우리나라 '공주 단지리公州 丹芝里'에서 발굴된 횡혈묘의 현실에서 5세기 말~6세기 초에 제작된 것으로 보이는 토기 등이 함께 발견돼 조성 시기가 백제 동성왕-무령왕 무렵으로 추정된다. 이는 일본 열도에 횡혈묘가 등장한 때와 비슷하거나 앞선 시기여서 일본 횡혈묘의 기원이 백제에 있었을 가능성이 높은 것으로 추정되고 있다.

### 나베다鍋田의 횡혈묘山鹿市, 야마가시

구마모토의 고분을 답사할 당시 같은 종류의 횡혈묘를 목격하였는데 야마가시의 강가 암벽에 조성된 나베다 횡혈묘였다. 나베다 횡혈묘군은 고분시대 후기 구마모토현 북부를 흐르는 기쿠치가와의 지류인 이와노강 옆 벼랑면에 만들어진 군집묘이다. 그 벼랑면에는 아소산 대분화로 된 용암아소 응결 용해암이 드러난 장소가 있어 고분시대의 사람들은 여기에 가로 방향의 구멍을 파내고 무덤으로 만들었다. 나베다 제27호 횡혈묘의 좌외벽에는 인물, 활, 방패, 말, 허리에 차는 화살통 등이 부조되고 있다. 야마가 시내에는 다수의 횡혈군이 점재하고 있지만 나베다 횡혈묘군은 일본 장식 횡혈묘의 대표격이라고 할 수 있다.

요시미 석굴무덤吉見百穴를 탐방한 후 집으로 돌아오는 길에는 버스를 타고 히가시마쓰야마東松山역에서 내렸다. 여기서 도부도조선東武東上線 열차로 와코시까지 온 후 다시 유라쿠조선으로 갈아타고 집 근처의 나가타초역에 내렸다. 약 2시간 가량 소요되었다.

## 10. 아키루노あきる野시의 세토오카瀬戸岡 적석총積石塚

도쿄 서부 산악지대 아래 쪽에 있는 아키가와 계곡秋川渓谷으로 가 보기로 한다. 계곡으로 가는 도중에 도래인의 적석총 무덤이 있다 하여 경치도 구경하고 답사도 할 요량이다. 일본 동료에게 물어보니 아키가 와 계곡秋川渓谷이 경치가 좋다고 한다. 계곡이 가팔라 물살이 빠르다고 한다. 도쿄평야는 서쪽과 북쪽이 높은 산으로 둘러싸여 있고 동쪽과 남쪽은 바다로 된 서고동저의 지형인데 도쿄의 중심부를 서쪽 산맥에 서 흘러내리는 다마강多摩川과 아라강荒川이 흐른다. 아키가와秋川계곡은 다마강의 상류이다. 조금 북쪽에 있는 미타케 계곡이 다마강의 상류로서 는 본류이고, 아키가와 계곡을 흐르는 강은 지류인 셈이다.

### 아키루노ぁきる野시

아키가와 계곡을 구경하고 돌아오는 길에 다시 버스를 타고 무사시 이쓰카이치武蔵五日市역에 도착한 후 기차로 몇 정거장 지난 아키가와秋 川역에 내렸다. 이곳은 아키루노ぁきる野시에 속한 지역이다.

일단 아키루노ぁきる野라는 지명에 대한 이야기다. 보통 일본 지명은 거의 모든 경우 한자로 표기가 되어있는데 이곳은 한자가 없고 가나 로만 표시되어 있다. 아키가와역 근처에 수도권중앙연락차도라는 자 동차전용도로가 북에서 남으로 지나간다. 이 길을 남쪽으로 타고 가면 가마쿠라에 연결된다. 약 70km 되는 거리이다. 북쪽으로는 옛날 고려 군이 있다. 이루마入間시와 히타카日高시로 연결된다. 다시 말하면 옛날 의 고려군과 가마쿠라를 연결하는 도로라는 말이다. '아키루ぁきる'의 어원은 우리말 '앞길'이라 한다. 일본말로는 받침 'ㄹ'을 발음하기 어렵 기 때문에 뒤로 빼서 '루'로 발음한 것이다. 음차인데 도래인들의 집단 거주지였던 고려군에서 가마쿠라 막부의 수도였던 가마쿠라로 가는

앞길이란 뜻이다. 이 저변에는 고려군과 가마쿠라정권을 연결하는 비밀이 숨어있다. 뒤에 비밀을 풀어본다.

적석총積石塚이 있는 곳이 역에서는 떨어진 좀 외진 곳이라 버스를 탈 수도 없고 택시를 타도 장소를 마땅히 설명을 할 수가 없어 일단 걷기로 했다. 지도상으로는 2km가 채 안되는 거리라 넉넉잡고 30분 이내면 도착할 수 있다는 계산이었다. 이 즈음부터는 고분을 찾는데 고분맵이라는 애플리케이션을 사용하기 시작하였는데 앱 화면에 나타나는 지도가 작아 불편함이 많았다. 일반 지도에 자세히 나타나지 않는 고분의 경우에는 이 방법 이외에는 뾰족한 수가 없었다. 큰길을 따라가다 드디어 골목길로 접어들 때가 되었는데 이 순간부터는 지나가는 사람들에게 의지할 수 밖에 없다. 몇 번 길을 물어 우여곡절 끝에 동네 길가에 있는 첫 번째 적석총에 도착했다. 석실이 드러나 있었다.

다음으로 적석총이 집단으로 모여있다는 곳을 찾아가는데 이것은 거의 수수께끼 풀기 수준이다. 큰길 건너 골목길로 들어가서 논가 시골길 같은 데를 가다 거의 포기하려는 순간 안내판이 보인다. 과수원 담장 너머로 세토오카瀬戸岡고분 안내판이 있었다. 그런데 실망한 것은 이곳이 사유지라 마음대로 들어갈 수가 없는 것이었다. 과수원 안에 여기저기 돌무더기가 보인다. 철망 울타리 사이로 사진을 찍고 있는데 마침 안에서 일하는 사람이 보인다. 우리가 부르니까 다가오더니 사연을 듣고 자물쇠를 열어주고 들어 오라고한다. 이 농장의 주인인 기시노岸野씨였다.

기시노씨는 하던 일도 멈추고 우리를 농장 안의 이곳저곳으로 데리고 다니면서 적석총의 흔적이 남아있는 곳을 설명해 주었다. 구경을 다하고 우리가 들어온 쪽의 반대편으로 가니 그곳에 농가가 있다. 이곳이 정문이라고 한다. 우리는 뒷문 쪽으로 들어 온 셈이었다. 몇 가지 얘기를 더 나누고 감사 인사를 한 후 나오려하니 방명록에 서명을 해달라고 한다. 방명록을 살펴보니 방문한 사람들이 한 달에 몇 명은 되는 것 같았다. 다만 한국 사람 이름은 하나도 보이지 않았다. 돌아나오는데 자기집에서 딴 것이라며 감을 몇 개 안긴다.

### 세토오카瀬戸岡 적석총積石塚

일본 인터넷 상의 세토오카 적석총에 관한 설명들이다. 부지내에 가와하라이시河原石를 모아 놓은 것이 몇 곳 보였다. 지하식의 석실이 있는 고분군이므로 원래 분구墳丘는 낮았다고 생각된다. 국도 남측에 분포된 무덤에는 석실이 보존되고 있다. 횡혈식석실橫穴式石室을 닮은 수혈식석실竪穴式石室이다. 고분군은 7세기 축조로 여겨지고 있지만, 출토한 유골용기가 8세기 말~10세기 초 것이라고 보여져 석실이 재이용된 것으로 추정되고 있다. 1923년 도리이 류조鳥居龍蔵가 발굴 조사한 결과 밝혀진 고분군이다. 히라이강平井川에 근접한 지역에 남북으로 거의 같은 모양의 고분이 분포되어 있다.

고분의 중심부는 고분시대의 횡혈식석실을 유지하고 있지만, 출토품으로 보면 나라시대에 조성된 것으로 생각되어 고분시대의 말기를 알려주는 자료로서 고고학 연구상 귀중한 것이다. 출토품은 옥, 귀고리, 직도, 소도, 철 화살촉, 하세키土師器 납골용기, 스에키須恵器 납골용기 등이 있다.

세토오카瀨戸岡고분군

이곳은 현재 기시노岸野씨의 사유지다.

안내판에 의하면, 세토오카 고분군은 야요이시대부터

고분시대 말기에 이르기까지 조성된 유적으로서 유수한 고분군이고

적석총 형태를 보면 이 고분군은 나라시대에 한반도 도래인의

분묘라는 견해가 있다고 씌어있다.

이곳은 현재 기시노씨의 사유지다. 안내판에 의하면, 세토오카瀬戸岡 고분군은 야요이시대부터 고분시대 말기에 이르기까지 조성된 유적으로서 유수한 고분군이고 적석총 형태를 보면 이 고분군은 나라시대에 한반도 도래인의 분묘라는 견해가 있다고 써있다.

세토오카 고분군은 고분시대 말기의 군집묘群集墳로 약 300m 범위에 50기 정도의 고분이 점재하고 있다. 주변지역에는 유례가 적은 횡혈식석실橫穴式石室이 있는 고총고분高塚古墳, 석실의 위치가 지면보다 높음으로서 귀중한 고분군이다. 세토오카 고분군은 지하식 횡혈식석실 구조를 가지는 적석총 고분으로 남무사시에서는 유례가 적은 구조로서 최대규모이며 사적으로 지정되어 있다. 석실이 노출된 상태로 공개되고 있으므로 언제든지 견학할 수 있다. 이 고분군의 천정석天井石, 덴이세키으로 여겨지는 카메노코석亀の子石, 새끼 거북이 돌이 세토오카 회관의 정원에 보관되어 있다. 또, 이 고분군으로부터 발굴된 직도直刀는 니노미야 고고관二宮考古館에 전시되고 있다.

이 지역에는 예전에 말을 방목하기 위한 목장牧馬場, 우마키이 있어 도래인이 관련된 것으로 보인다. 닮은 형태의 분묘가 한반도에서도 발견되고 있기 때문에 이 고분군은 나라시대의 한반도 도래인 분묘라고 하는 견해가 있다.

### 답사 후기

적석총積石塚은 일본에는 존재하지 않는 분묘 형태로 한반도에서도 고구려의 대표적인 분묘이다. 적석총은 구 고구려 영토였던 집안集安에 대량으로 분포하고 있다. 서울 석촌고분에 있는 적석총은 근초고왕의 무덤으로 추정되고 있는데 백제 초기 분묘는 적석총 형식이었다고 생각된다. 경기도 연천의 태풍전망대로 가는 길에서 일기一基의 적석총을 발견하였는데 안내판에는 백제 초기의 무덤이라고 쓰여있다.

일본에서는 야마나시에서 대량의 적석총을 답사할 기회가 있었는데 파트너와 산비탈의 대규모 포도밭 단지를 헤매다 어렵사리 찾았기 때문이기도 했지만 그 때의 감회는 말로 표현할 수 없을 정도였다. 1,500년이 지나 한반도 후손이 일본에 묻힌 조상을 찾는 느낌이었다. 뒤에 자세히 설명한다. 답사를 마치고 역으로 돌아오는 길은 이미 날이 저물었다. 지친 다리를 끌고 길을 잃을까 큰길로 돌아서 걸어오다 역 근처의 식당에서 따뜻한 저녁을 먹었다. 시코쿠의 마쓰야마 교외에서도 적석총을 답사하였다.

## 11. 도래인의 땅, 군마群馬

도쿄에 살면서 북쪽으로 여행을 할 때마다 보이는 기묘한 모양의 산이 있었다. 일본의 산은 대부분 급경사의 험한 산이라 아기자기한 봉우리가 없는데 이 산은 꼭 우리나라의 설악산이나 금강산의 연봉을 연상케하는 산으로 꼭 한번 방문하고 싶었던 산이다.

군마현에 있는 '묘기산妙義山'은 하쿠운산白雲山, 콘도산金洞山 등 7개의 산을 거느리는 명봉이다. 묘기산 지역은 삼백만년 전의 화산활동에 의해 형성되었으며, 다양한 기암이 있어 일본 3대 기경奇景의 하나로 여겨지고 있다. 아카기산赤城山, 하루나산榛名山과 함께 조모 3산上毛三山으로 군마를 대표하는 산의 하나이다. 이 산에 있는 묘기신사와 그 일대 군마지역에 신라로부터 온 도래인의 유적이 있다 하여 마침내 묘기산을 찾게 되었다. 차량으로 죠신에쓰자동차도로上信越自動車道 즉 나가노행 고속도로를 타고가다 가루이자와 못 미쳐서 마쓰이다松井田 IC로 나와 산록 아래 쪽으로 내려가는 방향을 잡았다.

## 묘기신사妙義神社

묘기신사는 일본에서 본 신사 중 손꼽을 정도로 경치가 좋은 곳에 자리잡은 아름다운 신사이다. 본전으로 올라가는 계단길과 잘 채색된 본전 건물은 눈이 부실 지경이었다. 537년에 창건되었다고 전해지는 묘기신사는 칸토 지방의 수호신으로서 에도시대에는 도쿠가와德川 일가의 기도처였던 긴 역사를 지닌 신사이다. 또한, 산악신앙의 산이었던 점에서 묘기신사의 본전 뒷쪽으로는 산악신앙의 대표격인 텐구天狗가 모셔져 있으며, 소원을 한 가지 들어준다는 영험한 장소로 알려져 있다. 현재의 신전은 1751~1764년의 개수에 의한 것이다. 오래 전에는 하코소波己曽신사로 불렸다는 기록이 일본삼대실록에 남아있다. 하코소사波己曽社는 본전, 폐전, 배전으로 되어 있는데 옛날의 본사였다고 전해지고 있다.

묘기신사에서 필자의 주목을 끌었던 것은 하코소신사의 하코소波己曽라는 말이었다. 하코소는 '히메코소比売許曽'의 줄임말이라고 하는데, 이 히메코소라는 신을 모시는 신사는 일본의 여러 지역에 있다. 히메코소신사를 따라가다보면 이 신을 모시던 집단의 이동 경로를 추정할 수 있다. 사람들이 이주할 때에 그들이 모시는 신도 같이 움직이기 때문이다.

히메코소에 대한 해석이다. 히메코소는 여신을 제사 지내는 신사로 히메코소의 '코소'가 고대 한국어로 성스러운 땅, 즉 마쓰리의 장소인 신사를 의미하고, 히메코소의 히메, 즉 여신을 제사 지내는 신사라고 풀어진다. 이 부분의 일본어 원문은 다음과 같다.

ヒメコソの'コソ'が古代韓国語で'聖なる地'つまり'マツリゴトの場, 社'を意味し、ヒメコソとは'ヒメ, 女神を祀る社'と解される。[65]

묘기신사에 모셔져 있는 여신인 아카루히메赤留比売 에 대하여 자세히 알아보기로 하자.

## 오사카 히메코소신사比売許曽神社

오사카 남부의 고분을 답사하러 갈 때 이 신사를 들릴 계획이었으나 시간 관계상 근처의 사천왕사만 탐방하였다가 또 다른 기회에 답사하였다. 오사카에 있는 히메코소신사比売許曽神社는 JR 환상선環状線, 쓰루하시역鶴橋駅 동쪽 약 350m 지점에 있다.

당 신사는 연희식延喜式神名帳 927년, 平安時代에 있는 식내대사式内大社로서 격이 높은 신사이다. 히메코소 여신은 재미있게도 신라국의 왕자新羅国 王子, 천일창天之日矛의 처妻로 남편의 횡포에 못 이겨 일본으로 도망

---

65  일본어는 띄워쓰기가 없는데 편의상 한국어식 띄워쓰기를 적용하였다.

쳐 도래한 여신이다. 이 아카루히메赤留比売가 머물렀던 곳이 오사카 난바難波의 히메코소신사比売許曽神社, 출처『고사기 응신기』이다. 그 옛날, 일본 열도에는 한반도 사람들이 많이 건너왔는데 그들이 살던 땅에서 제사 지내고 있던 신들도 모셔 왔다. 그러한 도래신 중에 아카루히메赤留比売, 阿加流比売라고 하는 여신이 있어『고사기』『일본서기』 등에 몇 가지 다른 도래 전승도 적혀 있다.

히메코소신사에 모셔져 있는 히메코소신比売語曽神에 관해 몇 가지 다르기도 하지만 비슷한 기술들이 있다. 나열하면 다음과 같다. 츠누가아라시토都怒我阿羅斯等가 쫓아 온 백옥에서 태어난 여신, 신라의 왕자인 천일창天日槍의 아내, 신라왕 하사무킨波沙寝錦의 왕비, 오오구니누시大己貴의 딸인 시타데루히메下照姫命, 그리고 가라국辛, 韓国의 오키나가오호히메오호메息長大姫 大目命 등이다. 좀 더 자세히 소개하기로 한다.

### 『고사기 오진응신기古事記 応神記』

신라국新羅国, 아우구마阿俱沼 호반湖畔에서 낮잠을 자고 있던 한 여인에게 태양의 빛이 비치고 여자는 빨간 옥을 낳았다. 신라의 왕자新羅 王子, 천일창天之日矛, 아메노히보코이 빨간 옥赤玉, 아카다마을 손에 잡고 침상의 옆에 있으니 아름다운 아가씨로 변했다. 기뻐한 히보코는 이 아가씨와 결혼했지만, 점차로 교만을 부려서 아내에게 욕을 퍼붓게 되었으므로 아내는 '저는 당신과 같은 사람의 아내가 될 여자가 아니다. 제 선조의 나라에 간다'라는 말을 남기고 작은 배를 타고 신라를 도망쳐 와서 지금의 오사카 난바에 머무르게 되었다. 이 여인이 현재 오사카 난바의 히메코소신사에 있는 아카루히메라고 하는 신이다.

히메코소比売許曽는 여신을 제사 지내는 신사로 히메코소의
'코소'가 고대 한국어로 성스러운 땅, 즉 마쓰리의 장소인 신사를
의미하고, 히메코소의 히메, 즉 여신을 제사 지내는
신사라고 풀어진다.

### 『일본서기日本書紀』 수인기垂仁紀

대가야국大加羅国의 왕자, 츠누가아라시토都怒我阿羅斯等가 마을사람이 잡아간 황소의 대가로 흰돌을 받아서 침실에 두고 있으니 예쁜 여자로 변했다. 아라시토는 기뻐하여 배우자로 삼으려고 했지만 잠시 떨어져 있는 틈에 여인이 없어졌다. 아내에게 물으니 동쪽으로 갔다고 하여 발자국을 쫓아가니 여자는 일본국으로 건너와 난바에 이르러 히메코소의 신이 되었다. 또는 토요국豊国. 현 오이타 国前郡의 히메코소신사의 신神이 되어 양쪽에 제사를 지내게 되었다 한다.

### 『사쓰국 풍토기摂津国 風土記』

응신천황시대에 신라국의 여신이 남편에게서 달아나 쓰쿠시筑紫의 이나미비伊波比의 히메지마比売島에 살았지만, 스스로 '이 섬은 신라국에서 멀지 않다. 여기에 있으면 남편이 찾으러 올 것이다'라고 하고, 셋쓰국摂津国 比売島으로 옮겨 왔다. 그리고 떠나왔던 땅의 이름을 따라 이 섬도 똑같은 명칭인 '히메지마比売島'라고 불렀다.

### 『고사기古事記』의 신화단

히메코소신사比売許曽神社는 시타테루히메下照比売신사라고도 하는데 이 여신은 고사기의 신화단에 오오쿠니누시신의 딸, 다카히메신으로 별명을 시타테루히메신이라고 한다. 나라의 양도 교섭을 위해서 하늘天, 아마, 바다, 한반도에서 내려온 아메노와카히코의 아내가 되어 이름을 시타테루히메下光比売 또는 시타테루히메下照比売라고 쓴다. 신화편에 나오는 유일한 여신이다.

헤이안시대平安時代가 되면서 신사 근처에 사는 도래인들은 히메코소 신사比売許曽社에 모셔지고 있는 여신의 이름을 잊고 있었다. 여신이라 면 시타테루히메下照比売라는 사고 때문에 언제부터인가 아카루히메가 시타테루히메下照比売로 바뀐 것일 것이다. 일본의 역사서인 『고사기』와 『일본서기』가 출간되면서 일본의 신화가 정리되었는데 신라계의 여신 인 아카루히메의 중요성이 줄어들면서 여신의 존재감이 민중의 뇌리 에서 흐려진 때문일 것으로 추정한다. 이전에는 이 신사를 소머리 천 왕사牛頭天王社라고도 부르고 있었다고 한다. 당사에 스사노오素盞嗚尊를 같이 모시는 것은 노부나가의 혼간지 공격에 의해 연소한 히메코소신 사比売許曽神를 현재 위치에 있었던 소머리 천왕사에 옮겼기 때문이다. 그 제신 우두천왕ごずてんのう,고즈텐노이 메이지의 신불분리에 의해 동일 신으로 여겨지는 스사노오素盞嗚尊로 변한 것 때문이다.

위에 소개한 신화들은 혼동으로 생긴 마지막 시타테루히메를 제외 하면 조금씩 차이가 있지만 다음과 같은 공통점이 있다. 첫째, 이 여신 은 신라 혹은 가야 출신이다. 즉 도래인의 신이다. 둘째, 이 여신이 들 렸다거나 머무른 지역은 모두 도래인들이 많이 이주했던 지역이다. 셋 째, 당시의 한반도 신라나 가야의 왕자들은 일본 열도를 마음껏 드나 들었다는 점이다. 또한 이 여신이 움직인 경로를 보면 대표적인 신라 계 도래인인 하타바다씨 일족의 이동 경로와 같다. 또한 이 신화를 잘 음미해 보면 어떻게 하여 가야, 신라지역에서의 도래인이 생겼는지를 상상해 볼 수 있다. 가야나 신라의 왕권에 협력하지 않고 추격을 받으 며 일본 열도로 도피한 초기 도래인의 이야기를 읽을 수 있다. 그들의 지도자가 여자였거나 또는 그들 집단의 중심에는 무녀巫女가 있었을 것이다. 결론적으로 이 여신이 관동지방의 묘기산에 있는 묘기신사에 모셔져 있다는 것은 이 신을 모시던 오사카 근처의 신라계나 가야계 도래인 집단의 일파가 어느 때인가 군마지역으로 이주하였다는 것을 암시한다. 흰돌이나 붉은 옥은 난생설화가 많은 가야, 신라지역의 씨족 생성 설화일 것이다. 공교롭게도 오사카의 히메코소신사比売古曽神社가 있는 이 지역인 오사카시 히가시나리구東成区는 현재 재일교포들이 많이 사는 코리아타운이기도 하다.

### 히메시마姬島

『사쓰국 풍토기摂津国 風土記』에 서술된 이 여신의 이야기는 규슈섬 동쪽의 오이타 인근인 히메섬에도 남아있다. 필자와 파트너는 이 이야기를 확인하고 싶어서 히메섬을 탐방하였다.

오이타 북쪽의 구니사키国東半島 반도의 북동부, 이미항伊美港으로부터 북동 5km의 앞바다에 히메시마姬島라는 섬이 있다. 카페리선으로 25분 거리이다. 히메시마는 동서 약 4km의 작은 섬이지만, 히메코소신사比売語曽神社까지는 항구로부터 약 3km 거리다.

항구에서 조금 북쪽으로 가면 동서로 달리는 현도縣道가 나오는데 그 길을 동쪽으로 40분쯤 걸으면 동쪽 해안에 도착한다. 그곳에 효우시미즈拍子水가 있고, 신사는 그 옆에 있다.

히메시마에는 일곱가지 불가사의가 있는데 그 중에, 히메코소신比売語曽神에 관련되는 곳이 3군데가 있다. 여신이 사용한 요지이쑤시개를 흙

에 찌른 것이 성장한 '거꾸로 수양버들逆柳, さかさやなぎ, 사카사야나기', 여신이 이를 검게 칠할 때 사용한 작은 사기 잔과 붓의 자국이 남는 '흑치돌, 흑치 후', 입을 헹구는 물이 없어 손벽을 치니 솟아 났다는 '효우시미즈拍子水'다.

히메시마는 『고사기』에서는 히메시마女島, 다른 이름으로 아메노히토쓰네天一根라고 기록되어 있다. 『일본서기』에서는 수인천황垂仁天皇시대 오오가라意富加羅国, 즉 대가야의 왕자王子 츠누가아라시토都怒我阿羅斯等가 쫓아온 백석白石, 시라이시에서 태어난 여신으로 오사카 북쪽의 셋쓰摂津로 갈 때 경과한 섬이다. 츠누가아라시토都怒我阿羅斯等는 천일창天之日矛과 동일시되는 전설상의 인물로 『고사기 응신기』에는 천일창은 아카루히메阿加流比売라는 붉은 옥赤玉, 아카다마에서 탄생한 희메姫를 쫓아왔다. 이렇게 옥에서 탄생하는 공주의 이야기는 한반도에 많이 있다. 신사 옆에 있는 효우시미즈는 빨간 산화철이 침전한 물이며, 당 신사는 별명인 적수명신赤水明神으로도 불리고 있다. 게다가, '흑치 돌'에도 있듯이 철과 관련이 있다고 볼 수 있다.

또 신라왕新羅王 하사무킨波沙寝錦의 비妃에 관한 전승도 같이 남아있다. 위 전설의 일본판으로 보인다. 신공황후神功皇后의 삼한정벌三韓征伐, 역사적 사실로 인정받지 못하는 신화로 패한 신라왕 하사무킨波沙寝錦은 자포자기하여 정무政務를 내던지고 왕비를 싫어했다. 외아들인 왕자는 인질로 일본에 끌려 갔다. 왕비는, 왕자를 만나고 싶다고 기원하고, 폭풍의 밤, 나라를 탈주하여 아나토穴門 포구를 경유하여 이 섬에 도착했다. 그 후, 추격자를 두려워하여 오사카 셋쓰로 건너간다. 이 전승에서는, 여신이 신라의 왕자를 쫓아오게 되고 있어, 츠누가아라시토都怒我阿羅斯等와 천일창天之日矛의 전승과는 반대이다. 효우시미즈의 옆, 암벽을 따라 좁은 경내가 있다. 도리이를 빠져 나가면 참배당이 있고, 그 후방에 본전이 있다. 신체는 흰돌白石. 시라이시이라고 한다. 이것이 여신의 원래의 모습이다.

## 묘기신사에 모셔진 신

묘기신사에는 아카루히메 이외에 다음과 같은 신들도 모셔져 있다.

### - 야마토타케루日本武尊

일본의 전설적인 야마토 왕조의 왕자였다. 그는 일본의 12대 게이코 천황의 아들로 이 인물의 이야기는『고사기』와『일본서기』에 기록되어 있다. 그의 아들 중의 한 명이 14대 주아이 천황이 되었다. 그의 역사적인 존재는 불분명하지만 문헌에 따르면 그는 4세기의 인물이다. 야마토타케루가 자신의 형을 처형하자 아버지 게이코 천황은 그의 야만적인 기질을 두려워하여 그를 이즈모의 전쟁터로 보냈다가 구마모토의 쿠마소로 보냈다. 그 다음에는 동쪽으로 보냈다.

교토의 히라노신사平野神社에 모셔져 있는데. 백제의 상고왕으로 추정된다는 설이 있다. 큰 의미가 없는 설에 불과하다는 주장도 있다.

일본무존의 아들은 상고왕의 아들 구수왕이다. 그렇다면 상고왕은 조고왕照古王, 즉 근초고대왕近肖古大王이고 그의 일본에서의 이름이 일본무존이다.

久度神日本武尊の子は 百濟の祖 尙古王の子 仇首王日本音くと.

히라노신사의 네 신이 모두 백제왕인데 그 중 하나가 구도신이다.

平野祭神は四座であり. 四時祭式には 今木神, 仇度神, 古開神, 相展の比賣神であり. 4神が 皆百濟王だ.

왜국은 백제왕을 제사지내는 것으로 보아서 속국이라는 해석도 덧붙여진다.

やっぱり 倭國は 百濟王に祭祀を 執り行なうので 屬國イヨッネです.

야마토다케루에 대해서는 뒤에 상세한 설명을 덧붙인다.

- 도요케비메豊宇賀能売神

『고사기』에 이자나미伊弉冉尊의 오줌에서 태어난 와쿠무스비稚産霊의 아이라고 해서 천손강림 뒤, 외궁에 진좌했다고 적혀 있는 음식물 즉, 곡물을 담당하는 여신이다. 나중에 이나리신稲荷神과 동일시 되었다.

『단고국 풍토기』에는 다음과 같은 이야기가 전해지고 있는데 단바군 히지리의 히지진내 우물丹波郡 比治里 比治真奈井에서 선녀 8명이 목욕을 하고 있었는데 그 중 1명이 노부부가 깃옷을 숨겨서 하늘에 돌아갈 수 없게 된다. 그 노부부의 집에 살다가 십수 년 후에 집을 쫓겨나, 이쪽저쪽 표류한 끝에 다케노군 후나키고 나구마을竹野郡 船木郷 奈具村에 이르러 자리잡은 선녀가 도요케비메豊宇賀能売神라고 한다. 교토 북서쪽의 동해를 면한 단고 지역과 내륙의 단바 지역은 대표적인 신라인 도래지이다.

- 스가와라노 미치자네

헤이안시대의 귀족이자 학자, 한시인, 정치가이다. 충신으로 이름이 높았으며, 우다 천황에게 중용되어 간표의 치라 불리는 정치적 안정기를 이끈 한 사람으로서 다이고의 치세에서는 우대신까지 올랐다. 신라계 도래인의 후손이다.

이렇게 보면 이 신사의 신들은 모두 일본의 고대 역사에 등장하는 신들이다. 이는 곧 이 신사의 역사가 오래되었음을 의미한다. 마지막 스가와라는 신라의 후예라 하여 본사本社[66]가 규슈의 다자이후에 있음에도 불구하고 신라인들이 터를 잡은 이곳, 군마까지 오게 된 듯하다.

## 토미오카富岡의 비단

묘기신사 방문 후 세계 문화유산으로 신청중인 제사공장 터를 찾았다. 1872년에 세워진 유서 깊은 양잠 및 제사製糸 공장 단지이다. 일본 정부가 프랑스에서 기계장비를 직접 수입하여 세운 이 공장은 생사生絲의 제조와 관련된 여러 단계의 시설이 남아있다.

일본의 양잠과 비단 생산의 역사는 오래 되었다. 『일본서기』에 따르면 진주공秦酒公은 우스마사太秦라는 고대 교토 땅 신라인 터전에서 180개 조직을 동원해 거대한 뽕밭을 일구고 누에를 키워 비단을 짠 뒤 이를 일본 조정에 진상함으로써 천황의 환심을 산 것으로 전해진다. 진주공이 신라로부터 누에치기와 비단 짜는 기술진을 거느리고 건너왔다는 설도 있는데 우스마사 고류지広隆寺 바로 뒤쪽에는 진주공을 신주로 모신 오사케신사大酒神社, 대주신사가 자리잡고 있다. 또한 이곳으로부터 1km 떨어진 지역에는 '가이코노야시로蚕ノ社, 누에사당'가 오랜 역사를 자랑하고 있다. 진씨秦氏, 하타씨 가문은 신라에서 건너와 이 지역에서 자리

---

66  카메이도천신사 74페이지 참조

를 잡게 되자 '누에사당'을 짓고 양잠과 베틀의 신에게 제사를 드렸다.

우스마사 지역은 고대로부터 오늘에 이르기까지 일본 비단의 최초
이자 최고의 명산지로 이름이 높다. 특히 우스마사 우교구右京區에서
생산되는 '니시진오리西陣織'라는 견직물은 정교함과 아름다움에 있어
일본 최고급 명품으로 평가받으며 일본 왕실과 귀족들의 전통 의상에
사용돼 왔다. 지금도 이곳 골목길에 들어서면 직접 비단을 짜는 베틀
소리를 들을 수 있어 옛 신라인들의 베 짜던 모습을 그려볼 수 있다.

토미오카 지역의 비단 산업은 신라 도래인들이 이 지역에 심어 놓은
것일 것이다.

### 간라초甘楽町

근처에는 간라초라는 지역이 있는데 지명의 유래가 가라韓에 있다
한다. 헤이안시대의 엔기식延喜式에는 이 지역에 고즈케국의 목장, 미
마키上野国の御牧의 하나인 신야의 마키新屋の牧가 개설되었다고 쓰여있
다. 간라쿠군은 직물의 산지였고 히메대신은 직물의 여신이었다. 간라
쿠군甘楽郡은 원래 「가라군甘良郡」이었고, 한자로는 「韓良郡가라군」이라고
기록했다. 양잠 직물, 마 직물, 제철 기술이 뛰어난 지역이었다. 고대
한반도 도래인이 개척한 땅이다. 한랑韓良, 감랑甘良, 감락甘楽이 간라쿠
마치가 되었다. 도래인 역사의 근저에는 제사기술의 원조인 도래인 진
秦, 하타씨 집단이 있었다.

### 이찌노미야 누끼사끼 신사一之宮貫前神社

여신을 모신 신사가 있다하여 찾아갔다. 신사 연고에 의하면, 창건

은 531년이고 모노베성物部姓의 이소베씨磯部氏가 신사를 정한 것이 시작이라고 전해온다. 모노베씨는 대표적인 한반도 선주先住 도래인이다. 이 신사에 모신 신을 보더라도 한반도와 관련이 있음을 알 수 있다.

**후쓰누시노가미**経津主神 〉모노베씨物部氏의 조신.
**히메오오가미**姫大神 〉양잠, 하타오리養蚕機織의 신.


### 히미코卑彌呼, 비미호

일본인들에게 가장 인기있는 고대의 인물인데 여왕이다. 히미코에 대해서는 아직도 풀리지 않는 의문이 많은데 차차 알아보기로하고 일단 간단히 소개한다. 한반도로부터 도래가 여러 차례 있었던 것으로 보는데 히미코는 가야로부터의 선주 도래인 집단으로 보인다.

히미코는 야마타이국의 무녀왕巫女王으로 알려져 있다. 자신이 다스린 야마타이국邪馬台国을 중심으로 왜국을 지배하였다. 그가 죽은 후 친족인 일여가 여왕으로 즉위했다. 삼국지 위지 왜인전과 삼국사기 신라본기 아달라 이사금조에 기록되어 있다. 일본정사에는 전혀 나오지 않는 인물이다.

삼국지 위지 왜인전에 의하면 야마타이국은 본래 남자를 왕으로 삼았는데, 개국 70~80년이 지나 왜국이 어지러워져서 몇 해 동안이나 서로 싸우다가 이윽고 한 여자를 왕으로 삼기로 합의하였는데 이름이 히미코였다. 중국 위나라에 난승미를 사신으로 보내 조공을 바쳤다. 왕이 된 후 다음은 그를 본 사람은 적었고, 단지 한 명의 남자만이 음식을 올리고 동시에 그의 곁에 출입을 하고 있었다. 궁전은 누각이나 성벽을 어렵게 만들었다고 하였다. 그가 죽고, 왜인은 그의 무덤을 직경 백여 보가 되는 큰 무덤을 만들었고, 노비 백여 명을 순장하였다. 규슈 일대가 활동 무대였다.

## 12. 기류시桐生市의 도래인 유적

묘기신사로 시작한 군마지역 답사여행은 2박 3일의 여정이었다. 묘기산妙義山과 토미오카富岡 방문을 마치고 해가 지기 전에 차를 몰아 숙소를 정해 놓은 기류시로 향했다. 파트너가 기류시에서 1박할 예정이라고 일본 친구에게 말했더니 기류시도 비단으로 유명하다고 알려 주었다한다.

기류시桐生市는 군마 동부에 있는 도시이다. 일본의 유수한 방직업 도시이고 나라시대부터 견직물의 명산지로 알려져 기류직으로 불리는 고급 직물로 교토의 니시진과 대등하게 알려졌다. 역사가 오래되고 문화재가 많아 '동쪽의 작은 교토', 일본 최초의 기업적 제조업에 의한 섬유업의 발전으로 '일본의 맨체스터'라고 전해졌다는 사실은 방문 이후에 알게 되었다. 토미오카와 같은 이유로 이곳에 일찍이 이주하였던 가야와 신라인들에 의해 양잠의 기틀이 만들어졌을 것이다. 기류시는 간토평야 북단의 한 구석에 있고 북쪽에는 닛코와 군마 사이의 아시오 산지가 늘어서 있다. 또 시내에는 와타라세わたらせ강이나 기류강이 흐른다. 7할 이상이 산지이고 작은 평지의 대부분에 인구가 집중되어 있으며 기류 시가지는 기류강이 아시오 산지로부터 간토 평야로 흐르기

시작하는 지점에 형성된 계곡 입구에 있는 집락集落을 기초로 발달하였다.

### 계족사鶴足寺, 케이소쿠지

우선 첫 번째 방문지는 계족사로 김달수씨에 의하면 신라의 숨결이 숨어 있는 절이다. 강가로 난 대로를 남쪽으로 따라가다가 동쪽의 산쪽으로 얼마쯤 들어간 조용한 곳에 절이 자리잡고 있었다. 행정지역은 기류시가 아닌 아시카가足利시이다. 아시는 한자로 족足이라고 쓰는데, 충분하다足りる의 경우에는 '다리'로 읽는 것으로 보아서는 우리말에서 연유된 것으로 보인다.

계족사는 기록에 의하면 809년 동대사東大寺, 도다이지의 승려 정혜상인定惠上人에 의해 창건된 것으로 여겨진다. 명찰名刹로서 진언밀교真言密教의 대본산大本山이다. 처음에는 세존사世尊寺로 불리다가 940년 경 계족사로 개명하였다. 가마쿠라시대 시모노약사사下野薬師寺, 시모노 야쿠시지의 자맹상인慈猛上人, 지묘우을 맞아 진언종으로 변하고, 지묘우류의 전국 총본산으로서 절 안에 24개의 원院, 48개의 승방을 갖추고 전국에 310여 말사가 있었다고 전해지고 있다.

절 이름의 유래는 천황에 대한 구테타 세력인 관서의 다이라군이 이 지역을 공격해 왔을 때 이를 물리쳐 달라고 기도를 하고 있던 중 흙으로 빚은 인형인 다이라 토우의 목에 닭의 세발가락 발자국이 드러난 것에 연유한다. 당시 법인法印이라는 중이 반역을 일으킨 다이라 일당을 물리쳐 달라고 연일 밤낮으로 계속해서 기원하였다. 그러다 8일째,

법인은 깜빡 잠이 들어버렸는데 꿈 속에서 세 발을 가진 닭이 피투성이가 된 적장의 목을 짓밟고 있는게 아닌가. 법인法印이 닭의 울음 소리에 퍼뜩 눈을 뜨니 토우의 목에는 닭의 발자국 세 개가 확실하게 나 있었다. 그리고 나서 천황을 위해 지역을 방어하던 히데사토秀鄕가 적을 공격해 승리했다. 염원이 성취되고 나서 닭의 발자국이 길조라고 깨달아 계족사로 개칭하였다고 한다. 그 공으로 천황으로부터 감지금니양계 만다라도紺紙金泥両界 曼茶羅図를 받았다고 한다.

이상의 이야기에서 신라에 관한 연결고리는 특별히 보이지 않는다. 그러나 여기서 키워드는 '닭'이다. 신라와 닭은 뗄래야 뗄 수 없는 관계가 있다.

## 닭과 신라

신라는 나라의 별칭이 계림鷄林이라 불릴 정도로 닭鷄과 연관이 깊다. 신라의 시조 탄생에 관한 전승도 닭에 관련되어 삼국유사에 따르면 박혁거세의 아내인 알영은 계룡鷄龍의 옆구리에서 태어났고 김씨金氏 왕족의 시조가 된 김알지도 닭이 우는 숲속의 금궤짝 속에서 나타났다고 한다. 이와 같은 설화들은 당시에 신라인들이 닭을 신성한 동물로 여기고 있었음을 보여주는 것이라 할 수 있다.

삼국유사와 삼국사기를 잠깐 살펴보기로 한다.

사량리沙梁里 알영정閼英井 또는 娥利英井, 아리영정에 계룡雞龍이 나타나서 왼쪽 옆구리로부터 동녀童女를 낳으니, 자색이 뛰어나게 고왔다. 입술이 닭의 부리 같은지라 북천北川에 가서 목욕을 시켰더니 그 부리가 퉁겨져 떨어졌으므로 그 천의 이름도 따라서 발천撥川이라 하였다삼국유사

신라시조 혁거세왕조.

  3월 밤에 왕이 금성金城 서쪽의 시림始林 나무들 사이에서 닭이 우는 소리를 들었다. 날이 밝자 호공瓠公을 보내 살펴보니 금색의 작은 궤짝이 나뭇가지에 걸려 있고 흰 닭이 그 아래에서 울고 있었다. 호공이 돌아와 고하니, 왕은 사람을 시켜 궤짝을 가져와 열게 했다. 작은 남자아이가 그 안에 있었는데, 자태가 뛰어나게 훌륭했다. 왕이 기뻐하며 좌우에 일러 '이는 어찌 하늘이 내게 내려준 아들이 아니겠는가'라 하고 거둬 길렀다. 자라면서 총명하고 지략이 많아 이름을 알지閼智라 했다. 그가 금궤짝에서 나왔기 때문에 성을 김씨金氏라 했고, 시림의 이름을 계림雞林으로 고치고 이것으로 국호를 삼았다삼국사기 신라본기.

  일본에는 아직도 닭을 신성시하여 닭고기를 먹지 않고 있는 지역이 있다. 마쓰에松江나 요나코米子에서 가까운 시마네현의 항구 도시인 사카이미나토시境港市와 교토 북쪽 항구 도시인 쓰루가敦賀의 서쪽 작은 반도의 끝에 있는 시라기촌白木村이 그곳이다. 여기에는 시라기신사白城神社가 있다. 다시 말하지만「시라기」는 일본어로 신라를 표시한다. 이 지역들은 신라인들이 정착하여 살던 지역으로 아직까지 옛 풍습을 지키고 있는 듯 싶다.

  계족사鷄足寺 경내에는 수령 200~300년이라고 생각되는 보기에도 늠름한 백일홍이 4주 심어져 있었다. 7월에서 9월의 100일 동안 빨간 꽃을 피운다.

**백발촌**白髭村

계족사 부근에는 백발교白髭橋가 있고, 백발신사白髭神社 및 백발촌白髭村이 있어 이 지역이 신라인들의 지역이었음을 방증하고 있다. 시라히게白髭는 시라기新羅의 한역이다.


**오타**太田**시 고분**

계족사에서 나와 국도를 타고 천신산고분으로 향했다. 코마에狛江 지역의 도심에 있는 고분이나 공원으로 조성된 고분을 방문한 적은 있지만 야외에 떨어져 있는 고분으로는 처음 가는 답사였다. 시골 지역에 있는 고분을 답사하려니 어려운 점이 있었다. 자동차의 네비에 일본어로 주소를 적을 능력이 되지 않기 때문에 여행을 할 때는 목적지의 전화번호를 알아내어 전화번호를 입력하고 갈 수 있었는데 문제는 '고분에는 전화번호가 없다'는 것이었다. 궁즉통窮則通이라고 했던가 이리저리 궁리를 하다 방법을 알아내었다. 고분 맵이라는 앱을 이용하여 지도를 보면 고분의 위치가 나오고 이를 확인 후 아이폰 지도에서 그 지점을 다시 찾은 다음 고분 근처의 건물이나 공장을 누르면 바로 전화가 걸린다는 것을 알아냈다우리나라에서는 되지 않음. 상대방이 전화를 받으면 곤란하므로 주로 밤 9시가 넘어서 전화를 해서 화면에 번호가 뜨면 얼른 옮겨적고 전화를 끊는 방법을 사용하였다.


천신산고분太田天神山古墳도 이러한 방식으로 목표지점에 찾아가 차를 주차시켰는데 막상 고분이 보이지 않는다. 답사를 시작하던 초기에는 고분과 뒷동산, 야산들이 전혀 구분이 되지 않았기 때문이다. 여러 번 시행착오를 거쳐 인근의 여체산고분女体山古墳을 먼저 찾아낸 후 거기서부터 시작하여 근처에 있는 천신산고분을 찾기 시작하였다. 자동차 도로를 건너서 마을을 걷다보니 밭 너머에 야산이 보였는데 유적 팻말이 보이는 것 같았다. 막상 도착하니 고분이라기 보다는 작은 산이었다. 입구에는 도리이鳥居가 있고 작은 신사도 있다. 길을 따라 올라가니 산 정상에 석실의 흔적이 보였다.

이 때 갖게 된 의문의 하나가 이 고분이 지상으로부터 쌓은 것인지 원래 야산이 있는 곳을 정리하여 고분으로 한 것인지 였는데 이 의문은 후에 규슈의 고분들을 답사할 때 산사태로 무너진 고분의 횡단면을 보고나서 풀렸다. 처음부터 쌓은 것이었다. 천신산고분은 그 크기에 있어 고분이라고 하기에는 믿기지 않는 정도였다. 고분의 원래 모습은 볼 수 없고 온갖 나무와 풀이 뒤덮여 언뜻 야산처럼 보였다. 길섶에 풀이 무성해 야생동물이 나올지 걱정도 되었다.

천신산고분天神山古墳, 텐진야마고분은 오타시에 있는 전방후원분이다. 분구의 길이는 210m로 전국에서는 27위의 크기지만 전국의 대형전방후원분의 대부분은 긴키近畿에 집중되어 있기 때문에 동일본에서는 제1위의 크기이다. 일본 최초의 왕국인 사마대국邪馬台国, 야마타이국이 있었을 것으로 추정되는 기타큐슈北九州에도 천신산고분을 넘는 크기의 전방후원분이 없다. 관동지방의 역사에 무관심하던 일본 사학계도 히미코의 사마대국邪馬台国은 아니지만 무엇인가 거대한 세력이 군마지역에 있었을 가능성에 눈을 돌리고 있다.

이 고분의 별명은 남체산고분男体山古墳, 난타이산고분인데 이것은 부근에 있는 여체산고분女体山古墳, 뇨타이산고분에 호응한 명칭일 것이다. 천신산

고분天神山古墳이라고 하는 호칭은, 고분 위에 천신사天神社가 모셔지고 있었던 것에 유래한다. 천신사는 앞에서도 언급하였지만 신라계 신사이다. 쇼와 초기昭和 初期에 발굴 조사가 행하여져 원통토용이나 형상토용, 석관円筒埴輪,形象埴輪,石棺 등이 발굴되었다. 유물이나 고분의 형상 등으로부터 5세기 중하기에 쌓여졌다고 추측한다. 이 정도의 거대고분을 축조할 수 있는 세력이 당시 이곳에 있었다고 하는 것을 이 고분으로부터 알 수 있다. 고분의 형태나 매장품으로부터 당시의 서쪽 왕권과 관계를 가지고 있었을 가능성도 점치고 당시의 군마毛野. 게누의 대수장의 무덤이 아닐까라고 하는 의견도 있다.

## 동국문화 중심지 군마의 고분과 고분의 특징

1936년 군마현 영역의 전체 조사에 의해 8,423기의 고분이 있는 것으로 밝혀졌으며 전체적으로 1만기 이상이 만들어졌다고 추정되고 있다. 평야 지대 여러 곳에 100m를 넘는 대형 고분이 만들어져 동국東国 즉 東海, 甲信, 関東地方에서는 압도적인 질과 양을 자랑한다. 군마는 토용埴輪. 하니와의 왕국王国이라고 불리워져 일본 토용연구의 메카로 여겨지고 있다. 일본에 있는 유일의 국보 토용인 무장남자입상武装男子立像은 오타시 이즈카초太田市 飯塚町에서 출토되었다. 국보, 국가지정 중요문화재 토용 전42건 가운데 19건45%이 군마현에서 출토되었다. 토용이 출토된 대표적인 고분 중 하나가 천신산고분과 여체산고분이다.

천신산고분의 매장 시설은 강한 권력을 가진 사람만이 쓸 수 있었다는 동일본에서는 지극히 진귀한 궤형 석관長持形石棺이다.

여체산고분女体山古墳,뇨타이산고분 오타시 우치가시마초에 위치 은 전장 106m의 가리비형고분帆立貝型古墳으로 축조 시기는 5세기 중엽이라고 한다. 천신산고분의 동쪽에 인접하여 있다. 축조 시기는 천신산고분보다 조금 전으로 여겨지고 있다. 천신산고분과 같은 시기에 같은 방향을 향해서 축조되어 있어 두 고분의 피장자는 가까운 관계로 여겨진다.

앞에서도 간단하게 언급한 바가 있듯이 사이타마의 사키타마 고분군을 대표하는 세력과의 경쟁에서 지고 나서 이곳을 필두로 군마지역 고분의 크기가 시간이 지남에 따라 점차 줄어들었다고 한다.

## 무사시국조武蔵国造의 난

천신산고분天神 山古墳에 관련된 역사적 사건을 좀 더 자세히 설명하기로 한다. 앞에서 소개한 바 있는 534년에 일어났다는 무사시국조의 난이다.

고분시대에 관동 서부도쿄평야 지역에 무사시국武蔵国과 케누국毛野国이 있었다. 무사시국은 에바라군荏原郡, 도쿄 남부, 다마군多摩郡, 아다찌군足立郡, 사이타마 남부, 가쓰시카군葛飾郡, 도쿄도 및 사이타마 동부 등으로 되어 있었다. 지금의 도쿄도와 사이타마현을 합친 지역이다.

남무사시는 에바라군荏原郡이 중심인데, 히라가와平川, 神田川를 경계로 현재의 미나토구와 간다구港区, 千代田区에서 옛 다마강지역[67]까지의 지역이다. 남무사시에는 4세기 후반에서 5세기에 걸쳐서 축조된 여러 고분[68]들이 있다. 지금의 도쿄도라고 보면 된다.

북무사시北武蔵는 사이타마군埼玉郡, 이루마군入間郡, 사이타마 중앙부

---

67  旧多摩川流域. 에도시대에 에도지역의 홍수를 피하기 위해 강줄기를 인위적으로 변경하였기 때문에
    옛 다마강지역이라는 표현을 사용한다.

68  亀甲山古墳, 宝来山古墳-大田区, 野毛大塚古墳-世田谷区, 芝丸山古墳-港区, 白山古墳-川崎市, 加瀬

의 히키군比企郡으로 이루어져 있는데 역시 여러 고분[69]들이 있다. 지금의 사이타마현으로 보면 된다.

『일본서기』에는 534년에 무사시국조의 난武蔵国造의乱으로 알려진 북무사시北武蔵와 남무사시南武蔵간의 전쟁에 관한 기록이 있다. 전체 무사시국의 국조권国造権, 통치권에 관한 다툼이었다. 북무사시의 가사하라노아타이오미笠原直使主는 중앙의 왜왕국倭王国에 원조를 요청한다. 그리고 남무사시의 오기小杵는 북무사시국의 북쪽에 있는 케누국毛野国[70]의 오구마小熊에 원조를 요청하였는데 이 싸움은 결국 서쪽의 왜왕국과 동쪽의 강국 카미쓰케누국上毛野国, 현재의 군마현과의 싸움으로 변했다. 왜왕국은 가사하라노아타이오미 즉, 사주使主를 국조로 임명하여 남무사시의 오기를 주살하여 이 전쟁은 북무사시의 승리로 끝이 난다.

5세기 후반에 오타太田의 천신산고분天神山古墳등 거대한 고분을 자랑하던 남무사시를 도왔던 카미쓰케누국의 고분이 소규모화하는 것도 무사시 국조의 난의 결과로 보고 있다.

이 『일본서기』에 쓰여있는 역사를 우리의 시각으로 재해석하여 보자. 북무사시는 백제계 이민의 영역이었을 것이다. 왜냐하면 일본 역사에서 서쪽의 왜왕국이라함은 열도 서쪽인 오사카와 나라지역을 중심으로 자리잡은 백제세력일 것이기 때문이다. 남무사시는 고구려 세력이고, 동쪽의 강국 카미쓰케누국은 가야와 신라 이민들의 세력이었

---

69  埼玉稲荷山古墳, 二子山古墳·行田市, 野本将軍塚古墳·東松山市
70  현재의 군마군현과 도치기현

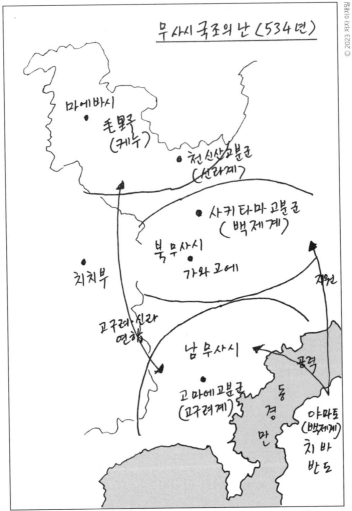

도쿄평야에서 한반도 도래인들 사이에 전쟁이 일어났는데
결국 고구려-신라 연합군이 백제 연합군에게 졌다는
이야기가 된다.

을 것이다. 이와같은 가정은 도쿄평야의 고분에서 발견되는 고분들을 유물과 지명에 의거하여 백제, 신라, 고구려 고분으로 판단한 고분 분포도를 근거로 한 것이다. 카미쓰케누국이 있던 군마현 일대에는 신라, 가야의 유적이 산재한다. 이 지역 일대의 고분 답사기는 뒤에 또 소개할 예정이다.

도쿄평야에서 한반도 도래인들 사이에 전쟁이 일어났는데 결국 고구려-신라 연합군이 백제 연합군에게 졌다는 이야기가 된다. 534년 당시의 본국한반도의 사정을 살펴보면 백제는 중흥기로서 무령왕501~523년과 성왕523~554년의 시기였고, 고구려는 장수왕이 491년 서거한 후 절정기가 지난 시점이었다. 북무사시가 백제 세력의 지원을 받았다는 것은 사키타마 고분稲荷山古墳에서 발견된 환두대도環頭大刀 金錯銘鉄剣, 금차명철검로도 짐작이 되는데 이 칼은 무령왕릉에서 나온 환두대도와 비슷한 것이라고 한다. 이 이야기를 정리해보면 1,500년 전 도쿄평야에서 한반도 도래인들 간의 전쟁이 일어났다는 것이니 선뜻 믿기 어려울 것이다.

## 13. 아카기산赤城山, 적성산과 일본의 신사

오전에 천신산고분 답사를 끝내고 한반도 도래인 조상을 모신 가라야시로韓社가 있었다는 적성신사赤城神社로 가기 위해 차의 네비를 맞추었다. 북쪽으로 가던 코스가 능선을 타고 넘더니 어느덧 산길로 접어든다. 비교적 평평한 길을 얼마간 오르다가 본격적으로 경사진 산길로 접어드는데 한참을 정신없이 달리다 보니 불현듯 이 길이 아닌가 싶기도 하다. 네비 상으로는 분명히 산 정상의 호숫가에 있는 적성신사를 향하도록 되어 있는데 도로가 불완전 도로이다. 즉 마주오는 차를 멈춰서서 피해가야 하는 지점이 많고 심하게 좁은 경사를 돌아 올라가야 하는데 앞경사가 심해 전방이 보이지 않는 곳이 많다. 왼쪽 조수석에 앉아있는 파트너는 본능적으로 비명을 지르기 시작한다. 조수석인 왼쪽이 낭떠러지 방향이다.

중간에 잠시 차를 정차하는 곳이 있어 차에서 내려 바라보니 전망이 좋다. 과연 모든 사람들이 이 험한 산길을 달려서 신사에 가는 것일까하는 의문이 들기 시작했다. 다시 출발하여 힘이 딸리는 소형 도요다 릿츠의 기어를 1단으로 넣고 굉음을 내면서 산길을 오르다보니 이렇게 88굽이를 지나가야 한다는 안내판이 나온다. 이제 겨우 20여 번 돌아왔는데 갈길이 더 멀다. 파트너는 사색이 되어 간다. 가끔씩 길의 윗쪽에서 코란도 같은 사륜구동 차량이 예고 없이 내려온다. 파트너는 네비를 보며 앞에 나타날 도로의 굴곡을 비명의 높이와 길이로 마구 표시해주고 있다. '꼬-불, 꼬꼬-불, 꼬꼬꼬꼬---불'. 운전대를 잡은 사람은 무서움이 덜한 법이다. 이와 같은 험로 산악 운전이 이번이 처음은 아니라서 필자는 침착함을 유지하고 있었다. 파트너의 목이 쉬어갈 무렵 벌판 같은 곳이 드러나더니 드라이브가 즐거워진다. 얼마 후 그림 같은 산정호수가 눈 앞에 펼쳐졌다. 표고 1,470m에 있는 호수로 소호, 고누마小沼라고 불린다. 산 정상 부근에 있는 조용한 고누마 호수에서 잠시 휴식을 취한다. 파트너는 공포감이 사라진 듯하였는데 나중에 물어보니 그때부터 다시 내려갈 걱정을 하고 있었다고 한다. 적성신사가 있는 대호오누마. 大沼까지는 오히려 소호에서 조금 내려가야 한다. 드디어 큰 호수와 그 너머로 빨간색 적성신사가 눈에 돌어왔다. 신비스런 광경이었다.

적성산은 여러 번의 분화로 만들어진 복성화산複成火山으로 몇 개의 봉우리로 이루어져 있다. 그 중 해발 고도 1,827m의 쿠로비산黒檜山이 가장 높으며, 군마현 내에서도 가장 높다. 위치는 마에바시시, 기류시, 시부카와시, 누마타시, 쇼와촌 등에 걸쳐 있다. 하루나산, 묘기산과 함께 죠모삼산上毛三山으로도 불리며, 일본 백대명산의 하나로 뽑힌 경치가 좋은 산이기도 하다. 군마현의 동부에 위치한 '조모 삼 산'의 하나인 아카기산은 구로비산과 지조산 등의 총칭으로 외륜산의 안쪽이 아카기 현립공원으로 지정되어 있다. 산 정상 주변에는 중앙 화산구와 외륜산 사이에 물이 고여서 생긴 칼데라 호수들이 있다. 아카기산은 군마현의 상징으로 봄은 주황철쭉, 가을은 단풍으로 물든 멋진 경치를 즐길 수 있다. 산 정상에는 오누마, 고누마, 가쿠만후치라고 하는 호수와 늪이 있다. 또 여름은 피서지로 알려져 있고 문호들에게도 사랑받는 곳이다.

### 아카기신사 赤城神社

아카기신사는 아카기산을 신으로 모시는 신사다. 즉 관동평야 북서쪽에 있는 아카기산을 신체산으로 모시는 신사다. 산 정상에 있는 칼데라 호수인 오누마, 고누마나, 화구구火口丘의 지조다케, 그리고 아카기산 자체에 대한 산악 신앙에서 유래한다. 전국에는 관동關東지역을 중심으로 약 300사의 아카기신사가 있다고 하는데 그중에서도 특히 산중턱의 미요사와 아카기신사 또는 산 정상의 다이도 아카기 신사가 총본사로 여겨진다. 미요사와아카기신사三夜沢赤城神社에 있는 히쓰이시櫃石는 반좌磐座를 중심으로 하는 제사유적祭祀遺跡이다. 호수에서는 제사에 사용된 거울이 발견되었다고 한다.

신앙의 성립이나 신사의 창건은 명확하지 않다. 산 이름 자체도 만엽집万葉集, まんようしゅう[71]에는 구로보령久路保嶺으로 기록되고 있어 8세기경까지는 '쿠로호로노레루'라고 불러지고 있었다. 아카기산赤城山 남쪽 기슭을 흐르는 가스카와의 수원水源으로서의 신앙수원지인 고누마에 대한 신앙, 최고봉인 구로비산의 뇌신雷神신앙 및 아카기산에 대한 산악신앙 등이 모여서 성립했다고 보여지고 있다. 또, 이 지역의 호족인 가미쓰케씨上毛野氏가 창건했다는 설도 있어 각사의 역사에 신라계 선주 도래인으로 분류되는 가미쓰케씨와의 관련성이 전해지고 있다. 아카기赤城 유래의 일설로서, 가미쓰케씨가 역사편찬에 즈음하여 선조와 발생지를 기이紀伊, 和歌山, 와카야마 지방으로, 선조의 이름을 도요키豊城入彦命로, 신앙하는 산을 아카기산으로 관련지어 만들었다는 의견도 있다.

### 한사韓社, からヤシロ

그 밖에 『금괴화가집金槐和歌集, 긴카이와카슈』에 있는 가마쿠라 막부 3대 쇼군인 미나모토노 사네토모源実朝의 노래에 있는 한사라는 표현으로부터 한가라, 카라, 즉 한반도 도래인으로부터 유래를 찾는 설도 있다. 다음 문구에서 보듯이 노래의 내용에 한사韓社, 카라야시로라는 말이 나온다.

---

71  일본에 현존하는 고대 일본의 가집(歌集)으로 7세기 후반에서 8세기 후반에 걸쳐서 만들어진 책이다. 일본 천황, 귀족부터 잘 알려지지 않은 신분의 사람까지의 이야기를 읊은 노래를 4500개 이상 모은 것이다. 나라 시대의 한국에서 전래된 문화 유행기의 일본의 전통적 예술작품이다.

'上野の勢田の赤城の韓社、大和にいかで跡をたれなむ' 源実朝 金槐和歌集

바로 이 이유 때문에 산 정상의 호숫가에 있는 적성신사를 찾아 온 것인데 주위를 둘러 보아도 필자의 눈에는 이와 관련되는 유적을 찾을 수 없었다. 이 말이 나왔다는 일본 원전을 찾아 보기로 한다.

위 문장에 나오는 한사韓社, 가라야시로라는 단어를 쫓아가 본다.『금괴화가집金槐和歌集』은 가마쿠라시대 전기의 쇼군 미나모토노 사네토모源実朝가 지은 사가집私家集이다. 줄여서 긴카이슈金槐集로도 불린다. 성립 시기는 쇼군 사네토모가 교토의 후지와라노 사다이에로부터『만엽집万葉集, 만요슈』을 선물받은 1214년경으로 보는 설이 유력하다. 제목의 '금'은 막부가 위치해 있던 가마쿠라의 '겸鎌'에서 한 획을 따왔고, '괴'는 대신의 당풍 명칭인 괴문을 가리키는 것으로, 다른 이름으로는『가마쿠라 우대신 가집鎌倉右大臣家集』으로도 불린다.

역사적 배경을 일본 자료를 그대로 인용하여 설명한다.
등장하는 신화 상의 인물과 세력들에 대하여는 여러 가지 다른 해석이 있을 수 있지만, 어쨌든 일본 열도 내에서 김해 가야와 신라세력 간의 세력싸움이 있었는데 신라세력이 졌다는 뜻으로 보인다.
金海伽耶から、そして、新羅のほうのイザナギ、スサノオ、の勢力戦いがあった。その中の一つ、スサノオのミコトと大国主のミコトが大喧嘩して、スサノオのほうが少し年上ですが、負けたのはスサノオのほうでした。

그 장소로 제일의 격전지는 하리마국, 현재 효고현의 세토나이카이쪽이다. 진 것은 신라쪽이고 금관가야 쪽이 이겼다. 이 때 금관가야의 일본내 대장인 김월지는 현재의 군마현 아카기신사에도 모셔질 정도로 대단한 기세였는데 그 세력이 사라지기 전에 이 사람이 일본의 신사에 모셔지고 있었던 것을 증명하는 노래를 미나모토 사네토모가 다음과 같이 남기고 있다.

その場所は一番の激戦地は播磨の国、現在の兵庫県の瀬戸内海のほうです。負けたのは新羅のほうで、金官伽耶のほうが勝ちました。この時の金官伽耶の日本における大親分である金越智は、現在の群馬県の国定忠治の赤城神社にも祀られて大変な勢いだったのですが、その落ちぶれぶりを見る前に、この人が日本の神社に祀られていたことを証明する歌を源実朝が残していてくれています。


금관가야의 김월지라는 인물에 대해 뚜렷한 정보를 찾지 못했다.

'가미쓰케 세이타의 아카기 한사, 야마토일본에 어찌 족적을 남겼을까' 한반도의 왕이 왜 일본에 신사로서 남아 있는 것인가, 사네모토는 깜짝 놀란 마음에 노래를 남기고 있는 것이다. 그 정도로 한반도와 일본과의 관계는 뒤섞여서 깊은 관계를 가지고 있었다는 예의 하나이다.

'上野の勢田の赤城の韓社、大和にいかで跡をたれなむ' 朝鮮の王様が何で日本に神社としてのこっているのか、実朝さんはびっくりして歌を残しているんです。それくらい、中国大陸、朝鮮半島、日本との関係は入り混じって深い関係を持っていたという例の一つです。


미나모토 사네모토 이후에 한반도인 신을 일본이 훌륭한 신으로 모시는 것이 좋지 않다고 하여 깎아 내렸다. 모시던 신의 위세가 깎아진 신사는 곤란을 겪는다. 그런 신사들은 어려움을 피하기 위해 제신을 바꿔치기 한다. 곧, 권력자가 허용하는 범위 안에서 겉으로 드러나지 않게 포고령에 맞추어 감추었다. 이 이야기는 역사의 전개에 있어 난해한 면도 있지만 분명히 적성신사가 가마쿠라 막부 초기까지 한반도 도래인을 모셨던 신사임을 보여주는 기록이다.

源実朝以降に、朝鮮人である神様を日本の偉い神様にしておくのはまずいということで削ってしまった。削られたお宮さんは困りますね。田主丸のさんや様、おしろい祭りをやっているおおやまつみ神社、あそこは困って祭神すり替えをやっている。すなわち、政府が許すという範囲のことしか表に出してはいけないというお触れに従ってごまかしておられる。

적성신사의 서열은 점점 상승하여 11세기가 되어 최고위 신사로 인정 받았다. 역사서에 아카기산신은 아카기다이묘진赤城大明神이라고 적혀 있다. 신사의 성립과정을 살펴보면 당초의 신앙은 촌락의 신앙지리궁에서 산위산궁로 올라간 것 같다. 연희식내사이다. 연희식내사에 대하여 다시 한번 설명한다.

### 연희식내사延喜式内社, 렌기시키나이샤

『엔기식 신명장延喜式神名帳』은 927년에 편찬된 법령집으로 관사官社로 지정되고 있었던 전국의 신사목록이다. 『엔기식 신명장延喜式神名帳』에 기재된 신사를 엔기식 안에 기재된 신사의 의미로 「엔기식내사」라 하며 신사의 등급이 되고 있다. 『엔기식 신명장延喜式神名帳』에 기재된 신사式内社, 식내사는 전국에 2,861사다. 이 신사들은 오래된 신사로서 대부분 도래인과 관련이 깊다. 현재 일본에 있는 약 10만 여개 신사의 뿌리에 해당하는 신사들이다.

## 일본의 신사神社

「신사神社, 진쟈, Shrine」는 일본의 신토신앙에 근거하여 만들어진 종교 시설이다. 예배하기 위한 예배당이나 가르침을 넓히기 위한 포교소와는 성격이 다르다. 그 신사에 머무는 신을 모시는 제사 시설이다. 신사의 기원은 이와쿠라磐座나 신이 거주하는 장소 즉, 금족지禁足地, 예를 들어 '신이 머무는 산' 등에서 제사 시에 임시로 세운 히모로기神籬[72] 같은 제단이며, 원래부터 건물이 설치되어 있던 것은 아니었다. 지금도 고대부터 존속된 신사에는 신사의 본체가 있고 본전本殿이 없는 신사도 있으며, 이와쿠라나 금족지의 산과 섬의 가장 가까운 곳에 배전拜殿만 있는 곳도 있다. 신사의 주위에는 숲이 있는 것이 일반적이다.

신사의 구조와 의식을 살펴본다.

입구에는 경내와 속계의 경계를 나타내는 도리이鳥居가 있다. 그리고 참배길 곁에는 몸과 마음의 때를 물로 씻어 내는 '하라이'라는 정화의식을 하는 곳인 테미즈야手水舍가 있다. 대나무 국자처럼 생긴 '히사쿠'를 오른손으로 들고 왼쪽부터 씻는다. 입을 닦을 때는 왼손으로 물을 뜨며 국자를 입에 대지 않도록 하며 마시지는 않는다. 석등灯籠, 신락전神楽殿, 카구라덴, 신사를 관리하는 사무소가 있고, 봉납물인 말 그림이 그려진 큰 액자를 걸어두는 에마카케絵馬掛け가 있다. 이것은 말馬 → 말馬 그림액자 → 모형 액자 순으로 변천하게 된 것이다. 부속사찰摂末社, 수

---

72  고대 일본에서, 신령이 머무른다는 산이나 나무 둘레에 상록수를 심거나 울타리를 친 곳으로 후에 신사(神社)를 일컬음.

호신 역할을 하는 고마이누狛犬가 차례로 있다.

　다음은 신전이 있는데 일반적으로 배전拜殿과 본전神殿, 신전으로 구성된다. 사람들이 보통 참배하는 곳은 배전이다. 참배객은 배전 앞의 방울이나 종을 울린다. 경우에 따라서는 팔뚝만큼 굵은 새끼줄에 징채가 달려 있어서 새끼줄을 흔들면 징이 울리게 한 곳도 많다. 신을 불러내고, 소원을 기원하며 절을 두번 하고 두번 손뼉을 친 후 다시 한번 절을 하는 것으로 참배를 한다. 본전에는 제신神과 제신을 상징하는 신체神體, 보통의 경우는 위패가 모셔져 있으며 일반인은 출입할 수가 없다.

　제사의 담당자는 신관이나 궁사로 불리며 일반 종교의 성직자와는 달리 포교적 성격을 갖지 않는 것이 일반적이다. 신관이 되려면 대학에서 신토를 전공해야 하며 자격을 취득한 후 졸업해야 한다. 졸업을 하기 위해서는 전국의 신사에서 연수를 해야 하는데 자격을 취득해도 졸업을 하지 않으면 신관이 될 수 없다.

　신사의 명칭을 붙이는 방법에는 몇몇 종류가 있다. 무엇보다 일반적인 것은 지명이다. 또 모시는 신을 따라 붙이는 경우도 많다. 원칙으로 모든 신사를 '신사'로 칭하게 된 것은 근대 이후의 일이다. '묘진'이나 '곤겐' 등과 신의 이름을 가지고 사호로 하고 있는 경우나 혹은 '이나리' '야와타'와 '신사'의 부분이 생략되어 있거나, '사'라고 하는 경우 등이 있었지만 모두 원칙으로서 '신사'라고 칭하게 되었다.

　신사 중에서도 규모가 큰 신사는 「타이샤大社」나 「신궁神宮」으로 불려 유명한 신을 제신으로 하는 경우가 많다. 신사들은 유명한 신사로부터 제신을 권청하는데 「권청勸請, 분령」이라 함은 제신의 분리된 영혼을 다른 신사에 불러 모시는 것이다. 신토의 신은 무한하게 분령할 수 있고 분령해도 본래의 신위神威, 신의 위력가 손상되는 것이 아니라고 여겨진다. 권청한 신사는 그 제신에게 응한 명칭이 붙여져 동일한 제신을 모시는 신사끼리는 계열 신사로 불린다.

## 일본의 주요 신사

주된 계열 신사의 명칭과 주요 신사, 그 제신 및 신사의 상징 동물을 보기로 한다. 주. 모든 신사가 동물이 있는 것은 아님.

- **신메이 신사** 神明神社

　　　　**황대신사** 皇大神社, 고우타이진쟈, 元伊勢内宮, 원이세 내궁,

　　　　**이세신궁** 伊勢神宮 내궁, 아마테라스, 닭

- **하치만 신사** 八幡神社

　　　　**우사 신궁** 宇佐神宮, 하치만 신 오진 천황, 비둘기

- **텐만궁** 天満宮

　　　　**텐진신사** 天神神社, **키타노 텐만궁** 北野神社,

　　　　**스가와라신사** 菅原神社, **다자이후 텐만궁** 太宰府天満宮,

　　　　**키타노 텐만궁** 北野天満宮,

　　　　스가와라 노 미치자와 菅原道真, 소

- **무나카타 신사** 宗像神社

　　　　**무나카타 타이샤** 宗像大社, 무나카타 산죠진 宗像三女神

- **이쓰쿠시마 신사** 厳島神社

　　　　이쓰쿠시마 신사, 무나카타 산죠진, 까마귀

- **야사카 신사** 八坂神社

기온쟈祇園社, 야사카 신사, 스사노오

• **츠시마 신사** 津島神社

　　텐노 사天王社, 스가 신사須賀神社, 츠시마 신사, 스사노오

• **히카와 신사** 氷川神社

　　히카와 신사, 스사노오

• **스와 신사** 諏訪神社

　　스와타이샤諏訪大社, 타케미나카타, 뱀

• **히에 신사** 日吉神社

　　히에 신사日枝神社산노 상, 山王さん,

　　히요시 타이샤日吉大社 동본궁,

　　오오야마 쿠이노카미大山咋神, 원숭이

• **마츠오 신사** 松尾神社

　　마츠노오 타이샤松尾大社, 오오야마 쿠이노카미, 거북

• **쿠마노 신사** 熊野神社

　　쿠마노산잔熊野三山, 쿠마노 신熊野神, 삼족오

• **하쿠상 신사** 白山神社

　　시라야마히메 신사白山比め神社, 쿠쿠리히메 신菊理媛神

• **아츠타 신사** 熱田神社

　　아쓰타 신궁, 아츠타 대신쿠사나기, 왜가리

• **센겐 신사** 浅間神社

　　후지상혼구센겐타이샤富士山本宮浅間大社,

　　코노하나사쿠야비메木花咲耶姫命

• **카시마 신사** 鹿島神社

　　카시마 신궁鹿島神宮, 타케미카즈치タケミカヅチ, 사슴

- **카토리 신사** 香取神社

  카토리 신궁 香取神宮, 후츠누시 フツヌシ,経津主命, 사슴

- **카스카노 신사** 春日神社

  카스카노 타이샤 春日大社, 타케미카즈치, 후츠누시, 사슴

- **아타고 신사** 愛宕神社

  아타고 신앙, 카그츠치, 멧돼지

- **아키바 신사** 秋葉神社

  아키하상혼구아키하 신사 秋葉山本宮秋葉神社, 카그츠치

- **콘피라 신사** 金毘羅神社

  琴平神社콘피라상, 코토히라 궁,

  콘피라 신 金毘羅神, 현재는 오오모노메시 신大物主神

- **스미요시 신사** 住吉神社

  스미요시 타이샤 住吉大社, 스미요시 삼신 住吉三神, 토끼

- **타가 신사** 타가 상

  타가 타이샤 多賀大社, 이자나기, 이자나미

- **키후네 신사**

  키후네 신사 貴船神社,

  쿠라오카미·타카오카미 闇淤加美神, 高淤加美神

- **이즈모 신사** 出雲神社

  이즈모 타이샤 出雲大社, 오오쿠니누시 大国主, 뱀, 토끼

- **시오가마 신사**

  시오가마 신사 鹽竈神社, 시오츠치노오지 シオツチノオジ

- **카모 신사** 賀茂神社

  카모와케이카즈치 신사 賀茂別雷神社,

카모미오야 신사賀茂御祖神社,

카모와케이카즈치노미코토賀茂別雷命

• **오오토리 신사**大鳥神社

독수리, 봉황 등

오오토리 타이샤大鳥大社, 야마토타케루

• **하나조노 신사**花園神社

토리코에 신사鳥越神社·스미야마 신사杉山神社,

야마토타케루

• **오오미야 신사**大神神社

오오미야 신사大神神社, 오오모노누시, 뱀

• **이나리 신사**稲荷神社

후시미 이나리 타이샤伏見稲荷大社,

우카노미타마ウカノミタマ·우케모노 신保食神외 곡물신, 여우

• **아와시마 신사**淡嶋神社

아와시마 신사 스쿠나비코나아와시마노 신淡島神

• **사루타히코 신사**猿田彦神社

佐田神社, 大田神社, 白髭神社, 賽神社·도우소 신道祖神,

츠바키오오카미야시로椿大神社, 사루타히코

• **에비스 신사**恵比寿神社

니시노미야 신사西宮神社, 히루코蛭子命, ひるこ, 에비스

• **미호 신사**美保神社

코토시로누시事代主

• **오야마즈 신사**大三島神社

야마즈미신사山祇神社, 三島明神,

293

오오야마츠미 신사大山祇神社,

오오야마 츠미オオヤマツミ, 大山祇神

• **미시마 신사**三島神社

미시마 타이샤三嶋大社, 코토시로누시事代主, 事代主命, 장어

오타케, 온타케, 미타케 신사御嶽神社, 御岳神社,

오타케 신사御嶽神社, 코토아마츠 신別天津神, 늑대

일본을 여행하다보면 신사를 자주 접하게 된다. 이 책에서는 위에 열거된 38개의 신사 중 절반 정도의 신사에 대하여 언급할 것이다.

2020년 신사 본청의 「전국 신사 제사 제례 종합 조사」에 따르면 하치만 신사나 하치만궁, 와카미야 신사若宮神社 등의 하치만 신앙八幡信仰에 관련된 것이 가장 많고, 그 다음이 이세 신앙伊勢信仰, 신메이샤, 신메이궁, 황대신사, 이세 신궁, 세 번째가 텐진 신앙天神信仰, 텐만궁, 텐진샤, 기타노 신사 다음으로 이나리 신앙稲荷信仰, 이나리신사, 우가신사, 이나리샤의 순서라고 한다.

호수를 한 바퀴 돌아 본 후 산을 내려 가기로 하고 호수 일주도로를 돌다보니 내려가는 길이라는 표지판이 나온다. 이상하게도 왕복 2차선씩, 즉 총 4차선의 포장도로이다. 알고보니 이 도로가 산 정상을 오가는 제대로 된 길이다. 네비가 지름길을 찾도록 조정되어 있었던 것 같다. 아카기산에서 내려오는 도중에 식사할 곳을 찾다보니 사람들이 길게 줄 서 있는 곳이 나타난다. 소박한 메밀국수 본래의 풍미를 만끽할 수 있는 상풍암桑風庵, 구와가제안이라는 가게이다. 아카기 산록에 농장을 가지고, 재배한 메밀가루를 사용한다고 한다. 도래인의 흔적을 찾아가다 보면 유명한 메밀국수집을 자주 만나게 된다.

식당 건물도 옛스러웠으나 30분 정도 줄을 서다가 포기하고 아쉽지만 다른 곳으로 향한다. 여행객으로서 항상 느끼는 것이지만 시간은 우리를 붙잡아주지 않는 것 같다.

### 하루나산榛名山

「하루나산」은 관동關東지구의 북부 군마현에 있는 조모삼산上毛三山의 하나이며, 예로부터 산악신앙의 산이다. 산의 남서쪽 산록에 하루나 신사가 있다. 산 정상에는 칼데라 호수인 하루나 호수와 중앙화구 언덕인 하루나 후지 용암 돔표고 1,390m이 있다. 495년 경과 그로부터 약 30년 후에 다시 큰 분화를 했다고 한다. 중앙의 칼데라와 하루나 후지를 최고봉인 가몬가타케표고 1,449 m 등이 둘러싸고, 외측에도 수많은 측화산이 있어 대단히 많은 봉우리를 가지는 복잡한 모양이다.

하루나산과 관계되어 내려오는 이야기에는 거인 「다이다라봇치」가 후지산, 아사마산, 하루나산을 경쟁시켜 후지산이 이겼다고 하는 민화, 하루나신사가 스와신사에서 우물을 통해서 식기를 빌렸다고 하는 민화, 홍법대사가 지팡이로 가리켜 우물을 파냈다고 하는 민화 등이 남아있다.

일본자료에 의하면, '군마현의 하루나산은 한국의 「한라산漢拏山」으로부터 도래인이 가져온 명칭'이라고 한다.

'群馬県の榛名山は韓国の漢拏山 ハルラ山・又ハンナ山からで渡来人が名称'

「가나이 히가시우라 유적金井東裏遺跡」에서 출토된 갑옷을 입고 있는 인골이나 일본의 폼페이라고 전해지는 시부카와시의 「구로이미네 유적黑井峯遺跡」 등에서 도래인의 유물이 나오는데 하루나산이 대분화하고 있었던 6세기 중엽, 이곳에 정착했던 도래인들이 분화하는 산을 보고 제주도의 화산인 한라산하르라산을 연상하고 한나하루나산이라고 불렀다고 추측한다.

하루나산 남쪽에 있는 다카사키의 「겐자키 나가토로 서고분군劍崎長瀞西古墳群」은 5세기 후반의 제1세대 도래인과 원주민의 것이다. 다카사키의 「시모사토미 미야타니도 유적下里見宮谷戸遺跡」 중의 주거유적 안에서 금속을 단련할 때 두드리던 「금상金床, Anvil, 모루」이 발견되었는데 이것도 5세기 후반 조모 들판 서부지역에서 말 사육, 철기 생산 등의 일을 주로 하던 도래인들馬飼育, 鉄器生産など渡来人たち의 것이 거의 틀림 없어 이 지역에 도래인이 활동하고 있었다고 보여진다일본 자료.

타고씨, 타고신사, 가라스가와, 가부라가와, 간라, 모노베씨의 관전신사와 그리고 하루나산, 하루나신사와 다수의 유서깊은 이름, 지명이 1,500년전 도래인한반도에서 온 선조의 명칭으로부터 온 것이다.

多胡氏, 多胡神社, 烏川, 鏑川, 甘楽, 物部氏の貫前神社 他多数 そして 榛名山, 榛名神社と由緒ある名前, 地名が１，５００年前から渡来人 韓半島の先祖 の名称から来たのです多胡碑が語る古代日本と渡来人' 土生田純之, 高崎市編, 吉川弘文館刊.

## 14. 군마群馬, 마에바시前橋의 고분들

적성산에서 내려와 군마현의 현도인 마에바시前橋시로 향한다. 우선 한적한 주택가 한 가운데 있는 보탑산宝塔山, 호우도우잔 고분을 답사하고

횡혈식석실고분의 입구

사혈산 고분은 마에바시시 쇼사역사자료관 뒷마당에 있었는데

멀리서 보면 작은 동산으로 보였다.

입구는 북쪽인데 횡형식석실이 으리으리하다

근처에 있는 사혈산蛇穴山, 쟈게쓰잔 고분을 답사했다.

「보탑산 고분宝塔山, 호우도우잔고훈」은 군마현 마에바시시 소자마치総社町에 있는 방분方墳이다. 소자고분군総社古墳群을 구성하는 고분 중 하나로 7세기 말기 고분이다. 군마현 최대급 방분이며, 현재 보이는 것으로는 남북 54m, 동서 49m, 높이 12m 규모이다. 분구 언덕 남측에 폭 약 24m의 주위보다 낮은 밭이 되어 있는 지면이 있어서 해자호리의 흔적이라고 보여진다. 이것을 포함시키면, 그 묘역은 한변이 100m 전후가 되는 규모이다. 토용은 검출되지 않고 있다.

보탑산 고분 위에는 후대에 만들어진 무덤들이 고분 언덕 위에 많이 있다. 무덤 위에 무덤이 있는 셈이다. 고분이 후대에 잊혀졌다는 것을 시사하고 있다.

고분의 주요부는 축조시 지표에서 약3m 위의 단상에 만들어졌다. 고도의 기술을 구사하여 바위를 깨어 쌓은 양축형 횡혈식석실両袖型横穴式石室이다. 선도羨道, 전실前室, 현실玄室의 3실을 가지는 복실 구조로 전장은 12.04m다. 관을 보관하는 현실은 안쪽 벽폭 2.9m, 길이 3.3m, 높이 2.1m이다. 또 석실 입구에는 폭 8.85m, 깊이 3.76m의 직사각형 앞뜰이 있다. 석실은 휘석 안산암, 각섬석 안산암을 쪼개어 구축되었는데 현실 뒷벽과 천정석은 모두 하나의 거석을 가공하여 사용하고 있다. 현실 입구에는 정교한 현문을 설치하고, 석실 벽면에는 전체적으로 칠도포漆喰塗布의 흔적이 있다. 현실 중앙에 집 모양 석관이 설치되어 있다. 이 석관의 각부는 무늬가 조각되어 있다.

「사혈산 고분蛇穴山, 쟈게쓰잔 고훈」은 군마현 마에바시시 소자마치에 있는 방분이다. 소자고분군을 구성한다. 도네강 서쪽 약 600m 지점인 하루나산 동남 기슭에 위치한다. 한 변이 약 39m 규모다. 외측에 폭 약 12m의 해자 터가 있으며 토용은 검출되지 않고 있다. 양축형 횡혈식 석실이다. 현실은 전장 3.0m, 폭 2.57m이다. 보탑산 고분과 동일하게 칠을 도포한 흔적이 있다. 7세기 말로부터 8세기 초기 축조로 추정되는 이 지역의 말기 고분이다. 주위에는 이자산고분, 산왕사적, 그리고 가미쓰케 국분사, 니사유적이 있어 고대 가미쓰케국上毛國의 문화적, 행정적 중심지로 생각되는 지역이기도 한다.

사혈산 고분은 마에바시시 쇼샤역사자료관 뒷마당에 있었는데 멀리서 보면 작은 동산으로 보였다. 입구는 북쪽인데 횡혈식석실이 으리으리하다. 석실 안쪽 끝까지 관람이 허용되는데 파트너는 무섭다며 들어가길 거부한다. 이 고분을 보고나니 규모가 커서 굳이 집안集安 환인지역이나 평양 안악지역에 있는 고구려 고분을 보러 가지 않아도 되겠다는 생각이 들 정도다.

### 타카사키高崎시 고분
관음산고분은 사혈산고분에서 17km 정도 정남방의 타카사키시에 있는데 중간에 서쪽으로 향하던 도로가 서서히 정남쪽으로 바뀌며 방향 감각을 상실해 방향을 다시 찾는데 애를 먹었다. 덕분에 군마현립 근대미술관에서 잠시나마 평화로운 시간을 보낼 수 있었다. 미술관 건너편 식당에서 점심을 먹으며 주인에게 물어 위치를 알아보았는데 중간에 우연치 않게 다른 고분 한 기를 방문한 후 관음산고분 관리소가

관음산觀音山 고분에서 주목받는 것은 분구 언덕 위로 늘어 놓아져
있었던 토용 및 횡혈식석실과 석실에서 출토된 부장품이다.
토용은 원통토용을 비롯해, 인물, 말, 집, 방패 등 많은 형상의
토용이 확인되었다. 횡혈식석실의 입구 가까이에서 찾은 3명의
무당이 나란히 앉아 있는 토용은 대단히 진귀한 것이다.

문을 닫기 일보 직전에야 도착할 수 있었다. 이곳은 고분이 잘 정리되어 있었다.

「와타누키 관음산綿貫 觀音山고분」은 타카사키시의 시가지 동방 6km, 이노카와井野川 서안 평야에 입지하고, 북면해서 축조되어 있다. 관음산고분觀音山古墳은 분구 전장이 97m의 전방후원분으로 6세기 후반에 만들어졌다고 추정된다. 1967년부터 1968년에 걸쳐서 발굴 조사가 이루어졌다. 관음산觀音山고분에서 주목받는 것은 분구 언덕위로 늘어 놓아져 있었던 토용 및 횡혈식석실과 석실에서 출토된 부장품이다. 토용은 원통토용을 비롯해, 인물, 말, 집, 방패 등 많은 형상의 토용이 확인되었다. 횡혈식석실의 입구 가까이에서 찾은 3명의 무당이 나란히 앉아 있는 토용三人童女, 3명 어린 소녀은 대단히 진귀한 것이다.

횡혈식석실의 현실은 군마현내에서는 최대규모이다. 29대 천황으로 백제계라고 알려진 흠명천황의 능으로 추정되고 있는 아스카의 마루야마고분나라현 가시하라시의 현실과 같은 평면규모를 하고 있다높이는 마루야마고분의 절반정도이다. 이런 점에서 관음산觀音山 고분의 피장자는 동국 굴지의 호족이었다고 생각된다. 횡혈식석실은 도굴되지 않아 대단히 호화스러운 부장품이 확인되었다. 부장품은 한반도와 관련이 있는 것이 많아서 관음산觀音山 고분의 피장자 성격을 나타내는 것으로서 주목받는다.

횡혈식석실의 입구로부터 전방부에 걸쳐서 중단中段 테라스긴 벽감, 壁龕에 배열된 형상토용은 새로운 수장의 수장권 계승 상징물로 여겨지고 있다. 책상다리를 하고 앉아 있는 남자에게 그릇를 내미는 여자, 그 옆에 3명의 여자, 허리에 차는 화살통을 맨 남자 3명이 핵심집단이 되고 있다. 게다가, 뒤따라가는 가죽 주머니를 든 여자, 위엄을 갖춘 여자, 정장을 갖춘 남자, 갑주무인, 농부, 방패를 가진 사람 등이 계속된다. 이 핵심장소에서 떨어진 전방부에 장식 말이 늘어서 있고 정상에는 여러 개의 집과 가구 토용, 닭 모양의 동물 토용이 세워져 있다.

매장 시설로서는 후원부 중단에 양축형 횡혈식석실이 있다. 남서쪽을 향하고 있는 석실은 거의 매장 당시의 상태를 유지하고 있다. 석실의 규모는 군마현 최대로 전장 12.65m, 현실 길이 8.12m, 폭 3.95m, 무덤 길널길, 입구에서 무덤 방으로 들어가는 통로 4.53m이다. 천정석의 무게는 최대 22톤인데 고분 주변에서 이런 거대한 돌은 발견할 수가 없다.

현실에서 2장의 구리거울, 금제, 은제, 유리제의 장신구, 큰 칼, 주머니칼, 창, 철화살촉, 갑주 등의 무구, 금동제 재갈, 안장, 등자 등의 마구, 스에키의 항아리, 잔, 하세키 항아리, 고잔, 동제의 물병 등의 용기류가 발견되어 부장품의 총수는 500점을 넘는다 .

그 중에서도 여기서 발견된 동제물병銅製水瓶과 한국의 공주 백제 무령왕릉 석실 내에서 출토된 수대경獸帶鏡은 같은 주형鑄型으로부터 제작된 수대경으로 확인되어 한반도와의 관계를 알려주고 있다.


여기서 한반도의 석실총石室塚, 즉 돌방무덤에 대하여 간단히 설명한다.


널길羨道을 갖춘 굴식돌방橫穴式石室을 판돌, 깬돌을 이용하여 반지하 또는 지면 가까이에 축조한 무덤이다. 널방玄室을 만들고 그 위에 흙과 돌무지, 진흙 , 숯, 재 등을 깐 뒤 흙으로 봉토를 만든 것이 일반적이며,

그 형태는 다양하다. 한반도에서는 3세기 후반~4세기 전반에 돌무지무덤積石塚 전통의 고구려가 봉토封土 돌방무덤을 짓기 시작하여 평양 천도 이후 이 무덤 양식이 주류를 이루었다. 돌방의 벽은 초기에는 냇돌, 깬돌을 썼지만, 뒤에는 잘 다듬은 큰 판석을 여러 장 세워 축조하였다. 천장에는 납작천장平天井, 활穹隆式천장, 모줄임抹角藻井式천장 등이 있는데, 특히 모줄임천장 네 귀에 삼각형으로 받침돌을 놓아 그 공간을 점차 좁혀 올리고 맨 위에 판석 한 장을 덮는 형식이다. 이러한 무덤 중에는 돌방 벽면과 천장에 그림을 그린 벽화무덤도 있는데 축조방법과 그림의 주제 및 변화과정으로 보아 다음과 같이 3기로 구분된다.

전기350~450년경는 외방무덤 또는 여러방무덤이 있으며 널길이 남벽 동쪽에 있는 양식이다. 그림의 주제는 황해도 안악군 동수묘冬壽墓와 덕흥리德興里무덤에서 볼 수 있는 부부초상, 사냥, 무용, 행렬行列을 비롯한 생전의 생활 모습을 담은 인물풍속도이다.

중기450~550년경는 돌방의 축조가 고구려식으로 정착되면서 앞방이 작아져 딸린 방처럼 되고 주인공의 초상도 널방으로 옮겨진다. 그림의 주제도 전기의 인물중심에서 사신도四神圖와 인동당초문忍冬唐草文을 비롯해서 불교적 장식무늬도 나타난다. 각저총角抵塚, 무용총舞踊塚, 개마총鎧馬塚 등이 있다.

후기550~650년경는 구조적으로 단순화되어 외방무덤이 대부분이며, 무덤바닥이 지면 가까이 내려간다. 그림의 주제는 사신도 일색으로 대표적인 무덤으로 집안集安의 사신총四神塚과 진파리眞坡里 1, 2호를 들 수 있다.

백제의 경우 서울 가락동과 방이동에 무덤이 남아 있는데, 모두 고구려식으로 널길이 남벽의 동쪽 또는 중앙에 딸린 돌방무덤이다. 웅진 천도 이후에도 널길이 딸린 돌방무덤은 계속 만들어지는데, 처음의 사각형 어울무덤合葬墓에서 직사각형 단장묘單葬墓로 바뀌어 그것이 부여 시대로 넘어간다. 사비 천도 이후에는 능산리 고분군에서 보듯이 널길이 더욱 넓어져 돌방石室의 너비와 거의 같아진다. 이러한 돌방무덤은 막돌로 쌓은 형식과 함께 전라도 지방으로 퍼져 내려가며, 한편 천장의 모를 죽여 짜만든 꺾임平斜천장은 일본 고분과 연관된다.

가야지역은 가야 말기에 백제 무덤의 영향를 받아서 만들어진 깬돌割石로 축조한 돌방무덤이 대부분이며 널방과 널길을 가진 것이 특색이다. 신라지역은 6세기경 고구려와 백제의 영향으로 굴식돌방무덤이 등장하여 통일신라시대까지 계속되었다. 양산梁山 부부총, 경주 쌍상총雙床塚 등이 유명하다. 이러한 돌방무덤은 통일신라시대 중기 이후 소멸되기 시작하여 고려시대에는 전혀 사용하지 않았다. 굴식 돌방무덤, 즉 횡혈식석실묘는 백제의 대표적 무덤양식인데 일본에 남아있는 대부분의 고분은 횡혈식석실묘의 형태를 하고 있다. 최근 우리나라에서도 하남시 감일동에서 50기의 횡혈식석실묘가 발굴되었다.

## 관동의 수수께끼 왕국

2008년에 방영된 '관동關東의 수수께끼 일본왕국을 파헤친다'는 일본 TV 역사 프로그램은 예전에 관서關西의 긴끼近畿지방에 있던 야마토

大和왕권 이외에, 관동평야에도 왕국이 있었다는 내용이었다. 간토關東에 또다른 왕국이 있었던 근거로서 프로그램에서 소개한 내용이다.

첫째, 고분의 수가 많다. 간토지구의 고분수는 38,000기로 야마토 왕권의 고분수 29,900기를 숫적으로 상회하고 있다. 또 간토지구의 고분은 도네강利根川 유역에 많이 분포되어 있다.

둘째, 사이타마현 교다시의 사키타마 고분군은 160km 이상 떨어진 지바현의 노코기리야마鋸山 주변에서 채취되는 돌을 사용하고 있는 것으로 알려졌다. 이러한 것도 관동평야에 거대한 세력이 존재하고 있었다고 추정되는 이유다.

셋째, 사이타마현 히가시마쓰야마시東松山市의 소리마치反町 유적에서는 대합 조가비가 발굴되었다. 이것은 바다에서 강을 이용해 운반했던 것이다.

넷째, 사키타마 고분군 부근은 사키타마 진津이라고 불리고 있었다. 진은 항구다. 또 고분의 주변에는 주거 유적이 상당히 많이 발견되고 있어 권력자에 의한 촌락이 형성되고 있었던 것으로 알려졌다.

다섯째, 강가에 큰 촌락이 있었던 것도 알려졌다. 호족저택의 숫자에 있어서는 후쿠오카 7개, 나라 8개, 사이타마 주변이 18개로 가장 많다. 프로그램에서는 사이타마가 소개되고 있지만 호족저택의 수는 군마가 압도적으로 많을 것이다.

여섯째, 토용의 발굴수가 야마토 왕권의 812점에 대하여 간토關東는 913점으로 더 많다. 간토의 토용은 무인상, 칼, 말 등 무기가 많은 것에 비해서 긴키近畿의 토용은 가재, 집 등이 많다. 두 지역에 차이가 있다.

일곱째, 다카사키시 관음총고분 고고학자료관에 있는 '마구를 물린

말의 치아[齒] 유물을 소개하며 '원래 일본에는 예로부터의 말이 없었다'고 설명한다. 위지 왜인전[魏志倭人伝]에 '왜국에는 소, 말, 호랑이, 표범, 양은 없다'하여 일본에는 원래 말은 없었다는 것을 강조하고 있다. 그러나 고분에 매장되어 있는 인물의 부장품에 마구가 많고 기내[畿内] 보다도 간토 쪽이 마구의 출토수는 압도적으로 많다. 마구출토 고분수는 기내 380기에 간토 760기이다. 고대의 말목장 수는 기내가 0인 반면 간토는 27개이다.

말은 권력의 상징이고 또한 도래인을 나타내는데 간토[関東]에는 기마를 이용하던 민족이 있었다고 하는 것이다. 요약하면 강을 이용한 수운과 말을 이용한 강력한 세력이 간토에 있었다는 것이다.

### 필자의 견해

필자는 살아오면서 일본 동쪽에 한반도 도래인들의 자취가 남아있다는 이야기를 들어본 적이 없다. 비슷하게 일본인들에게도 관동의 고대사는 새로운 사실인 듯하다. 나라[奈良] 남쪽의 아스카[飛鳥]에 있었다는 야마토[大和]라는 정권을 중심으로한 고대사를 만들어낸 일본이 동쪽의 역사를 의식적으로 무시했거나 왜곡한 것 같기도 하다.

한반도 도래인의 존재를 무시하거나 격하시키면서 역사를 만들어온 일본으로서는 그러한 태도와 접근법을 견지하는 한 진정한 역사의 진실을 밝히는 것은 불가능하다는 생각이 든다. 정답을 일단 답에서 제외하고 해결책을 찾으려는 의도가 보인다. 좀 더 자세한 이야기는 다음에 계속하기로 한다.

## 한국신사, 가라시나신사 辛科神社

다카사키에 도래인의 신사가 있다하여 찾아간다. 도래인의 업적을 기록하고 있다는 타고비 多胡碑, 711년 건립를 보러 갔을 때 이미 날이 어둑해져 비를 보관하고 있는 건물의 불을 켜고 보았는데 가라시나신사를 찾아갈 즈음에는 날이 이미 저물었다. 가로등도 없는 논길, 밭길을 들어가다 길을 잃어 돌아나오다 보니 작은 삼거리에 도리이 鳥居가 보인다. 차를 세웠으나 이미 깜깜해져 신사 건물은 어둠에 쌓여있고 무섭기까지 하다. 지금 생각하면 차의 헤드라이트를 신사를 향해 상방향으로 켜 놓으면 볼 수 있었을 텐데 하는 생각이 드나 당시는 무서움에 떠는 파트너를 옆에 두고 당황하여 아무 생각이 없었다.

나라시대에는 이곳 진보 神保가 신과향 辛科郷, 가라시나고우이라고 불리어 신사의 이름도 가라시나신사다. 701년 대륙으로부터 도래한 사람들에 의해 창건되었다고 전해지고 있는 신사다.

大陸 한반도から渡来した人々によって創建されたと伝えられている神社である.

고즈케국 上野国 신명장 神名帳에 종2위 従二位로 되어있고 안거원 신도집에는 타고군 25사 중 맨 위에 나온다. 군마현 다카사키시에 있다. 조신전철 니시요시이역 上信電鉄 西吉井駅의 남쪽 2Km 정도의 진보 神保라는 곳에 있다. 나가노로 가는 조신에쯔 자동차도로 上信越自動車道가 근처를 지나간다. 입구에 타고군총진수 신과신사 多胡郡総鎮守 辛科神社라고 새겨진 산호표 山號表가 서있다. 도리이를 지나 참도를 따라 계단을 오르면 수신문 随神門이 있는데 금속제의 코마이누 狛犬, 사자와 비슷한 조각 상으로 고구려의 개로 알려짐가 있다. 또한 경내에 타고비多胡碑 복제품도 서있다.

한반도의 신라계 도래인에 의해 창사된 신사로 제신은 신라계로 생각되는 스사노오와 그의 아들 이소타케루다.

朝鮮半島の新羅系渡来人によって創祀された神社で、上野国神名帳に 従二位 辛科明神とある古社.よって祭神は新羅系と考えられる須佐之男命と御子神の五十猛命.

711년 녹야군, 간라군甘楽郡을 분할해서 새롭게 타고군多胡郡을 설치했을 때, 타고군 제일신사가 된 신과카라시나의 신사명은 간라군에서 분할된 한급韓級, 카라시나군에 유래한다. 신사가 있는 곳의 지명인 진보神保는 신령神領의 의미인 듯하다. 타고군多胡郡 창설 기념비로서 요시이초에 남아있는 비석이 타고비多胡碑다. 비문에 새겨진, 타고군을 하사받은 양羊이라는 신라 도래인은 양태부羊太夫라고 불리던 이 지역의 호족으로 무사시국 지치부에서 구리를 발견하여 부를 누렸다고 한다.

어느 일본 답사자가 인터넷 블로그에 남긴 글에도 도래인에 관련된 역사가 들어있어 인용한다.

신과신사라고 하는 신사가 있어서 들렀다. 이름인 가라시나로부터 유추되듯 도래인이 창건했다는 전설의 신사다.

辛科からしな 神社という神社があるので立ち寄った. 名前からも想像されるように、渡来人が創建したという伝説を持つ神社だ.

**타고비**多胡碑

이 비문은 711년 3월9일에 타고군多胡郡이 설치되었을 때 변관국弁官

局의 칙명을 기술한 내용이다. 타고군 설치 기념비로 여겨지지만, 일부 해석에 대해서는 아직도 의견이 분분하다. 특히 '給羊'의 두 글자는 옛 부터 주목받아 그 중 '양'자는 방위설, 인명설 등으로 오랫동안 논쟁이 되어 왔다. 현재는 인명설이 유력하다. 인명설 중에도 양씨를 도래인 으로 보는 견해가 많다. 타고多胡의 호胡는 한반도 북방 일족을 의미하 는 것이 아닐까하는 견해도 있다. 인근에 고마신사高麗神社의 존재 때문 에 이러한 설이 나온 듯하다. 필자의 견해로는 이 지역이 옛부터 가야 와 신라 도래인이 자리잡은 곳이라 생각하면 신라 도래인으로 보는 것 이 자연스럽다. 711년이라는 시기는 일본에서조차 『고사기』와 『일본 서기』가 편찬되기 이전이기 때문에 역사자료로서 중요한 것이다.

도치기현 오타와라시에 있는 나스국조비那須国造碑, 700년, 미야기현 다 가조시에 있는 다가조비多賀城碑, 762년와 함께 일본3고비日本三古碑로 불 린다.


## 15. 사이타마의 신라군新羅郡

사이타마에는 고ㄱ려군高麗郡만 있었던 것이 아니라 신라군新羅郡도 있었다. 고ㄱ려군의 경우는 지명과 신사 이름에 역사의 흔적이 명확히 남아있는 반면 신라군의 흔적은 상대적으로 가려져 있다. 그러나 일본 의 한자사용법을 알게되면 그 흔적을 찾는 것이 그렇게 어렵지 않다. 도쿄도의 북쪽에 있는 사이타마현으로 들어가는 입구에 해당하는 도 시가 와코和光시다. 와코和光시의 북쪽에 시키志木라는 곳이 있다. 이는 신라를 말하는 시라기의 준말이다. 즉 신라新羅라는 말이다. 그 남쪽에 있는 아사카朝霞시 근처에 니이자新座시가 있는데 니이자 역시 신라新羅

라는 말이다. 그 변천 과정을 신라군新羅郡의 역사와 함께 설명한다.

## 신라 시라기군의 탄생

신라군新羅郡은 758년 '일본에 도래한 신라의 승 32명, 비구니 2명, 남자 19명, 여자 21명을 무사시국에 이주시켜, 처음으로 신라군을 두었다'라고 『속 일본기』에 기록되어 있다. 신라군은 무사시국 안에서는 가장 새롭게 만들어진 군이었다.

당시의 신라군의 영역은 남쪽으로부터 지금의 와코시和光市, 아사카시朝霞市, 니이자시新座市, 시키시志木市와 그밖에 도쿄도 호우야시都保谷市, 네리마구練馬区의 오이즈미지역大泉地域이 포함되어 있었다고 추정된다. 이러한 연관성 때문인지는 모르겠으나 신라 관련 4개시新座市, 朝霞市, 志木市, 和光市의 합병合併 논의도 있었다. 고마고려군이 도래인을 중심으로 하여 이루마군入間郡에서 나뉘어 설치되었다고 추정듯이 신라군도 이루마군을 분할해서 설치되었다고 생각된다.

『속 일본기』에는 '무사시국의 한지閑地에 옮긴다'라고 기록되어 있듯이, 당시 이 지역은 아직 개발이 늦어진 지역이었다고 생각된다. 도래인을 중심으로 새롭게 군을 둔 목적은 이 지역의 개발을 진척시키는 것이 주목적이었다고 생각된다.

## 시대적 배경

이주한 신라인 74인이 새롭게 군을 만드는 것은 어렵고 이 새로운 이주민 그룹이 그 이전에 도래하여 살고 있던 신라 출신 사람들의 리

더가 되어 신라인을 주체로 한 거주지를 구성하였다고 생각된다. 『시키시사志木市史』는 당시의 인구를 300명이라고 추계하고 있다. 신라군新座郡, 니자군은 소군으로 여겨지고 있었지만, 그 후 헤이안시대의 기록에서는 두 개의 향이 되었고, 각 향은 인구 1,000명 정도로 구성되었다고 하기 때문에 그 당시의 니이자군新座郡은 천 몇 백명 정도의 인구가 되었을 것이다.

헤이안시대에 들어가서 신라군新羅郡은 군의 명칭을 니이자군新座郡이라고 기록하고 있어 그 부르는 법은 니히구라 또는 니이구라爾比久良라고 부르고 있었다. 그 때는 신라군이 신설되고 약 170년이 지난 시점이지만, 그 사이의 경과에 대해서 문헌상 기록이 없기 때문에 신라군에서 니이자군으로 언제 어떤 이유로 바뀌었는지 명확치 않다. 단지 추측되는 것은 헤이안시대에 들어와 백제 세력이 일본의 주도 세력이 되면서 일본 열도에 있는 백제 이외의 한반도에 관련되는 지명을 없애거나 후세에 잘 모르도록 바꾸었을 가능성이 있다. 이로 인하여 관동평야의 고구려, 신라, 가야에 관련된 지명들이 없어지거나 원래의 지명을 잘 알 수 없도록 바꾸었을 것이다. 이러한 이유로 관동지방에 있던 한반도 도래인과 관련된 지명은 묻히게 된 것이다.

앞에서 설명했듯이 니이자시新座市의 역사에는 신라라고 하는 명칭이 구속旧俗의 호이기 때문에 헤이안 중기 이후, 니이자군新座郡으로 개칭된 것이라고 하고, 아사카시朝霞市의 역사는 당시 일본이 정치, 사회, 문화적으로 변동기, 성숙기에 즈음하여 모방이나 수입으로부터 탈출하는 시대였기 때문이며은근한 변명 고마군이 일본풍으로 바뀌지 않은 것은 고구려인의 세력이 신라인보다 강대했기 때문에 고구려로 유지된 것으로 설명하고 있다.

고려산이나 고라이신사가 있는 가나가와현의 오이소大磯 북쪽에는 고자군高座郡이 있다. 고자군은 고창高倉, 다카쿠라군이라고 부르고 있었다고 한다. 즉 고려군高麗郡이 변한 지명이다. 이렇게 보면, 니이자군의 경우도 어떠한 이유로 신라군의 신新자를 남기고, 니이자군新倉郡, 니이구라군으로 바꾼 것이라고 생각된다.

사가미국에 들어가서 넓어진 고구려계 도래인에 의해 형성된 다카쿠라군高倉郡이 이후에 고자군高座郡이 되고, 무사시에 들어와서 신라계 도래인에 의해 형성된 신라군이 니이자新倉郡, 니이구라군이 되었으니 변한 패턴이 같다.

『무사시 풍토기고武蔵風土記稿, 1827년』에 의하면, '신라志木, 시라기가 신좌新座, 니이자 또는 신창新倉, 니이쿠라으로 쓰이고 불리게 되었다. 좌座, 구라를 창倉, 구라으로 바꾼 예는 고마군에도 있어서 고려를 고창高倉, 다카쿠라이라고 부르는 것과 같다'고 쓰여있다.

## 그 후의 역사

고려군과 신라군은 헤이안시대를 거치면서 커다란 사회적인 변화를 겪게 된다. 율령제의 밑에서 사람들고구려와 신라로부터의 도래인은 야마토 정권백제 주도에 의한 조세에 부담을 느꼈다. 국가에서 부과된 세는, 조용조와 출거, 진상물租庸調, 出擧, 贄이 있고 노역, 병역, 조용勞役, 兵役, 調庸 등의 의무를 지게하여 장년기의 남자가 노역과 병역에 동원되었다. 일본의 국가는 율령제의 중앙 집권 정치에 의해 8세기 중간에는 안정된 사회를 만들어냈지만 한편으로 농민 등 서민은 조세와 노역, 병역으로 고생하고 지방에서는 반란이 잇따랐다고 한다. 일단 수해나 가뭄에 의한 흉작이 발생하면 나라 전체가 기근에 직면해 사회 불안이 켜졌다. 각지에 고쿠분지国分寺의 건설이 강압적으로 진행된 것도 중앙의 야마토정권 지배를 강화하기 위한 것이라고 한다.

이러한 가운데에서 757년 관동지방에서 사키모리防人파견의 정지, 792년 농민 병역이 폐지된 대신에 유력호족의 군사郡司, 군의 역인의 자제를 병역에 나가게 하는 「건아健児, 콘데이제도」를 마련하여 무사시국에서는 105명의 건아가 나왔다고 전해지고 있다. 지방분권 시대로 접어들게 된 것이다. 지방에서 무장한 무사세력이 등장하고 이들이 약 400년 후에는 무신정권인 가마쿠라시대1185년부터 1333년까지를 이끌어낸 것으로 보인다.

### 신라군의 유적

무사시노 대지의 끝인 아사카朝霞로부터 와코, 시키志木에 걸쳐서 고대 유적이 펼쳐져 있다. 구 니이자군이 있었던 아사카지구의 4개의 시에 모두 나라시대 유적이 적지 않은데 신라新羅기에서 변한 말이라고 여겨지는 시키志木, 志羅木의 略, 시라코白子, 니이쿠라新倉 등의 지명으로부터 추정하면, 신라군의 영역은 지금의 와코시 니이쿠라, 시라코지역이었다고 생각된다.

와코시 니이쿠라新倉의 오왕산午王山 유적은 발굴 조사의 결과, 야요이시대에서 나라시대에 걸친 주거 유적이 출토되었지만, 신라군의 군청을 확인하는 유적은 발견되지 않고 있다. 오왕산 언덕 위는 평탄한 밭이 되었고 남사면에 있었던 유적은 주택지가 되어 버렸다.

고분시대의 유적은 아사카시를 중심으로 이찌야一夜塚 고분, 히이라기쓰카柊塚 고분 등의 네기시根岸台 고분군과 구로메강黑目川 좌안의 우찌마기内間木고분군, 와코시의 후끼아게吹上 횡혈고분군 등 비교적 규모가 큰 고분군이 발견되고 있다.

## 고분 답사

시키역에서 시내버스를 타고 시키시청이 있는 이로하교를 건너기 직전에 내렸다. 남쪽으로 넓지 않은 길을 한참 걷다보니 시키신사의 표시가 보인다. 이 시키신사 내에 왕총고분王塚古墳, 오쓰카 고분이 있었다. 시키志木의 후지산이라고 불리는 고분이다.

시키신사敷島神社의 왕총고분은 이제까지 보았던 고분과는 다른 형태의 고분이었다. 자세히 보니 적석총이다. 기반은 적석총인데 그 위에 계속해서 여러 번 무덤을 쓴 것 같았다. 그렇게 해서 무덤이 산처럼 높아진 것이었다. 그렇다면 고구려에서 신라로 이어지는 이 지역의 역사를 나타낼지도 모른다는 생각이 든다.

신사의 이름에 들어있는 '시키敷'와 '시키志木'의 한자가 표기가 다르지만 발음発音이 같은 것으로 보아 신라, 즉 '시라기' 음을 표시한 한자일 것으로 추정된다. 고분을 구경하고 있는데 나이 지긋한 아저씨가 다가와 친절하게 설명해준다. 그에 따르면 예전에 근방에 집을 지으려면 고분이 나오지 않는 땅이 거의 없어서 빈땅을 찾는데만 6개월 이상이 걸렸다고 한다. 또한 근처에 있는 아라강荒川, 스미다강隅川으로 하운이 발달하여 시장이 생겼났다고 말하며 '시장市場, 이찌바'이라는 지명이 아직도 남아있다고 한다. 시키신사敷島神社에는 배를 부리던 사람들이 세운 작은 긴삐라신사金平神社, 해운의 신가 있다고 했다.

이정표의 지명을 보자.

新座나이자는 「신라」가 변하여된 지명이고

志木시키는 신라를 칭하는 「시라기」가 줄여진 말이다.

315

## 히이라기쓰카고분柊塚古墳과 이찌야쓰카一夜塚고분

시키역으로 돌아가 와코 쪽으로 한 정거장을 이동한 후 아사카역에서 내려 다시 마을버스를 타고 히이라기柊 고분을 찾아갔다. 목표물이 뚜렷하지 않은 시골길이다. 소학교가 있는 외딴 정거장에서 내렸다. 지도를 보아가며 언덕길을 올라갔더니 그 위에 제법 넓은 공간에 고분이 있었다.

히이라기쓰카고분은 아사카시립 제2소학교의 뒷편에 있고 남측에 공동 주택이 세워져서 고분의 후원부 밖에 남아있지 않다. 전장 60m, 후원부의 지름은 40m로 대형 전방후원분 부류에 들어간다고 한다. 6세기 전반에 조성된 것으로 보인다. 말 형상의 하니와馬形埴輪가 출토되었다. 고분이 언덕 위에 있기 때문에 그 밑을 흐르는 하천이 한 눈에 들어 왔다. 나중에 지도를 보고 확인하니 아라강의 지류로 아라강과 합류하여 도쿄만으로 흘러 들어 간다.

마침 휴일이라 놀러나온 동네 초등학생들이 모여 있어 근처에 있다는 다카하시고가高橋古家를 물었더니 친절히 가르쳐 준다. 한국에 대하여 어떻게 생각하느냐 물었더니 한국은 나쁜 나라라고 선생님에게 배웠다고 한다. 대통령의 독도 방문시 천황에 대한 발언을 문제 삼으며 일본 정부가 일본 여론을 악화시킨 여파인 모양인데 어린아이들에게까지 이런 영향을 미치게 되면 한일관계의 미래가 쉽지 않을 것이라는 생각이 문득 스치고 지나갔다.

다카하시고가는 우리네 시골집 분위기 그대로였다. 어린 시절 초가지붕을 한 시골집을 방문한 느낌이라고 할까? 마당, 부엌, 방, 뒷마당 등이 정갈하게 정리되어 있었다. 이찌야쓰카一夜塚 고분이 발견되었다는 소학교를 향해 길을 걷다보니 학교 후문 모퉁이에 비석이 하나 보였다. 이찌야쓰카一夜塚 고분 기념비다. 일본에서 고분은 경제 부흥기에 주로 주택을 비롯한 건물 신축 공사를 하면서 집중적으로 발견되었다. 이곳도 그런 곳 중의 하나이다. 비석에 쓰인 설명을 읽는 것으로 답사를 마쳤다. 히이라기쓰카고분과 같이 6세기 전반에 조성된 것으로 보인다.

## 신라군의 중심지군청 소재지 **추정**

아사카에서 와코에 걸친 아라카와荒川 오른쪽 강변의 대지 근처로 추정된다. 무사시노 대지 끝부분에 있는 유적군으로부터 추정하면 이 시대의 사람들은, 시키, 아사카, 와코지역을 서에서 동으로 흐르는 야나세강柳瀬川, 구루메강黒目川, 시라코강白子川 등 아라카와荒川나 신사시강新河岸川에 흘러 드는 하구 가까이의 대지에 살고, 벼농사를 중심으로 한 농경업에 종사하고 있었다고 생각된다.

와코시의 향토역사 자료에 의하면 오왕산에서는 야요이시대의 집락 흔적이 나오지만, 나라시대의 주거 유적은 보이지 않고 오히려, 와코시의 하나노키花の木 유적에서 헤이안시대의 유적이 나오고 있다고 한다. 또, 와코시에서 고에도강越戸川을 낀 아사카시의 네기시다이根岸台 방면을 유력지로 보는 견해도 있다고 한다.

군청소재지의 후보지로서 생각되는 곳은 와코시 하나노키 유적이다. 하나노키花の木 유적은 와코시 니이쿠라 2초메도조선 와코시역의 북쪽에 있는데, 외환도로 옆에 9세기의 큰 촌락 유적이 발견되고 있다. 하나노키花の木 유적에서는 한 채의 소실된 주거 유적으로부터 전국에서 세

번째로 히노시火熨斗, 숯다리미가 발견되었고 낡은 열쇠와 다수의 스에키須恵器, 가야토기가 출토되었다. 샘물이 풍부하여 아라강 유역의 벼농사에 적합한 무사시노 대지 안의 노비토메 대지野火止台地의 끝부분인 아사카 시부터 와코시에 걸쳐서 아라강에 면한 대지 어딘가에 신라군이 설치되었을 가능성이 있다.

이상의 고분들은 모두 하천가에 있는데 야나세천柳瀬川에 모이고 와코시 동쪽 아라강荒川으로 흘러 든다. 이 천변은 산책로가 훌륭하게 정비되어 있다. 개천가 언덕에서는 아이들이 어두워질 때까지 놀고 있는데 무척 평화로워 보인다. 신라의 강변이 서서히 어둠에 물들고 있다.

## 아사쿠사浅草절의 부처

치치부와 고구려군 그리고 신라군에서 흘러내린 하천과 강들은 모두 아리강荒川으로 모여 도쿄만으로 흘러들어간다. 아라강의 하류 중한 줄기인 스미다강 옆에 도쿄의 관광지로 유명한 아사쿠사浅草절이 있다. 안내문에 의하면 아사쿠사의 부처는 아야綾씨라는 대표적인 도래인 성씨의 형제들이 아라강에서 고기를 잡던 그물로 건져올린 부처라고 기술되어 있다. 아사쿠사를 방문한 사람이라도 이 부처를 본 사람은 거의 없을 것이다. 장막 뒤에 모셔져 있고 공개하지 않기 때문이다. 가정에서 모실만한 크기의 작은 백제불상이 큰 절에 모셔져 있다는 사실과 부처의 출처에 관한 이야기는 어딘가 꾸며진 것 같은 느낌을 받는다. 아라강 근처에 살고 있던 도래인들이 작은 백제 불상을 구해 절을 만들었는데 그 절이 지금의 아사쿠사가 되었다는 이야기일 것이다. 도래인들의 터전이었던 아라강荒川은 지금도 도쿄평야의 한복판을 유유히 흐르고있다.

## 16. 군마의 지명

한반도 도래인 땅이라고 하는 군마에서 말<sub>언어</sub> 속에 남아있는 도래인의 흔적을 찾아보자.

군마현을 흐르는 가장 크고 긴 강의 이름은 도네강<sub>利根川</sub>이다. 그러나 도네라는 강이름은 수수께끼이고 쓰인 한자도 그 의미를 알 수 없다고 한다.

これほど不思議なものはない. 今の'利根'という漢字になったのは何か意味があったのだろう.その理由は残念ながらわからない.

그런데 군마현의 도네가와<sub>利根川</sub> 지류인 가타시나강<sub>片品川</sub>의 한 지류에 내리강<sub>根利川, ねりかわ, 내리가와</sub>이라는 강이 있다. 우리말 '흘러 내리다'의 '내리'이고, 도네강에 붙힌 한자를 순서만 바꾸어 쓰고 있다. 즉 한자 표기 '根利<sub>ねり, 내리</sub>'를 '利根<sub>とね, 도네</sub>'로 순서만 바꿔 쓴 것으로 보인다<sub>필자의 개인적 의견</sub>.

군마현은 오래 전에는 '구루마'라고 불렸다. 옛날 한반도에서 온 많은 도래인이 살고 있었으므로 오인<sub>呉人, '구레'비토</sub>들이 사는 '구레인 의 땅'이라는 의미였다고 한다.

古くは'クルマ'と呼ばれた. 昔朝鮮からの多くの渡来人が住んでいたので '呉人くれびとの住む土地'の意味のよう.

319

일본에서 한반도인을 오인吳人으로 부르는 이유에 대해서는 별도의 설명이 필요하다. 일본에는 또 월越자가 들어가는 지명越後, 越前 등이 많다. 월越은 뜻으로는 건너왔다는 의미다. 일본인들은 무엇이든 한반도에서 건너 온 것이라는 사실을 기피하려는 성향이 있어 굳이 중국에서 왔다고 둘러 붙이는 경우를 도처에서 보게 된다.

그러나 이처럼 한반도 도래인을 중국인인 오인吳人이라고 부르는 것발음은 '구레비토'이지만은 오히려 오월吳, 越과 국경을 맞대고 있었다는 대륙 백제가 일본 열도에 남겨진 흔적일 수도 있겠다는 것이 필자의 생각이다.

참고로 『구당서』에 언급된 대륙백제에 관한 구절이다. 『구당서舊唐書』에서 전하기를 백제는 부여의 별종으로 동북쪽은 신라이고 서쪽으로 바다를 건너면 월주에 이르고 남쪽으로 바다를 건너면 왜倭에 이르며 북쪽은 고려이다.

舊唐書云 百濟 扶餘之別種 이 당시 '별종'이라는 의미는 갈라져 나온 '나라'라는 뜻이다 東北新羅 '西渡海至 越州' 南渡海至倭 北高麗 其王所居 有東西両城 新唐書云 '百濟西界 越州' 南倭 皆踰海 北高麗


다시 군마의 명칭으로 돌아오면, 고대에 조정에서 사용하는 말목장이 있었던 고즈케국이 군마군의 유래라고 하는 설도 있는 것 같다. 군마현의 홈페이지에 의하면, '차평車評, 평은 군의 의미'이라고 부르고 있었던 지역이 '차평車評'→'구루마군車郡'→'군마군群馬郡'이 되었다고 한다. 이 지역에서 말을 많이 사육하였던데 기인한다는 것이다.

또한, 고즈케국上野国은 간토의 고대 호족인 가미쯔케씨上毛野氏의 영지였기에 생긴 말이라는 설도 있다. 게일본어로 벼는 가(禾), 게 또는 모(毛)의 나

라國라는 것은 벼의 나라禾の国라는 말로 곡물을 재배하는 나라라는 의미이다. 군마는 옛부터 구루마라고 불렸으며,『화명초和名抄』[73]에도 한자로 구루마久留馬라고 씌어져 있다. 군마는 来馬구루마로도 쓴다. 구루마는 '강이 굽어 흐르는 것을 표시하는 지형川が曲流することを表す地形'이라고도 한다. 어느 경우든 도래인의 목장이나 우리말과 연관이 된다.

### 군마인의 성격

군마현 사람들의 일반적인 성격은 정직해서 인정미가 두텁지만 성미가 급한 면도 있다. 큰일에 도전하는 배짱이 있지만 잘 되지 않으면 빨리 단념한다. 다케미쓰 마코토 저著『출신현으로 아는 사람의 성격』에 의하면 군마현 출신은 새 것을 좋아하고 의리, 인정에 두텁다. 여성은 부지런하고 남성은 선심을 쓴다. 운전도 거칠고 기질도 거칠다고 한다.

'현민성의 법칙県民性の法則'이라는 책에서는 남성은 부하로서 쾌활해서 행동력이 있지만, 기복이 심하다. 원래 놀기 좋아하기 때문에 뚜벅뚜벅 일을 하는 타입이 아니다. 상사는 감정의 변화가 심하고, 사려깊지만 장기적인 시야는 결여되고, 체면에 구애되는 독불장군형이 많다. 여성은 부하로는 활발해서 행동력이 있고 부지런하다. 상사로서는 활발해서 행동력도 있고, 부하의 실수도 감싸는 책임감이 있는 타입이 많다. 둘 다 어딘지 친숙하게 느껴지는 성격들이다.

---

73  196 페이지 참조

# 제3부
# 이주와 변천사

3부는 두 부분으로 구성되어 있다.

우선 한반도 도래인들이 어떤 경로를 통해서 도쿄평야까지 이주하였을지에 대하여 알아본다.

야마나시에 있는 요코네사쿠라이초 적석총을 방문한다. 적석총은 일본 열도에는 일반적이지 않은 돌무덤으로서 한반도 고구려인들의 옛날 무덤 양식이다. 더군다나 이러한 무덤에서 고대 일본 열도에는 없었다는 말에 관련된 유물들이 함께 발견되면서 적석총은 한반도 도래인의 무덤이라고 인정된다. 우리 동해바다를 건너 일본 본섬의 북쪽 해안에 도착한 고구려인들이 나가노에 정착하여 살다가 일부는 남하하여 야마나시로 옮겨 살면서 남긴 유적이다. 이들은 동진하여 도쿄평야로 진출하였을 것이다.

고구려계 도래인들은 나가노에서 동진하여 가루이자와의 우스이고개를 넘어 사이타마 지역으로도 이주하였을 것이다.

가루이자와 루트를 타고 먼저 이동한 세력은 시마네현의 이즈모 지역에 앞서거니 뒤서거니 정착했던 가야와 신라계 이주민인 것으로 보인다. 우스이고개의 지명 유래가 그 사실을 암시해 주고 있다. 이 지역에 오래전부터 가야계 세력이 뿌리내리고 있었다는 것은 더불어 소개하는 야마토 타케루의 동정 기록으로도 확인 할 수 있다.

세 번째 루트가 도쿄평야의 남해안 루트인데 기내지방에서 이즈반도로 이주해 온 세력의 흔적은 미야케섬과 미시마신사의 전설로 확인할 수가 있고 시코쿠에 살던 가야계로 보이는 인베씨 세력의 보소반도로의 이주기록을 통하여 남해안 루트를 재확인 할 수 있다. 보소에 들어가기 전에 건너편의 미우라 반도에서 이들이 벌였던 일로도 이들의 이주 경로를 좀 더 자세히 짐작하게 할 수 있다. 이에 더하여 한반도와 일본 열도의 현해탄에 있는 오키노시마의 여신인 이치키시마히메의 흔적이 가마쿠라 일대에 산재한다는 사실 역시 도래인들이 도쿄평야로 들어온 루트를 암시해준다고 볼 수 있다.

두 번째 부분에서는 이와같이 도쿄평야로 들어와 정착했던 도래인 세력들이 시간이 지나며 어떤 활약을 했을까를 풀어본다. 무사시7당의 역사와 관동무사 사무라이 의 탄생, 가마쿠라 막부의 탄생과 사이타마지역 출신 무사들의 역할, 가마쿠라 막부가 숭상했던 야하타신과 가야-신라계 도래인 사이의 숨겨진 이야기 그리고 미우라반도를 근거로 활약했던 미우라당의 역사를 통해 도쿄평야에 정착했던 가야, 신라, 고구려계 도래인들이 일본 열도의 동쪽에 세워졌던 정권인 가마쿠라 막부 무신정권의 수립에 주역으로서 또는 협조자로서 어떤 역할을 했는지 살펴본다. 이 부분에서는 가마쿠라 막부의 수도였던 가마쿠라와 가마쿠라의 선종불교에 대하여 필요 이상의 설명을 덧붙인다. 이들은 가마쿠라 막부 이후에 에도 막부가 들어서면서도 같은 역할을 했고 현대 일본의 수도인 도쿄에서도 같은 역할을 수행했을 것으로 짐작된다.

# IV. 도쿄평야에 정착한
   한반도 도래인들의
   이주 루트

이제까지 기술한 무사시도쿄도와 사이타마와 군마 일대에 정착한 도래인들은 어떤 루트로 일본 열도의 어느 곳을 통하여 들어왔을까? 필자가 짐작하는 세 가지 루트가 있다.

첫 번째 야마나시山梨 루트이다. 나가노에서 출발하여 남쪽 야마나시 쪽으로 이동해 남쪽의 후지산과 북쪽의 오쿠치치부산맥 사이 고개를 넘어 도쿄평야로 진입하는 루트이다. 지금은 이 루트를 따라 중앙자동차전용도로고속도로가 지나가고 있다.

두 번째 가루이자와軽井沢 루트이다. 나가노에서 우에다上田를 통과하여 가루이자와軽井沢까지 온 다음 우스이고개碓氷峠를 넘어 군마지역으로 내려오는 방법이다. 이 루트는 에도시대에는 나카센도中山道로 불리었고 지금은 나가노자동차도長野自動車道와 나가노 신칸센 철도가 지나고 있다.

세 번째 남해안 루트이다. 남쪽의 바다를 통해서 치바반도를 비롯한 도쿄 해안에 도착하여 옛 도네강을 따라 군마지역으로 이동하거나 아라강을 따라 사이타마지역으로 이동하거나 타마강을 따라 고마에와 조후지역으로 이동한 경우일 것이다. 차례대로 설명해보기로 한다.

## 1. 야마나시 루트

야마나시山梨지역의 고분 답사에 나선다.

우선 적석총積石塚, 쓰미이시쓰카에 대한 설명이다. 돌을 쌓아 올려서 분구를 만든 무덤이다. 우리민족은 고대에 시신을 매장할 때 다른 민족과 달리 주로 돌을 가지고 묘를 축조했는데, 이것이 돌무덤이다. 돌무덤은 신석기시대부터 청동기시대까지 오랫동안 만주지역과 한반도에서 크게 유행했는데, 남쪽으로는 일본의 규슈지방과 류큐열도까지 분포되었다. 이러한 적석총은 홍산문화, 부여, 고구려, 백제로 이어지면서 우리민족과 직접적 연관성을 가져 왔다.

돌무덤[74] 중에는 돌무지무덤적석총, 돌덧널무덤석곽묘, 돌널무덤석관묘, 돌방무덤석실묘 등이 있다. 그 중에서도 대표적인 무덤 형식인 돌널무덤에는 두 종류가 있다. 땅을 파고 지하에 판자와 같은 널찍한 돌판석을 마치 상자 모양으로 널관을 짠 이른바 수립식竪立式 돌널무덤이고, 다른 하나는 판석을 중첩하여 네 벽을 쌓고 뚜껑을 덮은 이른바 첩체식石室 돌널무덤이다.

---

74  무덤의 양식에 대한 명칭은 순 우리말 용어와 한자식 용어가 사용되는데 사전 이해가 필요하다.

무덤양식은 그 민족의 잘 변하지 않는 고유 전통인데 그 때문에 고고학에서 가장 중요하게 여기는 분야 중 하나가 묘장법墓葬法이다. 문헌상으로 볼 때 적석총의 묘장법을 채용했던 나라는 고조선으로 알려져 있다. 중국의 묘제는 토광묘土壙墓다. 적석총積石塚과 함께 무덤 주변을 빙 둘러서 꽂아놓은 통형관 행렬은 한반도 전남지방에서 그대로 보이며, 일본 열도의 하니와埴輪로도 연결된다. 문화대혁명 직전 중국 정부는 집안集安의 국내성 주변에서 1만 3,000여 기의 고구려 적석총을 확인했다. 50년이 흐른 지금에도 약 6,000기가 남아 있다고 한다. 필자도 집안의 환도산성을 방문하여 성 아래쪽 의 강가 들판에 조성된 대규모 적석총군을 확인한 바 있다. '장례 때 고구려는 돌로 쌓아 봉분을 만든다積石爲封'는 삼국지 위서 동이전의 기록이 있다.

### 한반도의 적석총

시도矢島, 인천 옹진군적석총, 황해도 황주 침촌리 적석총, 춘천 천전리 적석총, 평북 강계 일원과 대동강 유역, 평남 강서, 북창 일대, 재령강 유역의 황해도 봉산, 인산, 서흥, 사리원, 한강유역의 양평, 경남 김해, 진주, 충남 아산, 예산, 부여, 충북 단양, 경북 의성 , 울산 은현리의 괴석분 적석총과 만주 집안현장군총의 절석분 적석총이 있다. 석촌동의 적석총은 백제 초기의 적석총으로 고구려의 영향을 받은 것으로 알려지고 있다.

### 가. 연천군 중면 횡산리 동막골 돌막재

돌막재 경사면 양쪽으로 납작한 화강편마암들을 겹겹이 쌓아올린 돌무지들은 대부분 형태를 그대로 유지하고 있다. 돌무지는 야트막한 봉분封墳 위에 쌓여 있다. 일부 봉분의 경우 돌더미는 거의 허물어졌지만 봉분 형태는 뚜렷하다. 지표면에 관을 놓고 봉분을 쌓은 뒤 그 위를 다시 돌로 덮는 고구려 적석봉토분積石封土墳이다.

횡산리 무덤들은 고구려 토기로 추정되는 유물이 함께 출토된 데다 돌막재에서 확인된 30기를 포함해 최소 300기가 넘어 남한에서 발견된 최대규모의 고구려 고분군이다. 발굴조사 전에는 수해를 막기위한 '방파제' 또는 '애기무덤', '소산이등치'라는 이름으로 불리어지고 있었다. 태풍전망대 인근이다.

## 나. 연천군 삼곶리 적석총

동료 M씨와 태풍전망대에 다녀오는 길에 민통선 내의 임진강가에서 적석총 간판을 보고 찾아간 곳이다. 삼곶리 적석총은 임진강 북안의 충적대지 위에 자리하고 있다. 유적은 전체길이 38m, 최대 폭이 47m, 높이가 7.5m의 부정 타원형에 가깝다. 땅을 정리한 다음 그 위에 한두 겹의 자갈돌을 깔아 길이 28m, 너비 11m의 무덤터를 마련하였다. 동서 2개의 무덤은 덧붙여지어진 쌍분으로 평면형태가 표주박형에 가깝다. 무덤 북쪽에는 제단시설로 유추되는 흔적이 남아있다.

유물은 묘실과 북편에서 출토되었는데 덧널槨 안에서는 사람뼈 조각, 쇠로 만든 화살촉, 구슬들이 나왔고 그 주변에서 토기조각과 숫돌들이 발견되었다. 토기에는 유사승석문類似繩蓆文 그대로 타날된 연질토기 단경호短頸壺와 경질무문 토기편이 있고, 철제품에는 단경 유엽형 철촉短徑 柳葉形 鐵鏃이 출토되었고, 마노瑪瑙로 추측되는 암석을 갈아 만든 옥제품이 2개체분 등이 다량 출토되었다. 북편에서 출토된 토기편은 대부분이 중서부 지역에서 조사되는 백제초기의 타날문打捺文 단경

호이며, 철촉은 형태로 보아 2~3세기로 편년될 수 있다. 삼곶리 적석총의 축조연대는 이러한 출토유물의 연대를 기준으로 볼 때 기원후 약 2~3세기로 추정되며 출토 유물과 무덤의 구조로 보아 초기 백제시대의 것으로 추정된다. 연천 삼곶리 돌무지무덤은 고대 무덤양식에 귀중한 자료를 제공해 줄 뿐만 아니라 백제의 영역을 이해하는데 있어 아주 중요한 유적이다.

### 일본 열도의 적석총

일본 열도에서 고분시대의 적석총 무덤형식은 시코쿠四国 가가와현香川県과 도쿠시마현德島県의 일부 지역과 나가노현長野県, 야마나시현山梨県의 고후분지 북쪽산록 등 지역에서 많이 보여진다. 또 쓰시마対馬島, 야마구치현의 미시마, 그 밖에 미야자키, 아이치, 시즈오카, 군마현 등에서도 보여진다. 그중에서도 특히 유명한 적석총 고분군은 다음과 같다.

나가노시 오무로 고분군大室古墳群은 약 500기의 고분 가운데 80% 가까이가 자갈을 쌓아 봉분으로 삼은 도래인 묘제인 적석총이다.

約500基の古墳の中には、八割近くが小石を積み上げて墳丘とした渡来人墓制である積石塚です。

가가와현 다카마쓰시 이와세오야마고분군石清尾山古墳群으로 해발 약 232m의 이와세오야마石清尾山 구릉상에 적석총 9기가 축조되어 있다. 적석총은 4세기에서 5세기의 것이다.

### 야마나시山梨 요코네사쿠라이초橫根桜井町 적석총

폭 2~3m 남짓의 적막한 산길을 올라가다 이제 되돌아갈까하는
생각이 들 즈음, 사면을 흐르는 개울 건너 적석총인 듯한
돌무지가 보인다. 분구의 형상은 명확하지 않지만 몇 m 사방의
범위에 높이 1m 정도의 분구墳丘가 보이고 위에 몇 십cm의 돌이
쌓아 올려져 있다. 부근 일대에는 비슷비슷한 돌이 널려 있어
모두 적석총으로 보이기 쉬워서인지 적석총에는 표식이
세워져 있다.

야마구치현 하기시미시마지콤보 고분군見島ジーコンボ古墳群에 폭 50~100m 범위에 200여 기가 존재한다. 이 모든 고분이 역빈礫浜, 자갈이 많이 퇴적되어 있는 해안의 자연석을 쌓아올린 적석총이다.

가가와와 도쿠시마의 것은 고분시대 전기3~4세기를 중심으로 하고, 나가노, 야마나시의 것은 중기 후반부터 후기5~6세기에 걸쳐서 형성된 군집분으로 볼 수 있다. 약 500기로 이루어지는 나가노시 마쓰다이마치에 소재하는 오무로 고분군은 일본 최대의 적석총 고분군으로, 대부분이 적석총이며 매장 시설의 대부분이 횡혈식석실이다. 나가노현 스자카시의 적석총 고분군인 핫쵸요로이쓰카고분八丁鎧塚古墳에도 5기가 있다. 출토품으로서 거울, 벽옥제 흉옥, 조개 팔찌 등이 있고 5세기로 거슬러 올라가는 것으로 본다. 피장자에 대해서는 도래인설이 유력한데 일부 지역은 환경 자생설도 거론되고있다.

### 가. 야마나시山梨 요코네사쿠라이초橫根桜井町 적석총積石塚, 돌무지무덤

이곳을 찾느라고 고생을 좀 하였다. 들어가는 입구를 알 수 없어 마을을 돌다가 포기하고 나오는데 언뜻 희미한 표지판이 보인다. 파트너가 아니면 놓칠 뻔하였다. 포도밭 사이의 구불구불한 농로를 타고 산중턱까지 올라갔는데 농부에게 물어보니 서쪽 산기슭으로 가야한다고 한다. 막상 돌아 내려오는 길은 좁고 양옆이 수로이다. 운전석에서는 길 양끝이 보이지 않아 파트너가 줄곧 밖에서 걸어가며 차를 유도하여 천천히 내려왔다. 한참을 헤매다가 근처의 절 주차장에 차를 세워놓고 걸어서 올라가기로 한다.

하찌닌야마八人山 중턱의 과수원 옆으로 난 산길을 통하여 올라가는 데 표식이 전혀 없다. 주변의 과수원 주변 경계에도 돌들이 많이 쌓여 있어 혼동을 준다. 폭 2~3m 남짓의 적막한 산길을 올라가다 이제 되돌아갈까하는 생각이 들 즈음, 사면을 흐르는 개울 건너 적석총인 듯한 돌무지가 보인다. 분구墳丘의 형상은 명확하지 않지만 몇 m 사방의 범위에 높이 1m 정도의 분구가 보이고 위에 몇 십cm의 돌이 쌓아 올려져 있다. 부근 일대에는 비슷비슷한 돌이 널려 있어 모두 적석총으로 보이기 쉬워서인지 적석총에는 표식이 세워져 있다. 필자가 어렵사리 찾은 이 적석총을 대하며 1,500년 만에 한반도에서 찾아온 후손으로서 간단한 예를 올리고 천년의 감회에 젖는다. 고후분지와 후지산을 훤히 바라볼 수 있는 산의 사면에 위치해 있다. 명당이다.

야마나시현 고후시 요코네초橫根町에서 사쿠라이초桜井町의 산록에 걸쳐서 145기의 고분이 확인되고 있다. 이 고분은 군집묘로 고분시대 후기부터 말기6세기 후반~7세기에 걸쳐서 만들어진 것이라고 생각되고 있다. 이 고분군은 흙 대신 돌을 쌓아 올려서 분구를 만들어 적석총 고분이라고 부르고 있다. 분구를 돌로 만든다고 하는 점에서 적석총은 한반도의 고구려 무덤과 공통점이 있다. 이곳에 묻혀있을 고구려 사람들이 일본 열도에 건너와서 적석총 고분을 만들었다고 추정한다.

또, 이 적석총 고분으로부터 말의 이가 출토되었다는 보고가 있다. 3~4세기 이전, 일본에는 말이 없었다고 위지 왜인전에 기록되어 있어서 적석총 고분으로부터 출토한 말의 이는 고후시甲府市 주변에서 사육된 말일테니 말을 기를 수 있었던 도래인 무덤일 가능성을 보여주고 있다. 적석총이 도래인 무덤이라고 하는 직접적인 증거는 없지만 부근의 시오베塩部 유적에서도 일본 열도에서 가장 오래된4세기 후반 말 뼈骨가 출토되고 있어, 이 지역이 말과 함께 건너 온 도래인과 관계될 가능성이 크다고 일본인들도 보고 있다. 출토품에는 우리나라 동해를 면한 일본 본섬의 북쪽 해안지방인 호쿠리쿠北陸 즉 新潟県, 富山県, 石川県, 福井県系의 물건도 많이 출토되어 도래인들이 한반도에서 호쿠리쿠를 경유해 왔을 것이라고 추정한다.

### 나. 야마나시 고고박물관山梨考古博物館

야마나시현山梨県 고후시甲府市 남쪽, 후지산 쪽에서 보면 북쪽 경계로 쥬오中央자동차도로에서 고후남부 톨게이트를 나오면 바로 있다. 야마나시 부근의 고분들을 정비하고 부장품들을 보관하기 위하여 지은 현립도시공원내 박물관이다.

고후시 시모무코야마정下向山町에 있는 도시공원으로 가비풍토기의 언덕甲斐風土記の丘, 가이후도키노오카 즉, 소네구릉공원曽根丘陵公園내에는 고후분지의 남서 산록인 우스이강 좌안 9km에 걸치지는 구릉지역으로 구석기시대 이후 유적이 많이 분포되어 있다. 이곳에 있는 고분들이 나가노 방면에서 남하한 고구려 이주민들이 만든 것인지 스즈오카 해안 쪽에서 북상한 가야계 이주민의 것인지 필자는 아직 명확한 답을 찾지 못했으나 가야계 이주민의 것일 가능성이 크다고 보고 있다.

가비쬬우시쓰카고분甲斐銚子塚古墳을 비롯한 몇 개의 대형 고분들이 있다. '조자銚子'는 에도시대의 전방후원분의 통칭으로 측면이 술병주둥이가 긴 술잔으로 보이는 것에서 따온 명칭이다.

고고박물관에서는 고후시 남부의 히가시야마東山지역의 야요이 후

기 방형주구묘군이 있는 우에노타이라上の平 유적의 농경도구나 야요이 토기가 있다. 그리고 고분시대의 전기 고분군이 밀집된 지역으로 가비쪼우시쓰카고분과 다이마루산고분으로부터 출토한 청동거울이나 단갑의 복제품 이외 실물자료로 무구나 최근 출토한 목제품, 하세기, 스에키須惠器, すえき 등이 전시되어 있고 수혈, 횡혈 석실구조의 모형이 전시되고 있다. 원내에는 야마나시 현립고고박물관 외에 연수센터와 광장 등이 있다.

### 다. 히가시야마고분군東山古墳群

이 고분군은 야마나시현 고후시 시모소네초下曽根町 고후분지의 남동쪽에 위치한다. 일대는 대형 고분이 집중적으로 분포되어있는 지역으로 가비쪼우시쓰카고분甲斐銚子塚古墳의 흙을 성토했다고 추정하는 표고 340m의 히가시야마 대지가 펼쳐져 있다. 가비쪼우시쓰카고분甲斐銚子塚古墳은 표고 260m 부근에 위치한다. 시모소네, 가미무코야마 지구에 걸쳐서 다이마루산고분, 마루코 쓰카고분, 칸칸쓰카고분과 함께 히가시야마 고분군을 구성한다. 남서의 요네쿠라산米倉山에도 고분군이 있다.

소네구릉 일대에 있는 16기의 히가시야마고분군 가운데, 공원 내에는 전방후원분인 가비쪼우시쓰카고분甲斐銚子塚古墳과 원분인 마루야마 쓰카고분丸山塚古墳이 있다. 산책 코스의 일부라서 고분 위로 올라가는 것이 가능하다. 가비쪼우시쓰카고분은 야마나시현 내에서는 고분시대 전기 최대 규모의 고분으로 전장 169m을 자랑하는 대규모로 4세기 후반에 축조된 것으로 추정된다.

가비쬬우시쓰카고분甲斐銚子塚古墳의 대표적인 출토품은 삼각연신수경三角緣神獸鏡이다. 비젠 구루마즈카 고분備前車塚古墳, 오카야마시, 군마현 산보기 소재의 고분후지오카시, 후지사키藤崎遺跡 유적에서 출토된 거울과 같은 모양의 주형을 바탕으로 만들어졌다. 배면부의 연호나 전국적인 분포로 미루어 야마타이국邪馬台国의 여자수장 히미코卑弥呼의 거울로 생각되어 야마타이국 기내설의 유력한 근거가 되었다.

### 사루바시猿橋

적석총과는 관계가 없지만 도래인의 것으로 추정되는 유적이 있어 더불어 소개한다. 이 다리는 도쿄에서 야마나시로 가는 쥬오中央자동차도로를 가다가 후지산 입구 쪽으로 들어서서 좌회전을 하여 10여 분 돌아와야 한다. 이 다리가 백제유민에 의해 만들어졌다고 기록되어 있는 것을 보면 시기상 초기 도래인들보다 후대에 도착한 한반도 이주민의 것으로 보인다.

사루바시는 야마나시현 오쓰키시大月市 가쓰라가와桂川에 가설된 하네바시刎橋, Cantilever 구조의 다리다. 만들어지는 과정은 물가의 암반에 구멍을 뚫고 나무를 비스듬히 꽂아 공중에 밀어내게 한다. 그 위에 같은 방식으로 연이어 계속해서 위의 나무는 아래 나무 보다 조금 길게 내밀어 나무를 떠받치게 한다. 이것을 몇 개 포개고, 공중을 향해서 멀리 목을 쳐 간다. 이것을 발판으로 상부 구조를 짜고 판자를 깔아서 다리로 한다. 이 수법에 의하면 교각을 세우지 않고 다리를 설치하는 것이 가능해진다.

사루바시猿橋는 현재는 인도교로 길이 30.9m, 폭 3.3m로 수면에서

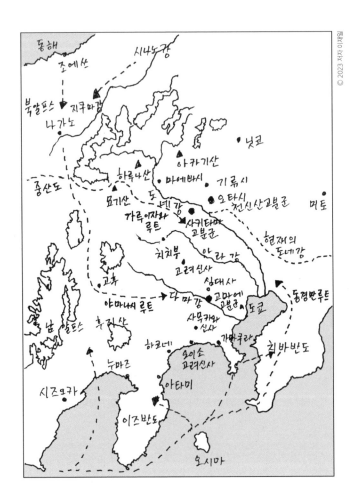

## 무사시와 도쿄평야

백제계 세력의 야마토 타케루日本武尊는 동국東國, 도쿄평야에 세력을
펼치고 있는 이들 가야계와 이즈모新羅계 황신荒神 세력을 평정하기
위하여 힘든 동국 정복전쟁에 나서서 승리하였다.

즉, 가루이자와 루트는 혼슈 북쪽이즈모 지역 등에 살던
한반도 도래인들이 도쿄평야로 이주하던 루트였던 것이다.

의 높이 31m의 골짜기에 세워졌는데 교각은 없고, 날카롭게 치솟은 양쪽 기슭으로부터 4층으로 포개진 문刎이라고 불리는 버팀목 나무를 밀어내어 다리를 떠받치고 있다. 사루바시猿橋다리가 설치된 연대는 불분명하지만 그 고장의 전설에 의하면, 고대 스이코 천황 때인 610년경에 백제의 도래인으로 조원사造園師인 시라코志羅呼가 원숭이들이 서로서로 몸을 받쳐서 다리를 만드는 것을 보고 만들었다는 전설이 있는데 사루바시猿橋, 원숭이 다리의 이름은 이 전설에서 유래한다. 안내판에 백제인 이야기가 적혀 있다.

## 2. 가루이자와軽井沢 루트

서쪽 야마토아스카지역에 세력의 근거가 있는 야마토 다케루라는 인물이 도쿄평야를 정복하러 온 데는 이유가 있을 것이다.

『일본서기』에 다음과 같이 그 이유가 기술되어 있다.

경행기景行紀 40년에 동이東夷가 크게 반叛하여 변경이 소란스럽고 동국東國에서 황신荒神이 다기多起하여 인민을 약탈하므로 이를 평정하기 위하여 먼저 야마토 타케루의 형인 오오우스노미코토大碓命, おおうすのみこと를 보내려 하였으나 미리 겁을 먹고 초야로 숨어 버렸기 때문에 어쩔 수 없이 야마토 타케루日本武尊, 즉 아오우스노 미코토小碓命가 동국의 정복전쟁을 감당하지 않을 수 없었다고 이야기를 꾸며 가고 있다. 즉, 그 당시에도 벌써 도쿄평야에 어떤 세력이 있었는데 소위 서쪽의 야마토 세력으로부터는 독립적이었다는 의미일 것이다.

위에 '황신荒神'이란 말이 있는데 달리 생각하면 荒아라은 안라安羅, 아라阿羅로서 가야계加羅系를 지칭한 것으로도 볼 수 있다. 그러다가 야마토 다케루가 올랐다는 우스이고개碓氷峠의 지명유래를 찾아보게 되었다. 야마토 다케루의 이름자인 아오우스노 미코토小碓命의 우스碓와 우스이碓氷가 관련이 있나하는 의문에서 였다.

일본에도 우리나라 네이버 '지식iN'처럼 인터넷 사용자의 지식 교류 매개체로서 질문자가 올린 질문이나 궁금한 내용, 고민에 대해 다른 응답자들이 자발적으로 답을 달면서 지식을 주고받는 서비스로 'Yahoo!知恵袋지에부꾸로, ちえぶくろ'가 있다. 답을 찾아보니 BADEYA라는 응답자가 최근2012/2에 올린 답이 있는데 홍미를 자아내기에 충분했다.

고대에 도쿄지방에 거주했던 성씨에 관한 내용이다.
고대 아라하바키荒脛, あらはばき, 황경족이라 칭하는 종족이 무사시국 및 오슈奧州에 많이 거주하고 있었는데 교토 사람들은 그들을 에조蝦夷라고 멸칭蔑称했다. 무사시국은 지금의 도쿄도와 사이타먀현을 합친 지역이고 오슈奧州는 도호쿠 지방東北地方에 있던 무쓰국陸奧国의 다른 명칭으로 대체로 혼슈 북동부에 해당하는 오늘의 후쿠시마현, 미야기현, 이와테현, 아오모리현과 아키타현 북동쪽을 말한다.

아다치군足立郡에는 아라하바키신사荒脛社가 많이 있어 지금은 히카와 신사氷川社의 말사가 되고 있다. 아라하바키왕 아베씨荒脛王 阿部氏는 구마가야고熊谷郷에 왕궁을 두고 있었다. 아족阿,くま,族의 촌락을 구마가이熊谷, くまがい라고 칭한다. 아족은 아베安部, 아베阿部, 구마가야熊谷를 성으로 오슈 태평

양 연안에 많이 거주하고 있다. 사키타마埼玉 이나리야마고분稲荷山古墳에서 나온 철검명鉄剣銘의 피장자는 구마가야고熊谷郷 출신 아베씨阿部氏다. 후에 여기서 나리타씨가 발상한다.

다이노쿠니大ノ国. 백제의 도래인을 호胡,えびす 또는 양羊. ひつじ이라고 멸칭하고 거주지를 대호, 다호多胡라고 칭했다.

오슈 도와다코十和田湖 부근에 황경족 나리타, 나라, 아키모토, 아보시安保의 일족이 많고 쓰가루津軽에서는 나리타씨가 대성이다.

무사시武蔵는 흉자胸刺라고 쓰고, 胸むな은 空むな으로 카라韓의 의미이며 刺さし는 城さし으로 비농민이 모이는 곳을 말한다. 단공, 석공, 목공, 직공 등을 업으로 한 한인韓人의 도래지를 흉자胸刺, 무사시라 칭하고 본국本國, 즉 한반도의 이름을 따서 오오타노쇼우大田庄이라 칭했다. 전田은 군현의 뜻이다. 해양민 석족海洋民 石. いそ. 族은 이시카와, 이시다를 성씨로 한다. 죠슈에서는 이소베磯部라고 칭한다.

해양민 와족海洋民 渦族은 薄우스, 우스이, 스스키이라 칭하고 우스이碓氷, 스즈키鈴木, 스즈키須々木를 성씨로 했다. 고대 조선어의 아阿. 아. 오는 일본어화되기 전에는 우로 읽혔다. 해양민 와해족海洋民渦海. うづみ. 族은 우즈미宇津見, 우치미内海, 우치다内田를 성씨로 했다. 아즈미安曇, 아쓰미阿津美의 아쓰미ァッはミ는 우츠미의 와전된 사투리다.

아오는 호로도 읽는 호즈미穂積, 호이즈미保泉라고 칭했다. 파巴. 우즈마사

는 엔円으로 엔도우遠藤를 칭하고 와타나베渡辺로도 된다. 渡バタ는 바다의 뜻이다. 즉, 머리글자에 '아이우에오'가 붙는 성은 해양민의 도래인이다. 사이타마현 사람의 주소록을 만들 때는 아행을 많이 준비하는 것이 좋다.

예나 지금이나 성씨사전에서는 성씨의 발상을 마을 이름과 연결하고 있는데, 이는 큰 오류다. 사이타마현 내에서는 신관神官, 수험승修験僧 등의 특수한 예를 제외하고 마을 이름에서 발상한 성씨는 거의 예가 없다.

그러면서 히카와신사氷川神社, ひかわじんじゃ를 소개한다.

히카와신사는 사이타마시 오미야구에 있는 신사다. 식내사名神大社로 무사시국武蔵国 이찌노미야一宮. 중심이 되는 신사다. 사격은 관폐대사로, 현재는 신사 본청의 별표 신사다.

사전社伝에 따르면 5대 효소천황孝昭天皇 창건이라고 한다. 국조본기国造本紀에 따르면 초대 무사시 국조의 형 다모히토多毛比命는 13대 성무 천황경행천황의 아들 때 이즈모족을 거느리고 이 땅으로 이주하여 조신祖神을 모시고 씨신으로서 당사를 봉숭했다고 한다. 이 일대는 이즈모족이 개척한 땅으로 무사시 국조는 이즈모 국조와 동족이라고 하며, 사명社名인 氷川 빙천도 이즈모의 히카와簸川. ひかわ에서 유래했다는 설이 있다.

한편 히카와신사 안에는 섭사摂社. 큰 신사의 관리에 맡겨진 작거나 축소된 신사가 있는데 원래는 '아라하바키신사荒脛巾. あらはばき. 神社'라고 불리던 것으로 이 아라하바키신荒脛神, あらはばきのかみ 은 히카와신사의 지주신地主神. 먼저 자리잡은 터줏대감이다. 현재 모셔져 있는 이즈모계의 신은 무사시 국조 일족과 함께 이곳에 이주해 온 것으로 선주의 신先住の神이 아라하바키로 보인다.

이 밖에 경행천황의 황태자 일본무존이 동정 때 부상을 입어 유메마쿠라
夢枕에 나타난 노인의 가르침에 따라 당 신사에 참배했더니 일어서게 되었
다는 전설이 남아 있다. 이로부터 본 지역을 '아다치足立라고 칭하게 되었
고 한다.

위 글에서 다음과 같은 사실을 알 수 있다. 우스이碓氷는 해양민海洋
民 와족渦族의 성씨다. 지금도 사이타마현에는 해양민한반도도래인의 성
씨들이 많이 산다. 위 글은 일관성은 없지만 다양한 내용을 포함하고
있다. 이 내용을 필자가 이야기하려는 주제와 관련하여 정리하면 다음
과 같다.

도쿄평야에는 먼 옛날에 가야계 아라하바키荒脛, あらはばき씨가 살고
있었는데 대표 성씨는 아베씨荒脛王阿部氏로 구마가야고熊谷鄉에 왕궁을
두고 있었다. 그들의 신사는 아라하바키신사荒脛巾, あらはばき, 神社였다.
그후 다모히토多毛比命라는 인물이 한반도 도래인인 이즈모出雲족을
거느리고 이곳 도쿄지역으로 이주하여 이 일대를 개척하였는데 무사
시 국조는 이즈모 국조지방 통치자와 동족이다. 이즈모족의 신사는 히카
와신사氷川神社다. 이들은 도쿄평야의 선주족先住族인 가야계 아라하바키
荒脛, あらはばき족을 흡수하였다.
우스이碓氷는 이즈모 지역으로부터 이주해온 해양민海洋民 와족渦族의
성씨다. 그들이 넘어온 고개이기 때문에 우스이고개碓氷峠라는 지명이
되었다.

서쪽에서 새롭게 일어난 백제계 세력의 야마토 타케루日本武尊는 동국東國, 도쿄평야에 세력을 펼치고 있는 이들 가야계와 이즈모신라계 황신荒神 세력을 평정하기 위하여 힘든 동국 정복전쟁에 나서서 승리하였다. 이야기의 전말은 위와 같고 가루이자와 루트는 혼슈 북쪽이즈모 지역 등에 살던 한반도 도래인들이 도쿄평야로 이주하던 루트였던 것이다.

### 우스이고개의 도래인

처음 가루이자와에서 도쿄평야로 내려가는 우스이고개 정상에 있는 견청대를 방문하였을 때 필자의 눈길을 끈 것 중 하나가 그곳에 쓰여 있는 안내문이었다. 이곳에 고려高麗, 고마, 고구려인이 살았다는 내용이었다. 일본의 고대사나 도래인에 관한 지식이 거의 전무했던 필자로서는 전혀 이해가 되지 않았던 설명이었다. 그리고 3년 정도가 흐르고 나서야 이 말의 뜻이 조금씩 이해되기 시작했다.

다시 가루이자와의 구마노熊野신사와 일본무존日本武尊의 이야기를 정리하면서 구마노熊野의 곰 웅熊, 구마, 高麗, 고마, 고려, 고구려자가 눈에 들어오고 일본무존日本武尊이 '아즈마하야'라고 외쳤다는 이야기를 듣고 무언가 도래인과 관계가 있는 인물일 것이라는 생각이 들어 자료를 찾다보니 여러 가지 내용을 찾을 수 있었다. 아즈마吾妻라는 지명은 도쿄평야에 무수한데 이 단어를 보면 항상 어쩌면 우리말 아줌마와 같지 않을까하는 의구심이 있었다. 이와 같은 이야기들을 근거로 도래인이 일본 열도의 서쪽에서 군마지역의 방향으로 이주한 루트의 하나로 생각한다. 참고로 우스이고개 정상에서 군마평야로 내려가는 구도로는 경사가 심하고 구비가 많아 필자가 한번은 차를 운전하고 내려가려다가 중도에 포기하고 다시 돌아서 올라간 경험이 있다.

### 가루이자와 軽井沢

지금의 가루이자와는 도쿄 근교의 여름 휴양지이다. 고지대라 도쿄에서 가는 재래선 철도는 없고 터널을 통해 고지대로 올라가는 신칸센을 타야만 갈 수 있는 곳이다. 나가노행 신칸센을 타고 한 시간 정도걸린다. 역에서 내리면 주변은 한가하다. 중심가인 긴자거리 초입까지역에서 북쪽으로 2km 정도 가야 하는데 걸어서 20분 이상 걸린다. 긴자거리는 어느 관광지 못지 않게 상점과 전통음식점과 서양 음식점이즐비하다. 옛날 건물들이 많기 때문에 에도시대 느낌도 난다. 관광객틈에 끼어 걸어 다니면 제법 옛날 분위기가 젖어드는 거리다. 긴자거리에서 벗어나면 숲속에는 별장들이 펼쳐져 있다. 나무로 뒤덮힌 길들은 산책하기에 아주 좋다. 역의 남쪽으로는 커다란 아웃렛, 프린스호텔과 72홀 골프장 그리고 스키장이 있다. 당일코스로 몇 번 방문했고숙박한 적도 있다. 서울에서 오는 분들에게는 방문을 권하기도 했다.

가루이자와 軽井沢는 나가노현 사쿠 佐久지방에 있는 지명이다. 일반적으로 나가노현 기타사쿠군 가루이자와마치, 구 가루이자와 지구나가루이자와마치 전체를 가리킨다. 토착의 읽는 법에서는 가루이사와다. 「가루이자와」라고 하는 지명은 이곳 외에도 일본 각지에 존재한다. 「가루이자와」 어원에 대해서는 여러 가지 설이 있어 명확하지 않지만고어나 방언으로 짐을 업어 메고 나르는 것을 '가루우'라고 하는데 짐을 업고 올라온 고개에 계속 되는 골짜기를 부르는 말이라는 설과 가라이자와 枯井沢 즉, 물이 마른 골짜기라고 하는 설도 있다. 가루이자와 주변의 표고는 1,000m 전후이며, 연평균 기온은 7.8도로, 삿포로의 평균 기온8.5도보다 낮다. 그 때문에 피서지로서 인기를 얻고 있다.

에도시대에 다섯 가도의 하나인 나카센도中山道가 지나가는 슈쿠바宿場 마을이다. 험한 곳 중의 하나로 알려진 우스이고개碓氷峠의 서측 마을로 번성하였다. 가루이자와 부근에는 가루이자와 슈쿠바軽井沢宿 이외에 쿠츠카케 슈쿠바沓掛宿, 中軽井沢, 나카카루이자와, 이와케 슈쿠바追分宿, 信濃追分, 시나노 이와케가 있었다. 이 세 슈쿠바를 모아서 아사마 미슈쿠浅間三宿라고 말하는데 아사마浅間산이 보이는 경승지로서도 유명했다.

에도도쿄에서 교토까지의 경로는 사카모토 숙소-우스이고개-가루이자와 숙소-쿠츠카케沓掛 숙소-이와케追分 숙소-오타이 숙소-교토로 이어졌다.

에도시대가 끝나고 메이지시대가 되면서 슈쿠바 마을로서의 기능을 잃고 쇠퇴하기 시작한다. 그러나 1886년 캐나다인 선교사인 알렉산더 쇼가 우연히 방문하여 다카바야시 가오루 다이라씨의 주택을 빌려서 7월과 8월 두 달을 체류하며 가루이자와 환경이 자신의 고향인 토론토를 닮았다고 느끼게 된다. 1888년 쇼는 쓰루야현재의 쓰루야 여관의 주인인 사토씨의 알선으로 별장을 마련하고, 피서지로서 가루이자와 역사를 시작하게 된다. 별장 제1호는 민가를 이전하여 개조한 것이다. 이 집은 나중에 이축되어 「쇼 하우스 기념관」으로 남게 된다. 후에 이 건물 앞에 「쇼 기념 예배당」이 지어지게 된다

같은 해에 가루이자와에서 출발하는 신에쓰본선信越本線의 나가노 방

면이 개통되면서 가루이자와역이 만들어졌다. 그리고 1893년에는 우스이고개碓氷峠를 넘는 도로로 도쿄와 연결되었다. 그 후, 쇼와 같이 방문한 제국대학교 교수 딕슨 부부가 카메야亀屋 료칸의 사토 만페이씨에게 서양식 요리을 가르치고, 1894년에 가루이자와에서 최초의 서양식 호텔인 카메야 호텔후의 만페이 호텔이 생겼다. 1899년에는 가루이자와 호텔, 1906년에는 미카사 호텔이 개업하면서 선교사, 지식인, 문화인 사이에 인기를 얻어 일본 3대 외국인 피서지의 하나로 손꼽히게 된다.

1918년에는 쓰쓰미 야스지로씨의 세이부 자본회사이 산림 60만평을 평당 5전에 매수하여 개발을 시작하고 별장지 판매와 호텔 영업을 시작했다. 1921년에 다시 벌판과 습지 86만평을 매수, 이것을 미나미카루이자와라 부르며 별장지와 경마장, 비행장뒤에 모두 골프장이 된다 등이 개발 된다.

1945년에는 도큐 자본도 개발에 참여하고 전후에는 수도권 배후지의 리조트 단지로 발전하고, 1961년 미나미카루이자와南軽井沢의 더욱 남쪽으로 광대한 토지를 취득하고, 1953년에 조성한 인공호수인 가루이자와 호수미나미 카루이자와 호수를 1974년부터 레만호라고 칭한다를 중심으로 한 리조트 개발 구상에 입각하여 다음해부터 대규모 별장지 레이크 뉴타운 조성을 시작한다. 미쓰이부동산이나 마루베니도 개발에 나서 가루이자와 전역에 별장지와 리조트 시설을 확대하게 된다. 또, 호시노 온천星野温泉의 호시노 요시조에 의한 호시노 유학당을 중심으로 한 문화활동이나 나카니시 고도와 호시노에 의한 에코투어리즘의 활동도 가루이자와를 인기 리조트단지로 만든 요인으로 들 수 있다. 이 이념은 현재, 호시노 리조트가 이어 받고 있다.

존 레논이 비틀즈 해산 후 1970년대 중반부터 사망한 1980년까지 매년 여름에 가족동반으로 장기간 체류했던 것이나, 피서지에 있는 가루이자와 테니스 코트가 1958년에 황태자 아키히토 친왕당시과 쇼오다 미치코의 만남 장소가 된 것도 널리 알려져 있다. 또, 빌 게이츠도 가루이자와에 별장을 세우는 것을 고려한 적이 있다 .

### 구모바이케雲場池

구모바이케雲場池는 가루이자와역 북서쪽에 있는 호수연못인데 지방에서는 물바다おみずばた. 오미즈바다[75] 라고 불리고 있고 스완 레이크라고 하는 애칭을 가지고 있다. 가늘고 긴 지형으로 인해 거인의 발자국이라고 하는 전설이 있다. 근세에 가시마노모리호텔 부지 내의 용천수를 모아두기 위해 만들어진 연못이다.

호수의 둘레길이 만들어지고 주변이 유원지로서 정비되어 있어 외국인 묘지나 미술관 등의 시설과 함께 가루이자와의 관광 코스가 되고 있다. 원래 브리지스톤사의 이시바시 가문 소유이며 가까운 곳에 하토야마 가문전 일본수상의 별장이 있다.

걷다보면 연못의 아름다움에 시간을 잊는다. 별장들의 정원을 보며 멋있는 경치를 만끽할 수 있는 카페도 있다. R's Pond Cafe인데 Bar RASCAL의 자매점이라고 한다. 카페가 들어서 있는 연못의 주위에는 개인 별장이 줄지어 있고 정원들의 단풍과 경치를 아름다운 카페 테라스에 앉아서 자택의 정원과 같이 즐길 수 있다.

연못 맨 끝에 카페 간판이 나오고 연못을 향한 테라스에는 의자가 길게

---

75   우리말 '바다'를 일본에서도 똑같이 '바다'라고 하는 곳이 있다.

놓여져 있다. 단풍이 피크일 때는 최고 조망이다. 별장 오너는 일년에 10일도 머물지 않아 대부분 비어 있으므로 별장의 테라스를 사용할 수 있어서 테라스 카페라고도 한다. 순박한 카페 여종업원과 어느덧 얼굴을 아는 사이가 되었다. 이제 한국에 돌아가게 되었다고 하니 돌아간 후에도 가끔 들리라는 말을 잊지 않는다.

### 가루이자와 쇼 기념 예배당

일본성공회 중부교구에 속하는 교회당이다. 캐나다 출생의 성공회 선교사 알렉산더 쇼에 의해 창설되고 포교활동의 거점이 된 가루이자와에서 가장 오래된 교회이다. 1886년 여름, 알렉산더 쇼가 일본에 건너 온 후 현재의 건물이 만들어진 것은 10년 가까이 지난 1895년이다. 긴자거리가 끝나는 지점에서 산길을 조금 올라간 곳에 있다. 예배당 앞에는 쇼의 흉상과 주민에 의해 세워진 기념비가 있다. 가루이자와 개발의 아버지로 불린다. 뒷쪽으로 쇼 하우스 기념관이 복원되어 있다. 긴자거리를 조금 벗어난 곳에 다른 오래된 교회도 있는데 벽에 붙여진 일본어로 번역된 성경 구절들이 재미있다.

### 만페이万平 호텔

가루이자와마치에 있는 전통있는 호텔이다. 긴자거리에서 숲속으로 난 길을 10분 정도 걸으면 도착할 수 있다. 존 레논이 이 호텔에 묵을 때 긴자거리의 빵가게에 가며 자전거를 타고 다녔다는 숲길이다.

운영은 모리 트러스트그룹의 한 회사가 맡아서 하고 있다. 1902년 호텔을 구 가루이자와 긴자에서 사쿠라노사와로 이전하고 명칭을 현재의 만페이 호텔로 바꾸어 본격적인 호텔 영업을 시작했다. 1918년 사토 만페이 타계 후, 만페이의 사위로 호텔을 같이 만든 사토 쿠니사부로가 계승했다. 현재의 본관 알프스관은 1936년에 완성된 것이다. 전후 GHQ 점령군 사령부의 요청으로 연합국 장교 숙박지였다가 1952년에 미육군에 의한 접수가 해제되어 영업을 재개했다. 쇼와시대에는 미시마 유키오나 존 레논 등 많은 저명인이 숙박했다. 호텔 안은 항상 사람들로 가득찬다.

### 호시노야 星野や

호시노 온천은 가루이자와에서 나가노 쪽으로 더 간 뒤에 북쪽으로 올라가야 한다. 가루이자와에는 전부터 '아름다운 피부의 온수'라고 전해지는 샘솟는 온천이 있었다. 호시노 온천은 1916년 시작한 이래 피서지 가루이자와의 명온수로서 사랑받고 있다. 잠자리의 온천인 돈보노유 トンボの湯는 그런 호시노 온천의 역사를 간직한 곳이다. 기타하라 하쿠슈 北原白秋나 요사노 아키코 與謝野晶子도 사용한 온천에 몸을 맡기면 시간은 아득히, 생각은 저편으로 흘러 간다. 공중탕이다.

### 조선통신사 朝鮮通信使

가루이자와를 지나가는 중산도 中山道, 나카센도는 조선통신사 朝鮮通信使가 지나다니던 길이다. 부산에서 배로 오사카까지 와서 교토를 들러 일본 본섬을 가로 지르는 알프스 산맥의 산길을 타고 넘어 가루이자와까지 온 후 우스이고개를 넘어서 군마평야를 지나가면 에도다.

임진왜란이 끝난 뒤 도쿠가와 이에야스는 쓰시마 번을 통해서 조선과의 국교 재개를 요청해 왔다. 조선은 막부의 사정도 알아보고, 왜란 때 끌려간 포로들을 송환하기 위해 일본의 요청을 받아들여 1607년에 강화를 맺었다. 그에 따라 1607년부터 1624년까지 3회에 걸쳐 사명

당을 비롯한 사절을 회답겸쇄환사回答兼刷還使라는 이름으로 파견하였는데, 이들의 주 임무는 일본과의 강화와 그 조건 이행의 확인, 일본의 내정 탐색, 조선인 포로 및 유민 송환 등이었다.

그 뒤 두 나라의 국교는 형식상 조선이 한 단계 높은 위치에서 진행되었다. 일본 사신의 서울 입경은 허락되지 않고 동래의 왜관에서 실무를 보고 돌아가게 하였다. 일본은 조선의 예조참판이나 참의에게 일본 국왕의 친서를 보내와 사신 파견을 요청해 오는 것이 관례였다. 이에 따라 일본은 60여 차례에 걸쳐 차왜差倭, 일본에서 보내는 사신를 보냈으나, 조선은 1607년부터 1811년에 이르기까지 12회에 걸쳐 일본에 통신사를 파견하여 약 250년간 평화관계를 지속했다. 통신사의 정사正使는 보통 참의급에서 선발되었으나 일본에 가서는 재상 또는 수상과 동격의 대우를 받았다.

### 견청대 見晴台. 미하라시다이

가루이자와의 조용한 숲을 달리는 통칭 빨강 버스는 만페이 호텔과 구 가루이자와를 경유해서 구 나카센도를 오르고, 우스이고개 정상 가까이에 있는 견청대, 즉 전망대까지 주행하고 있는 계절 한정 노선버스이다. 시즌이라도 정체 없이 정시 운행된다. 그러나 우스이고개 쪽의 농무 때문에 운휴가 될 경우가 있어 운행 확인이 필요하다. 견청대에서는 묘기산, 아사마 산, 남미나미알프스, 야쓰가타케 등 훌륭한 경치를 한 눈에 바라다 볼 수 있다. 또 운좋게 구름바다를 우연히 만나게 되면 구름이 흐르는 모양의 장대한 풍경을 보게 된다.

우스이고개 정상 부근의 해발 1,200m 정도에 위치하는 견청대가 있는 공원에서 유려한 산세와 고개 아래 군마평야의 경치를 구경할 수 있다. 나가노현과 군마현의 경계로 3km 정도의 산책로가 있으며 계곡의 물소리, 새의 지저귐과 잔가지 낚시를 봄부터 단풍 시즌까지 즐길 수 있다.

이곳에서 꼭 맛 볼 음식은 '고개의 솥밥峠の釜めし, 토게노 가마메시'이다. 1958년부터 만들어진 요코가와 역의 명물 에키벤駅弁, 역 도시락으로 군마현의 향토요리이다. 또한 찻집에서 파는 5가지 맛의 찌까라모찌力餠는 이름만으로도 피로가 풀리는 듯하다.


### 구마노 신사熊野神社

구 우스이고개碓井峠 미하라시다이見晴台 옆의 구마노신사熊野神社는 일본 3대 구마노 신사의 하나다. 그 역사는 『고사기』와 『일본서기』까지 거슬러 오르고, 일본무존日本武尊이 건립했다고 전해지는 오래된 신사이다. 당 신사는 우스이고개 정상에 위치하고 자연이 아름다운 가루이자와에 있는 신사다. 구마노신사에는 수령 800년이라고 알려진 어신목인 참피나무가 있어 미신적 사고가 있는 일본인들에게 기운을 받는 곳Power Spot으로 알려져 있다.

신사에 전해지고 있는 『유서기』, 『고사기』와 『일본서기』의 기록이다. 일본무존日本武尊, 야마토타케루노 미코토이 우스이고개에 오를 때, 갑자기 농무로 올라가지 못하게 되었다. 그 때 한 마리의 야타가라스八咫烏, 삼족오가 날아와 기주 구마노紀州熊野의 죽백나무椰木 잎을 물고와 떨어뜨리면서 길을 안내하여 산 정상까지 오를 수 있었다 한다.

「일본무존日本武尊」은 우스이고개 정상에서 먼 바다를 바라보고, 사가미 여울의 거센 파도를 가라앉히기 위해서 바다 한가운데 몸을 던진 사랑하는 아내인 귤희橘姬를 그리워하며 '사랑스러운 내 여인이여吾嬬者耶, 아쓰마하야'라고 세 번 탄식했다고 전해지고 있다. 이로부터 이 산은 「오래 슬퍼한 산長く悲しんだ山, 나가쿠가나신다야마」이라고 불려지게 되고, 그 말이 전해져 『나가쿠라산』이 되었다. 가루이자와에는 나가쿠라의 지명이 많다.

또, 일본무존日本武尊에 관한 지명으로서 기리즈미霧積, 아즈마吾妻와 쓰마고이嬬恋도 있다. 일본무존은 야타가라스의 인도引導를 구마노熊野신령의 가호라고 생각하여 여기에 있는 구마노熊野신사에서 제사지냈다. 도래인들의 이주 루트로서 가루이자와를 설명하고 있지만 이왕 일본무존에 관한 이야기가 나왔으니 일본무존의 실체에 대해 알아본다.


**일본무존**日本武尊, 야마토타케루노 미코토

앞에서 한 번 소개한바 있지만, 일본 교토京都의 히라노신사平野神社에는 제신祭神에 관하여 다음과 같은 기록이 남아있다. 히라노신사에서 제사를 지내는 제1신은 일본무존日本武尊이고, 제2신은 구도신久度神인데 구도신은 일본무존의 아들이라는 것이다. 가장 중요한 것은 구도신은 일본무존日本武尊의 아들이며, 또한 백제 상고왕尙古王의 아들이라는 것이다. 구도신은 일본에서 근구수왕을 말한다.

久度神は百濟の祖 尙古王の子, 仇首王, 日本音くど


그렇다면 일본무존日本武尊은 상고왕尙古王 즉, 백제 근초고대왕近肖古大王. 그의 일본에서의 젊은 시절인 셈이 된다. 근초고대왕은 비류왕시대에 일본

그렇다면 일본무존日本武尊은 상고왕
즉, 백제 근초고대왕近肖古大王인 셈이 된다.
근초고대왕은 비류왕시대에
일본에 가서 야마토타케루라고 하였다.
일본무존이라는 뜻이다.
또는 왜국의 건국자로서 왜건명倭建命이라고도
했다.

에 가서 야마토타케루라고 하였다. 일본무존이라는 뜻이다. 또는 왜국의 건국자로서 왜건명倭建命이라고도 했다. 근초고대왕이었던 일본무존의 가설에 의하면, 295년에 태어나서 333년에 일본을 떠났고, 374년까지 80세를 살았다. 일본무존의 고분은 일본무존日本武尊이 백제로 떠난 뒤에 만들어진 빈 고분으로서 이 사실은 인덕천황기에도 확인된다. 이 주장은 필자에게도 새로운 것이어서 좀 더 연구가 필요하다. 근초고왕이 20년 정도 한반도의 역사에서 사라졌었다는 이야기가 있기도 하다.

일본에서도 현재 이들 히라노平野신사의 4신을 모두 백제왕으로 인정하고 있다고 한다.

日本京都にある '平野神社'は倭王が先祖たちのために祭祀をあげた所だ. 927年完成された日本古代王室文献'神帳'を見れば'平野祭神は四座であり四時祭式には今木神, 仇度神, 古開神, 相展の比賣神であり4神が皆百濟王だ.

일본무존日本武尊, 야마토타케루은 용감하고 영리하기로 유명한 일본의 전설적 영웅이다. 일본 천황이자 일본 고대 영웅인 경행천황의 아들이며 실존했던 인물로 추정된다. 일본을 처음으로 통일한 인물이라고 한다. 그는 무골이라 다루기 힘들었다. 자신의 형을 포함한 사람은 물론이거니와 신들까지도 칼로 죽이곤 했다. 일본 역사에는 이에 관한 사실史實이나 이야기가 많이 남아있다. 야마토타케루에게는 오도타치 바나히메弟橘媛, おとたちばなひめ라는 여성이 있었다. 그녀는 야마토타케루의 생명을 구하기 위해 바다에 몸을 던진다.

사가미相模, 이즈반도 동쪽의 사가미에서 더욱 동진하여 요코스카에서 바다를 건너 지바현의 보소반도房總半島, 현 치바 반도로 갈 때 그 해협의 신이 노하여 큰 파도를 일으켜 배가 일엽편주처럼 흔들리며 나아갈 수 없었다. 이때 오토타치바나弟橘比賣가 '내가 제물이 되어 신의 노여움을 풀겠습니다. 황자皇子께서는 동정東征의 임무를 무사히 완수하고 천황에게 보고해야 되는 존귀하신 분입니다. 사가미相模 벌판의 불 속에서 나를 구해 주신 은혜를 어찌 갚겠나이까'하고 오토타치바나弟橘가 바다에 몸을 던지자 해신의 노여움이 풀려 야마토타케루 일행은 바다를 건너 상총上總, 千葉縣에 상륙하고 전쟁에서 승리한다. 오토타치바나의 머리 빗이 해안에 흘러 왔으므로 빗을 수습하여 오토타치바나弟橘比賣의 어릉御陵을 만들고 그 안에 매장했다.

야마토타케루日本武尊는 우스이고개에 올라 오토타치바나히메弟橘比賣를 목메어 부른다. '아즈마吾妻하야, 아즈마吾妻하야, 아즈마吾妻하야'하고 세 번이나 절규하니 이를 따라 동국東國을 아즈마국東國이라 하게 된 것이다. 이 '아즈마하야'라는 말은 한국어 '아줌마야'로 본다. 한국어 아줌마는 옛날 고귀한 신분의 여인네를 칭하는 말일 것이다. 일본에서는 이 말을 와가쓰마吾妻, 나의 처의 뜻으로 해석하고 있다.

동해도東海道를 통과하고 있던 야마토타케루日本武尊의 손 위 처남인 동시에 동정東征의 부사령관 타케이나타네建稻種命가 스루가駿河 이즈반도의 서쪽, 시즈오카의 만의 바다에서 사망하였다는 소식이 전해졌다. 야마토타케루는 '우쯔쯔가나, 우쯔쯔가나'하고 탄식하며 타케이나타네建稻種命의 혼령을 위로하였다. 이곳에 우쯔쯔신사內內神社가 세워지게 되었다. 이

'우쯔쯔가나'라는 탄식의 말은 한국어로 '어찌할까나' 또는 '어이할까'
가 아닌가 싶다.

## 3. 남해안 루트

도쿄의 남쪽인 이즈반도伊豆半島에 남겨진 개척자神 집안의 역사를 알
아보며 도쿄평야의 남쪽 바다를 거쳐 들어온 이동경로를 알아본다.

### 미시마대사三嶋大社

도쿄에서 도메이東名고속도로를 타면 약 1시간반, 신칸센으로 약 1
시간이면 갈 수 있는 미시마三嶋시는 옛날부터 후지산 샘물의 혜택을
받아 '물의 수도'라 불리고 있다. 시내에 많은 강이 흐르고, 도처에 물
이 있는 미시마시에 있는 미시마타이샤三嶋大社는 역에서 걸어갈 수 있
는 거리다. 맑은 샘물이 길 옆으로 시냇물이 되어 흐른다.

후지산의 남쪽, 이즈반도의 북쪽에 있는 미시마시의 미시마타이샤
를 찾은 것은 도쿄에서 남쪽으로 180km 떨어져 있는 조그만 섬인 미
야케섬三宅島으로부터 이야기가 시작된다. 김달수씨는 한반도에서 야
마구치山口 쪽으로 넘어온 백제왕자 오우치大內 일족이 동쪽으로 이동
하며 미야케섬까지 도달하였다가 후에 이즈반도로 이주한 역사가 미
시마타이샤의 역사라고 추정한다. 그 증거로 그는 미야케섬의 절들에
비밀스레 모셔진 자그마한 백제불상들을 들고 있다. 오우치 가문의 주
장에 따르면 백제의 임성태자琳聖太子. 577~657년는 14세기 무렵의 일본
유력 호족인 오우치씨 가문의 족보에 그들의 시조로서 실려 있는데 족

보에 따르면 611년 한반도에서 건너와 한반도 남동해안의 바로 건너편인 스오국周防國 다타라하마多々良浜에 정착했다고 한다.

그러나 필자가 조사한 바에 따르면 이 일대에는 백제인 임성태자의 후손인 오우치大內 가문의 이동 이전부터 고대 도래인들의 이주의 역사가 있었다. 신사와 신들의 이름이 많이 나오기 때문에 전체 내용을 알기 쉽게 끝부분에 요약 정리해 놓았다. 신들의 이야기가 너무 복잡하다 싶으면 끝부분의 요약을 읽어 보면 된다.

### 미야케섬三宅島

도쿄로부터 남쪽으로 180km 떨어진 외딴 섬인 미야케섬에 가기 위해서는 비행기도 있지만 배를 타면 무박이일無泊二日로 다녀올 수 있다. 즉, 도쿄 항구에서 밤 10시 승선하면 새벽에 도착하고 자동차로 섬을 돌아보고 오후에 도쿄로 오는 배를 타면 늦은 밤에 돌아올 수 있다. 이런 예정으로 배를 예약하고 섬에서 이용할 렌트카까지 예약해 두었다. 승선을 하기 1시간 전에 꼭 전화해 달라는 요청이 있어 밤 9시경에 연락 하였더니 도쿄 쪽 날씨가 괜찮은데 섬에 도착한 후 접안할 수 있을지 불확실하다고 한다. 그래서 오랫동안 계획한 예정이 취소되고 그 후에는 이런저런 사정으로 가지 못하게 되었다.

이제부터 미야케섬에 등장하는 신들의 이야기는 조금 읽다 보면 혼동이 되기 쉬우므로 간단하게 정리해 보았다.

### 미시마다이묘진三島大明神

미야케섬을 둘러싼 신화의 주인공으로 고토시로누시事代主命 또는 오오야마츠미大山祇命로도 불리는데 그는 신라신 스사노오의 후손인 오오쿠니大国主命의 아들이고, 오오야마츠미大山祗命는 스사노오의 처의 조부장인의 아버지이다.

### 신의 가계
**후비 이코나히메**伊古奈比咩命
**왕자 아메쓰와케**阿米津和気命

**정비 아와신**阿波咩命
**정비의 왕자 모노이미나**物忌奈命

미야케섬三宅島은 도쿄에서 남쪽으로 떨어져 있는 이즈제도에 속한 섬의 하나이다. 동그란 모양의 섬 가운데 있는 오야마雄山는 격렬한 분화를 계속해왔다. 그런데 이 조그마한 미야케섬에 놀랍게도 오래된 신사가 많다. 이상하지 않은가? 10세기 초에 편찬된 법전인 『엔기식 신명장延喜式神名帳』에 기재되고 있는 신사인 식내사式内社 또는 엔기식내사延喜式内社가 미야케섬에 많은 것이다. 『엔기식 신명장』에 기재되어 있는 신사는 총 2,861개소인데 그중에 12개사가 미야케섬에 있다. 엔기식이 포함하는 일본지역의 면적29만 2천㎢ 대비 미야케섬의 면적 55.5 ㎢를 놓고 보면 미야케섬의 식내사 수는 엔기식 편찬 당시로 보면 전국 평균의 20배 이상 많은 셈이다. 이는 이 섬이 고대 역사에 있어서 중요한 지역이었음을 암시한다. 우선 이야기를 시작하기 전에 미야케섬에 있는 신사 몇 개를 소개한다.

### 토가신사富賀神社

미야케섬의 중심이 되는 신사로 분화로 소실되었다가 재건된 신사로 시즈오카현 미시마시에 있는 미시마타이샤의 본사로 여겨지고 있다. 다시 말하면 미시마타이샤의 신을 이곳에서 옮겨 갔다는 뜻이다. 미야케촌의 안내판에 의하면 이 신사의 제신은 미시마 다이묘진三島大明神 즉, 고토시로누시事代主命와 그의 후비부인인 이코나히메伊古奈比咩命와 왕자인 아메츠와케阿米津和気命라고 쓰여 있다. 또, 이즈 7도伊豆七島를 지키는 신으로 시즈오카현 미시마타이샤의 발상지라고 쓰여져 있다. 뒤에 다시 자세히 설명한다.

### 고사이신사御祭神社

미야케섬 북서부를 도는 도로에서 산쪽으로 약간 들어간 곳에 있다. 경내 입구에 새로운 도리이鳥居가 들어서 있다. 편액에는 고사이신사御祭神社라고 되어 있지만, 도리이 안쪽에 있는 것은 만간지満願寺라고 하는 절이며, 경내 오른쪽 사면에 당사의 사당이 있다. 경내가 있는 울창한 숲은 모밀잣밤나무 원생림으로 이즈제도에만 있는 것이다. 당사는 식내사式内社인 야스신사夜須命神社 즉, 다키히라신사嶽比良神社가 있는 다케노히라산嶽ノ平山의 서쪽 기슭에 있다.

다케노히라산嶽ノ平山은 통칭 신산神山으로 불리며, 출입을 통제하는 곳이다. 일본의 각지에는 이렇게 숨겨져서 제사지내지고 있는 신들이 있으며, 그 신들을 계속해서 지키고 있는 사람들이 있다. 창사 연대 및 유서由緒는 미상이다.

다케노히라산嶽ノ平山를 올려다보는 위치에 사당이 있는 것으로 미루어보아 들어갈 수 없는 가미산神山 정상에 있는 다케노히라신사를 요배遙拜하는 사당으로 생각된다. 다케노히라산 정상 가까이를 통하는 마을길에 도리이鳥居가 있다고 한다.

### 시이토리신사 椎取神社

항구에서 자동차로 10분 정도 동쪽으로 이동하면 안내판이 보이는 데 흙으로 거의 메워져 버린 신사의 도리이鳥居 상단의 모습만 보인다. 서기 2000년에 분화로 발생한 이류泥流로 서서히 메워져 버린 것이다. 물론 신사의 본전은 완전히 묻혀 버렸다. 이후 2011년 원래의 위치에서 가까운 곳에 도리이와 신사를 복원하였다.

### 미야케섬의 토가신사 富賀神社

앞에서도 언급한바 있지만 미야케섬 신화의 중심이 되는 신사는 미야케섬 미야케무라에 있는 신사다. 식내사이고 미야케섬의 본사로 섬의 남서쪽 끝에서 들어서는 토가산富賀山에 있다. 신사의 명칭인 토가富賀는 '문' 즉, 오야마雄山, 미야케섬 중앙의 화산의 입구라는 뜻으로 여겨진다. 예전에는 '후가'라고 발음했다고 하는 설도 있다. 토가신사는『일본문덕천황실록』이나『엔기식 신명장』에 보이는 아메쓰와케阿米都和気命神社 또는 아메쓰케阿米都気命神社로 비정批正되는데 이 이름은 또 아메쓰찌와케天地分 즉 하늘과 땅을 나누는 봉우리의 신격화를 의미하는 것으로도 여겨진다.

제신은 다음 3주로 우선「고토시로누시事代主命」즉, 미시마 타이묘진三嶋大明神 인데 오오쿠니大国主命, 대국주명의 아들이다. 시즈오카현 미시마시의 미시마타이샤三嶋大社, 이즈국 이치노미야의 제신이기도 하다.「이코나히메伊古奈比咩命」는 고토시로事代主命의 부인후비으로 시즈오카현 시모다시의 이코나히메노신사 제신이다. 「아메쓰와케阿米都和気命 즉, 富賀大明神」는 고토시로누시事代主命와 이코나히메伊古奈比咩命의 아들이다. 미시마신三嶋神을 주 제신으로 모신다.

미시마신과 이코나히메는 에도시대에 토가신사에서 권청勸請, 신을 옮기는 것 되었다. 현재 미시마신이 고토시로누시事代主命와 동일시되는 것은 1873년에 미시마타이샤 제신이 고토시로누시로 바뀐 것에 따르지만, 그 후 이 미시마타이샤 측에서의 제신은 고토시로누시事代主命에 오오야마츠미大山祇命, 스사노오의 처의 조부를 추가한 2주로 바뀌고 있다.

아메쓰와케阿米都和気命는 엔기식사명社名 중 '阿米都和気命神社'에 있는 신의 이름으로 보이며, 원래의 토가신사는 아메쓰와케를 모시는 신사로 여겨진다. 제설은 있지만, 앞에서 언급한 것처럼 현재의 토가신사에서는 아메쓰와케阿米都和気命가 이코나히메伊古奈比咩命의 아들로 여겨지고 있다. 창건은 미상으로 신사연고에는 고토시로누시事代主命, 미시마신가 아버지인 오오쿠니大国主命, 스사노오의 후손와 함께 이즈모국에 정착했다가 남쪽으로 이동하여 당시의 중요지역이었던 아스카가 있는 기이반도의 남쪽으로 내려간 후 동진하여 이즈반도의 동쪽으로 이동하여 미야케섬으로 건너와 어업, 농업을 전하고 섬의 기반을 쌓았다고 한다. 이 신화 또는 전설 안에 이즈모에 정착했던 신라인의 이동에 관한 역사가 숨어있다. 시즈오카현 미시마시의 미시마신미시마타이샤 제신은 이즈제도, 특히 미야케섬에서 창사되었다라고 하는 전승이 미야케기를 비롯하여 고래부터 있어서 당사를 미시마신 발상지로 여기는 설이 있는 것이다.

미야케섬의 섬이름 유래를 '御燒島일본어로 야키시마'라고 하는 설이 있듯이 미야케섬의 성립은 분화와 연관이 있어서 그 분화를 신의 일로서 제사지낸 것이 토가신사의 창사로 추측되고 있다. 고분시대의 곡옥 등이 현 신사터에서 출토되고 있는 것을 보면 당지는 옛날부터 요배소로서 제사가 진행되었다고 여겨진다.

국사에는 일본『후미도쿠천황실록 850년』에 아메쓰와케 阿米都気命 가 '종5위하從五位下' 신계에 서술되어 있으며, 852년에 동신은 '종5위상從五位上'으로 올라간다. 927년『엔기식 신명장』에 이즈국 가모군의 아메쓰와케신사阿米都気命神社라고 기재되어 식내사에 들어있다. 미야케섬에는 12개의 식내사가 있지만 토가신사는 그중에서도 핵심을 차지한다.

가마쿠라시대 말기에 쓰여진 것으로 여겨지는 미야케기에 의하면, 미시마신은 이즈의 많은 섬을 만든 뒤 각 섬에 비부인를 두기로 하고 미야케섬에는 아마치이마미야비를 두었다고 한다. 그 후, 미시마신은 하코네의 옹노파翁嫗에게서 세 여자를 받아 미야케섬에 두었다고 한다. 미야케기三宅記는 이즈 지방 신들의 역사서로 신사의 기원이나 유서를 기록한 신사연기의 하나인데 구 이즈국 지방, 현재의 시즈오카현 이즈반도, 도쿄도 이즈제도 지역의 신들에 관해서 기술하고 있다.

### 이코나히메신사 伊古奈比咩命神社

이코나히메신사伊古奈比咩命神社는 시즈오카현 시모다시 시라하마白浜에 있는 신사다. 식내사에서, 구 신사의 등급은 현사였는데 현재는 신사본청의 특별표시 신사이다. 통칭은 시라하마신사白濱神社, 白浜神社이다.

제신은 다섯 신이고 신체는 신령으로 모시는 거울이다. 주 제신은 이코나히메伊古奈比咩命로 미시마 다이묘진의 비신三嶋大明神の后神 즉, 부인후비이다. 부신은 미시마 다이묘진三嶋大明神으로 이즈국 이치노미야의 미시마타이샤시즈오카현 미시마시의 제신이다. 별명을 고토시로누시事代主命라고 한다. 수신隨神은 미메見目여신, 와카미야若宮남신과 쓰루기노미코劍の御子남신으로 모두 미시마 다이묘진의 수신이다. 이 세신見目, 若宮, 劍の御子은 미야케기에 의하면 미시마신의 시종으로 보이는 신이다.

『속일본후기』에 있는 미시마신 계보에는 미시마다이묘진의 정비 아와신阿波神神, 중심신인 미시마신, 후비 이코나히메노미코토伊古奈比咩命 그리고 모노이미나物忌奈乃命의 네 신이 있다. 주 제신인 이코나히메伊古奈比咩命는 미시마신의 비부인, 왕비신으로 여겨진다.『속일본후기』의 기술에 의하면, 미시마신의 정비인 아와신과 후비로 현지인과의 혼인 정책으로 얻은 부인인 이코나히메의 신사로 여겨진다.

부신夫神인 미시마신은 역사적으로 고코시로누시事代主命설과 오오야마츠미大山祇命설이 있다.

### 고코시로누시事代主命설과 오오야마츠미大山祇命설

**고코시로누시事代主命**
**신라신 스사노오의 후손인 오오쿠니大国主命의 아들**

**오오야마츠미大山祇命**
**스사노오의 처의 조부**

미시마신은 현재의 미시마타이샤의 제신을 가리킨다. 상기한 바와 같이 현재 이코나히메노미코토伊古奈比咩命 신사에서는 미시마신을 일본 신화에 나오는 고토시로누시事代主命로 본다. 그러나 미시마타이샤 제신에 대해서는 오래 전에는 『동관기행1242년』에 의하면 이요국 이치노미야인 오야마즈미 신사大山祇神社, 히메현 이마바리시의 오미시마 소재 유래의 오야마즈미大山祇命설이 있었다. 고토시로누시 설은 1800년대 초의 히라타 아쓰다네平田篤胤의 주장으로 많은 지지를 받았다. 현재까지 이코나히메노미코토 신사를 포함하여 이즈 각지에서는 고토시로누시事代主命 설이 정착되고 있다. 단, 이 미시마타이샤에서는 다이쇼 때부터 오야마즈미설이 재부상했기 때문에 제신은 고토시로누시와 오야마즈미의 2신으로 바뀌고 있다.

최근에서 다른 설로 미시마의 시마 즉, 이즈제도의 신격화가 미시마신의 발상이라고 해서 고토시로누시, 오야마즈미 모두 미시마의 소리에서 따와 후세에 가져다 붙인 것으로 보는 설이 제기되고 있다.

### 개척의 이야기

미야케섬도쿄도 미야케무라 『신사연고역사기록』에 의하면 미시마신은 남방에서 바다를 건너서 이즈에 이르렀다. 그리고 후지산신, 타카마가하라高天が原[76] 신으로부터 이즈 땅을 받게 되고, 시라하마白浜에 궁을 구축하고 이코나히메伊古奈比咩命를 후비로 맞이했다. 그리고 3신見目, 若宮, 劍の御子과 용신, 해신, 뇌신 등과 함께 이즈제도의 섬을 만들었다직역은 '구었다'

---

76  (일본 신화) 하늘 위에 있으며 신들이 산다는 나라. (=たかまのはら)

로 되어있음. 섬구이에 의해 하쓰시마初島에서 시작하여 고즈시마, 오시마, 미야케섬, 하치조섬神津島, 大島, 三宅島, 八丈島 등 모두 10개의 섬을 만들고 자신은 미야케섬에 미야宮를 경영했다. 각 섬에는 비부인를 하나씩 두고 말년에 시라하마白浜로 돌아갔다고 한다. 이상의 전승은 이즈지방에 전해지는 연기인『미야케기가마쿠라시대 말기 작이라고 추정』에 기재되어 있는 것이다. 이코나히메노미코토 신사가 있는 화달산火達山으로부터는 많은 제기가 나오고 있어 당지에서는 고대부터 제사가 행하여지고 있었던 것으로 추측된다.

　　『속일본후기続日本後紀』에 의하면 838년 7월 밤에 고즈시마上津島 神津島에서 심한 분화가 발생했다. 점을 친 결과 그것은 미시마타이샤의 후비가 신계를 받은 것을 본비인 아와신에게 알리지 않은 것에 대한 분노에 의한 것이라고 점괘가 나왔다. 동 기사에는 후비에 관한 구체적인 언급은 없지만, 이것은 이코나히메노미코토신사를 가리키는 것으로 여겨진다. 약1개월 후 아와신阿波咩命과 아들인 모노이미나物忌奈命의 신계가 무위로부터 종오위하従五位下로 올라갔다. 그 후, 종오위상従五位上의 신계를 받게 된 뒤, 같은 해에는 관사에 포함되고 852년에는 정오위하正五位下로 승급된다. 927년 만들어진 엔기식 신명장에는 이즈국 가모군에 이코나히메노미코토신사가 명신대사名神大社라고 기재되어 있다. 이 신들 사이의 지위 다툼에 관한 이야기는 별 의미가 없어 보이지만 필자는 이것을 개척자인 도래인 집단과 현지인 집단의 갈등으로 해석한다. 지도자가 현지인 우선 정책을 쓰자 도래인들이 반발한 것을 표시한 것이 아닌가 한다.

　　이와 같은 오래된 도래인들의 개척의 역사로 인하여 이즈국 가모군에는 전국에서도 눈에 띄는 높은 밀도1군에 46좌, 평균 9.2좌의 식내사가 적혀 있을 뿐 아니라 명신대사名神大社로도 4社伊古奈比咩命神社, 伊豆三島神社三嶋大社, 阿波命神社, 物忌奈命神社가 있다.

### 요약

이상이 이즈반도와 이즈제도의 섬들에 퍼져있는 도래인의 역사다. 서쪽에서 온 사람들야마구치 쪽에서 출발한 백제인이든, 시마네 쪽에서 출발하여 나라 지역으로 남하한 후 쿠로시오 해류를 타고 일본의 남쪽 해안을 따라 이동한 가야, 신라인이든 이 동쪽의 섬을 개척하고 일가를 이루며 이즈지방으로 진출하는 이야기가 신들의 역사로 쓰여있는 것이다. 마치 왕조의 역사처럼 부인들이 나오고 아들이 나오며, 주인공이 후세인들에 의해 역사상 유명한 인물로 탈바꿈하는 것이 사람들이 살아온 모습 그대로임을 느낀다.

주인공인 지도자는 미시마신인데 신라계 도래인의 신인 오오쿠니大国主命의 아들 고토시로누시事代主命 또는 오야마즈미大山祇神와 동일인물신이라고 한다. 후비는 도래인들이 도착하기 이전에 이곳에 살고 있던 현지인인 이코나히메伊古奈比咩命인데 이 지방에서는 정비보다 더 중요한 자리를 차지한다. 그들의 아들이 아메쓰와케阿米都和気命다. 아메쓰찌와케天地分라고도 불린다. 미시마신의 정비는 아와신阿波咩命이고 아들은 모노이미나物忌奈命다. 개척 도래인 집안의 역사인 셈이다.

### 노코기리산鋸山, 톱산

치바반도 남쪽 어느 곳의 깎아지른 듯한 바위 위에 사람이 아슬아슬하게 서있는 사진을 우연히 보게 되었다. 알고 보니 노코기리산이라는 곳에 있는「지옥의 조키地獄のぞき」라는 명소다. 이동 시간이 많이 걸리

는 곳이라 휴일에 혼자 다녀 오기로 했다. 전철로 게이큐구리하마선으로 갈아 타고 구리하마역에 도착하는데 1시간 반이 걸렸다. 역에서 구리하마 항구로 가는 버스를 타고 도쿄만을 가로 지르는 여객선을 타기 위해 여객터미널에 도착했다. 페리를 타고 50분 정도 걸려 만의 반대편인 하마카나야항에 도착했다.

노코기리산鋸山, 톱산은 보소반도房総半島의 남부, 치바현 아와군千葉県安房郡에 위치하는 산이다. 산은 사질응회암으로 이루어져 바위가 건축자재로서 우수하기 때문에 보슈석이라고 불리며 양질석재로 에도시대부터 활발하게 채석이 행하여졌다.

### 고분에 사용된 보슈석房州石
사이타마 교다의 장군산고분将軍山古墳에는 횡혈식의 석실이 있어 안에 들어가 볼 수 있게 되어 있는데 이 석실의 측벽에 사용된 석재는 표면에 구멍이 다수 나 있는 것이 특징인 보슈석이 사용되고 있다.

이 바위는 지바현의 훗쓰시 노코기리산 주변이 채굴지로 사질응회암으로 표면에 조가비가 남아있는 것도 있어, 이 노코기리산의 해안으로부터 옮겨진 것으로 여겨지고 있다. 120km 떨어진 곳에서 석재를 날라 온 것을 생각하면 대단한 노동력이 필요했던 것으로 보인다. 고분의 천장바위는 세로 1.5m, 가로 0.8 m, 두께 30cm가 되는 치치부秩父 청암青岩이 사용되고 있다.

### 아와安房
노코기리산이 있는 보소치바반도의 남쪽에 묻혀있는 고대 역사를 알아보자. 아와安房는 보소반도의 남단부에 있어, 노코기리산鋸山, 기요스미산淸澄山에 의해 가즈사국上総国과 지리적, 지역적으로 분리되고 있다.

아와국의 지배지역은 평구리강 유역을 중심으로한 아와 서부 및 다테야마시였다고 생각된다. 다테야마 저지 및 야마나강山名川 유역의 내륙에는 많은 횡혈식석실고분이 분포되어 있다. 다테야마시 헤이사우라平砂浦를 바라다보는 고지대의 옹작고분翁作古墳에서는 단봉의 환두대도, 규두대도, 녹각장칼, 스에키單鳳環頭大刀, 圭頭大刀, 鹿角装刀子, 須恵器 등이 출토되어 6세기 후반에 축조되었다고 여겨지고 있다. 전국적으로도 진귀한 고분시대의 배장무덤도 독특한 매장 형태로 주목받았다. 사용하고 있었던 배를 목관으로 사용하고 5세기 전반부터 6세기 후반에 이르는 장기간, 이런 식의 매장방식이 이어지고 있었던 것을 조사 결과 알게 되었다. 도쿄만을 자유롭게 오고 가는 어부의 면목과 생생한 낭만을 느낀다. 그렇지만 이러한 사실은 그들 선조의 바다를 통한 이동의 역사를 말해주는 것일 수도 있다.

### 보소반도房総半島

관동지방 남동부에 있는 보소반도는 태평양을 향해 있으며 치바현 대부분을 차지한다. 보소房総라고 하는 지명은 아와安房국, 가즈사국上総国, 시모우사국下総国 3국을 걸치는 것에서 유래한다.[77]

### 아와安房의 명칭과 유래

---

77  즉, 보소(房総)는 아와(安房)국의 房, 가즈사국(上総国)과 시모우사국(下総国)의 総을 결합한 명칭

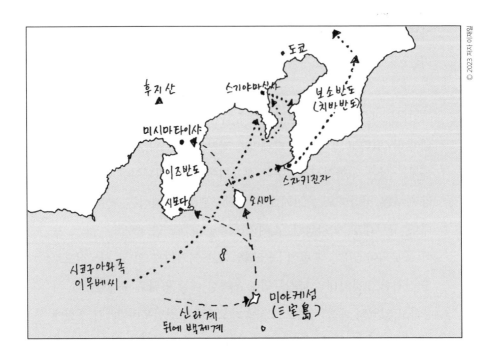

도래인의 도쿄평야 남부해안 이동루트

『고어섭유古語拾遺』에 의하면, 아와국阿波国, 현 시코쿠 도쿠시마에서 곡물이나 마를 재배하고 있었던 천부명天富命은 동국에 보다 좋은 토지를 구해 아와四国의 阿波, 현 德島県의 이무베씨忌部氏들을 인솔해서 쿠로시오해류를 타고 보소반도 남단의 메라布良 해변에 상륙해 개척을 진척시켰다. 그리고 이들이 산 곳은 출신지인 시코쿠의 지명인 아와阿波의 이름을 따서 아와安房라고 불렸다고 한다. 또한『일본서기』경행게이코천황조의 동국순수東国巡狩편에 나오는 현재 아와의 옛지명이었다는 담수문淡水門, 아와노미나토에 연유한다고 하는 설도 있다. 이 지명도 아와로 시작된다. 718년 가즈사국上総国 가운데 네 군平群郡, 安房郡, 朝夷郡, 長狭郡을 분리해 아와국으로 했다.

이 글에서는 시코쿠에서 치바반도로 이어지는 도래인들의 이주를 이야기하고자 한다. 율령제 이전, 가즈사국上総国과 시모우사국下総国 양국은 야마토 왕권하에 있는 하나의 총국으로 인지되고 있었지만, 이후 2국으로 분립, 쿠로시오해류를 타고 와 서쪽 지방에서부터 이주나 개척이 시작되었기 때문에 보소반도의 남동측이 가즈사上総가 되고, 북서측이 시모우사下総가 되었다. 지방국의 이름에서도 남쪽 바다에서 북쪽 내륙으로 진출한 고대 이주 역사가 들어 있다.

5세기에 이 지역에는 가토리해 연안의 산노 와께메 오쓰카산 고분三之分目大塚山古墳과 도쿄만 해안의 아네자키 후타고즈카 고분姉崎二子塚古墳을 만든 대해상국大海上国라고 해야 할 세력이 있었지만, 6세기에 중앙에서 진출한 세력이 세운 무사국武社国에 의해 상하로 분리되었다고 하는 설도 있다. 또 무사국 안에도 6세기 중엽부터 7세기 초에 걸쳐 당시 야마토 왕권의 대왕릉大王陵에 필적하는 규모의 고분을 조성한 세력이 복수로 있었다고 여겨진다. 여기서 무사국武社国은 후대 율령제 하의 가즈사국上総国 무사군武射郡, 즉 현재의 치바현千葉県 야마부시山武市와 야마부군山武郡 시바야마초芝山町 및 요코시바미쓰쵸横芝光町 부근에 있던 지방국이다.

이무베씨의 동진과 야마토 세력의 치바반도 진출은 역사적으로 시간을 두고 벌어진 일일 것이다. 초기의 이주세력은 이즈모에 정착했던 가야나 신라계 세력일 것이고 야마토시대에 진출한 세력은 백제계 세력이었을 것이다. 뒤에 들어온 백제계 세력은 치바반도에서 시작하여 가야와 신라세력이 선점하고 있던 무사시, 즉 도쿄평야로 세력을 넓혀 갔던 것으로 보인다. 야마토 천황가와 가야 및 백제의 관계는 뒤에 다시 설명한다.

가즈사국上総国에는 6명의 국조지방 통치자가 있었는데 1국 안에 6명이나 되는 국조가 밀집한 예는 드물어서, 이것이 이 지역이 야마토 왕권과 긴밀한 관계를 가지고 있었던 것을 암시하는 것으로 보인다. 게다가, 이 지역에는 다이카 개신 뒤 전국에 설치되었다고 여겨지는 8개의 간고오리神郡 가운데, 아와군, 가토리군, 가시마군香島郡 등 3개의 간고오리신고을, 신골가 설치되었다.

총국의 일부가 총상総上, 후사카미국과 총하総下, 후사시모국이 되고, 후사카미의 '후'를 생략해서 「사카미」, 후사시모의 '모'를 생략해 음편으로 후가 '무'가 되어 「무사시」가 되었다고도 한다. 사가미국과 무사시국

의 생산물도 천과 마布,麻가 중심이어서 조후나 마포 등의調布나 麻布지명
도 남아있다고 추정한다. 이 이야기는 도래인에 의해 주도된 동일본의
고대사가 치바반도에서 시작되어 도쿄평야로 전파되었을 수도 있다는
것을 암시한다.

### 개척자 인베, 이무베족忌部氏

치바의 남쪽을 개척하였다는 인베씨에 대해 더 알아보도록 한다. 이
무베씨를 살펴보면 천황족의 비밀을 알 수 있다는 말이 있을 정도로
천황족과 관계가 깊은 선주 도래인 집단인 듯 하다.

아메노토미天富命, 천부명는 진무동정神武東征에 있어서 가시하라궁을 건
설하고 시고쿠의 아와국에 이어 치바의 보소를 개척한 인베씨 또는 이
무베씨 집단의 지도자다. 진무동정神武東征시에는 사누키 이무베와 기
이 이무베 일족을 인솔하여 기이국의 재목을 채취하여 우네비산의 기
슭에 가시하라橿原 궁전을 만들었다. 이 일족은 여러 가지 신성한 보물
인 거울, 옥, 창, 방패, 목화, 마 등을 제작하고 생산한 일족이다. 그리
고 그는 아메노히와시天日鷲命, 천일취명의 자손인 아와 이무베를 인솔해서
비옥한 토지를 찾아 시고쿠의 아와국에 진출하여 곡식과 마씨를 심어
그 군의 이름이 오에麻殖, 마를 심는다는 뜻군이 되었다. 참고로 아메노히와
시天日鷲神, 천일취신는 아와국을 개척하고 곡, 마를 심어서 방직업을 창시
한 아와 이무베씨의 조신祖神이다.

계속해서 더욱 비옥한 토지를 구해서 아와 이무베 일족의 일부를 데
리고 동국으로 가 동쪽의 육지에 상륙한 그들은 새로운 토지에 곡물과

마를 심었는데 특히 마의 생육 환경이 좋았기 때문에, 마의 별칭인 총総을 따서 총국이라고 명명하였다고 하는 설도 있다. 마를 재배해서 성공한 비옥한 대지를 총국으로 하고 아와 이무베 일족의 거주지는, 아와의 이름을 따서 아와로 한 것이라고 한다.

### 이무베씨忌部氏와 쿠로시오黒潮와 미우라 반도三浦半島

나가요시 히데오長吉秀夫씨의 가설이다.

미우라반도의 하야마葉山나 다마강 서측에는 스기야마신사杉山神社가 있어, 이것이 이무베의 거점이었던 것 같다. 지가사키茅ヶ崎에는 이무베 일족의 큰 커뮤니티가 있었는데 그 거점이 스기야마신사杉山神社다. 이 신앙의 근본에는 배 건조에 필요한 양질의 큰 삼목이 있다. 삼목은 단순한 목재로서의 역할은 넘어 목숨을 좌우하는 우주의 상징으로 여겨진 것 같다.

스기야마 신사는 미우라의 하야마葉山에도 있다. 미우라 반도는 이무베가 치바로 건너가기 전에 옮겨 살던 중요 거점이다. 이무베씨가 보소반도에 상륙한 지점에 건립되어 있는 스자키신사洲崎神社와 쌍을 이루는 요코스카의 아와구찌신사安房口神社에서는 고분이 발견되고 있다.

놀라운 것이 하야마의 어원에 관한 일설이다. 스기야마의 스기スギ는 바로, 곧すぐ、すぐに이라는 의미이다. 공간적으로 말하면 곧장まっすぐ 직선이라는 의미이고, 시간으로 말하면 바로=빠르다すぐ=はやい, 스기=하야スギ=ハヤ라고 하는 의미인 듯하다. 즉, 하야마는 하야야마이며 스기야마가 된다. 즉 삼목이 많은 어떤 산을 의미하는 것이다.

아마, 이무베씨들은 하야마 일대의 산으로부터 양질의 삼목을 잘라 배를 만들고, 미우라 반도로부터 보소반도나 고우즈神津나 오시마 등의 이즈 칠도伊豆 七島나 태평양 북쪽 연안의 가시마탄鹿島灘, 이바라키현 중남부을 향해서 나간 것이라고 추측된다.

이즈반도와 미우라반도 중간에 있는 지가사키茅ヶ崎 일대는 이무베씨의 세력이 강하여 무사시국 지배 밖에서 소국을 형성하고 있었다. 그 거점으로서 스기야마신사가 있었던 것이다. 쓰루미강 수계나 다마강 서안에 많이 보이는 스기야마신사는 이무베씨의 네트워크 중계점으로서의 기능을 하고 있었다고 생각된다. 그 정치적인 거점이 지가사키에 있었던 것이다. 한편, 지가사키부터 내륙으로 들어간 곳에 사무카와신사가 있다. 사무카와의 사무는 철을 나타내고 있다. 사무 이외에도 사히, 사비, 사나, 사누, 사니, 시노, 시나 등도 철이다. 한국의 수도 서울도 이것이 어원이다. 덧붙이자면 마찬가지로 제철을 하는 집단인 다타라多々良는 대륙에서는 타타르, 닷탄이다. 이것은 기마민족의 계보이며, 오리엔트 서쪽 끝에 있는 터키라고 하는 지명도 다타라와 같은 어원이다.

사실은 이무베씨는 혈연 집단이 아니고 기술자집단테크노크라트이라고 한다. 즉, 여러 부족이나 도래인渡来人이 합류해 가면서 이무베씨 일족을 형성해 갔다고 생각된다. 즉, 이무베의 일원으로서 동행한 단조鍛冶 집단은 지가사키의 해안 모래사장으로부터 사철을 꺼내서 제철을 하고 있었던 것이다. 이 일대의 사철은 질이 제철에 아주 적합하다고 한다. 한편, 치바의 소토보外房 모래사장 등에는 티탄이 포함되어 있어서 고대인의 제철에는 알맞지 않았다고한다. 그런데 사무카와의 근원은 사누키국의 사무카와에게 있다고 전해지고 있다. 속일본기에는 사누키국에 사는 백제 도래의 단조사 집단인 한단야사부韓鍛冶師部가 집단으로 이주하여 가나가와神奈川의 땅에 사무카와를 형성했다라는 기술이 있다. 그리고 사누키에는 사누키 이무베씨가 살았다.

보소반도의 스자키 신사와 짝이 되어 있는 것이 해안 건너편 미우라 반도의 요코스카에 있는 아와구찌신사다. 옛날에는 구리하마에서 기누가衣笠 근처까지가 깊은 만이 되고 있어서 물자를 운반하는 데에도 좋은 운하이었을 것이다. 그것을 바라볼 수 있는 장소에 아와구찌신사安房口神社가 있다. 즉, 이무베들은 미우라 반도에서 충분히 준비를 하고 아와에 건너가 간 것이다. 이 지점이 중요한 베이스로서 아와로의 입구라는 의미의 아와구찌安房口신사가 세워졌던 것이다.

이즈반도 방면에서 보소반도로 항해한다면, 미우라 반도가 있는 것은 안심이다. 우선 양질의 항구가 지금도 많이 있다. 거기에 배를 수리할 수 있는 만과 삼목 등의 재료나 산의 산물이 있기 때문에 이무베 이전의 조몬시대 해양부족들도 거점으로 하고 있었을 것이다.

**필자의 견해**
이제까지 소개된 도쿄평야와 그 주변 도래인 이동루트를 다시 정리하면 다음과 같다.

**가. 군마의 가야인과 신라인**

혼슈 북쪽 해안을 따라 이동을 계속하다가 남쪽의 산맥들을 넘고 가루이자와의 우스이고개를 넘어 군마지역으로 이동했다. 다른 일파는 시마네-아스카 일대-시코쿠를 경유하며 남해안 방향으로 동진하여 도쿄만까지 이동했다. 그들은 현재의 치바반도와 도쿄평야의 동해안 일대에 정착하고 일부는 당시에는 도쿄만으로 흐르던 도네강을 이용하여 상류지역인 군마로 이동하여 정착하였던 것으로 보인다.

### 나. 고구려인

우리 동해를 건너 혼슈의 북쪽 해안에 도착한 후 나가노 일대에 정착하던 고구려인의 일부는 가루이자와를 지나 사이타마현으로 이동했고 일부는 야마나시를 통해서 무사시국으로 이주했다. 고구려 멸망 후의 사건인 약광의 오이소와 고려군으로의 진출은 이보다 후대에 일어난 일이다. 그후 백제계 세력이 지역으로 진출했다.

### 이즈제도와 이즈반도 일대의 가야인과 신라인

이즈모에서 남하한 일족이 혼슈 남쪽의 바닷길을 이용하여 쿠로시오 해류를 타고 이즈제도의 섬에 상륙 후 이즈반도로 이주했다.

### 이무베족의 동진

시코쿠의 아와국에서 쿠로시오 해류를 타고 치바반도의 남쪽에 도착하였다. 이들의 조상이 진무동정에 참여한 것으로 보아 규슈에 정착하였던 선주민으로 보인다.

필자는 아직 이렇게 요약한 네 가지 이동의 선후 관계에 대해서는 결론을 내리지 못했다. 단지 이 사건들이 모두 기원후 3세기에서 6세기 사이에 일어난 것이라는 생각은 가지고 있다.

## 4. 도쿄평야의 남부 해안

가마쿠라와 에노시마江ノ島에도 도래인의 역사가 숨어 있어 추가하여 소개한다.

### 제니아라이벤자이텐銭洗弁財天

가마쿠라역에서 도보로 약 20분 거리에 위치한 무사 미나모토 노 요리모토源頼朝와 관련 깊은 '제니아라이벤자이텐銭洗弁財天'은 별칭이 우가후쿠신사宇賀福神社다. 즉, 사당에서 솟아나는 물에 돈을 씻고 마음을 청결하게 하며 행동을 삼가하면 '금전운 상승, 상업 번성'이 이루어진다고 알려진 신사다. 가마쿠라鎌倉의 중심가에서 떨어져 있지만, 연일 많은 참배객들이 몰려들고 있다. 대부분의 사람들이 돈을 씻으러 발걸음을 옮기는 신사이기도 하지만 일본신화에 등장하는 '물의 신, 이치키시마히메市杵島姫命'가 모셔진 곳으로도 알려져 있다. 이 여신에 대하여는 한반도 도래인과 깊은 관계가 있어 설명한다.

### 이치키시마히메市杵島姫命

이치키시마히메는 일본신화에 등장하는 물水의 신으로 스사노오신라출신 한반도의 신의 딸이다. 이치키시마히메市杵島姫神만을 따로 모시는 신사는 이쓰쿠시마厳島신사로 전국에 약 오백여 곳이 있으며 그 총 본사는 히로시마에 있다. 이 신사의 도리이는 서북쪽인 한반도 방향으로 향하고 있는데 물에 잠긴 도리이에 석양이 비치면 절경이 연출되는 곳이다.

소개했던 시즈오카의 미시마타이샤三嶋大社 입구 왼쪽에도 이쓰쿠시마신사가 자리잡고 있다. 히로시마 이쓰쿠시마미야지마섬에 있는 이쓰쿠시마신사의 본사는 헤이안시대 말에 다이라노 기요모리平清盛가 세운 1,400년의 역사를 갖는 신사로 세계유산으로 지정되었다. 신사가 있는 이쓰쿠시마는 '아키노 미야지마安芸の宮島'라고 불리며 일본 3경의 하나이다.

또한 이치키시마히메는 규슈 무나카타宗像 오키노시마沖ノ島에 모셔지는 무나카타의 세 여신宗像三女神의 하나이다. 무나카타의 3 여신宗像三女神은, 일본 후쿠오카 현福岡県 무나카타시宗像市에 있는 무나카타 대사宗像大社에서 모시는 3위位의 여신을 통틀어 부르는 말이다. 고대 한반도와의 해상이동을 수호했던 대한해협의 신으로 고대로부터 일본 조정에 의해 숭배되었던 신들이다. 대한해협은 한반도와 규슈를 잇는 해협이다. 일본에서 쓰이는 표현 중 겐카이나다玄界灘, げんかいなだ에서 界계를 일본어로 발음이 같은 해海로 바꿔서 현해탄玄海灘으로도 종종 쓰이나 현해탄은 엄밀히 말하면 대한해협 전체가 아니라 규슈와 이키섬 사이의 좁은 해협이다.

이 여신은 바다의 신, 항해의 신으로서 신앙되고 있다. 무나카타타이샤 이외 각지의 무나카타신사宗像神社, 이쓰쿠시마신사厳島神社, 하치오지사八王子社, 아마노마나이사天真名井社에서 제사지내지고 있다. 무나카타, 이쓰쿠시마계의 신사는 일본에서 다섯 번째로 많고 그 대부분이

야마토大和 및 이세伊勢, 시마志摩에서 구마노 여울熊野灘, 세토나이카이瀬戸内海 해로를 통해서 한반도로 가는 경로에 있다.

무나카타타이샤 오키쓰미야宗像大社沖津宮가 있는 오키노시마沖の島는 규슈九州 본토에서 약 60km 떨어진 현해탄에 위치해 4~9세기에는 국가적 제사가 행해졌던 곳이다. 비밀이 많은 점에서 '바다의 정창원正倉院, 쇼소인'으로 불리워진다. 오키노시마沖の島는 현해탄에 있는 둘레 약 4km의 섬으로, 규슈섬 북쪽, 후쿠오카 북동쪽 무나카타시에서 다시 북서쪽 바다 한가운데 있다. 무나카타시에서 약 60km, 대마도에서 약 75km, 부산에서 약 145km 거리다. 오키노시마沖の島라는 이름의 뜻을 살펴보면 '오키沖'는 '멀리 떨어진, 먼 바다', '시마島'는 '섬'을 의미하므로 '먼 바다에 있는 섬'이라 할 수 있다. 참고로 구글지도 검색시 위 지점을 크게 확대하여야만 볼 수 있다.

오키노시마는 위치상 한반도와 규슈 북부를 잇는 바닷길에 위치하고 있는데 가야, 백제와 활발한 교류가 있었던 4세기 후반에는 오키노시마에서 국가적인 제사가 시행되었다고 한다. 제사는 9세기 말경까지 약 오백 년에 걸쳐 거행되었다. 제사 의식이 사라진 후에도 오키노시마를 신성시하는 신앙이 계속되어 숭배와 금기 등 독특한 문화적인 전통이 현재까지 이어지고 있다. 여성은 오키노시마에 들어갈 수 없다는 '여인 금지'가 있는데 이유는 신이 여성이라서 질투를 한다는 설에서 유래한다고 한다. 남성도 출입 제한이 있어 오키노시마에 도착한 남성은 옷을 벗고 바다에 목까지 담그고 몸과 마음을 정화하는 의식을 거쳐야 한다. 그 외에 오키노시마에서 보거나 들은 것을 절대 입 밖으로 내어서는 안 된다거나 나무 한 그루, 풀 한 포기, 돌 하나라도 오키노시마에서 가지고 나가서는 안 된다는 것, 특정 단어는 다른 말로 바꾸어 말해야 하는 풍습 등이 있다.

고대 유적 '신이 머무는 섬'인 '오키노시마沖ノ島와 관련 유적군'은 한반도 도래인의 역사를 품고 있는 비밀의 섬이다.

## 에노시마江ノ島

에노시마江之島는 가마쿠라 남쪽의 기타세 해안에 있는 둘레 4km, 표고 60m 정도되는 섬으로 2개의 다리를 통해 육지와 연결되어 있다. 에노시마 신사, 류넨노카네龍恋の鐘, 신에노시마 수족관 등이 있다. 쇼난湘南을 대표하는 명승지이며 옛부터 관광 명소였다.

'선녀와 다섯 머리 용'이라고 하는 에노시마 탄생의 전설이 있다. 아주 옛날, 가마쿠라의 후카자와深沢 산중 바닥이 없는 늪에 다섯 개의 머리를 가진 악령이 정착해 주변에 살고 있는 주민들을 괴롭히고 있었다. 어린이를 희생물로 빼앗아가서 사람들은 이곳을 코시고에子死越라 부르며 두려워하고 있었다. 어느 날, 코시고에 앞의 해상에 짙은 구름이 며칠이나 걸쳐서 낮게 드리우다 천지가 격렬하게 흔들려 움직인 후, 선녀天女가 나타나고 구름이 개면서 지금까지 아무 것도 없었던 것처럼 하나의 섬이 나타났는데 이것이 에노시마다. 선녀의 아름다움에 반한 다섯머리 용은 결혼을 신청했지만 악행을 그치지 않아 거절당해 버렸다. 용은 마음을 고쳐 먹은 후에야 결혼할 수 있었다. 아마 구세력과 신세력의 다툼을 은유화한 이야기이리라. 이 선녀가 에노시마에서 모셔지고 있는 벤자이텐弁財天 여신이라고 한다.

에노시마를 처음 방문한 것은 도쿄에 살기 시작한지 몇 달 되지 않았을 때인데 서울에서 지인인 A씨가 방문하여 에노시마와 가마쿠라를 구경하기로 하였을 때다. 오후나大船역에서 쇼난 모노레일로 갈아타고 에노시마역 근처에 내려 에노시마로 걸어 들어갔다. 역에서 섬까지 연결하는 골목길 안에는 많은 전통가게들이 들어서 있다. 섬을 연결하는 연육교를 얼마간 걸어가니 섬의 뒷쪽으로 가는 유람선이 있어 승선하였다. 배가 선착장에서 멀어지면서 기다랗게 펼쳐진 해안가 뒤로 도시의 풍경이 눈 앞에 펼쳐진다. 배가 섬에 닿자 내려 준 곳은 넓다란 암장 위다. 해식대라고 불리는 넓은 바위로 된 평평한 지형이다.

배에서 내려 평평한 바위 위를 걸어 뭍에 오르니 바로 바다동굴로 가는 입구가 보인다. 시간 관계상 방문을 생략하고 산 위로 올라가는 바위 계단을 올라간다. 산 정상 쯤에 도달하니 후지산 경치를 바라 볼 수 있다는 음식점들이 여럿 들어서 있다. 아랫쪽에 펼쳐진 바다와 멀리 눈덮힌 후지산을 보며 간단한 점심식사를 하였다. 내려가는 길은 산의 비탈을 따라 만들어져 있는데 정상에서 얼마 내려가지 않은 곳에 있는 평지에 신사가 있다. 산을 다 내려간 곳에도 커다란 신사가 있고 돈을 씻는 곳이라고 하는데 당시만 해도 무슨 의미인지 알 수가 없어 겉만 구경하고 주변의 여관과 음식점만 구경하였다.

에노시마신사江島神社는 특별 표시 신사로 일본 3대 벤자이텐의 하나로 손꼽힌다. 제신祭神, 제사 지내는 신으로 무나카타 3여신宗像三女神을 제사 지낸다. 섬 서쪽의 오쿠쓰미야奧津宮에 다기리히메多紀理姬命, 중앙의 나

에노시마

해식애로 둘러싸여진 험한 지형인 해식동, 이와야岩屋의 존재는
예로부터 종교적인 수행의 장소로서 에노시마를 특징지워 왔다.
나라시대에는 슈겐도의 엔노 오즈누 役小角 , 헤이안시대에는 공해,
엔닌 등이 수행에 힘썼다고 전해지고 있다.

카쓰미야中津宮에 '이치키시마히메市杵島姬命', 북쪽의 나베쓰노미야辺津宮에 다기쓰히메多岐津姬命를 각각 모시고, 에지마 대신이라고 총칭한다. 『신사연고』에 의하면, 552년 신의를 따라 흠명천황 칙명에 의해 에노시마의 남쪽 동굴에 궁을 세워 시작되었다고 전한다. 신불습합神佛習合에 의해 당사는 금귀산여원사金亀山与願寺라고 칭하는 절이 되었다. 신불습합이란, 일본 고유의 종교神道와 외래불교의 융합을 가리키는 말이다.

앞에서 이미 소개한 것처럼 이치키시마히메市杵島姬命는 규슈 무나카타宗像의 오키노시마沖ノ島라는 신비의 섬에 모셔져 있는 무나카타 3여신宗像三女神의 하나로 도래인의 대표신인 스사노오의 딸이다. 고대 한반도와의 해상 이동을 수호했던 현해탄의 신으로 고대로부터 일본 조정에 의해 숭배되었던 신이다. 이 신의 신사가 에노시마에 세워졌다는 것은 한반도와의 바닷길이 이곳 에노시마까지 연장되었다는 것을 시사하고 있다.

가마쿠라의 역사서인 아즈마 가가미吾妻鏡에 의하면 1182년 미나모토노 요리토모源頼朝의 명에 의해 섬의 이와야岩屋에 벤자이텐弁財天을 권청신을 모셔오는 것하여 창건하였다 한다. 벤자이텐弁財天은 불교에서 들어와 일본에 토착한 신이다. 역대의 가마쿠라 막부의 장군, 집권자, 영주로부터 숭상받았다. 에도시대까지 벤자이텐을 제사지내고 있어, 에지마 벤자이텐, 에지마 묘진江島弁天, 江島明神이라고 불렀다. 에도시대에는 벤자이텐 신앙이 왕성하였고, 많은 서민이 참배하였다. 벤자이텐은 물의 신이라고 하는 성격을 지니면서 가무음곡의 수호신으로 여겨졌기 때문에 카부키 연기자나 음악가 등도 많이 참배했다.

후지산의 히토아나굴人穴과 에노시마의 굴실窟屋이 연결되어 있다는 전설은 여러 곳에 보이지만 그 출전은 명확하지 않다. 나루사와빙혈鳴沢氷穴 내부에는 물이 어디까지 계속 내려갈지 모른다는 지옥구멍물을 빨아 들이는 구멍이 있다. 단지, 어디까지나 상상의 영역이지만 가마쿠라시대의 역사서 아즈마 가가미吾妻鏡에 2대 장군 미나모토 요리이에가, 어가인에 명해 후지의 히토아나를 탐색시켰다는 기술이 있는 것에서 유추하면, 가마쿠라시대에 이미 후지의 히토아나와, 에노시마가마쿠라나 사가미의 다른 지역가 연결된다는 전설이 있었던 것 같다. 후지산에 대한 신앙심에서 당시의 관동무사坂東武士, 반도다케시들이 자신의 기반인 땅과 가마쿠라가 연결된다는 전설을 만들어 낸 것이라고 보는 견해가 있다. 다만 높이가 대단한 화산인 후지산은 긴 복류천을 감추고 있어 가마쿠라의 바닷가 인근까지 땅 속으로 흘러 내려와서 솟아날 가능성이나 두 곳을 연결하는 긴 용암동굴이 없지는 않을 것이다.

에노시마는 제3기층의 응회사암으로 된 지질이다. 예로부터 썰물 때만 스바나洲鼻라고하는 사취砂嘴가 나타나 건너편 쇼난 해안과 서로 연결되어 걸어서 건널 수 있었다톰볼로 현상. 1923년의 간토 지진 이후 섬전체가 융기한 이후는 육지와 연결되었으며 융기해식대라 부른다. 섬 주위는 우뚝 솟아 있는 해식애海蝕崖에 둘러 싸여져 있으며 그 하부에는 단층선의 약한 부분을 따라 파랑에 의한 침식이 진행되고 해식동海蝕洞이 있어서 이와야岩屋라 부르고 있다. 또한 파랑波浪의 힘을 강하게 받는 섬의 남부는 하부에 평평한 해식대海蝕臺가 발달해 있다. 관광객의 휴식이나 해변놀이, 갯가 낚시의 장소를 제공한다.

침식이 더 진행되면 해식동이 붕괴되고, 큰 골짜기형의 지형이 된다. 에노시마의 중앙부에는 남북으로 침식이 진행되어 섬을 분단하는 것 같은 지형이 있어, 산둘山二っ이라고 부르고 있다. 동부를 히가시야마, 서부를 니시야마라고 부른다. 주위가 해식애로 둘러싸여진 험한 지형인 해식동, 이와야의 존재는 예로부터 종교적인 수행의 장소로서 에노시마를 특징지워 왔다. 나라시대에는 슈겐도의 엔노 오즈누役小角, 헤이안시대에는 공해, 엔닌 등이 수행에 힘썼다고 전해지고 있다.

# V. 관동지방에 이주하여
이 지역을 개척한 도래인들은
그 후 어떻게 되었을까?

앞에서 기술한 바와 같이 관동지역으로 이주한 도래인들은 한반도의 가야, 신라 및 고구려로부터 왔다. 백제 도래인들도 있었지만 처음에는 주역이 아니었다. 7세기 말을 기점으로 백제계 세력의 주도하에 일본국日本國이 세워지면서 도쿄평야에 자리잡고 있던 도래 이주민들은 역사의 주역에서 밀려나게 된다. 이들의 역사를 추정해본다.

### 무사시7당武蔵七堂과 사무라이

일본은 가마쿠라 막부1186~1333년가 성립되면서 수도를 서쪽의 교토에서 동쪽의 도쿄 남쪽에 있는 가마쿠라鎌倉로 옮긴다. 필자는 일본 열도의 중심부인 나라, 오사카, 교토를 중심으로 한 소위 기내지역에서 500km 이상 떨어져있는 외딴 곳으로 수도를 옮긴 이유에 대하여 오랫동안 의아하게 생각해 왔다. 그리고 무로마치 막부 시절 교토로 재천도를 하였다가 도쿠가와 막부1604~1868년가 시작되면서 다시 한번 동쪽의 도쿄로 수도를 이전하여 현재 일본의 수도가 되었다. 역사를 보면 승자가 수도를 이전하는 이유는 구세력에서 멀어지거나 친위 세력이 있는 지역에 기반을 잡기 위한 목적이다. 명나라의 영락제가 남경에서 북경으로 천도한 이유는 그가 왕자 시절에 북경연경지방에서 왕을 했기 때문이고 조선이 개성에서 한양으로 천도한 이유는 고려의 구세력의 본거지인 개성으로부터 멀어지기 위함이었다.

### 무사시7당武蔵七堂

가마쿠라로의 천도 이유는 분명히 동쪽이 그들의 기반이고 동쪽에 그들의 지지세력이 있었기 때문이었을 것이다. 그 지지세력은 누구였을까?

어느날 자료를 찾다가 우연히 무사시7당武蔵七堂이라는 흥미있는 단어가 눈에 들어왔다. 무사시 지역을 근거로 하는 7개의 도당중앙 정부의 통제를 벗어난 지방 세력 또는 향토 무장 세력이라는 뜻일 것이다. 716년에 고구려 도래인 집단에 의해 무사시 지역에 고려군이 생기고 나서 이 집단은 그 후 어떻게 되었을까 생각을 하던 중이었는데 무사시7당武蔵七堂에서 어떤 연결고리를 찾을 수 있지 않을까 하는 기대가 부풀어 올랐다. 자료를 찾던 중 사이타마현의 역사에서 다음과 같은 내용을 발견하였다.

### 사이타마의 역사

중세에 무사시국에서 인구가 특히 많았던 북무사시의 구릉지나 대지에 무사시 '무사武士, 다케시, 후에 사무라이 계급으로 변함'가 출현하고, 가와고에씨河越氏나 하타케야마씨畠山氏 등에서 분화된 치치부씨의 일족이 활약했다. 또 동족집단으로서 형성된 '무사시7당武蔵七堂' 등 세금을 징수하던 무장 토호세력도 나왔다.

헤이지의 난平治の乱, 1159년이후 무사시국은 다이라平씨의 지행국知行
国, 유력귀족, 사원세력이나 무가가 특정 지역의 지행권 즉 국무권과 행정권을 위탁받아 수익을
얻는 제도이 되면서 무사시의 지방관에 다이라平씨가 임명되고 무사시
무사武士, 다케시는 관료화되고 봉토를 얻어 다른 지방에도 진출했다. 헤
이지의 난平治の乱은 천황파와 상황파가 교토에서 벌인 내전으로 천황
파의 승리로 끝나고 천황파를 대표하는 다이라노 기요모리平清盛가 막
부의 원형이라 할 수 있는 무가정권을 세웠다.

1180년 미나모토노 요리토모源頼朝의 거병 후 무사시국에 세력을 가
지고 있었던 치치부 일족이 미나모토, 즉 원源씨의 편에 서서 '지쇼 주
에이의 난' 전투에 참전했다. 지쇼 주에이治承 寿永의 난은 헤이안시대
말기인 1180년부터 6년간에 걸치는 대규모 내란이다. 각지에서 타이
라노 키요모리平清盛가 중심이었던 다이라씨 정권에 대한 반란이 일어
나고, 다이라씨 정권의 붕괴로 미나모토노 요리토모源頼朝를 중심으로
한 간토 정권関東政権, 즉 가마쿠라 막부鎌倉幕府가 수립된다. 일반적으로
겐뻬이源平전쟁이라 부른다.

무사시의 주 세력인 가와고에씨河越氏나 하타케야마씨畠山氏, 히키씨比
企氏 들은 가마쿠라 막부의 창설기에 중용되어 정무에 참여한다. 막부
권력이 확립되며 비정규군이었던 무사시 다케시武士의 세력이 막부 조
직으로 흡수된다.

중세에는 가마쿠라 막부의 성립을 계기로 가도가 정비되어, 서무사시에는 남북으로 난 가마쿠라 가도를 통해 북쪽 오슈 방면과 연결되어 물자의 유통로가 되고 군사적으로도 중시되어 간선도, 사잇길, 수상교통도 발달하고, 많은 마을과 숙소가 만들어졌다. 이 때 앞에서 소개한 고구려군과 가마쿠라를 잇는 아키루<sub>앞</sub> 길도 정비된 것이다. 무사와 무사시7당은 관동지방에 정착한 도래인의 역사에 중요한 관계가 있어 보인다. 이 관계를 풀어 보도록 한다.

**무사**武士, 다케시, 나중에 사무라이

716년 고구려 왕족인 약광과 1,799명의 고구려 유민에 의해 세워진 고마군은 그 후 어떻게 되었을까?

1186년에 관동세력의 힘을 얻어 수립된 가마쿠라 막부가 고마군에서 70km 남쪽으로 떨어진 가마쿠라에 세워질 때까지의 470년 동안 고마군을 개척한 고구려 도래인 집단에는 무슨 변화가 생겼을까?

고구려는 당시에는 발달한 철기문화와 말이라는 뛰어난 운송수단을 지닌 집단이었다. 고마군이 자리잡고 있던 무사시 지역에서 군림하던 무사세력은 가마쿠라 막부의 성립에 절대적인 기여를 하게 된다. 사이타마의 역사에도 기록되어 있듯이 '사이타마는 가마쿠라시대에 전성기'를 맞이한다. 가마쿠라 막부의 원源씨 가문과 정략적 결혼이 이루어져 외척으로서 대단한 영향력을 유지한다. 이렇게 된 배경에는 고마군을 포함한 무사시 지역의 무사집단이 가마쿠라 막부를 만든 결정적인 전쟁인 겐뻬이전쟁에서 중요한 역할을 하였기 때문이고 이 전쟁이 발생하기 전에 이 지역에 무사집단이 형성되었기 때문이다.

중앙귀족을 가까이에서 보필하는 자라는 뜻의 사부라 우 모노さぶら
う者, 候ふ, 侍ふ 者 즉, 사무라이 무사집단은 이곳 관동지방에서 성장하여
12세기 가마쿠라 막부라는 최초의 무사정권을 탄생시킨다. 그렇다면
왜 관동지역에서 무사집단이 발생했고, 그들은 어떻게 일본 최고의 전
투력을 갖는 집단이 됐을까?

고마군이 생긴지 200년 정도가 지난 10세기 경에 큰 반란을 일으켰
던 관동지역 무사의 1대 세력이 있었다. 이 세력은 말과 철기를 통해
서 큰 힘을 가지게 됐고 그 힘을 바탕으로 중앙 세력에 반항하게 된 것
이다. 그 시기에 동북지역에서 무사가 강한 세력을 가졌던 이유는 물
론 말과 철기 때문이다. 이들은 접경을 하고 있던 아이누족과의 수많
은 전투를 통하여 실전 경험을 쌓았을 것이다. 말과 철을 통해 성장한
일본 무사집단의 중심에는 말과 철을 가지고 한반도에서 건너와 군마
지역에 자리잡았던 가야, 신라, 고구려로부터 온 선대 도래인 집단이
있었을 것이다.

일본에 말은 어떻게 전해진 것일까? 일본 열도의 사정을 최초로 기
록하고 있는 중국의 사서인 『위지왜인전魏志倭人傳』을 보면 3세기경 당
시에 '일본에는 말이 없다'고 기술되어 있다. 일본에 말이 유입된 것은
5세기 즉, 고분시대의 중반이라 여겨진다. 당시 현재의 오사카와 더 나
아가 관동지방에 말을 키우는 집단이 들어왔다고 알려져 있다. 말은
한반도의 남부에서 온 것이다.

이후 관동지방은 준마의 특산지가 되었다. 헤이안시대의 법률집인 엔기식延喜式 기록에 의하면 관동지방에 마키牧, 牧場라는 우수한 말을 키우는 목장이 설치된다. 그들 대부분은 현재의 군마현, 사이타마현, 나가노현인 관동지역에 집중되어 있었다. 관동지방의 말을 키우고 있던 마을에서 한반도의 토기라든지 마구가 출토됐다. 도래인들이 들어와 그곳에서 말을 키우기 시작하여 관동지방에 확산되었다는 증거이다.

사이타마 교다시에 위치한 장군산 고분의 출토품 중에 깃꽂이가 있는데 말의 안장에 설치해 깃발을 꽂을 수 있게 설계된 철제 깃대로 고구려 기마무사들이 사용하던 깃대와 같은 형태다. 같이 발견된 마주馬冑는 말의 투구로 철로 만들어진 기마전투용 장비다. 이러한 마주는 일본의 역사에서 찾아볼 수 없는 유물이다. 말이 도입된 초기에는 말이 있다 하더라도 이동하는 수단에 불과했었다. 마주는 고구려의 기병대가 사용했던 전투장비로 한반도 남부에서도 다수 발견되고 있다. 하지만 일본에서는 이곳 사이타마의 장군산쇼군야마고분과 와카야마和歌山현의 오타니고분6세기경에 400여개의 철판을 붙여 만들어진 아라가야의 말 갑옷이라고 추정하기도 함에서 밖에 발견되지 않은 매우 진기한 것이다. 기록에 의하면 일본에서 말을 이용한 최초의 전투는 672년에 임신의 난이라 전해진다. 장군산 고분의 연대는 5세기 말에서 6세기 초이니 임신의 난 이전에 이미 관동지역에는 기마무사가 있었던 것이다.

도래인들은 말을 키우고 마구를 제작하였다. 그것은 훗날 무사라는 존재를 낳은 하나의 요인이었다. 사무라이는 원래 무사라는 말에서 파생되어 나왔으나, 일반적으로 알려져 있듯이 정규 군인을 지칭하는 표현이 아니었다. 지금의 도쿄가 있는 간토関東평원은 새로운 개척지의 의미를 가진 땅이었다. 당시 도쿄평야관동평야를 관리하기 위해 교토의 중앙정부는 관리를 파견하였는데, 이들은 새로운 개척지인 간토지역에서 과도한 세금과 권리를 행사했다. 이들 관리에 대항하여 도래인 집단 중 부유한 자영 농민 일부가 스스로 무장을 하여 반정부 민병대 개념의 군대가 되었다. 이들의 세력은 비옥하고 넓은 평원인 간토를 소유하여 빠른 시간내에 중앙정부의 군사력을 압도하게 된다. 중앙정부는 이들의 세력이 커지자 이들을 회유하기 위해 세력이 큰 몇 몇을 정식 영주에 봉하고, 일본 전역에 이들은 무사로 알려지게 된다. 무사집단들 중 매우 세력이 커져 영주가 된 자도 있었으나 자신들의 전투기술을 발판으로 귀족세력의 개인 호위부대 개념의 새로운 신분제에 편입되고 이때부터 사무라이들이 일본역사에 자리잡기 시작한다.

### 무사시7당武蔵七党

무사시7당武蔵七党은 헤이안시대 후기부터 가마쿠라시대, 무로마치시대에 걸쳐서 무사시국사이타마을 중심으로 해서 시모쓰케下野, 도치기, 고우즈께上野, 군마, 사가미相模, 가나가와와 같은 이웃 지방까지 세력을 넓히고 있었던 동족적 무사단의 총칭이다. 7당이라고 하지만 『무사시7당武蔵七党계도』, 『서언자고절용집書言字考節用集』, 『무가직장호武家職号』 등 분류에 따라 조금씩 다르다. 상기 3설을 종합하면 황산당横山党, 저우당猪俣党, 아옥당児玉党, 촌산당村山党, 야여당野与党, 단당丹党, 서당西党의 7당으로 요약된다. 7당이라고 하는 표현은 가마쿠라시대 말기에 성립한 역사서인 『오처경呂妻鏡, 아즈마 가가미』에도 없는 것으로 그 이후 에도시대에 생긴 것으로 보여진다.

헤이안시대의 무사시국은 대지가 넓어 목축에 유리해서 간토의 많은 도래인들이 목축에 종사하고 많은 목장牧, 마키이 만들어졌다. 그 관리자를 중심으로 많은 중소무사단이 생겼다. 무사시국의 중소무사단은 조정이나 군사귀족, 그들과 결부된 치치부씨 일파인 가와고에씨나 하타케야마씨 등 영토를 지닌 유력 무사들에게 이용되었다. 헤이안시대 말기에 벌어진 전쟁과 겐뻬이 전쟁에서 많은 무사가 활약하였는데 이들은 생산 조건이 양호한 지역을 근거지로 하고 있었다. 각당은 혼인에 의한 혈족으로 사회적, 군사적 집단으로서 기능하고 있었다고 한다. 각 영지도 떨어져 있어서 구체적으로 어느 정도의 결속력이었는지는 불분명하다.

가마쿠라시대에 「무사시 다케시武蔵武」는 고케닌御家人으로서 가마쿠라 막부를 뒷받침하였다. 「고케닌」이란 쇼군과 주종관계에 있던 무사를 칭하는 말이다. 이들은 전통적인 호족층이 지배하는 북관동의 무사들과 달리 막부에 순종했다. 『오처경』에 기재되고 있는 무사시 다케시의 성씨는 182개에 달한다. 이들은 지배세력의 확산으로 일본 전국으로 확대해 갔다. 가마쿠라시대 성립 이후 발생한 내전에서 세운 공에 대한 상과 몽골의 재침략에 대한 방비를 위해 각 씨족의 일부는 무사시국에 있는 본령을 떠나 북쪽이나 서쪽 지방, 규슈에 토착했다.

무사시7당을 소개한다.

- **황산**橫山, 요코야마**당**

무사시국 다마군 요코야마장현, 도쿄도 하치오지시 부근을 중심으로, 오사
토군현, 사이타마현 북부 구마가야시나 후카야시와 그 주변 및 히키군에서 다치바나
이쓰키군현, 가나가와현 가와사키시 구역에 걸쳐있는 무사시국과 사가미국 고
자군가나가와현의 사가미강 좌안유역, 구 고려군에 걸쳐 세력이 있었던 무사단으
로 무사시7당 계도 중 필두다.

- **저우**猪俣, 이노마타**당**

무사시국 나카군, 현재의 사이타마현 고다마군 미사토마치의 이노
마타관을 중심으로 있었던 무사단으로 황산요코야마당의 일족이다.

- **야여**野与, 노요**당**

무사시국 남사이타마군, 사이타마군, 현재의 가조시 부근의 들판인
아타에장을 중심으로 세력이 있었던 무사단으로 아다치군, 히키군 등
에 동족이 있었다.

- **촌산**村山, 무라야마**당**

무사시국 다마군 무라야마강, 즉 현재의 이루마강 부근에 세력이 있
었던 일족으로 야여당과 동족이다.

- **아옥**児玉, 고다마**당**

무사시국 고다마군현재의 사이타마현 고다마군으로부터 치치부, 오사토, 이
루마군 및 군마 남부에 세력이 있었던 일족이다. 무사시7당武蔵七堂중

최대 세력으로 본거지는 현재의 혼조시다.


- 서西, 니시당

다마강 및 그 지류인 아사카와나 아키가와 유역을 기반으로 한 세력
이다.


- 단丹, 단당

치치부부터 한노에 걸쳐서 활동한 세력이다.


무사시7당은 활동하던 지역으로 보아 대부분 고구려 도래인 집단
의 후손으로 보이나 사이타마의 동북쪽을 근거로 하고 있던 당은 신라
계 도래인 집단 출신으로 보인다. 무사시7당의 출신을 밝히는 자료를
읽은 적이 있는데 7당 중 3당은 도래인 집단의 후손임을 밝힐 수 있는
증거가 비교적 확실하다는 내용이었다. 이들의 지역적 기반을 보여주
는 무사시7당武藏七堂 분포도와 사이타마 지도가 있다.


무사시7당에 관한 자료를 얻기 위해 고쿠분지역에서 세이부타메오
라인 전철을 타고 고다이라小平시 중앙도서관을 찾은 적이 있고, 무사
시 무라야마武藏 村山시 도서관에 자료가 있다하여 히가시야마토東大和시
에 갔다가 버스가 연결이 안되어 아쉽게도 근처의 사야마호수도쿄도 상
수도 식수원만 구경하고 온 적이 있다.


**사야마**狹山

사야마 지방은 가마쿠라 정권을 떠받히던 무사단의 영토로서 가마

무사시7당 분포도

황산橫山, 요코야마당, 저우猪俣, 이노마타당, 야여野与, 노요당,

촌산村山, 무라야마당, 아옥兒玉, 고다마당, 서西, 니시당, 단丹, 단당

무사시7당은 활동하던 지역으로 보아 대부분 고구려 도래인 집단의
후손으로 보이나 사이타마의 동북쪽을 근거로 하고 있던 당은 신라
계 도래인 집단 출신으로 보인다.

쿠라와 간토 무사단의 본거지를 이어주는 교통의 요충이 된 곳이다. 무사시 무라야마武蔵村山에 가지 못해 실망감을 안고 돌아오다가 집으로 가지 않고 행선지를 바꾸어 사야마狹山를 거쳐 옛 도쿄의 모습을 간직하고 있는 가와코에川越로 간 적이 있다.

### 필자의 가설

도쿄평야에 자리잡은 고구려계 도래인과 이 지역의 선주 도래인인 가야와 신라 도래인 집단은 말과 철기를 기반으로 무가 세력을 형성하여 가마쿠라 막부를 세운 원씨 세력에 절대적인 조력을 제공하여 서쪽의 평平씨 세력을 물리치는데 결정적인 힘을 제공한다. 평씨 세력은 5세기에 관서지방에 자리 잡은 선주 백제인 세력과 7세기말 백제 멸망 후 일본 열도로 건너 온 백제 세력이 결합하여 만든 일본이라는 나라가 설립된 후 이어지는 백제 세력의 계승 집단이다. 따라서 12세기 말 일어난 겐뻬이 전쟁은 어떤 면에서 일본 열도에서 일어난 백제 대 고구려-신라 연합군의 전쟁이라고 볼 수 있다. 일본 열도에서 관동고구려-신라세력의 주도권은 에도시대까지 이어지다가 메이지유신으로 관서세력백제으로 주도권이 넘어간다.

한반도와 일본의 관계를 역사적으로 살펴보면 일본 열도에서 백제 세력이 주도권을 잡은 시기에는 한반도와의 갈등이 심하고임진왜란 및 일제의 침략 등, 관동세력이 주도권을 잡은 시기에는 한반도와 평화 관계가 유지되었다조선통신사 등. 한반도 이주민 세력의 후예들이 협력하여 이룩한 가마쿠라막부의 역사적 배경과 수도였던 가마쿠라 및 주변 지역의 역사와 문화를 알아본다.

## 1. 가마쿠라鎌倉

가마쿠라는 필자와 파트너가 개인적으로 좋아하던 곳으로 도쿄에 사는 동안 15차례 정도 방문하였다. 지금도 옛날 분위기를 느낄 수 있는 조용한 곳들이 많기 때문이다. 선종의 대가람들, 가마쿠라의 상징인 대불, 화려한 하치만구, 멀리 눈덮힌 후지산이 보이는 바닷가를 달리는 에노텐 전철, 계절마다 피는 꽃, 그리고 아기자기한 산길과 바위터널들 등 아름다운 곳이 많은 곳이다. 가마쿠라의 역사적 배경을 이야기해 보기로 한다.

### 가마쿠라鎌倉

가마쿠라 막부1185~1333년의 수도였던 곳으로 교토를 경주라고 한다면 우리의 개성 쯤에 해당한다고 할 수 있다. 연대상 우리나라 고려왕조918~1392년의 마지막 시기와 시대를 같이 했다. 794년에서 1185년까지 약 400년간 일본의 수도였던 교토를 과감하게 버리고 옮긴 곳이다.

필자는 이 천도에 대하여 많은 의문이 있었다. 이미 소개한 고려군의 설립, 고려군 후예들이 도쿄평야 동쪽 지방에서 원주민 아이누족과 벌인 영토 확장 전쟁, 고려군 주변에서 생긴 무사시7당이라는 지방 무장 자치세력, 이와 동시대에 도쿄평야에서 성장한 무사세력 등에 대하여 언급하였다. 이러한 환경하에서 힘을 기른 무사세력이 가마쿠라 막부의 성립에 지대한 공헌을 하였고, 혁명 세력은 교토의 기성 세력을 멀리하고 지지 세력이 있는 지역으로 가까이 오기 위하여 가마쿠라로

도쿄평야에 자리잡은 고구려계 도래인과
이 지역의 선주 도래인인 가야와 신라 도래인
집단은 말과 철기를 기반으로 무가 세력을
형성하여 가마쿠라 막부를 세운 원씨 세력에
절대적인 조력을 제공하여 서쪽의 평<sub>平</sub>씨
세력을 물리치는데 결정적인 힘을 제공한다.
평씨 세력은 5세기에 관서지방에 자리 잡은
선주 백제인 세력과 7세기말 백제 멸망후
일본 열도로 건너 온 백제 세력이 결합하여
만든 일본이라는 나라가 설립된 후 이어지는
백제 세력의 계승 집단이다.
따라서 12세기 말 일어난 겐뻬이 전쟁은
어떤 면에서 일본 열도에서 일어난 백제 대
고구려-신라 연합군의 전쟁이라고 볼 수 있다.
일본 열도에서 관동<sub>고구려-신라</sub> 세력의
주도권은 에도시대까지 이어지다가
메이지유신으로 관서<sub>백제</sub> 세력으로
주도권이 넘어간다.

수도를 옮겼다는 것이 필자의 결론이었다. 이러한 이유로 천도를 설명하는 자료는 아직 보지 못했으니 아직은 개인적인 의견일 뿐이다.

### 미나모토 요시쓰네源義経

가마쿠라 막부의 창건자는 아니지만 이 사람을 모르면서 일본을 안다고 할 수 없을 정도로 역사적으로 잘 알려진 인기있는 인물이다. TV 역사극의 단골 주인공이기도 하다. 가마쿠라에 대해서 이야기할 때도 이 인물을 빼 놓을 수 없다.

미나모토 요시쓰네源義経는 비극적 영웅이다. 가마쿠라 막부의 초대 쇼군인 미나모토노 요리토모源頼朝의 이복동생이다. 요리토모가 천황을 위한 군사를 일으킨다는 소식을 듣고 오슈奧州, 현 이와테현 남부를 떠나 그 휘하에 참여하였다. 요리토모는 요시쓰네에게 군권을 맡겨 천황을 위협하는 헤이케 즉, 타이라 키요모리平清盛를 중심으로하는 헤이시平 氏 일족의 토벌에 나서게 한 뒤, 요리토모 자신은 동쪽을 다스리는 데 전념하게 된다.

1183년 요리토모의 사촌인 요시나카木曾義仲가 헤이시 세력을 교토에서 몰아내고 교토에 들어간다. 고시라카와 법황은 요시나카를 제치고 요리토모에게 선지를 내려 요리토모에게 관동關東, 간토지역[78]의 지배권을 인정해주기에 이르면서 요시나카와 요리토모 양자간의 대립이 격화된다. 법황이 요리토모를 교토로 부르자 대신 동생 요시쓰네를 대

---

78  일본 중부지방. 도쿄와 사이타마현(埼玉縣), 지바현(千葉縣), 이바라키현(茨城縣), 도치기현, 군마현(群馬縣), 가나가와현(神奈川縣) 일대.

관으로 교토에 보낸다. 법황法皇이란 퇴위하여 불교에 귀의한 상황上皇으로 권력을 유지하고 있었다. 요시쓰네군은 우지 강의 싸움에서 승리하고 교토로 들어갔다. 이어서 헤이시平氏가 세력을 회복하여 후쿠하라福原, 고베까지 진출하자 요시쓰네는 미쿠사三草 산에서 야습을 감행해 쳐부수고 사흘 뒤 이치노타니一ノ谷 싸움에서 정병 70기로 히요도리고에鵯越의 험준한 비탈을 따라 내려와 헤이시平氏 본진을 기습한다. 기습 시 거의 직벽을 말을 타고 내려갔다 한다. 혼란에 빠진 헤이시군은 그대로 무너지고 가마쿠라군은 대승을 거두었다. 교토에 들어올 무렵만 해도 이름조차 제대로 알려져 있지 않았던 요시쓰네는 요시나카 추토와 이치노타니 싸움에서의 활약으로 화려하게 등장하게 된다.

그 후 헤이시平氏의 남은 세력을 토벌하기 위해 요시쓰네는 폭우를 뚫고 소수의 배만으로 출격, 보통 사흘이 걸리는 거리를 불과 몇 시간 만에 주파하여 세토나이카이瀬戸内海 헤이시의 거점인 야시마屋島를 기습한다. 산이며 민가까지 불태워 버리면서 소수의 군사를 대군으로 부풀려 보이게 하는 작전을 쓴 덕에 겁을 먹은 헤이시는 도망쳐 버렸다. 요시쓰네는 수군을 편성해 단노우라壇ノ浦의 싸움에서 마지막 승리를 하여 헤이시平氏를 멸망시키고 교토로 개선한다.

이러한 전공에도 불구하고 미나모토 요시쓰네源義経는 당시 가마쿠라 정권의 기반이었던 도고쿠東国 고케닌들의 불만을 사게 되고 형의 미움을 받게 된 요시쓰네源義経는 같은 편의 공격을 받아 애첩인 시라뵤우시白拍子, 무용수 시즈카고젠静御前과 함께 요시노吉野에 몸을 숨겼다가 히라이즈미平泉까지 피신하여 31세를 일기로 죽게 된다. 그 후 요시쓰네의 죽음을 슬퍼한 민중들은 그의 용맹함을 부풀려 수많은 전설을 만들어 낸다. 요시쓰네가 죽지 않고 북해도로 건너가서 아이누의 왕이 되었다는 전설까지 있다. 근세에 와서는 요시쓰네가 북해도에서 사할 린섬으로 북상하여 좁은 해협을 건너 대륙으로 들어가 몽골제국을 세 운 징기스칸이 되었다는 이야기까지 만들어진다. 우연히 두 사람의 연 대가 아주 비슷하다.

가마쿠라 막부를 지지한 세력의 지도자들을 고케닌御家人이라 하였 는데 이들은 가마쿠라 막부의 근간이 되는 정치체제의 기둥이었고 쇼 군과 고케닌의 관계는 공식적인 계약적 주종관계였다. '고온御恩'과 '호 코奉公'라는 쌍무적 의무가 전제되어 가신인 고케닌이 무조건적으로 쇼군에게 충성할 의무를 강요받았던 것이 아니라 전장에서 용맹하게 싸운 '충성'에 대한 대가로 은상恩償을 요구할 수도 있었다. 시대가 지 나면서 의미가 바뀌었다.

### 아즈마吾妻 의미
한자로는 동東, 오처吾妻, 아처我妻 등으로 표기된다. 동쪽, 동방이라는 뜻인데 고대에는 수도에서 동방에 있는 지방의 총칭으로 동국을 의미 했고, 중세에는 교토에서 동쪽을 가리키는 가마쿠라 또는 가마쿠라 막 부를 의미했다. 이미 소개했듯이 일본무존이라는 인물이 도쿄만 쪽을 바라보며 '아즈마하야'라고 소리쳤다는 지명기원 설화가 있다.

동국의 범위에 대해서는 시대와 문헌에 따라 다른 점이 많다. 현재 의 관동지방, 미카三河, 아이치현 동쪽, 무쓰陸奥, 후쿠시마에서 아오모리까지를 포 함, 교토에서 가까운 이세伊勢, 오와리尾張까지도 포함한다는 설이 있다.

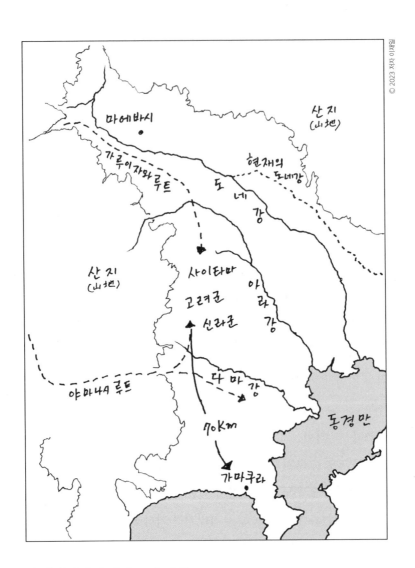

사이타마현과 가마쿠라 막부

『아즈마가가미吾妻鏡』라는 책도 있는데 가마쿠라시대에 성립된 역사
책이다. 가마쿠라 막부鎌倉幕府의 초대 쇼군將軍 미나모토노 요리토모源賴
朝로부터 6대 쇼군까지 여섯 명의 쇼군의 사적事蹟을 기록했으며, 1180
년부터 1266년까지를 다루고 있다. 한자 표기로는 동감東鑑이라고도
쓴다. 무사의 생활을 연구하는 데 전제가 되는 기본사료이다.

「아즈마」라는 단어는 일본어에 관하여 몇 가지 점을 시사하여 준다.
우선 이 단어는 동쪽 또는 해를 표시하는 '아사'에서 나온 듯하다. 그
러나 아즈마라는 음은 우리말 여자를 뜻하는 말일 가능성이 많다. 그
러다 보니 한자 표기에 처妻, 쓰마 또는 츠마가 들어 가는 것이다. 아즈마라
고 동쪽을 표시하는 말이 있었는데 한자 표기가 없었다. 그런데 같은
발음의 여자를 표시하는 아즈마는 한자 표기가 있다 보니 그 표기를
이 쪽에도 갖다 붙인 셈이다.

### 쓰루가오카 하치만구鶴岡 八幡宮

가마쿠라의 제일 윗자리에 해당하는 곳에 자리잡고 있는 신사로 이
신사의 연원을 이해하는 것이 가마쿠라 막부의 근원을 이해하는데 중
요하다. 1063년 미나모토 요리요시源賴義가 오슈奧州, 도쿄 북쪽으로 태평양 연
안를 평정하고 가마쿠라에 돌아와 제사지낸 것이 시작이다. 가와치국河
內国, 오사카 하비키노시, 羽曳野市을 본거지로 하는 가와치 겐지源氏의 2대 손
인 미나모토 요리요시가 9년 전쟁前九年の役에서 승리를 기원한 교토의
이와시미즈 하치만구石清水 八幡宮, 혹은 가와치 겐지씨의 씨신인 쓰보이 하치만구, 壺井
八幡宮를 가마쿠라의 유이 고 쓰루오카由比郷鶴岡에 권청신을 불러 옮기는 것하
였다.

1180년 현재의 신사 소재지인 고바야시고 기타야마小林郷北山로 옮긴다. 이후 신전을 중심으로 막부의 중추 시설을 정비해 갔다. 1191년 신전의 소실을 기회로 가미미야上宮와 시타미야下宮의 체제로 바꾸어 다시 한번 이와시미즈하치만구 고코쿠지石清水八幡宮護国寺에서 권청했다. 에도시대에 들어가면 에도 막부의 비호를 받아 대규모화하고 인왕문, 호마당, 윤장, 신락전, 애염당, 육각당, 관음당, 법화당 등을 건축하였다. 도쿠가와 이에미쓰의 치세에 약사당, 종루, 누문 등도 세워졌다. 또 경내에는 다보탑과 동조궁도 설립하게 된다.

### 하치만신사八幡神社

여기서 가마쿠라 막부가 섬겼던 하치만신사八幡神社의 역사를 거슬러 올라가 보아야 한다. 하타족의 신인 야하타신八幡神의 신사가 하치만신사八幡神社다. 참고로 '八幡'을 한자어音読로 읽으면 하치만이고, 뜻訓読으로 읽으면 야하타다. 총본사는 규슈 오이타大分의 우사宇佐에 있는 하치만구八幡宮이다. 일본내 공식적으로 집계된 신사의 수는 10만여 개인데 그중 하치만신사가 44,000개로 제일 많다. 그만큼 고대에 영향력이 컸던 일족의 신사인 것이다.

원시 야하타八幡는 불분명한 점이 많다. 일반적으로 말하면 야하타신은 응신應神천황이 제신이다. 그러나, 하치만구八幡宮를 건립한 것은 한반도 도래인인 하타 일족이다. 야하타八幡의 의미는 '대단한 하타 일족'이라는 뜻이다. 야하타의 비밀을 알기 위해서는 그 성립에 대해서 알지 않으면 안된다. 먼저 원시 야하타 신앙에 대해서 원초의 이야기이다. 처음에 야하타대신八幡大神은 '매'의 모습을 하고 나타났다. 당시 하타국의 왕인 카라시마 노 스구리辛嶋勝는 상당히 난폭했다. 3년간 기도를 하면서 마음을 부드럽게 하기 위해 제사를 시작했다. 승勝은 '수구리'라고 읽는데 이 글자가 이름에 붙는 사람은 하타족의 지족支族이다. 이 때 야하타신이 매의 모습을 하고 나타난 것에서 그 신사의 이름을 다카이사鷹居社라고 명명했다. 이후 하타 일족의 상징은 '매'다.

규슈의 하치만구八幡宮는 시대배경이나 장소의 관점에서 생각하면 하타 일족의 비교적 초기 거점이었다고 생각된다. 최초의 하타 왕국은 규슈 동북 쪽의 도요쿠니豊國에 있었다. 원시 야하타 신앙의 발상은 야하타矢幡하치만구, 그 뒤에 코모薦하치만구로 옮겨가고 최종적으로 현재의 우사宇佐에 정착한 것이다.

이곳에서 하타 일족은 전국으로 퍼져 나갔다. 하타왕 카라시마辛嶋는 규슈를 남하해서 가고시마에 이르고, 가고시마진구鹿児島神宮를 창건한다. 가고시마진구에서는 우사宇佐가 야하타 신앙의 본가라고 해서 혼야와타本八幡라 칭하고 있다.

우사 하치만구의 궁사는 카라시마辛嶋씨인대 카라시마씨는 전국에 100여 명 남아있는 희성이다. 오이타현, 구마모토현, 후쿠오카현, 기후현, 돗토리현이나 시마네현에 분포되어 있다. 여기서 '카라'는 한반도를 의미한다. 원래 한자는 한韓인데 후대에 한韓자를 발음이 같은 신辛으로 바꾼 것이다.

야하타신매은 하타왕국의 신이다. 오사카 시텐노지四天王寺에 있는 휜

매는 성덕태자를 가리키고 있지만, 성덕태자의 뒤에 하타씨가 있는 것을 내보이고 있다. 매가 관계되어 있는 이야기는 하타 일족과 관계되어 있다고 생각하면 된다.

야하타신은 많은 비백제계非百濟系 도래인의 역사처럼 수수께끼로 다루어 지고 있다. 오래된 신인데도 불구하고 『고사기』와 『일본서기』 등의 『기기』[79]에는 왠일인지 나오지 않는 신이다. 그러나 『속일본기』에는 나오고 있다. 제신이 응신천황인 유서 깊은 신사의 신이라면 『기기』에 나와야 할텐데 8세기 초 편찬 이후 몇 번이나 재편된 기기인데도 야하타신의 이름이 없다.

필자의 견해로는 선주 도래인인 하타족의 거점이었던 옛 도요쿠니豊國의 우사宇佐 일대가 선주족인 하타족에서 응신應神천황으로 대표되는 신 도래세력에 의해 점령되면서 벌어진 현상으로 신앙의 대상도 신진세력에 의해 흡수되면서 옛날의 신인 야하타신八幡神이 사라졌다가 선주 도래인의 후손들이 다시 세력을 잡으면서 후대에 부활한 것으로 생각한다. 미나모토源씨 또는 겐지씨는 신라계 도래인의 후손이라는 설이 있다.

### 하타秦, ハタ씨

하타秦, 진씨는 아야漢, 綾, 한씨와 더불어 일본의 한반도 도래인 집단 가운데 가장 규모가 큰 성씨이다. 하타秦씨에서 갈라져 나온 성씨姓氏

---

79 『고사기』와 『일본서기』를 줄여서 이르는 말

들이 일본 성씨 중 가장 많은 비율을 차지한다고 한다. 하타秦씨가 현 교토 아라시야마 근처의 사가노嵯峨野지역에 정착한 것은 5세기 후반 무렵으로, 볍씨를 가지고 온 하타씨秦氏는 저수지와 수로를 만드는 관 개 농업을 시작하였고, 우수한 토목기술로 토지를 개발하였다.

하타秦 씨족은 신라나 가야에서 일본으로 건너간 사람들로 현 후쿠 오카 근처의 이토시마군糸島郡과 기타큐슈北九州의 미야코군京都郡, 즉 옛 날의 풍국豊國으로 이주했다가 쿄토에 집단 정착한 유력한 한반도계 씨족이다. 미야코군을 '경도京都'라 씀은 당시 신라 수도 경주를 경도京 都로 썼음에 연유하는 것으로 보이며 이토시마군의糸島郡의 '이토絲'는 말 그대로 옷감 짜는 실을 의미이니, 비단을 만들던 하타씨족과 관련 하여 의미 있는 지명이라 할 수 있다. 하타씨는 처음에 모두 같은 발음 인 파다波多, 파대波大, 파태波太로 표기했었으나 지금은 하타秦나 하타波 多, 하타羽田 등으로 표기하고 있다. 파波는 바다를 의미한다.

그들은 술 빚는 제신을 모신 마쓰오 타이샤松尾大社라든가, 농사의 신 을 모신 후시미이나리신사伏見稲荷神社와 일본 국보 제1호 미륵반가보살 사유상이 있는 코오류우지廣隆寺를 건립했다. 6~7세기 큰 활약을 했던 하타노 카와카츠秦河勝, 진하승가 진씨족 번창의 기틀을 다진 인물이다.

코오류우지廣隆寺 근처는 당시 일본 열도 전국의 진씨족 본부가 있 던 곳으로써 '우즈마사太秦'라 표기하나, 처음에는 '우즈마사禹豆麻佐, 우 두마좌'나 '우즈모리마사禹豆母利麻佐, 우두모리마좌'라 하였다. 우즈마사의 마 사勝는 한국어로 무당을 뜻하는 '수쿠리'이다. 여기서 '우즈'는 '소머리

牛頭'를 의미하며, 초창기에는 '우즈禹豆'의 표기도 대개 우리말 그대로 '소머리牛頭'라 적었다. 이는 곧 우리말 '우두머리'를 뜻한다. 우두머리가 당시 쿄토의 코오류우지 근처에 있었던 것이다.

### 필자의 해석

일본 역사에서 미스테리니 수수께끼니하는 부분들은 거의 대부분 누군가에 의해 역사가 왜곡된 부분이다. 하타씨의 경우도 중국 진시황의 후손이라는 말이 있어왔는데 진시황의 성은 진씨가 아니다. 하타씨의 자리에 응신천황을 집어넣은 부분도 마찬가지다. 『고사기』와 『일본서기』를 쓰면서 천황들을 역사안에 각색해 넣다가 당시의 유력자 하타씨를 이용바꿔치기하였으니 당연히 하타씨의 조상신인 야하타신을 사서에 올릴 수가 없었을 것이다. 다른 예로 일본 최초의 왕국인 야마대국의 히미코의 역사도 다른 인물신공황후의 역사로 바꿔치기한 것으로 보인다. 히미코는 중국의 『삼국지』와 우리의 『삼국사기』에도 등장하는 인물인데 일본의 역사에는 전혀 나타나지 않는다.

그런데 잘 살펴보면 이러한 왜곡의 대상은 대부분 가야, 신라, 고구려 출신의 도래인들이다. 이를 미루어 짐작하건데 일본의 『고사기』와 『일본서기』를 주도적으로 쓴 사람들은 망국의 한을 품고 건너 온 백제 출신이나 일본 열도에 있던 기존의 백제 도래인들이었다. 이들이 일본이라는 새로운 나라를 만들기 위해서는 일본 열도에 있었던 과거의 비중있는 세력들의 역사는 지워버려야 했을 것이다. 이 과정에서 과거의 중요 역사들이 아예 지워지거나 새로운 세력의 과거 역사인양 탈바꿈한 것이다. 쉽게 말하자면 일본 열도의 가야, 신라, 고구려 도래인들의 역사를 지워버린 사람은 일본 사람이 아니라 바로 백제 사람들이다.

가마쿠라 막부를 세운 미나모토씨겐씨는 오사카 남쪽의 가와치河內 출신이다. 가와치河內는 우리가 이해하지 못하는 역사가 묻혀있는 또 다른 지역이다. 일본에 아스카飛鳥 왕조가 만들어지기 이전에 벌써 상당한 세력이 있던 지역이다. 일본 열도 중 크기가 큰 고분의 대부분이 이 지역에 밀집해 있다. 일본의 중요한 천황들의 이름은 다 이 지역에 있는 큰 고분에 붙여 놓았는데도 불구하고, 일본의 역사서는 이 지역의 역사에 대해서 침묵하고 있다. 그러한 이유로 우리도 이 지역에 대해 잘 모르는 것이다. 5세기 말 이 지역은 곤지왕이라고 하는 백제 개로왕의 동생이 통치하던 지역이었다. 백제 무령왕이 태어나기 전에 향하던 곳도 이곳이고 백제 동성왕이 자란 곳도 이곳이다. 이곳에는 가까운 아스카라는 지명이 있고 산 넘어 아스카를 먼 아스카로 불렀다. 이 내용은 뒤에 자세히 다루기로 한다.

가와치河內 출신 미나모토는 원源씨이다. 그는 또 신라 출신 하타씨의 씨족 신사인 하치만八幡, 야하타 신사를 가마쿠라 막부 정궁의 바로 뒤에 만든다. 가마쿠라 막부의 창시자인 미나모토가 신라계 도래인 출신이고, 겐이라는 성도 김씨일본 발음으로는 긴씨에서 나온 것이라는 이야기가 있었다. 미나모토가 가마쿠라 막부를 만들기 위하여 상대하였던 세력은 백제계 평씨헤이씨 세력이다. 그는 백제계 세력의 근거지인 교토를 버리고 고구려와 신라계의 지원을 받는 가마쿠라로 수도를 이전하였다고 본다. 앞으로 이러한 연관관계를 더 살펴보기로 한다.

도쿄평야를 개척한 가야, 신라와 고구려의 이주민들이 관동의 무사세력坂東武士, 반도다케시이 되어 가마쿠라 막부를 수립한 주력으로 활동하고 그 뒤에도 대단한 활약을 벌이게 되는데 좀 더 자세한 이야기를 해보기로 한다.

## 2. 미우라三浦 반도

요코스카의 미카사 방문을 마치고 게이큐구리하마선의 요코스카 중앙역에서 전차를 타고 구리하마久里浜로 갔다. 그곳에서 다시 출발하여 반도의 남쪽 끝에 있는 죠우가시마城ヶ島까지 가보기로 했다. 전차가 바다를 옆으로 하고 미사키구찌역까지 가니 종점이다. 반도 최남단에 있는 죠우카시마까지는 다시 버스를 타야 했다. 버스안에서 내다보이는 풍경은 그야말로 시골이다. 도쿄에서 기차로 1시간 30분이면 닿는 그리 멀지도 않은 곳인데 개발이 되지 않은 채 남아있다. 도시에만 살다가 황량한 풍경을 대하니 약간 불안하기까지 하다. 가마쿠라에서 가까운 지역이므로 미우라반도와 일본 최초의 무인정권이었던 가마쿠라시대1185~1333년의 이야기가 많이 남아있는 지역이다.

유우곳성도대교 아래에서 야요이시대의 유적이 발견되고 있어 그때부터 사람이 살고 있었다고 생각된다. 나라시대에는 약사산에 나라 도다이지의 대불건립을 주도한 백제계 승려 행기行基가 세운 진구지神宮寺라는 절이 있었다고 전해진다.

가마쿠라 막부의 창건자인 미나모토노 요리토모가 미사키를 방문한 것이 『아즈마가가미』에 적혀 있다. 1195년 8월부터 같은 해 9월, 다음해 1월과 8월, 4회에 걸쳐서 미사키의 기사를 확인할 수 있다. 요리토모가 미사키에 체류할 즈음, 현재의 다이쩐지大椿寺, 혼즈이지本瑞寺, 켄토우지見桃寺 부근에 별장을 마련했다고 전해진다. 이것을 '미사키의 3궁'이라고 한다.

흥미있는 점은 묘오니妙悟尼라고 하는 모리토모의 애첩이 이 땅에 살고 있었다고 전해지고 있는 것이다. '잠시 유이해변까지 미소기禊, 강물로 몸을 씻는 신토의 의식에 다녀 온다'라고 써 있어 가메노마에라는 요리토모의 다른 소실을 만나러 가던 것을 상기시키는데 요리토모의 미사키유람도 그러한 것이었을 것이다.

### 미우라당三浦党의 역사

모리토모 장군의 미사키 방문시 미우라씨三浦義澄, 三浦義村가 접대역을 맡고 있었다. 미우라씨 전성의 시대이었던 만큼 접대도 필시 대단히 호화스러웠을 것이다. 미우라씨三浦氏는 헤이안시대의 사가미국의 무가武家로 미우라당이라고도 불린다. 미우라씨는 타메미찌為通부터 요시무라義村까지 6대에 걸쳐서 일족을 형성했다. 미우라 타메미찌三浦為通대에 처음으로 미우라 성씨를 썼다고 여겨진다. 젠쿠넨의 역前九年の役[80]으로 무공을 올리고, 사가미국相模国[81] 미우라에 영지가 주어진다.

1180년 미나모토노 요리토모가 이즈에서 거병하자 미우라 일족은 요리모토를 따랐다. 요리모토가 서전인 석교산전투에서 패해 아와국치

---

80  1051~1062년간 동북지역에서 일어나 전쟁
81  현 가나가와현, 구 무시시국의 절반

바 남부으로 탈출했을 때 미우라 일족도 아와로 향해 요리토모와 합류했다. 그 후, 보소치바, 무사시도쿄. 사이타마의 무사를 휘하에 보강한 요리모토는 가마쿠라로 들어간다. 이 시점에 있어서의 미우라씨의 힘은 이후에 최대의 숙적이 되는 호조씨를 크게 견제할 정도에 이른다.

요리모토가 사가미국에서 한 논공행상에서 요시스미義澄는 미우라三浦介의 이름이 허락되었다. 그리고 숙노宿老. 덕이 높은 노인라는 요리모토의 브레인 그룹이 되었다. 이렇게 미우라 일족은 요리모토의 전국지배와 막부정치 확립의 과정에서 큰 공적을 올리고 막부의 중직에 오르게 된 것이다.

### 반도다케시 坂東武士. 관동무사

미우라씨는 관동지방의 호족이었다. 그리고 관동무사를 대표하고 무로마치 막부를 여는 닛타씨新田氏나 아시카가씨足利氏도 역시 관동지방 출신의 무사집안들이다. 이들 출신은 어디일까? 필자의 견해로는 이들은 일찍이 관동평야로 이주하여 뿌리를 내린 고구려, 가야, 신라계 한반도 도래인의 후예들이라고 생각한다.

헤이안시대 중기 즈음 전국에는 장원莊園이라고 불리는 사유지가 넓어져 간다. 그 때까지는 공지공민제公地公民制로 모든 토지가 천황의 소유로 여겨지고 농민은 임차한 토지를 개간할 뿐이었는데, 나라시대 중기부터 새로 개간한 토지의 사유를 인정하게 되자, 귀족이나 사찰과 신사 및 유력한 지방 호족 등이 대규모 개간을 진척하게 된다. 동모東

毛, 도우모우지역[82]의 본격적인 개간은 중앙의 귀족이나 호족이 동국에 진출해 온 헤이안 말기에 시작된다. 개발의 절정기인 이 시대에 중앙의 장원영주는 새롭게 개간하는 토지를 구입하고 지방에 눈을 돌리기 시작했다. 동모東毛지역은 관동평야 안에서도 기후조건이나 지리적 조건에 혜택을 받고 있었기 때문에 보다 좋은 토지를 구입하기 위해 진출해 온 수도의 호족에게 있어서 좋은 표적이 되었다. 또, 그 즈음에는 중앙에서 온 장원영주뿐만 아니라 현지의 지방호족들도 경쟁적으로 이 땅의 개발을 진척시켜 간다.

이러한 장원개발에 의해 힘을 기른 것이 닛타씨新田氏, 군마에서 발상한 호족, 군사귀족, 아시카가씨足利氏이고 뒤에 반도다케시坂東武士라고도 불린 호족들이다. 특히 닛타씨가 다스린 닛타장新田莊은 오랜 옛날부터 개발되어 헤이안 말기에는 닛타군[83] 전역에 걸치는 대규모 장원을 형성하고, 강대한 세력을 가지고 있었다고 한다. 장원이 확대해 감에 따라서 영주는 개간한 토지를 스스로 지키기 위해서 자위단을 형성해 갔다. 이것이 무사의 기원이라고 말하여지고 있는데 전국적으로 거의 같은 시기에 시작되었다고 한다. 특히 간토의 다케시인 반도다케시坂東武士는 무사의 본고장 출신으로서 각지에서 다양한 무공을 남겼다.

반도다케시가 전국의 여타 무사단과 비교해서 강대한 힘을 가지게 된 것은 수도에서 거리가 멀어 그 지배가 미치지 못했던 것과 수도와

---

82  군마현 동모지역으로 기류시(桐生市), 오타시(太田市), 다테바야시시(館林市)일대
83  오타시(太田市), 미도리시(みどり市)

관계를 가지고 있어도 큰 혜택을 얻을 수 없었던 것에 있다고 생각된다. 조정朝廷과 오슈奧州, 에조蝦夷, 지금의 동북의 사이에 자주 일어난 싸움에 병사로서 참가한 반도다케시는 전투를 겪으며 자연스레 단련되어 간 것이다. 반도다케시의 그 후 활약은 놀라웠다.

가마쿠라 막부가 형성되는 과정의 젠쿠넨의 역前九年の役, 1051~1062년, 고산넨의 역後三年の役, 1083~1087년과 요리토모의 오슈 정토1189년, 쇼 히사시의 란承久の乱, 1221년, 로쿠하라단다이 공격六波羅探題攻め, 1333년 등 역사의 고비라고도 말할 수 있는 큰 전투에는 항상 반도다케시의 활약이 있었다. 그리고 뒤에 '반도 무사 1명은 다른 곳의 무사 8명에 필적한다. 무사의 본고장은 반도간토'까지라고 전해지게 된다.

坂東武者1人は、よその武者8人に匹敵する. 武士の本場は坂東関東

이러한 용맹한 무사가 태어난 것은 와타라세강渡良瀬川이 만들어낸 풍요하고 광대한 토양과 와타라세 강물의 은혜가 있었기 때문이라고 한다. 역사에는 항상 그 근원이 있는 법이다. 와타라세강은 하류에서 지금의 도네강과 만나 태평양으로 흘러 나간다.

## 3. 가마쿠라鎌倉 선종禪宗 불교

주말을 이용하여 가마쿠라를 방문할 생각이 있어 일본어 선생에게 정보를 구했더니 일단 기타가마쿠라北鎌倉역에서 내려 절들을 구경한 다음에 가마쿠라 시내 쪽으로 걸어가는 것이 좋다고 조언을 한다. 신바시에서 요코스카橫須賀선으로 갈아타니 중간에 다시 갈아탈 필요도 없이 바로 기타가마쿠라역에 내린다.

가마쿠라에는 110여 절이 있다. 가마쿠라시대 말기에 당시 권력자 '호우조'北条씨에 의하여 선종 사찰에 대한 등급제도인 '가마쿠라 고잔 五山, 5산'이 정해졌다. 그 등급의 제1위인 건장사建長寺, 겐초지를 비롯하여 제2위인 원각사円覚寺, 엔카쿠지, 제4위인 정지사净智寺, 조치지 등 역사와 격식을 자랑하는 사찰과 신사가 기타가마쿠라에 집중되어 있다.

기타가마쿠라역은 조그만 시골역인데 관광객들은 역사가 있는 서쪽으로 내리는 것이 아니라 원각사가 있는 동쪽의 간이 개찰구를 빠져나가야 한다. 나가자마자 철로변에 원각사 입구가 있었다. 원각사는 그 규모가 우리나라의 큰 사찰인 화엄사나 송광사 정도가 되어 보였는데 건물들이 우리나라 사찰의 건물보다 커보였다. 나중에 알게 된 사실인데 일본의 절에 있는 건물들이 큰 이유는 일본에서 자라는 나무들의 키가 크기 때문이다. 일본의 기후는 남쪽 지방의 경우 전형적인 아열대 기후로서 온도가 우리나라보다 높고 비도 많이 내린다. 이런 기후에서 자란 키가 큰 나무를 이용하여 목조 건물들을 짓다 보니 건물이 클 수 밖에 없을 것이다. 다만 나무들이 우리나라 소나무처럼 단단하지는 않아 오래된 목조 건축물을 살펴보면 틈이 많이 벌어져 있고 쇠락한 느낌이 난다.

이미 간단히 소개하였듯이 일본의 불교는 우리나라에는 없는 밀교密教가 주류를 이룬다. 그래서 일본에서 우리나라의 불교와 가장 비슷한 분위기를 느낄 수 있는 곳이 선종禪宗이 유행했던 가마쿠라와 교토이다. 가마쿠라의 절에 들어가면 우리나라 사찰에 온 느낌이 든다.

## 선종禪宗 불교

근세 이후 한국 불교의 주류는 선종禪宗이다. 선禪은 원래 인도 불교의 수행방법으로서 요가의 명상법과 비슷한데 원 뜻은 '집중하여 생각한다'이다. 이심전심以心傳心, 불립문자不立文字, 견성오도見性悟道를 중심 가르침으로 삼는다는 점에서 경전을 중심으로 하는 교종敎宗과 비교되며, 참선과 수행을 중심으로 한다. 지눌知訥, 1158~1210년이 조계선종의 중흥을 이루었다. 많은 선승이 배출되어 고려불교의 후기는 선종 일색이 되었는데, 지눌은 9산선문의 교리를 종합하여 한국 불교의 정통인 조계종曹溪宗, 조계는 중국 당나라 시절의 선종 선사인 혜능慧能의 별호를 확립하기에 이르렀다. 지눌은 1200년 송광사로 옮겨 깨달음 이후 남아있는 무명을 수행으로 사그러뜨리자는 '돈오점수頓悟漸修'와 이론 학습과 참선을 함께 해야 한다는 '정혜쌍수定慧雙修'를 주장하였다. 한국 선종의 대표인 조계종에서는 대승불교의 경전인 금강경金剛經을 소의所依, 근본경전으로 삼고 있다.

일본의 선종은 가마쿠라 막부시대에 도겐道元과 에이사이榮西에 의해 중국에서 들어오면서 불교의 한 종파로써 융성하였다. 도겐은 조동종을 일으켰고 에이사이는 가마쿠라 막부와 결탁하여 임제종을 일으켰다. 간화선看話禪이 주류인 한국과 달리 묵조선默照禪이 주류다.

선종의 두 종파 중에 조동종은 석가모니가 만든 전통의 수식관數息觀[84]을 중심으로 한 묵조선默照禪[85]을 주장했으나, 최대 종파인 임제종에서는 새로운 명상법인 간화선을 개발했다. 간화선에서는 좌선을 통해

---

84  짧게 들이쉬면서 다섯을 세고 길게 내쉬면서 다섯을 세는 명상
85  묵묵히 앉아 있는 곳에 스스로 깨달음이 나타난다는 선풍(禪風)

서 깨닫는 것이 그 목적이다. 깨닫기 위하여 화두話頭를 참구한다. 별도로 깨달음의 세계가 있다는 것이고 부처가 되기 위하여 좌선을 한다見性成佛.

참고로 화두란 수행자를 깨달음으로 이끄는 참말로 '뜰앞의 잣나무庭前栢樹子' 등 1700공안公案이 있는데 유명 화두는 선지식과 수행자 사이의 문답에서 기원한 것으로 수행자가 스승에게 간절한 의문을 물었을 때 이를 깨우치라고 제시하는 언어이다. 수행자가 '불법이 무엇입니까'라고 물었을 때 스승이 '뜰 앞에 잣나무이니라'하거나 '차나 한잔 하게喫茶去', 마른 똥막대기이니라幹屎厥'라고 이해할 수 없는 말을 답하면, 공부가 무르익은 수행자는 그 말을 듣고도 그 자리에서 바로 깨달음을 얻지만 그 말을 이해하지 못하는 이는 알기 위해 화두를 안고 의심하는 수행법이 바로 '화두선話頭禪' 즉 '간화선看話禪'이다.

그러나 묵조선默照禪에서는 본래불로서 별도로 깨달음의 세계가 있는 것이 아니며 따라서 깨닫는 것이 목적이 아니라 고요하게 앉아서 좌선하고 있는 그 자체가 곧 깨달은 부처의 행行이라는 관점이다. 간화선은 지혜를 가장 중요시했고 선정坐禪은 그 다음이라는 입장이었고先慧後定, 묵조선은 좌선을 가장 중시했고 지혜는 그 다음이라는 입장이었다先定後慧.

일본 선종은 다도와 건축 및 정원 등에도 큰 영향을 주었다. 임제종臨濟宗은 간화선看話禪을 중시하는 종파로 한국의 조계종이 여기에 속하나, 일본에서는 조동종曹洞宗이 가장 큰 선종 종파다. 티베트 불교와 함께 서구권에 가장 먼저 들어간 불교가 일본식 조동종曹洞宗이다. 임제종臨濟宗은 무가정권武家政權의 지지를 받아 정치, 문화에서 중요한 위치를 차지한 반면 조동종은 지방무가地方武家, 호족豪族, 하급무사下級武士 및 일반민중에 퍼졌다. 다음에 소개하는 원각사와 건장사가 더 친숙하게 느껴졌던 이유가 우리나라와 같은 임제종의 사찰이어서 그랬는지도 모르겠다.

### 원각사円覚寺

선종인 임제종臨済宗의 대본산이며 가마쿠라 5산 중 제2위의 사원이다. 몽고전 전몰자를 추모하기 위해서 가마쿠라 막부 8대 집권인 호우조北条 도키무네가 송의 고승인 무학조원을 초대하여 1282년 창건한 절이 원각사다. 원각사라는 이름의 유래는 사원 건립의 즈음, 절 터에서 대승경전인 원각경円覚経이 출토되었기 때문이라고 말해지고 있다. 그 때문에 엔카쿠지가 아니고, 엔가쿠지라고 탁음으로 발음한다. 본존은 보관석가부처, 건립자는 호우조 도키무네, 초대 주지는 무학조원도겐이다. 가마쿠라시대를 통해서 호우조北条씨에 의해 보호되었다.

창건 당시는 총문, 삼문山門, 불전, 법당, 방장이 일직선으로 나란히 서는 전형적인 선종식 가람배치였지만, 현재 법당은 상실되어 없다. 원각사에서는 벚나무나 매화, 수국 등의 사계절 그때 그때의 꽃들도 즐길 수 있고 가을의 단풍은 특히 인기다.

### 건장사建長寺, 겐쵸지

가마쿠라 5산의 제1위의 유서깊은 사원이다. 기타가마쿠라역에서 가마쿠라역까지 걸어가는 가마쿠라 산책 길 도중에 있다. 겐초지 경내 전체가 문화재로 지정되어 있다.

원각사円覚寺

선종인 임제종臨濟宗의 대본산이며 가마쿠라 5산 중 제2위의
사원이다. 몽고전 전몰자를 추모하기 위해서 가마쿠라 막부 8대
집권인 호우조北条 도키무네가 송의 고승인 무학조원을 초대하여
1282년 창건한 절이 원각사다.

겐초지는 가마쿠라시에 있는 선종의 사원인데 임제종 겐초지파의 대본산으로 산호를 거복산이라고 칭하고, 정식 사명은 건장흥국선사建長興国禅寺다. 가마쿠라시대인 1253년의 창건으로 본존은 지장보살이고 창립자는 가마쿠라 막부 제5대 집권이었던 호우조北条 도키요리다. 초대 주지는 남송의 선승 난계도륭蘭渓道隆이다. 겐초지는 800년 가까운 역사가 있는 장소다. 호우조씨의 본거지이었던 겐초지는 가마쿠라의 역사에 있어서도 중요한 역할을 하고있다.

### 정묘사浄妙寺

조묘지는 가마쿠라시에 있는 임제종 겐초지파의 불교사원이다. 본존은 석가부처이고 창립자는 아시카가 요시카네로 가마쿠라 5산의 제5위에 해당하는 절이다. 5산을 다시 정리하면 1산 건장사, 2산 원각사, 3산 수복사비공개, 4산 정지사, 5산 정묘사이다. 정묘사는 가마쿠라시의 중심부에서 동부쪽으로 가나자와金沢 가도를 따라서 있다. 경내는 남쪽으로 열린 산골짜기의 가운데 위치한다. 가마쿠라 5산의 제5위의 사원으로서, 예전에는 광대한 사지와 23개 원의 탑두암자를 소유하고 있었다. 현재도 절의 이름이 부근일대의 지명, 주택단지명에도 사용되는 등 그 자취가 남아있다. 절에는 부인병에 영험이 있는 신으로 여겨지는 아와시마묘진淡島明神 입상이 안치되어 있어 부인병의 기원소로 여겨지고 있다.

아시카가足利 요시카네에 의해 1188년에 창건되어 처음에는 극락사라고 하는 밀교진언종의 사원이었지만, 겐초지 초대 주지였던 란케이도류의 제자가 주직이 되고 나서 선찰로 변경하고, 이어서 절명도 아시카가의 법명을 넣어서 조묘지浄妙寺라고 칭했다. 조묘지는 꽃의 절로서도 유명하여 2월 중순은 매화, 4월은 벚나무를 필두에 철쭉, 사쯔키영산홍, 야마후키, 모란이 정원을 수놓고 초여름에는 수국, 가을에는 코스모스 그리고 11월 후반부터는 훌륭한 단풍을 즐길 수 있다.

### 가마쿠라의 특색

하치만구 앞으로는 가마쿠라시를 가로 지르는 대로가 남쪽 바닷가까지 뚫려있다. 하치만구 앞 쪽의 가마쿠라 시가지를 구경하다가 대로 동쪽의 안으로 가면 주택가가 나오는데 골목길이 특이하다. 곧바로 뻗어있는 것이 아니고 때로는 직각으로 구부러지거나 휜 곳이 자주 나타난다. 바다 쪽으로부터 예상치 못한 적의 공격을 효과적으로 방어하기 위해 계획된 골목 구조라고 한다. 가마쿠라는 앞 쪽은 바다에 면해 있고 나머지 뒷쪽과 좌우의 삼면이 산으로 둘러 싸여진 천혜의 요새이다. 따라서 육지 쪽에서 가마쿠라로 들어가려면 산을 넘지 않으면 안된다. 이렇게 산을 넘기 위해 뚫어놓은 산길을 가마쿠라 7구七口 나나구찌라고 부른다. 나나기리도오시七つ切り通し라고도 한다.

### 가마쿠라로 통하는 길 七つの切り通し

에도시대, 미토 미쓰쿠니水戸光圀가 편찬한『신편 가마쿠라지』에서 가마쿠라 나나구치七口라고 명명되었다. 산에 둘러싸여진 가마쿠라로 들어가는 육로의 입구를 가리키는 이름으로 교토의 나나구치를 흉내낸 것이다. 외부부터 가마쿠라에 들어오기 위해서는 '절단해서 낸 길'이라고 불리는 7개의 좁은 통로를 통과할 필요가 있었던 것이다. 그 지형을 활용하여 천연 요새에 가마쿠라 막부가 설치된 것이다. 가마쿠라시대를 피부로 느낄 수 있는 옛길이다. 이 길을 걷다보면 역사 속으로 들어간 것 같은 느낌을 느낄 수 있다.

현재의 가마쿠라 나나쿠치 중 고부쿠로사카巨福呂坂는 신토의 흔적만 남아서 소멸했고, 극락사사카 기리도오시楽寺坂切通도 보통 차도가 되어 버렸다. 메이지시대 이전의 정취를 찾을 수 있는 곳은 다이부쓰기리도오시大仏切通, 아사히나기리도오시朝夷奈朝比奈切通, 나고시기리도오시名越切通의 3군데와 다소 정취가 남아있는 게쇼자카化粧坂와 가메가야亀ヶ谷 고개다.

북쪽 방면에서 들어오는 길이 3개 있다. 고부쿠로사카巨福呂坂는 쓰루가오카 하치만구에서 기타가마쿠라를 잇는다. 겐초지에서 쓰루가오카 하치만구까지의 고개길이라는 설이 있지만 분명치는 않다. 구도는 사유지이기 때문에 통행할 수가 없고, 신도新道에는 낙석 방호 터널이 있어 절단해서 낸 길을 그려 놓았다. 자동차로 가마쿠라를 들어올 때 볼 수 있는 곳이다. 겐초지를 방문한 후 걸어서 하치만구까지 갈 때 걸은 길이다. 게와이자카는 가마쿠라역 서쪽의 오기가야쓰扇ヶ谷와 겐지산공원源氏山公園을 연결한다. 가메가야사카亀ヶ谷坂는 오기가야쓰와 야마노우치扇ヶ谷-山ノ内를 연결하는 산길로 예전에 북쪽에서 가마쿠라로 들어가는 길이 여기 뿐이었다. 거북이가 뒤집힐만큼 경사가 급한 고개라고 이렇게 붙여졌다고 전해진다. 기타가마쿠라에서 겐지산공원으로 가기 위해 산길을 직접 오르다가 생각보다 길고 쉽지 않아 돌아온 적이 있다.

동쪽에서 들어오는 길은 2개가 있다. 아사히나朝夷奈사카는 주니쇼十

二所에서 요코하마시 가나자와구를 잇는 호우조北条泰時의 명으로 만들어진 길이다. 나고시사카는 가마쿠라의 남동쪽에 있는 즈시逗子시로 빠지는 길이다.

서쪽에서 들어오는 길도 2개가 있다. 극락사極楽寺사카는 가마쿠라의 서측, 유이해변由比ヶ浜으로부터 극락사로 간다. 서쪽으로 연결하는 길이다. 현재는 양측으로 절개해서 길을 만들었다. 다이부쓰사카大仏坂는 하세長谷에서 후카자와深沢 방면으로 빠지는 길이다. 예전에는 인력거가 달릴 수 있을 만큼 넓은 길이었지만, 관동 대지진의 영향으로 통행은 조금 위험하다.

가마쿠라 나나쿠치에는 들어가지 않지만, 가마쿠라시 내부를 연결하는 길이 있다. 샤카도사카釈迦堂坂는 조묘지와浄妙寺와 오마치大町를 연결한다. 현재 붕괴 위험 때문에 통행금지인데 오마치 남쪽의 통행 금지 부분으로부터 조금 볼 수 있다. 동굴문과 같은 풍경은 멀리서라도 볼만한 가치는 있다.

## 4. 누마쓰沼津 「왓쇼이」

시즈오카 동쪽의 누마쓰는 후지산을 방문하며 하룻밤 묵은 곳이다. 저녁 식사를 위해 숙소 근처의 이자카야에 들어갔는데 우리를 보더니 '왓쇼이, 왓쇼이'하며 환영한다. 우리말로 들려 깜짝 놀라 의미를 물어보니 잘 모른단다. 파트너는 필시 우리말이라고 확신한다. 필자도 도래인의 흔적이라고 생각하고 있다.

누마즈시는 시즈오카 현의 동부, 이즈반도의 북서쪽 귀퉁이에 위치

하는 도시이다. 예부터 도카이도東海道의 육로와 해로를 연결하는 교통
거점이며 에도시대에는 누마즈 성이 쌓아져 도카이도의 역참 마을로
서 번창하는 등 사람, 물자, 정보의 교류 거점이었다.

## 시즈오카靜岡

도쿄-나고야 간을 잇는 도메이고속도로를 타고 시즈오카를 지나거
나 오사카로 출장을 가거나 교토에 가기 위해 신칸센을 타면 두 가지
가 눈에 들어 온다. 하나는 후지산의 웅장한 모습이고, 또 하나는 언덕
에 펼쳐져 있는 초록의 녹차밭이다. 시즈오카는 일본 중앙부의 태평양
연안에 있는 지방이다. 중심지는 시즈오카시이다. 일본 녹차 40%를
생산하는 녹차 산지다. 도쿠가와 이에야스가 오랫동안 기거했던 하마
마쓰성이 있으며, 닛코로 옮기기 전까지 그의 무덤이었던 구능산 동조
궁 등 유명한 관광명소가 있다.

선행지가 있어 날이 어두어져서야 시즈오카에 도착했는데 슨푸성은
시내 한 가운데 있어 길가에 차를 세울 자리를 찾기가 쉽지 않았다. 어
두워진 공원에서 슨푸성의 남겨진 유적들을 둘러 보았다.

## 슨푸성駿府城과 도쿠가와 이에야쓰德川家康, 덕천가강

도쿠가와 이에야쓰德川家康는 가마쿠라 막부에 이어 수도를 동쪽의
에도도쿄로 옮긴 인물이다. 여기에도 가마쿠라로의 천도에 숨어있던 것
과 같은 관동평야로의 도래인과 관련된 사연이 있을 것이다.

슨푸성駿府城은 스루가국 아베군의 부중행정중심지으로 시즈오카시에
있는 일본성이다. 별명은 후추우성 또는 시즈오카성이다. 도구가와 이

에야스는 인질로 19세까지 12년간 슨푸에서 생활한다. 전국 다이묘 그리고 쇼군이 되기까지 성장해 가는 과정에서 임제사 주지인 다이겐 셋사이太原雪斋 등으로부터 여러 가르침을 받아 성장에 대단히 중요한 시기를 슨푸에서 보냈다.

1568년 가이국 다케다신켄甲斐の武田信玄의 공격을 받아 슨푸의 도시는 불태워진다. 1582년 도구가와 이에야스가 슨푸에 있는 다케다 쪽을 공격하여 중세 슨푸의 도시는 거의 괴멸 상태가 되었다. 스루가국駿河国을 영토로 한 도구가와 이에야스는 거성으로서 슨푸성을 축성한다. 현재의 니노마루ニノ丸부분이다. 그러나 이에야스는 다음해 도요토미 히데요시의 명에 의해 관동으로 옮겨져 도요토미계의 가신 나카무라 이치우지가 성주가 된다. 도요토미 히데요시 사망 후, 세키가하라의 싸움에 승리한 도구가와 이에야스는 1603년 쇼군征夷大将軍이 되어 에도 막부를 열었다.

장군직을 물려준 이에야스는 그 다음해 슨푸를 중진정치大御所政治의 거점으로하여 되돌아와서 슨푸성을 확장하고 슨푸의 도시계획과 아베카와의 치수 사업에 착수하고, 현재 시즈오카시의 시가지 원형을 만들었다. 이에야스는 만년에도 중진大御所을 통해 천하의 실권을 장악하고, 슨푸도 에도를 능가하는 정치, 경제, 문화의 중심이 되어 그 황금시대를 맞이했다. 현재는 천수天守, 노櫓, 문門 등의 건조물이나 삼중의 도랑 가운데 바깥 해자의 3분의 1과 우치보리혼마루 도랑는 매립되어 현존하지 않고 있지만, 남겨진 나카보리와 바깥 해자의 돌담이 지난 날의 모습을 보여주고 있다. 또, 바깥 해자와 나카보리의 사이에 있는 옛 산노

마루三ノ丸에는 관청이나 학교 등의 공공 시설이 입지하고, 나카보리의 안쪽에 있는 옛 니노마루, 혼마루는 슨푸성 공원이 되어 있다.

이것으로 한반도 도래인들의 도쿄평야관동평야로의 이주 루트를 알아보았고, 후에 가마쿠라시대와 이어서 에도시대의 주역이 된 이들의 활약상을 살펴보았다. 다음은 그들이 이 지역으로 이동하기 전에 활동했던 북쪽지방으로 거슬러 올라가 보기로 한다.

# 제4부
# 혼슈 북쪽의
# 도래인

　도쿄평야에 정착한 한반도로부터의 도래인에 대해 알아보고 그들이 도쿄평야로 들어온 루트를 추정해 보았다.

　이번에는 그들이 도쿄평야로 들어오기 전에 머물렀던 지방이나 정착한 지역에 대하여 알아보기로 한다. 일본 혼슈의 북쪽 해안을 통해 아니면 해안을 따라 이동한 도래인에 대하여 알아본다.


　우선 도쿄평야의 북쪽에 있는 나가노 지역과 그 일대를 살펴본다.

　나가노에는 선주도래인과 후주도래인들이 흔적을 남겼는데 나가노의 스와호와 스와타이샤에 남아있는 선주도래인인 신라계 세력의 자취를 신화, 전설, 마쓰리와 고분을 통해 알아본다. 또한 지쿠마강 하류에 산재하는 오무로고분군을 중심으로 하는 수많은 고구려 적석총과 말에 관련된 유물·유적을 통해 고구려계 도래 세력의 자취를 확인한다. 또한 『속일본기』에 기술되어 있는 고구려계 이주민들의 이름이 바뀌어 가는 과정을 통해 나가노에 뿌리내렸던 고구려인들의 400년 역사를 확인한다.

나가노에서 가까운 가마코지와 아즈미노에 있는 도래 해인족의 역사를 신화와 기록을 통해 확인한다. 나가노를 기준으로 하여 북서쪽으로 해안을 따라나가면서 조에쓰, 니이가타, 아키타, 아오모리, 홋카이도에 이르기까지 도래인의 족적을 따라가 본다. 이 지역 미인의 유래와 우리말과 닮은 사투리에 대해서도 알아본다.

구지쓰토무의 「에미시 아테루이의 전쟁」을 통해서 동북지역에서 벌어졌던 원주민인 아이누족과 후발 도래인인 백제계 세력에 밀려났던 신라계 도래인 세력 등 세 세력간의 갈등의 역사를 알아본다. 또한 『원령공주 모노노케히메』의 스토리를 통해 일본인들이 그들의 아이덴티티를 아이누족에서 찾으려 하는 속내를 알아본다.

후반부에서는 혼슈 북쪽의 도래인을 나가노를 기준으로 하여 동쪽으로 나아가며 알아본다. 노토반도는 서쪽은 도래인 야요이 문화가, 동쪽은 선원주민인 죠몬의 문화가 남아있는 곳이다. 가야와 고구려의 고분, 신라의 신사를 통하여 도래인들의 흔적을 찾아본다.

「쓰루가」에는 일본고대사의 비밀이 숨겨져 있는데 미국 학자인 「그리피스」와 「카터 코벨」의 연구를 통하여 외국인들은 한반도인들의 일본 열도로의 지속적인 이주를 어떻게 생각하는지 알아본다.

미야즈에서는 도래인의 유적인 아메노하시다테와 코노신사에 대해서 알아보고 이즈시신사에 서려 있는 신라왕자 「천일창」의 내력과 그 지역에 산재하는 가야와 신라의 고분에 대해 알아보며 팔천장고전장과 히메코소신사를 통하여 천일창의 자취를 추적해 본다.

마지막 부분은 신사 중의 신사이고 한반도 도래인 역사의 시발점인 「이즈모신사」를 통해 그곳에 얽힌 일본 열도의 고대역사를 신화를 통해 알아본다. 신화상 나타나는 「스사노오」와 오오쿠니누시」의 이야기를 통해 이즈모지역에 자리잡은 신라세력과 규슈에서 세력을 키웠던 가야세력 간의 갈등을 유추해본다.

# VI-I. 혼슈<sub>本州</sub> 북쪽 해안의 도래인<sub>동쪽</sub>

일본 후지산 기준으로 경도선을 따라 혼슈 북쪽 해안을 동쪽과 서쪽, 둘로 나누어 설명하고자 한다. 먼저 동쪽의 도래인 이야기이다.

## 1. 나가노<sub>長野, 信濃, 옛 지명은 시나노</sub>

도쿄평야를 벗어나 북쪽으로 진행하면 나가노가 나온다. 앞에서도 설명한 바와 같이 도쿄에서 나가노로 가는 길은 두 갈래다. 우선 서쪽의 야마나시에서 북쪽으로 올라가는 길을 따라가 본다.

### 호쿠토시 아케노<sub>北杜市 明野</sub>

감명 깊게 본 일본영화로 환타지 애정영화인 '이제 만나러 갑니다'가 있는데 그 영화에 나오는 해바라기 밭이 야마나시의 아케노<sub>明野</sub>라는 곳에 있다하여 나가노로 가는 길에 들리기로 했다. 아케노무라<sub>明野</sub>

村는 야마나시현 북서부의 기타고마군北巨摩郡에 있는 마을이다. 눈치채신 분도 있을지도 모르겠으나 기타고마의 고마는 고구려라는 뜻이다. 일본 글에 나오는 내용을 인용한다.

'사람들이 야마나시현에 정착했다. 고구려 사람들이었는데 고려인高麗人이라 불리고 약3천명 정도 살았다고 문헌에 남아있다. 그리고 이 땅에 정착한 도래인들은 광대한 토지를 이용해서 말을 사육한 것 같다. 가이甲斐. 현재의 야마나시라고 하면 다케다 신겐武田信玄의 기마대騎馬隊인데 도래인들의 말 사육 역사가 다케다 신겐의 기마군에 어떤 영향을 준 것이 아닐까. 야마나시현의 3분의 1이상 지역이 현재도 고마군巨摩郡이라고 불리고 있다.'

도쿄에서 자동차로 한 시간쯤 가면 닿는 야마나시山梨현의 80%가 나카거마군中巨摩郡, 가미上거마군, 시모下거마군으로 되어 있는데, 여기서의 '거마巨摩'는 바로 고마高麗가 변한 것임이 일본 고문헌을 통해 확인된다. 야마나시현 북쪽의 나가노長野현은 야마나시와 더불어 일본에서 손꼽히는 산악지방이다. 평야가 좁고 농지가 드문 곳인데 한반도 사람들이 들어왔다. 고구려 도래인 케루卦婁씨가 정착해 살다가 400년 후 스즈키須須岐, 鈴木로 성을 바꿨다. 스즈키는 일본 최대 인구 성씨다. 괘루卦婁, 상부上部, 하부下部, 후부後部 같은 고구려 왕족의 관직명을 성으로 갖고 있던 도래인들이 일본 조정에 성을 바꿔 달라고 청원해 스즈키라는 성을 받았다는 기록도 있다. 차차 알아보기로 한다.

우선 이 지역의 역사에 대하여 좀 더 알아보자. 호쿠토시 주위의 야

쓰가타케八ヶ岳 산록에는 샘물이 흘러나오는 곳이 많아 조몬시대의 유적이 많이 분포되고 있지만, 아케노무라明野村가 입지하고 있는 가야가타케茅ヶ岳 산록은 물이 모자라고 유적 수도 적다. 그래도 죠몬 초창기의 간도리 유적神取遺跡이 있는 이외에 죠몬 중후기의 토기가 출토되고 있다. 야요이시대, 고분시대의 유적도 적고 대규모 고분도 보여지지 않지만, 고분시대 말기의 소규모 원분이 조금 분포되어 있다

가야가타케茅ヶ岳 남쪽 기슭에는 헤이안시대에 조정에 보내는 공마를 기르던 목장인 미마키御牧가 있었고, 마키 경영에 관련하여 계획적으로 개발된 촌락과 그 유적 등도 분포되어 있다. 마을영역에는 10세기에 만들어진 오가사와라 마키小笠原牧가 소재했다고 여겨지고 있고, 동시대의 유적으로서 시모오치 유적下大内遺跡이나 미야마 덴 유적深山田遺跡 등이 분포되어 있다. 엔기식에 적혀있는 식내사로 전해지는 우와토신사宇波刀神社가 있고 신사에는 864년의 연기가 적혀있는 이시토리이石鳥居가 남아있다. 위와 같은 기록을 보면 고구려인의 도래지임을 충분히 짐작할 수 있다.

### 다테시나蓼科

중앙고속도로로 나가노를 향하다가 스와호를 못미쳐서 동쪽으로 빠져나와 산길을 올라간 다테시나 고원 언저리에 있는 료깐을 미리 예약하였다.

다테시나고원蓼科高原은 나가노현 지노시에 있는 고원으로 북쪽에 다테시나산蓼科山을, 동쪽으로는 야쓰가타케八ヶ岳를 바라다본다. 다테시나고원은 다테시나 중앙고원, 오쿠 다테시나 온천마을, 시라카보코白樺

435

湖 호수 등의 지역으로 나눌 수 있는데, 서부의 구루마야마車山를 다테시나고원의 일부에 포함시키기도 한다. 다테시나산蓼科山은 야쓰가타케 연봉八ヶ岳連峰의 북단에 위치하는 표고 2,531m의 화산이다. 원추형이 아름다운 산모양 덕분에 스와후지諏訪富士라고도 불린다. 일본 백대명산 중 하나이다.

'다테시나'에서「시나科」의 어원이 무엇일까?

처음에 이곳의 지명을 접했을 때부터 '시나'라는 말이 왠지 호기심을 자극하였다. 사전에 의하면 시나는 계단상의 장소로 지형이 그러한 형상을 하고 있는 높은 산이라고 한다. 나가노 지방을 옛 지명으로 시나노라고 부르는데 이 말에도 '시나'가 들어간다. 시나노信濃라고 하는 말은 어디에서 온 것인가? 현의 명칭은 나가노인데 시나노信濃, 신슈信州라고 부르고 있다. 시나노는 언제부터 사용되고 있었던 것인가?

8세기에 씌어진『고사기古事記』에 지명이 나가노 대신에 시나노국科野国이라고 기재되어 있다. 에도시대에 나온『시나노지명고信濃地名考』에는 가모 마부치賀茂真淵의 설로 '시나노국의 옛날 명칭은 시나노科野라고 쓴다. 그 지역에는 시나科가 많이 보인다. 산지국山国에 많은 계단상의 언덕階坂, 시나사카 때문에 이 지명이 되지 않았을까'라고 적혀 있다. 그 기술대로 나가노에는 하니시나埴科, 쿠라시나倉科, 니시나仁科, 아카시나明科, 다테시나蓼科 등 시나科가 붙는 지명이 많이 있다. 신슈信州지역은 하나의 분지로부터 다른 분지에 가기 위해서는 강가의 길을 통하는 이외에는 반드시 고개를 넘지 않으면 안되고, 산지국인 신슈에는 500개 이상의 고개科가 있다고 알려져 있다. 또 시나科는 시나나무科木를 가리키고, 고대 시나노信濃에는 시나나무가 많이 자생한다.

시나노국科野国은 8세기에 들어가면서 표기 한자가 바뀌어 시나노국信濃国으로 쓰여지게 되고 시나노국의 고쿠부国府나 고쿠분지国分寺는 나가노 남쪽의 우에다上田에 있었다. 그럼, 나가노長野라고 하는 이름은 언제부터 사용되게 되었나? 에도시대에 나가노는 젠코지마치善光寺町라고 불리고 있었는데 정식으로는 나가노촌이었다. 지금도 당시부터 사용된 나가노 지명上長野, 下長野, 袖長野의 글자명字名이 남아있다. 지명은 원래 지형의 생김새로 명명하는 경우가 많고, 나가노라고 하는 지명은 선상지扇状地의 완사면緩斜面 등에 사용되는 경우가 많다고 한다. 이러한 설명에도 불구하고 '시나'라는 단어에 무엇인지 비밀의 열쇠가 들어 있는 듯한 느낌이 있다.

어느 재미 재야사학자가 쓴 책을 읽다가 「시나노科野」의 8세기 한자 표기가 「가야科野」라고 기재되어 있는 점을 지적하면서 한자의 발음 그대로 시나노는 한반도의 '가야'일 가능성이 있다는 추정을 보고 참신한 발상이라고 생각한 적이 있다. 일본 열도의 선주도래인先住渡來人인 가야인이 후주도래인에 의해 동쪽으로 이주하며 이곳에 정착했다고 추정할 수 있다. 고구려인이 이곳으로 이주해 오기 전의 이야기다.

### 기등축제御柱祭

다음날 산길을 더 올라가 고원으로 간다. 구루마야마車山는 나가노현 지노시와 스와시의 경계선에 위치하는 산이다. 최고봉인 기리가미네霧ヶ峰의 표고는 1,925m이다. 구루마야마車山 일대는 구루마야마 다

카하라車山高原라고 불리고 있다. 산 정상에는 구루마야마신사라고 하는 작은 신사가 있어, 그 주변은 4개의 작은 기둥에 둘러싸여 있다. 스와타이샤諏訪大社 기둥축제御柱祭가 개최되는 해, 9월에 구루마야마신사에서도 고미야 기둥축제小宮御柱祭가 개최된다. 기둥축제御柱祭는 나가노현 스와諏訪 지방에서 행하여지는 마쓰리로서 스와타이샤諏訪大社에 있어서 최대의 행사다. 정식으로는 식년조영기둥대제式年造営御柱大祭라고 하고 6년에 한번, 인寅과 신申의 해에 행하여지는데 기둥이라고 불리는 4개의 말뚝을 세우는 식년축제다. 나가노현 지정 무형민속문화재이고, 일본 3대 기축제日本三大奇祭의 하나이다.

『고사기古事記』에 기술되어 것으로 이즈모의 오오쿠니누시大国主가 타카마가하라高天原에서 내려간 니니기에 나라의 양보를 승낙했을 때 혼자 반대한 다케미나카타建御名方神는 무신 다케미카즈치에 쫓기게 되어 스와호 호반까지 도망쳐 와서 항복한다. 그 때 이 땅에서 나가지 않을 것을 맹세하고 용서를 받았다고 한다. 선주인 신라세력이 뒤에 규슈에서 세력을 키운 가야세력에게 쫓겨난 이야기로 추측된다. 그 때 신사의 네 구석에 칸막이를 했다는 이야기가 남아있다. 지진제地鎮祭의 신화적 표현이라고 보기도 한다. 실제로는 신화 이전부터 전해 온 스와 지방의 신앙과의 관계가 깊다고 전해지고도 있다. 진죠우칸 모리야神長官守矢씨가 전하는 바에 의하면 이 기둥은 미샤구지先住民の信仰의 요리시로依り代, 신령이 깃드는 신체라고 말한다.

### 스와호諏訪湖

구글지도에서 나가노 쪽을 보면 금방 눈에 띄는 큰 호수가 스와호다. 이 호수 근처에 있는 스와타이샤에는 한반도 도래인의 이야기가 깃들어 있다.

스와호諏訪湖 스와코는 나가노현 오카야시, 스와시, 스와군 시모스와정에 걸쳐 있는 호수이다. 덴류 강의 일부다. 스와 분지의 남단을 차지하며 해발 759m, 면적 4백4십만평이며 가장 깊은 곳이 7m이다. 어류와 조개류 등이 풍부하게 서식한다. 호수면은 한겨울에 얼어붙는데, 얼어붙은 면의 약한 부분이 갈라지고 그 사이로 얼음기둥이 떠오르는 현상을 볼 수 있어 유명하다. 호안湖岸에는 스와 온천이 용출한다. 아울러 다케다 신겐의 수중묘 전설로 익히 알려진 호수이기도 하다.

신생대 제3기의 끝 무렵부터 중앙고지의 융기 활동과 '이토이가와 시즈오카 구조선糸魚川静岡構造線'의 단층운동에 의해, 지각이 찢어져서 생긴 구조호수단층호수이다. 예전에는 스와호의 물이 동쪽의 가마나시 강釜無川 방면으로 흐르고 있었지만, 야쓰가타케의 분출물에 막혀 남하하게 되었다는 설이 있다. 남하하는 물줄기를 따라가면 야마나시에 도착한다.

### 스와타이샤諏訪大社

스와신사는 전국에 약 25,000사가 있는데, 나가노현의 스와호 가까이에 있는 스와타이샤를 총본사로 한다. 스와타이샤의 제신인 다케미나카타는 『고사기』에 다케미나가타신建御名方神으로 기재되어 있다. 신라계 신이다. 다케미나카타에 대해서 『고사기』에서는 대국주신大国主神, 오오쿠니누시의 아들신御子神으로 고토시로누시事代主神의 남동생 신으로 기술되어 있다. 아시다시피 오오쿠니신은 신라계 도래인의 신인 스사노오신의 후손으로 역시 대표적인 도래인의 신이다. 공식 역사서인 『고사기』의 기록과는 다른 설들이 몇 개 있다.

우선 원래는 다케미나카타가 스와호의 수신을 꺾는 설화였던 것이 중앙신화로 환골탈태하였다는 설이 있다. 또한, 스와타이샤의 스와다이묘진 그림에 써 넣은 글諏訪大明神絵詞 등에 남겨져 전해오는 다케미나카타는 스와 지방에 도래한 신이며, 토착의 모리야신洩矢神을 패배시키고 스와의 제신이 되었다고 여겨지고 있다. 이 때 모리야신은 등나무 덩굴을, 다케미나카타는 칸나와鉄輪, 쇠고리를 들고 싸웠다고 하는 것을 근거로 이것이 토착민들과 제철기술을 지닌 새로운 집단과의 대결을 나타낸다고 하는 설이다. 다케미나카타 자체가 야금, 제철의 신이었다고 하는 설도 있다.

김달수씨의 주장에 따르면 스와신사는 고구려인들의 신사다. 나가노 지역에서 4세기에서 8세기에 걸쳐 고구려와 똑같은 통치체제를 유지하며 살았던 고구려인들의 신사라는 것이다. 이 지역의 고구려인들이 8세기 들어서서 일본국이 중앙집권의 틀을 잡아가기 시작할 무렵 일본식 성인 스스키鈴木씨로 개명하였다고 한다.

### 필자의 해석
시마네의 이즈모 지방에서 쫓겨온 신라계인 다케미나카타나 고구려인들의 신에 관한 이야기는 역사적으로 동시대에 일어난 사건이 아니다. 필자는 이것을 '이즈모의 신라세력이 규슈에서 일어난 세력에 밀

려 먼저 이 지역으로 이주하고 뒤에 고구려 이주민들이 들어왔다'고
본다.

다음에 기술하는 나가노 지역의 적석총고분에 관한 고고학적 기술
과 그에 대한 해석 및 고구려인의 고대사는 김달수선생의『일본 속의
조선문화日本の中の朝鮮文化』와 김석형과 조희승의『초기조일관계사』에
나오는 일본의 고고학적 자료들과 정보를 취사선별하여 인용한 것이
다. 나가노 고분군은 필자가 직접 답사하지 못한 곳이다.

### 고구려인의 일본 열도 진출

고구려 사람들의 일본 열도 진출은 시기적으로 4~5세기 이후 시기
이며 그들이 진출, 정착한 곳은 주로 일본 혼슈 서부해안 지역이었다.
그것은 고구려가 일본 열도와 지리적으로 멀리 떨어져 있을 뿐 아니라
고구려가 남쪽으로 진출하여 영토를 크게 확장한 것이 주로 4~5세기
이기 때문이다. 또한 고구려가 일본 열도에 진출할 당시에는 규슈섬과
세토내해 연안지역은 백제, 가야, 신라의 세력들이 거의 차지하고 있
었기 때문이기도 할 것이다. 그와 같은 지리海流관계와 일본 열도의 정
치적 형세는 고구려 사람들로 하여금 우리 동해를 거쳐 혼슈 서부 연
안일대에 진출하게 만들었다.『일본서기』에 반영된 고구려 사람들의
일본 열도 도착기사를 보면 기본은 우리 동해를 거친 것이며 간혹 우
리 서해에서 출발하여 세토내해를 지나는 경우가 있었다. 그리하여 일
본에서 우리 동해에 면한 연안의 고분문화시기 중기와 후기의 문화는
직간접을 불문하고 고구려 영향이 짙은 경향을 보인다. 시마네현, 돗
도리현, 후쿠이현, 도야마현, 니이가타현 등에 고구려식 방분이 많고
고구려식 횡혈식석실 무덤과 고구려식 채색화가 많은 것도 그와 같은

고구려 사람들의 진출이라는 역사적 사실에 기초하고 있다.

일본 열도에서 가장 큰 섬인 혼슈本州섬 가운데서 북쪽으로 삐져나
온 반도가 노토반도能登半島이다. 예로부터 노토반도를 중심으로 한 호
쿠리쿠北陸 일대를 「고시越의 나라」로 부르고 전, 후, 중부를 갈라서 에
치젠越前, 후꾸이현, 엣쥬越中, 도야마현, 에치고越後, 니이가타현로 나누었다. 고시
의 나라越國란 일본말로 '건너 온 나라'라는 뜻이다. 말하자면 그말에는
한반도에서 건너 온 나라라는 뜻이 담겨져 있다. 그 고시국의 앞바다
는 오랫동안 고시의 바다로 불려왔다. 현재 일본에서 부르는 일본해라
는 명사는 고대와 중세, 근대까지 없었으며 우리는 역대로 동해東海로
불러 왔다.

이즈모의 신화에 나오는 「오로치八岐大蛇」도 『고사기』에 의하면 고시
의 오로치였다고 한다. 오로치는 조선식 산성일본에 산재하는 한반도식 산성을
부르는 용어으로 상징되는 한반도의 정치세력이다. 고시에서 오로치가 건
너 왔다는 것은 한반도의 정치집단이 이즈모지방에 이동, 정착하였다
는 것을 말해 준다.

조금 후세6~7세기의 일이지만, 나라奈良와 이가伊賀 사이에 소재하는
남야마시로南山城에는 고마사高麗寺가 있고 그 일대에 웃고마, 아래고마,
고마 등의 지명이 남아있으며 남야마시로의 사가라미에는 고구려 사
신을 접대하는 고마관이 있었다. 그리고 남야마시로로 들어가는 길목
에 해당하는 오미近江의 한 절터에서는 고구려 양식의 기와가 나왔다.
이 모든 사실은 다 그곳들이 호쿠리쿠 즉 고시의 나라를 거쳐 남하한

고구려 사람들의 진출로에 해당하기 때문이다.

고구려 사람들은 이시카와현 노토반도를 목표로 하여 일본땅으로 건너오다가 그보다 남쪽으로 내려가기도 하고 혹은 노토반도를 에돌아 도야마현이나 니이가타현 일대의 해안주변에 진출하기도 하였다.

## 북시나노信濃, 나가노의 고구려

에치고 지방에 진출한 고구려 사람들의 한 집단은 지쿠마千曲강을 거슬러 올라 시나노현 나가노의 내륙지방에 진출, 정착하였다. 북시나노에서 가장 발전한 곳인 지쿠마강 하류일대가 바로 그곳이다.

지쿠마강 하류유역의 양쪽 기슭에는 자연관개에 적합한 논이 매우 넓게 전개되어 있다. 지역적으로 보면 마쓰모토시 지이사가타군, 사라시나군, 고쇼쿠시, 나가노시, 수사카시, 시모다카이군, 가미다카이군 일대를 포괄하는 곳이다.

## 고분을 통하여 본 고구려

북시나노에서 가장 오래된 고분은 현재의 나가노시 시노노이에 있는 센류 쇼군쓰카고분川柳将軍塚古墳이다. 지쿠마강을 내려다보는 표고 480m의 산꼭대기 위에 있는 전방후원분길이 90m, 높이 6m인 이 무덤에서 많은 유물이 나왔다.

무덤의 내부시설로서는 후원부에 쇄석을 쌓아올려 만든 수혈식석실이 있고 몇 개의 개석蓋石을 덮었으며 석실 안은 붉은색 도료로 칠을 했다. 유물로서 지금까지 남아있는 것은 각종 거울 7개, 판옥 102개, 소옥 560개 등이다. 1800년과 1893년의 두 차례에 걸친 발굴 때 남긴 기록에 의하면 거울은 모두 27면혹은 42면이며 구리활촉 17개, 가락바퀴紡錘車 2개, 철검, 검, 차륜석 등이 있었다고 한다. 그런데 주목할 만 한 사실은 발굴 당시에 남긴 책인『시나노기승록』에 이상한 글자로 쓴「내행화문일월명동경內行花文日月銅鏡」이 있었다고 한 것이다. 그 글에는 '고마고구려문자와 53명의 용감한 사람의 모양이 있다'라고 씌여 있었다 한다.

무덤의 축조시기는 그 위치와 형태, 석실의 모양, 유물들로 보아 비교적 이른 시기라고 하며 피장자의 성격에 대해서는 '다만 단순히 이 지역의 왕일 뿐 아니라 거울 27면과 차륜석車輪石[86]의 존재 또, 통모양 동기의 존재는 그 주인이 사제왕司祭王이었음을 이야기해주고 있다'라고 한다.

센류 쇼군쓰카고분川柳将軍塚古墳의 주변에는 그 무덤을 계승하는 4세기 후반기의 모리 쇼군쓰카고분森将軍塚古墳이 있다. 전방후원분길이 90m으로 수혈식석실길이 7.65m, 너비 약 2m의 장방형이 있다. 도굴당한 후의 조사에 의하면 거울조각, 쇠활촉, 검, 철검, 창, 손칼, 낫, 곡옥, 판옥 등이 나왔으며 전방부에서 석관과 횡혈식석실이 발견되었다.

---

86  차륜석이란 타원형 또는 둥근 모양의 짙푸른 옥으로 납작하게 만든 고대 석기로 가운데에 구멍이 있고, 곁에는 방사상(放射狀)의 조각이 있으며 크기는 대개 장축이 40cm, 단축이 30cm 정도인 것으로, 구멍이 작아서 팔찌로 보기는 어렵고, 아껴 간직하는 값진 물건이었을 것으로 추정한다.(표준국어대사전 참조)

그 무덤의 주변 100m 이내에서 12기의 원형무덤이 발견되었다. 무덤의 직경은 4m 안팎이며 축조시기는 5~6세기로 추정되고 있는데 그 무덤들은 모리 쇼군쓰카고분과 관계가 있는것으로 추측된다고 한다. 한 무덤에서는 금고리가 나왔다고 한다. 모리 쇼군쓰카고분이 있는 곳에서부터는 야시로, 아메노미야, 구라시나, 모리의 4개 부락에 둘러싸인 약 100정보에 이르는 지쿠마강 유역 가운데서 가장 낮은 습지대가 펼쳐져 있으며 고대무덤이 있는 곳에서는 조리제 유적이 내려다 보인다고 한다. 조리제란 고대에 토지를 구획하여 관리하는 제도로 한 변을 조條, 다른 변을 리里라 불렀다. 그것은 모리 쇼군쓰카고분을 남긴 사람들과 고대 조리제 유적이 일정한 관계가 있다는 것을 보여준다.

그밖에도 지쿠마강이 굽어보이는 표고 450m지점에는 도구찌 쇼군쓰카고분土口将軍塚古墳이 있다. 길이 65m, 후원부의 직경30m, 높이 4.5m인 그 무덤은 모리 쇼군쓰카고분, 센류 쇼군쓰카고분에 이어지는 우두머리급의 무덤이라고 말할 수 있다.

시나노 고구려 세력을 특징짓는 것은 큰 규모의 적석총이다. 현재 알려진 적석총은 나가노현에서 모두 850기 정도인데 그 대부분이 지쿠마강 하류 동쪽 기슭인 하니시, 마쓰모토시, 사라시나동지구마군시 등지에 분포되어 있다.

먼저 오무로의 고분군大室の古墳群, 약 500기, 그중 330기가 적석총에 대하여 보기로 하자. 오무로고분군大室古墳群은 옛 사라시나군 데라오촌나가노시

<sup>마쓰시로정</sup>에 있는 오무로의 계곡에 있다. 오무로고분군은 시나노일대뿐 아니라 전 일본에서도 매우 보기 드문 고구려식 적석총으로 유명하다. 고분군은 오무로를 중심으로 동서 약 2.5km, 남북 약 2.5km의 범위안에 전개되어 있는데 지쿠마강과 사이강이 합류하는 동쪽기슭에 있는 기묘산과 아마가사리산의 산기슭 경사면과 지맥들, 산등성이와 구릉 등지에 500여 기가 널려져 있다.

고분군은 지리적 분포상태로 보아 5개 군집으로 나뉘어진다.

오무로다니고분군<sup>大室谷古墳群</sup>에서 주류를 이루는 것은 적석총이며 내부시설은 횡혈식석실로 되어 있다. 일부 수혈식석실과 쌍무덤 형식이 있다. 그 고분군의 대부분은 고분문화시기 후기 즉 6세기에 축조된 것이지만 5세기경부터 만들어지기 시작했다고 본다. 그렇게 보는 것은 그 고분 중 5세기에 만들어진 무덤이 여러 기 발견·조사되었기 때문이다.

몇 개 무덤에 대하여 진행된 학술조사에 의하면 오무로다니고분군 제221호무덤은 합장한 석실로 된 적석총으로 판명되었으며 그 축조시기는 그 무덤에서 5세기말-6세기초의 질그릇이 나와 이른바 정설보다도 약 200년이나 거슬러 오르게 되었다. 무덤은 명백히 한반도에 연원을 둔 고구려 계통의 무덤이라는 것이 확인되었다.

5세기 적석총의 대표적 실례는 수사까 요로이즈까<sup>須坂 鎧塚古墳</sup> 제1호 및 제2호 고분이다. 수사까시 핫죠<sup>須坂市 八丁</sup>에는 묘덕산을 배경으로 한 아유강이 흐르는 곳에 약 70기의 적석총군이 있다. 표고 약 518m의 부채살 모양의 구릉지대에 있는 그 고분군의 제1호 무덤은 직경 23m, 높이 2.5m의 적석총이다. 무덤 안에서 판돌로 만든 조립식 석관이 나왔다. 북시나노에 있는 고구려식 고분을 간단히 살펴보았다. 지금까지 본 요로이즈까고분鎧塚古墳을 비롯한 시나노 고분의 공통적 특징을 묶어보면 다음과 같다.

## 시나노고분의 공통적 특징

첫째, 북시나노지방의 고분들은 고구려식 적석총이 기본이며 내부시설 역시 고구려식 횡혈식석실이 주류를 이룬다. 그리고 그밖에 일부 수혈식석실과 합장형석실이 있다.

둘째, 북시나노의 적석총 축조시기는 4, 5세기에 시작되어 6세기를 거쳐서 7세기에 이른다는 사실이다. 우선 적석총 자체가 고구려에서 3~4세기에 성행한 무덤형태이다. 고구려 적석총은 고구려 초기 전지역에 걸쳐 분포되어 있지만 그중에서도 고구려 초기 중심지였던 현 중국 요녕성의 환인현과 집안현을 중심으로 한 압록강 유역에 가장 많다.『삼국지 위서동이전』에 의하더라도 고구려 사람들은 '죽으면 돌을 쌓아 봉한다'라고 하였다.

필자도 집안集安에 있는 적석총군을 방문한 적이 있다. 적석총 고분군이 있는 환도성丸都城은 국내성 옆에 자리잡은 집안박물관에서 그리 멀지 않은 곳에 있었다. 환도산성은 '둥근 모양의 도성丸都城'이라는 뜻이며 서기 3년유리왕 22년 고구려가 국내성으로 천도하면서 군사적 목적으로 국내성에서 가까운 산에 축조한 산성이다. 산성자산성山城子山城이라고도 불리기도 하는 환도산성은 중국 지린성 지안현 해발 676m 환도산에 위치하고 있는데 현재는 그 성벽이 대부분이 허물어지고 남측 성벽과 망대의 일부만 남아있다. 뒤로는 가파른 산 능선을 두르고 앞에는 통거우 강通溝河이 흐르고 있어 전략적 요충지로 평가되었다. 성의 둘레는 약 7km이고 동쪽 성벽 높이는 6m이다.

환도산성 바로 아래에는 무려 1,582기의 무덤이 모여있다는 산성하 고분군이 있었다. 이곳은 형무덤이나 아우무덤과 같은 중대형 적석총들과 '왕王'자 무덤, 미인무덤 등 고구려 고분벽화 연구에서 자주 등장하는 벽화 무덤들로 유명하다. 무덤 안에 연꽃무늬그림이 있어 연화묘蓮花墓라고도 불리는 석실봉토묘 양식의 983호 무덤도 그 가운데 하나이다.

고구려 무덤 형식의 변천역사를 보면 평양천도427년를 전후한 시기 이전은 기본적으로 적석총이고 그 이후는 석실봉토분石室封土墳이 지배적이다. 물론 그렇다고하여 평양천도 이전에는 적석총만 축조된 것이 아니고 안악 제3호무덤처럼 석실봉토분石室封土墳, 돌칸흙무덤도 축조되었다. 하지만 5세기를 전후한 시기를 계기로 적석총에서 석실봉토분으로의 점차적 이행이 진행되었다고 보아야 할 것이다. 이와 같은 사실은 적석총이 고구려에서 주로 4~5세기 이전시기에 성행한 무덤형식이라는 것을 알 수 있게 한다. 북시나노에서는 그와 같은 적석총이 7세기까지 성행하는 것이다.

그것은 북시나노의 고구려 이주민들이 본국에서 적석총이 축조되던 시기에 일본 열도로 건너간 사람들집단로 이루어졌으며 그때의 묘제를 자손 대대로 고수해 왔다는 것을 보여 준다. 왜냐하면 한반도고구려에서는 적석총, 석실봉토분으로 이어지는데 북시나노에서는 그와 같은 순차적 단계로 이어지는 무덤이 없고 기본적으로 적석총 한 가지로 이루어지고 있기 때문이다. 그것은 또한 4~5세기에 일본으로 건너간 고구려 사람들이 그 후에는 거의 고국고구려과의 연계가 없었다는 것을 보여준다.

셋째, 북시나노고분군의 규모를 통하여 거기에 독자적 이주민 세력이 존재하였다는 것을 인정하지 않을 수 없다는 사실이다.『초기조일관계사』의 견해

## 고문헌을 통하여 본 고구려

『속일본기続日本紀[87]』 연력 8년에는 '시나노국信濃国 지쿠마고을의 사람 후부의 무위, 우시가이 무네모리의 도요히토 등에게 「다가와노미야쯔꼬田河造」라는 성씨를 주었다'라고 씌여있고, 『일본후기』 연력 16년에는 '시나노국信濃国 사람 전부 쓰나마로綱麻呂에게 아사까安坂라는 성씨를 주었다'라고 기록되어 있다.

続日本紀 延暦八年五月庚午 信濃国筑摩郡の人、外少初位後部牛養、無位宗守豊人等に姓田河造を賜う。日本後紀 延暦十六年三月癸卯 信濃国の人外従八位下前部綱麻呂に姓安坂を賜う。

이와 관련된 일본글姓氏 4000 歷史傳説事典P714에 있는 「다가와노미야쯔꼬田河造」에 대한 질문의 답이 있어 인용한다.

「田河造다가와노미야쓰코」를 사성받은 "후부우양"의 "후부"라고 하는 것

---

87 『속일본기(続日本紀)』는 헤이안 시대 초기에 편찬된 편년체로 한문으로 쓰여졌다. 스가노 마미치(菅野真道) 등이 엔랴쿠 16년(797년)에 완성하였다. 몬무 천황 원년(697년)부터 간무 천황 치세인 엔랴쿠 10년(791년)까지 95년간의 역사를 다루고, 전 40권이며, 나라 시대를 연구하는 기본사료이다.

은 고구려의 성이기 때문에 "후부우양"은 고구려인이었을 것으로 생각된다. 또한 당시 시나노에는 고구려인이 있었다고 하니 함께 사성된 "무네모리 도요히토"도 동족이었을 것으로 추정할 수 있다. 이를 통해 「田河造」는 고구려에서 시나노로 이주해온 사람이었을 것으로 보인다.

"田河造"を賜姓された"後部牛養(こうほうのうしかい)"の"後部"というのは、高句麗の姓なので、"後部牛養"は高句麗人であったと考えられる。また、当時の信濃には高句麗人がいたということなので、一緒に賜姓された"宗守豊人(むねもりのとよひと)"も同族であったと推定できる。これらにより、"田河造"は高句麗から信濃に来た人であったと思われる。

또한, 같은 『일본후기』 연력 18년에는 다음과 같이 기록되어 있다.

시나노국 사람 외종 6위하 계루, 신로, 후부 구로다리, 전부 구로마로, 전부의 사네히도, 하부의 나데마로, 전부의 아끼다리, 지이사가타 고을사람 무위, 상부 도요히도, 하부 후미요, 고마高麗 이에쯔구, 고마 쯔구다데, 전부 사다마로, 사부 사고후지 들이 말하기를 '자기들의 조상은 고마고구려사람이다. 추고왕과 서명왕때 귀화해왔다. 대를 이어 평민으로 지냈는데 이름을 고치지 못하였다. 바라건대 천평승보 9년757년의 지시에 의거하여 성씨를 고치게 해주십시오'라고 하였다. 이리하여 신로 등에게는 스즈끼鈴木, 구로다리 등에게는 도요오까, 구로마로에게는 무라카미村上, 아끼다리 등에게는 시노이, 도요히도 등에게는 따마가와, 후미요 등에게는 기요오까, 이에 쯔구 등에게는 미이, 사다마로에게는 아사지, 시고후지에게는 다마이의 성씨를 주었다.

## 원문

日本後紀 延暦十八年

十二月甲戌 又信濃国の人外従六位下卦婁真老, 後部黒足, 前部黒麻呂,前部佐根人,下部奈弖麻呂, 前部秋足, 小県郡の人上部豊人, 下部文代, 高麗家継, 高麗継楯, 前部貞麻呂,上部色布知等言う。己等の先は高麗人なり。小治田,飛鳥の二朝廷の時節に帰化来朝す。それより以還、累世平民にして未だ本号を改めず。伏して望むらくは去る天平勝宝九歳四月四日の勅に依って、大姓に改めんことをと。真老等に姓須々岐を、黒足等に姓豊岡を、黒麻呂に姓村上を、秋足等に姓篠ノ井を、豊人等に姓玉川を、文代等に姓清岡を、家継等に姓御井を、貞麻呂に姓朝治を、色布知に姓玉井を賜う。

이상의 『속일본기』 『일본후기』의 자료를 통하여 다음과 같은 몇 가지 사실을 확인할 수 있다. 그것은 북시나노에는 8세기 말엽에 이르도록 고구려 출신의 적지 않은 사람들이 본국에서처럼 고구려식 이름을 가지고 있었다는 것, 그들이 전부, 후부, 계루, 하부, 상부라는 고구려 5부의 행정단위를 성씨로 삼고 있었다는 것, 북시나노의 고구려 후손들은 그들의 말대로 한다면 적어도 몇백 년 동안은 북시나노지방에서 고구려의 성씨를 그대로 칭해왔다는 것 등이다.

사료를 통해서 명백히 알 수 있는 것처럼 북시나노 지쿠마군 일대에 사는 토호세력들은 연력 18년799년이라는 늦은 시기까지 본국고구려의 5부명을 그대로 지니고 있었다. 5부 명칭은 『삼국사기』, 『신당서』 고구려 전에도 전해지고 있다. 사료에 보이는 고구려 사람들의 정착, 분포 상태를 보면 대체로 다카이군, 사라시나, 지이사가타군, 지쿠마군 등 지쿠마강 하류유역을 중심으로 한 지대이다. 그 지역에 고구려 사람들

451

이 집중적으로 진출, 정착하였던 것이다.

여기서 문제는 계루, 신로, 전부, 쓰나마로 등이 8세기 말까지 일본 사람으로 동화되지 않고 조상 전래의 고구려 전통을 그대로 고수하고 있었던 사실이다. 조상의 성을 그대로 지켜 왔다는 것을 가지고 그렇게 말할 수 있다. 고구려 사람들의 이곳 진출은 고고학적으로 보아 4~5세기까지 끌어 올릴 수 있으니 북시나노 일대에서 실로 근 400년 동안이나 고구려 사람들이 건재해 있었던 것이 된다. 물론 북시나노의 고구려 이주민 세력은 그 이전시기 즉 7세기경에 기내 야마토정권에 의해 통합되었을 수 있으나 앞에서 본 사료들에 반영되어 있듯이 고구려 사람들은 일본 열도 안에서 8세기 말까지 고구려 사람들의 자치를 유지하고 살았던 것이다.


북시나노에 고구려 세력이 있었다는 것은 그 지역에 모여살던 고구려인들의 우두머리인 왕이 존재하고 그런 사실이 오늘날까지도 전하는 것을 보아도 잘 알 수 있다.

이미 본 『속일본기』 연력 8년에 나오는 다가와노미야쓰코후부 우시가이는 『신찬성씨록』 미정잡성에 의하면 고구려 사람 후부 고천금高千金의 후손이라고 하며 후에 고을 이름이 된 다카이미야쓰코高井造는 신찬성씨록 야마시로 제번에 의하면 고마고구려국주 추모왕의 20세손인 여안기왕汝安祁王에서 나왔다고 한다. 고천금이나 여안기 왕은 『삼국사기』에 그 이름이 나오지 않는 인물이다. 말하자면 한국 기록에는 없는 고구려왕이다. 이것은 그 두 사람이 일본 열도 안에 있던 고구려왕이었다고 볼 수 있다.『초기조일관계사』의 견해

기록들에 나오는 고구려 사람들의 분포는 기본적으로 고분군의 분

포와 일치하며 주변에는 도처에 고마고구려에 준한 고장 이름들이 있다. 실례로 사구시 야하다신사 경내에 있는 고라신사도 틀림없이 '고려高麗'에서 나왔다고 보인다.

북시나노의 고구려 세력을 특징짓는 것으로 말목장이 있다. 북시나노의 고대 말목장이 산기슭이나 대지 위에 있다. 그리고 그 규모는 아주 커서 전 일본에서도 대규모 말목장은 여기에 집중되어 있다. 그런데 중요한 것은 말목장이 있는 곳에 반드시 고구려식 고분군이 있다는 사실이다. 실례로 오무로고분군大室古墳群의 주변일대나가노시는 오무로노 마끼牧. まき가 있던 곳이다. 그리고 앞에 나온 사구시 고라신사 후면의 광대한 초원에도 모치 스키노 마끼가 있었다. 다카이군에도 큰 말목장들이 있었다. 고구려 사람들은 말사육을 잘하였다. 바로 일본 열도에 건너간 고구려 사람들은 이르는 곳마다에 말목장을 차려놓고 말을 잘 길렀던 것이다. 북시나노에 진출한 고구려 사람들이 말을 잘 기르고 그 집단안에 기마병이 많았다는 것은 비단 말목장의 수가 많았다는 것 뿐 아니라 고고학적 유적 유물을 통해서도 증명된다. 유물이 나온 전체 나가노현의 무덤 750기 가운데 146기의 무덤에서 마구류가 나왔다는 사실 하나만으로도 그곳에 정착한 집단의 고구려적 성격을 엿볼 수 있다.

## 2. 가미코치 上高地

도쿄에서 지하철을 타보면 가미코치上高地에 관한 관광안내를 볼 수 있었다. 우선 한자 발음이 흥미로웠다. 상上자를 '우에'라고 읽지 않고 한자 신神을 발음할 때와 같은 '가미'로 읽는 것이 신기했다. 일본인 단체여행을 따라 방문했다. 마쓰모토시에서 서쪽으로 계곡을 따라 올라가다 댐도 지나고 터널도 지나면 가미코치 주차장이 나온다. 여기서부터는 의무적으로 무공해 버스를 갈아타고 들어가야 한다.

다이쇼 이케大正池에서 내려 상류의 갓파교 근처에서 합류하기로 하고 일행은 헤어졌다. 우선 수몰림水没林을 구경하였다. 연못 속에 죽은 나무들이 서 있는 모습이 이색적이었다. 보트 놀이를 즐기는 사람들이 한가로워 보였다. 강쪽을 피해서 나무로 만든 길을 따라 들어가니 다시로이케田代池가 있었다. 발목이 닿을까말까한 깊이의 연못인데 밑에서 샘물이 솟아나는지 투명하게 맑았다. 이 물이 모인 개울물 속의 수초들이 훤히 들여다 보였다. 얼마 지나니 길이 다시 강과 만나 이번에는 강 왼쪽으로 난 길을 따라 올라갔다. 맑은 물이 힘차게 흘러 내리는 아즈사강梓川이다. 강가 숲속에 있는 제국호텔도 구경하고 드디어 갓파교에 도착하였다. 다리 위에서 바라본 호타카다케穂高岳와 주변의 봉우리들 그리고 흘러내리는 산록의 모습은 알프스의 산과 비슷했다. 이곳이 일본의 북알프스라는 곳이다.

가미코치上高地는 나가노현에 있는 명승지로 아즈사강梓川 상류에 있으며, 해발 고도는 약 1,500m다. 히다산맥북 알프스산맥 골짜기아즈사 강에 있으며, 하류의 다이쇼 연못에서 중류의 요코오横尾까지의 전후 약 10km, 폭 최대 약 1km의 퇴적 평야이다. 한때, 기후현 측으로 흐르고 있던 아즈사강梓川이 야케타케 화산군에 있는 시라타니 산의 분화 활동으로 막혀 연못이 생겼으며, 거기에 토사가 퇴적하여 만들어졌다고 생각되는 지형이다. 이 고도에서 이 정도 규모의 평탄지는 일본에서는 찾기 힘들다.

마지막 빙기인 뷔름 빙기에는 가미코치의 상부에 위치한 야리사와槍沢와 가라사와涸沢에 산악 빙하가 발달하였고 가장 확대된 시기에는 빙하의 말단이 가미코치 중심부인 요코오에 도달했었다고 한다. 지금도 빙하에 의해 형성된 카르 지형이 남아있다.

가미코지 명칭은 원래 '神垣內가미-코-우찌'의 한자표기이지만, 뒤에 현재의 가미코치上高地의 한자표기가 일반화되었다. 가미코우찌神垣內는 호타카신사의 제신인 호타카미穂高見命가 호타카다케穂高岳에 강림하여 그곳호타카신사 오쿠미야와 묘진 이케에서 제사 지내지고 있는 것에 유래한다. 온천이 있어 호타카 연봉이나 야리가타케의 등산기지가 되었다.

### 호타카다케 穂高岳

호타카다케穂高岳는 해발 3,190m로 후지산, 기타다케산에 이어 일본에서 세 번째로 높은 산이다. 나가노현과 기후현의 경계에 있다. 야리가산槍山의 남쪽에 위치하고 여러 봉우리로 나뉘며 험준한 암봉군岩峰群은 암벽타기Rock Climbing의 적소로 알려져 있다. 히다 산맥북알프스의 여러 봉우리 중에서도 가장 풍경이 좋다. 야리가타케槍ヶ岳. 3,180m는 일본에서 5번째로 높은 산이며 뾰족한 창 같은 산 모습이 그 이름의 유래이다.

아즈사강梓川과 다이쇼 연못에는 텃새인 청둥오리가 살고 있으며 사람을 두려워하지 않는다. 다이쇼 연못의 오리 병아리들도 그러했다.

일본원숭이도 살고 있으며, 겨울은 아오모리 시모키타 반도下北半島의 일본원숭이보다 더 혹독한 조건인 이곳에서 겨울을 난다.

### 갓파 하시 河童橋

일본은 수많은 귀신과 요괴가 있는 나라이다. 그 중 가장 흔히 접하는 요괴 중 하나가 개구리를 닮은 '갓파'이다. '갓파'는 숨어있는 의미가 많다. 갓파 하시河童橋는 가미코치의 아즈사강梓川에 가설된 목제로 된 조교吊橋다. 1891년에 가설되었는데 전장 37m, 폭 3.1m의 낙엽송나무로 만든 다리이다. 중부산악국립공원내의 표고 약1,500m에 위치한다. 이 다리로부터 호다카다케, 야케다케 등의 산들을 바라다볼 수 있다. 가미코치를 상징한다. 매년 4월에 알펜호른의 연주와 함께 다리 옆에서 가미코치 개산축제가 개최되고 있다. 새양버들의 거목이 주변의 하반에 무리지어 살고 있다.

여행시에는 갓파교에서 상류쪽으로는 시간의 제약으로 올라가지 못했는데 이곳에 도래인에 관련된 중요한 신사가 있다.

### 호타카신사 穗高神社

도래인과 깊은 관계가 있는 신과 신사를 소개한다. 신들의 명칭이 어려운 한자로 써 있어서 처음에는 거부감이 많이 들고 정말 무슨 대단한 신들의 이야기인것 같지만 한 껍질만 벗기면 다정한 우리의 고어가 나타난다.

다음에 나오는 해신海神 와다쓰미綿津見命라는 이름의 구성에 대해 설명하면 도움이 될 것이다. 면綿의 발음은 '와다'이다. 면이나 솜을 와다라고 한다. 원래의 명칭은 '와다', 즉 우리말 '바다'인데 같은 발음인

'면綿'이라는 한자를 붙인 것이다.

호타카신사는 아즈미노시 호타카에 있는 신사로 식내사名神大社이며 시나노국 산노미야로 불린다. 구 신사의 등급은 국폐소사国幣小社였는데 현재는 신사 본청의 특별 표시 신사다. 아즈미노시 호타카의 본궁리미야 이외, 가미코치에 옥궁오쿠미야, 오쿠호타카다케 산 정상에 영궁嶺宮이 있어서 일본 알프스의 대표신사총진수라는 통칭이 있다. 예대제연례제사인 미후네 축제御船祭가 유명하다.

본궁의 제신은 3신인데 하나가 호다카미穂高見命로 별명이 우쓰시히가나사쿠宇都志日金拆命신이고 해신 와다쓰미綿津見命의 아들이자 아즈미씨의 조신安曇氏의 祖神이며, 두 번째 신이 바다신인 와다쓰미綿津見命. 海神이며, 마지막 신이 천신인 니니기瓊々杵命다.

호타카신사 일대는 예로부터 아즈미씨安曇氏 또는 阿曇氏의 정착지로 여겨진다. 『신찬성씨록新撰姓氏録』에는 아즈미씨에 관해 다음과 같이 관련되는 기재가 남아있다.

'해신 와다쓰미海神 綿積 또는 豊玉彦神의 아들인 호다카미穂高見命의 후손으로 아즈미노쓰쿠네安曇宿禰, 오오시아마노무라지凡海連, 아즈미노무라지安曇連 등이다.'

호타카신사의 제신을 호다카미라고 보는 설은 신사의 이름과 『신찬성씨록』이 있는 위의 기술과의 관계에서 나온 것이다. 한편, 『고사기』

의 신화기에는 와타쓰미綿津見神, 綿積神, 해신의 자식이며 아즈미씨阿曇氏의 조상祖으로 우쓰시히가나사쿠宇都志日金拆命의 기재가 있어 호타카신사 측에서는 이것을 '호다카미의 별명'이라고 한다.

다시 말하면, 와타쓰미綿津見神, 綿積神, 해신-호다카미穗高見命, 별명 宇都志日金拆命, 우쓰시히가나사쿠-아즈미씨安曇氏의 계보이다.

해신 와다쓰미海神 綿津見神, 즉 도요다마히코豊玉彦命의 아들이 호타가미穗高見命이고, 호타가미의 아들들安曇連, 凡海連, 海犬養, 安曇犬養이 아즈미족安曇氏이다. 또한 호타카미는 와타쓰미綿津見神의 아들御子인 우쓰시히가나사쿠宇都志日金拆命와 동일 신이라는 것이다. 와다쓰미의 자식으로는 역사적으로 중요한 일본 제1대 천황인 진무천황神武天皇의 어머니인 다마요리비메玉依姫도 있다.

와다는 '바다'의 고어이고 쓰는 '-의'이며 '미'는 신령의 뜻이므로, 와다쓰미는 '바다의 신령'이라고하는 의미가 된다. 와다海 바다+쓰미住み, 살다 즉, 바다에 사는 집단으로 보기도한다.

신사의 창건 연대는 미상이다. 신사는 아즈미군의 군영역에 정착한 아즈미씨에 의해 아즈미군이 만들어졌고, 그 아즈미씨에 의해 조상신을 모신 것이 이 신사의 기원으로 여겨진다. 아즈미씨는 해인의 일족으로 후쿠오카현福岡県 시카노시마志賀島의 시카우미신사志賀海神社가 발상지로 여겨진다.

**해인족**海人族 **아즈미씨**安曇氏

고대의 해양호족인 해인족海人族은 옛날부터 교역 등을 통해서 한반도 또는 어쩌면 중국와 관련을 맺고 있었다. 아즈미安曇는 아마즈미海積에서 나온 말로 해민인 아마베海部 집단의 장長을 칭하는 말이다.

아즈미씨安曇氏는 기타큐슈를 중심으로해서 번성하다가 그 활동 범위를 동방에도 넓혀 갔다고 여겨진다. 아즈미군에의 정착은, 시나노에 있어서의 부민제部民制의 시행시기나 이 지방의 고분으로부터 6세기대라고 추정되고 있다. 그들의 이동 요인으로 아이누, 즉 에조蝦夷지역 개척의 병참기지로서, 야마토 왕권으로부터의 파견으로 보는 설이 있는데 필자의 견해로는 이러한 해석은 야마토정권을 중심으로 한 역사관에서 나온 해석으로 보인다. 필자는 528년 규슈지방에서 일어난 '이와이의 난磐井の亂'을 해인족 이동의 원인으로 본다. 해인족 아즈미씨安曇氏에 대하여는 뒤에 더 자세히 설명한다. 아즈미군의 식내사에는 이밖에 가와이 신사川会神社가 있지만, 그쪽에서도 아즈미씨계의 해신신인 와다쓰미綿津見神를 제신으로 모시고 있다.

호타카 신사의 서쪽에는 많은 고분이 축조되어 있지만, 호타카 신사 부근은 신역神域인 신사의 경내로서 고분의 조성을 피할 수 있었다고 생각되고 호타카 신사 일대가 세력의 중심지역이었다고 보여진다.

아즈미군에 있어서 아즈미씨의 기록이 처음 보이는 것은 쇼소인正倉院의 보물인 천치마布袴, 하까마에 있는 764년의 『묵서墨書』다. 단 여기에는 아즈미부安曇部라는 기재 밖에 없기 때문에 어디까지나 아즈미씨의 집단부락인 부곡部曲이 이곳에 설치된 것을 나타낸다는 사실 밖에 다른 의미는 없다고 본다. 문헌상으로는 859년에 보택신寶宅神, 호다카미신에 대하여 신계의 승급從五位下에서 從五位上으로이 행해졌다고 하는 기록이 있다. 『엔기식 신명장』에서는 시나노국 아즈미군에 '호타카신사 명신대穗高神社 名神大'라고 기재되어 명신대사에 들어 있다.

### 묘진이케明神池

묘진이케는 가미코치에 있는 연못으로 가미코치의 안쪽인 호타카신사 오쿠미야穗高神社奧宮의 경내인 신역神域 안에 있다. 가미코치 버스터미널로부터 도보로 약 50분 걸린다. 연못은 표주박형으로 두 개의 연못으로 나뉘어지고 있어서 호수면에 비치는 나무들이 아름답다. 특히 안개가 피어오르면 신비로운 느낌이 들고 산책하기에 좋다. 연못에서는 곤들매기, 청둥오리, 원앙새 등이 보인다. 묘진다케明神岳에 산사태가 일어나 아즈사강 지류의 골짜기가 막혀서 생겼다. 매년 10월에 이 연못에서 미후네신을 제사지낸다. 이 깊은 산중에 있는 연못에 배를 띄우고 제사를 지내는 모습은 해인족의 전통을 암시한다.

### 갓파河童

갓파는 일본의 요괴, 전설상의 동물 또는 미확인 동물이다. 일본의 대표적인 괴물로 오이를 광적으로 좋아하며 오이가 갓파의 주식이다. 장난이 심한 괴물로 몸이 개구리처럼 생겼으나 크기는 사람만하다. 표준 일본명인 갓빠는 가와강에 와라하아동의 변화형 왓바가 복합된 가와왓바가 변화된 것이다. 가와타로河太郎라고도 말한다. 거의 일본 전역에 전해져서 그 통칭이나 형상도 각 지방에 따라 다르다.

갓파, 가와타로川太郎 또는 가와코川子는 일본 민담에 나오는 전설적인 동물이자 「물의 요정」이다. 신토에서 갓파는 여러 수신水神 중 하나이다. 대부분의 그림에서 갓파는 아이 크기의 영장류이고 몸은 거북이의 등딱지를 가진 원숭이나 개구리로 그려진다. 갓파의 뇌에 해당되는 부분에는 물이 고여있는데 이 물이 말라 버리면 갓파는 죽게 된다. 또한 갓파는 인간에게 접근하여 접골술接骨術을 전수해주었다고 한다. 이 동물의 친척으로 세코가 있다. 수신水神 또는 그 신체依り代. 요리시로 또는 그 임시의 모습이라고도 말한다. 귀신鬼, 텐구天狗. 상상의 동물와 함께 일본의 요괴 중에서 가장 유명한 것 중의 하나로 여겨진다. 각지에 갓빠 신사, 갓빠총鯨塚. 道具塚 등이 남아있다.

갓파의 유래는 크게 서일본과 동일본으로 나눌 수 있는데, 서일본에서는 대륙으로부터 온 것으로 여겨진다. 일본에서는 중국 전설에 나오는 강의 신인 하백河伯을 갓파의 다른 이름으로 하거나 하백을 갓파라고 훈을 단다. 또 다른 설로 하백이 일본에 전해져 갓빠가 되어 가하쿠河伯가 갓빠의 어원되었다고 한다.

이것은 고대의 기우제의 일환으로서 도교 주술의식이 야마토 조정에 전래되고 일본 토속의 강신川神 신앙과 융화한 것으로 생각된다. 일본에 있는 6세기 말~7세기에 걸친 유적에서도 하백에게 바쳤다고 보여지는 우두골牛頭骨이 출토되고 있다. 이 때문에 연구자들 중에는, 서일본에 있어서 갓파의 기원을 6세기경으로 보는 사람도 있다. 『서유기西遊記』의 등장 인물인 사오정沙悟淨은 일본에서는 갓파로 여겨지지만, 중국에서는 하백으로 여겨진다. 한반도 설화에서 하백은 고구려나 동부여의 건국자인 동명성왕의 어머니인 유화의 아버지, 즉 건국자의 외

할아버지로 등장한다.

동일본에서는 아베 세이메이의 식신安倍晴明의 式神, 엔노오즈의 호법
동자役小角의 護法童子, 히다의 다쿠미飛驒의 匠가 일을 도와주게 하기 위해
만든 인형이 변화한 것으로 여겨진다. 양팔이 체내로 연결되어 있어
팔을 빼면 반대측의 팔도 빠졌다고 하는 이야기가 있는 것은 인형이었
기 때문이라고 여겨진다. 대륙 도래의 갓파는 원숭이猿猴라고 불리고
그 성질도 중국의 원숭이[88]와 유사하다.

하신河神이 가을에 산신이 되는 것처럼 갓파도 일부 지역에서는 겨
울이 되면 산동山童, 야마와루이 된다고 전해진다. 오이타현에서는 가을에
갓파가 산에 들어가서 세코가 되고, 와카야마현에서는 게샨보가 된다.
모두 산동 곧 산신을 의미한다. 또 갓파는 용과 같은 수신이라고도 전
해진다

산의 정령이라고 하는 자시키와라시座敷童子 등과 마찬가지로 갓파도
일부의 어린이들만 볼 수 있다고 하는 이야기도 있다. 갓파는 살해된
어린이의 사체가 강변에 노출되어 있는 모습이라는 설도 있다. 에도시
대에는 아동살해가 빈번하게 행하여지고 있어서 어린이들이 속지 않
도록 어른이 만든 거짓말이라고도 전해진다.

서유기에 등장하는 사오정은 일본에서는 자주 갓파를 닮은 모습으

---

88  중국에서는 재래종 일본원숭이 보다 큰 원숭이를 후(猴)라 표기한다

갓파 河童

일본은 수많은 귀신과 요괴가 있는 나라이다.

그 중 가장 흔히 접하는 요괴 중 하나가 개구리를 닮은 '갓파'이다.

로 묘사된다. 이것은 일본 독자의 번안이며 원전에 있어서는 그러한
설정은 없다.

**가랏파** 구마모토현 야쓰시로 지방

갓파의 설명 중 가장 현실적인 예이다. 갓파河童가 구마모토 야쓰시
로 지방에서는 '가랏파からウパ'로 불리고 있다. 가랏파의 도래지는 구마
가와 강변의 도쿠노후치德ノ淵 나루터이며, 이곳에서 매년 5월 18일이
면 '오래 오래 데라이다' 축제인 묘켄마쓰리妙見祭가 열리고 있다. 당시
3천명의 갓파가 3백척의 배에 타고 상륙한 것을 기념하는 축제라고
한다. 이를 근거로 한국의 재야사학자인 이종기씨는 갓파를 배를 타고
뭍에 올라온 가야인으로 본다.

갓파는 머리에 오목한 부분이 있는데 『가야공주 일본에 가다』의 저
자인 이종기씨는 이를 앞이마가 납작한 가야족의 특징인 편두扁頭로
해석한다. 참고로 편두는 원시사회에서 행해졌던 두개변형頭蓋變形의
일종으로 아시아, 유럽, 아프리카 등에서 널리 행해졌던 풍습이다. 우
리나라에서는 진한辰韓이나 변한弁韓 지역에서 행해져 신라와 가야시기
까지 이어졌던 것으로 보인다.

### 3. 아즈미노安曇野

'아즈미노', 듣기 좋은 어감으로 젊은 여성에게 인기있는 관광지가
되고 있는 아즈미노시安曇野市의 이름이다. '아즈미노'라고 하는 말의 유
래를 알아보자.

예전에 간행된 도요시나마치, 호타카마치, 호리가네무라, 미사토무라 등의 모든 읍촌지町村誌에는 아즈미安曇野 발상의 역사가 자세하게 기재되고 있는데 종합하면 다음과 같다.

옛날, 겐카이玄海, 현해, 규슈의 북쪽에 위치하는 바다 해인족海人族의 하나였던 아즈미安曇씨가 야마토조정大和朝廷의 왕권 신장과 함께 그 세력을 확대하여 서서히 동일본으로 옮겨 살며 드디어 시나노信濃국에 정착하게 된다. 헤이안시대의 중기930년경에 만들어진 사전인 『화명류취초和名類聚抄』에 의하면, 646년의 개신다이카 개신 후 천황의 조칙에 의해 전국을 기내칠도로 나누어 동산도에 시나노科野, 信濃국을 두고 그 아래로 이나, 스와, 쓰카마, 아즈미安曇, 사라시나, 미즈우치, 다카이, 우에과, 오가타, 사쿠의 10군으로 나누고, 그 아래로 63향鄕을 두었다고 한다. 아즈미군安曇郡에는 다키베, 야하라, 사키시나, 무라카미의 4향을 두었다고 기재되어 있다.

아즈미씨安曇氏가 문헌상 처음으로 등장하는 것은 나라시대인 746년경으로 그 해 10월 쇼소인正倉院에 헌납된 삼베麻布에 기재된 문자에 '시나노국 아즈미군 사키시나信濃国 安曇郡 前科의 촌장鄕戶主 아즈미베 진양安曇部 真羊씨 조후일단調布壹端'이라고 쓰여있는 것이다. 헌상한 진양真羊씨가 아즈미성安曇姓을 자칭하고 있던 것을 알 수 있다. 또, 여기에 등장하는 사키시나향前科鄕이라고 하는 것은 아카시나 고이즈미에서 오시노, 이케다마치에 걸쳐 산록에 퍼져 있던 50여 호의 향촌鄕村으로 당시는 마의 산지로 이것을 천으로 짜서 세의 일종으로 조정에 내고 있던 것 같다.

아즈미安曇는 바다를 뜻하는 와다和多와 쓰미津見라는 존칭이 붙여진 말이거나 혹은 아마쓰미海人津見가 전와転訛한 것으로 여겨져 '津見쓰미'는 '住み쓰미'의 살다를 의미하는 고어라고 하는 설도 있다. 그 설에 따르면 아즈미족은 그대로 '바다에 사는 사람海に 住む人'을 나타낸다. 해인족의 근원을 더듬어 가면 전국에 이것에 관계가 깊은 지명을 많이 발견할 수 있다. 아즈미 족이 이주한 땅으로 여겨지는 장소는 아즈미阿曇, 安曇, 厚見, 厚海, 渥美, 阿積, 会見, 青海, 安土, 安堂의 발음을 지닌 지명으로 남아 있다. 규슈에서는 세토나이카이瀬戸内海, 기내畿内, 미카와三河 등에 널리 분포되어 있다.

### 해인족海人族

해인족海人族, 어부족 또는 해신족海神族은 조몬시대부터 야요이시대 BC 3세기-AD 3세기 이후에 걸쳐서 해상에서 활동하고, 해상수송으로 힘을 기른 집단이다. 일본에는 해인족을 인도 차이니즈계와 인도네시아계의 두 계통으로 보는 설이 있다. 첫 번째는 아즈미계安曇系나 그 방계 집단으로 중국 남부江南地方, 강남 지방로부터 동지나해를 북상, 산동반도, 랴오둥반도, 한반도 서해안을 경유하고, 겐카이나다玄界灘, 현해탄를 건너 규슈 북부에 도달한 집단이라고 추정한다. 일본에 수도재배水稲栽培가 들어온 루트와 일치하고 있어, 소위 왜인倭人과 거의 동의同義일 것이라고 생각된다. 두 번째는 쿠로시오黒潮를 타고 조몬시대에 일본에 온 미나미지마계南島系 종족隼人, 하야토의 가능성이 있다는 설이다.

해인족에 속하는 씨족에는 아즈미씨安曇氏, 무나카타씨宗像氏 등이 유명하다. 아즈미씨阿曇氏, 安曇氏는 아즈미阿曇, 安曇를 이름으로 하는 씨족이다. 바다신海神인 와다쓰미綿津見命를 조상으로하는 지기地祇, 천신족 도래인과 대조되는 원주민 또는 선주민계 씨족인데 아즈미족阿曇族, 安曇族이라고도 한다. 고대 일본을 대표하는 해인족海人族으로 알려진 유력씨족으로, 발상지는 규슈에 있던 지쿠젠국 가스야군筑前国 糟屋郡 아즈미향阿曇郷, 현재의 후쿠오카시 동부으로 여겨진다. 옛부터 한반도또는 중국와의 교역 활동 등에 관련이 있었다고 여겨지고, 뒤에 최초의 본거지인 북부 규슈의 후쿠오카 시카노시마志賀島 일대에서 시작하여 전국으로 이주했다. 이 이주의 원인으로는 '이와이의 난磐井の乱, 527년'에서 전사한 지도자인 아즈미 히라후安曇比羅夫와 관련이 있다는 설이 있다.

『일본서기』의 응신천황応神天皇 항에 '해인인 소宗에게 맡겼다海人の宗に任じられた'라고 적혀 있고, 『고사기』에는 '아즈미무라지는 그 해신의 아들, 우쓰구시나사쿠의 자손이된다阿曇連はその綿津見神の子、宇都志日金析命の子孫なり'라고 적혀 있다. 또한 『신찬성씨록新撰姓氏録』에서는 '아즈미 무라지는 아마쓰 도요타마綿津豊玉彦의 아들, 호다카미의 후손이 된다安曇連は綿津豊玉彦の子、穂高見命の後なり'고 적혀 있다.

율령제 아래에서 궁내성宮内省에 속하는 내선사内膳司, 천황의 식사 조리를 담당의 장관을 맡는다任는 것은 예로부터 신에게 제공되는 미니에御贄에 해산물을 주로 바쳤기 때문에 어부계 씨족의 역할이었던 것에 유래한다. 이들이 규슈를 떠나 이동한 지역은 미카와국三河国의 아쓰미군渥美郡, 아쓰미반도, 옛지명은 飽海郡, 아쿠미군이나 아쿠미강飽海川, 이즈반도의 아타미다. 최북단이 되는 곳인 아쿠미군은 데와국出羽国 북부인 현재의 야마가타현 아키타에 있었다. 이밖에 시가志賀나 시가滋賀를 시카노시마의 유래 지명으로 보아 아즈미족과의 관련을 지적하는 설도 있다.

또 바닷가에 한하지 않고 강을 거슬러 올라가서 내륙의 아즈미노에도 이름을 남겨 놓았다. 표고 3,190m의 오쿠호타카다케 산 정상의 영궁에 있는 호타카신사는 이 땅의 아즈미씨가 조신을 모신 고신사古社로 주 제신에 호다카미, 좌전에 와다쓰미綿津見命 등 해신을 제사 지내고 있다. 내륙에 있는데도 불구하고 예대제例大祭에는 미후네 신御船神을 제사지내는 큰 배 모양의 수레가 등장한다. 시카노시마부터 전국에 흩어진 뒤 일족의 본거지는, 이 시나노국의 아즈미군이 된 것으로 여겨진다.

### 다른 해인족 무나카타씨宗像氏

고대 이전의 무나카타씨宗像氏 전승에 따르면, 해양호족으로서, 무나카타宗像 지방과 히비키여울響灘, 시모노세키 북쪽 해안의 서부에서 겐카이나다玄界灘전역에 이르는 방대한 해역을 지배했다고 여겨진다.

『일본서기』 등에 의하면, 쓰쿠시군 이와이의 난筑紫君磐井の乱 뒤에는 야마토왕권을 배경으로해서 무나카타씨의 세력이 지쿠고국筑後国의 영역까지 영향을 미친 것으로 보인다.

고대 씨족을 기록한 『신찬성씨록新撰姓氏録』에는 무나카타조신宗形朝臣, 무나카타군宗形君의 문자가 보이고, 기내畿内의 씨족이었지만 지쿠젠筑前의 무나카타씨와의 관련성을 강하게 시사하고 있다. 또, 이 시대의 무나카타타이샤宗像大社의 신주직도 무나카타조신宗形朝臣의 이름을 쓰고 있다.

### 대왕 와사비 大王わさび, 고추냉이 **농장**

대왕 와사비농장은 아즈미노시에 있는 고추냉이 농장이다. 대왕농장, 대왕 와사비원이라고도 불린다. 1917년에 개장했다. 북알프스에서 흘러나온 샘물을 이용한 아즈미노 일각에 있는 일본 최대규모의 고추냉이 농원이며, 연간 약 120만 명이 방문하는 아즈미노 제일의 관광지다. 잡초가 무성한 벌판을 20년의 세월에 걸쳐 개간하여 완성시켰다고 한다.

대왕大王은 부지내에 있는 대왕신사大王神社에서 유래하고, 이 신사에는 민화에 등장하는 야쓰오모테 대왕八面大王의 동체가 매장되고 있다고 여겨진다. 역사 이야기다. 위석괴 야쓰오모테 대왕魏石鬼 八面大王은 아즈미노에 전해지는 전설상의 인물이다. 야쓰오모테 대왕은 기시키魏石鬼의 별칭이다. 출전이 된『신부통기信府統記』에 발음기호인 요미가나読み仮名가 없기 때문에 정식으로 읽는 법은 불분명하다. 야메노오오기미八女大王라고 읽고, 규슈의 후쿠오카현 야메八女의 고대 호족이었던 이와이磐井와 관계가 있다고 여겨진다.

처인 '모미지기기신紅葉鬼神과 함께 사카우에 다무라 마려坂上田村麻呂에 의해 토벌되었다고 하는『신부통기信府統記』의 기술에 근거하는 전설이 널리 마쓰모토 분지일대에 남아있다.『니시나란쇼우기仁科濫觴記』에 보이는 토벌군인 니시나의 군에 의한, 야쓰오모테 귀사대왕八面鬼士大王을 수령으로 하는 도적단의 정벌함으로써 태어난 전설이라고 여겨지고 있다.

## 이와이의 난磐井の乱 528년

『일본서기』에 의하면 서기 527년에 한반도 남부로 출병하려 했던이
기사는 후세의 조작으로 의심됨 오우미노 케누近江毛野가 이끄는 야마토 정권군
의 진군을 츠쿠시노키미 이와이筑紫君磐井가 막아섰다가 이듬해인 528
년 11월에 모노노베노 아라카이物部麁鹿火에 의해 진압당한 반란혹은 왕
권쟁탈전이라 한다. 일본에서는 이 전쟁의 배경을 한반도 남부의 이권을
둘러싸고 주도권 쟁탈전역시 진위가 의문시 됨을 벌인 것으로 추정한다.

이와이의 난은 『일본서기』에 소개되어 있지만 치쿠고국『풍토기筑後
國風土記』와 『고사기古事記』, 『국조본기國造本紀』 등에도 간략히 기술되어
있다. 치쿠고국 풍토기에선 '관군이 급히 공격했다', 고사기에선 '이와
이가 천황의 명령을 따르지 않고 무례한 점이 많아 죽였다'고 적혀 있
는 등 여러 가지 종류로 기술되어 있기에 후에 나온 『일본서기』의 글
은 각색이 된 것으로 의심하는 학자들도 있다.

정확한 진상은 알 수 없지만 『일본서기』의 기록에 의하면 527년 6월
에 야마토 정권 소속의 오우미노 케누는 6만의 군사를 이끌고 신라에
게 빼앗긴 가야 남부를 수복하기 위해 임나를 향해 출발했다고 한다각
색의 여지 있음. 이 계획을 보고 받은 신라는 치쿠시규슈북부의 실권자이던
이와이에게 재물과 사자를 보내 야마토군의 진군을 방해해 달라고 부
탁했다.

이와이는 이에 거병하여 히노쿠니肥国, 규슈 중부 및 도요노쿠니豊国, 규

슈 북부를 제압함과 동시에 왜국과 한반도를 잇는 해상로를 봉쇄하여 무역선을 막고 보급선단의 진로를 막은 후 오우미노 케누의 진군을 방해한 후 전투를 걸었다. 이 때 이와이는 오우미노 케누에게 '너는 한솥밥을 먹던 옛 동료다, 너의 지시에 따르지 않겠다'라고 말했다고 한다.

야마토 정권에선 이에 진압군을 파견하기로 결정하고 케이타이繼體 천황은 오토모 카나무라, 모노노베노 아라카이 등 장군이 후보로 천거되자 모노노베노 아라카이를 8월에 장군으로 임명해 '이와이의 반란'을 진압할 것을 명령했다. 서기 528년 11월에 이와이 군과 모노노베노 아라카이가 이끄는 야마토 정벌군과 격렬한 전투 끝에 야마토군이 승리했다고 한다.


이와이의 난과 관련하여 주장되는 이설 또는 속설이 규슈왕조九州王朝설이다. 당시 기타큐슈에는 이미 야마토 왕권과 별개인 정권倭国政権九州王朝이 있었다. 중국에서 말하는 400년대의 왜왕倭王들은 사실은 이와이왕磐井王으로 왜국정권, 즉 규슈왕조에서는 독자적인 연호나 외교주권 등을 가지고 있었는데 오히려 이 왜국정권에 대하여 반란을 일으킨 것은 외교권을 독점하려고 하는 케이타이기내 야마토 또는 규슈 내의 호족 측이었다는 규슈 왕조설이다. 이 설은 6세기 전반의 일본에 있어서 야마토 왕권이 규슈를 포함하는 통일 왕조이었다는 것을 의문시하고, 오히려 야마토 왕권보다도 이와이 정권 쪽이 일본에 있어서의 유력정권이었다라고 간주하는 것이다. 규슈 야메八女에 있는 이와이의 무덤인 이토야마고분岩戸山古墳의 규모135m를 보면 이 설이 가능성이 있음을 알 수 있다. 아즈미족과 이와이를 연결하는 것은 '대왕'의 전설에서 비롯된 듯하다. 즉, 이와이의 편을 들었던 해인족인 아즈미족이 패전 후 아즈미노安曇野로 이주했다는 가설이다.

## 가칭假稱 해인족海人族

　장한식씨의『한일 고대사의 재건축2021년, 산수야』에 나오는 해인족에 대한 이야기다. 여기서 해인족海人族은 어떤 특정한 부족의 명칭이 아니라 한반도의 동남해안을 기반으로 활동하며 해변 부족를 구성했던 사람들을 의미하는 듯하다. 그리고 이들에게 민족명을 붙이자면 왜족倭族이라는 것이 저자의 생각으로 보인다. 즉 왜족倭族은 일본 열도로 이주逃走하기 전에 그들의 터전은 한반도 동남해안과 영산강 일대였다는 가설이다. 장한식씨의『한일 고대사의 재건축』에서 해당 부분을 발췌하여 인용해본다. 앞에서 필자가 소개했던 아즈미노安曇野의 해인족海人族을 이해하는데 참고가 되리라 본다.

　한반도 남부와 일본 열도 서부 사이에 있는 대마도를 중심으로 하는 바다를 해인족의 중심무대로 가정한다.

　이 바다에 기대어 살아가던 족속을 가칭假稱하여 '해인족海人族'으로 설정한다.

　해인海人이라는 용어는『일본서기중애천황 9년 9월조』신공황후의 신라 정복설화에 나오는 '오웅의 해인海人 오마려'와 '해인海人 명초'를 통해 확인한다.

　해인족을 뛰어난 항해인으로서 조수와 바람, 별자리를 읽어가며 적절한 시기에 바다를 항해하는 고도의 전문가 집단으로 이들은 한반도 해안에서 대마도-일기도壹岐島 코스를 이용하여 규슈와 혼슈 등 열도 해안으로 건너 다녔다고 본다.

사와다 요타로澤田洋太郎가 저술한『가야는 일본의 뿌리伽耶は日本のルーツ, 新泉社, 1994년/2006년 개정신판』를 참고하여 천황족의 조상인 '우가야후끼아헤즈鸕鷀草葺不合尊'라는 이름에서 천황족이 우가야, 즉 대가야 출신임을 나타내고 있다는 주장과 포상팔국浦上八國[89]의 해인들이 가야의 왕족들을 규슈로 도해, 진출시킨 사람들이라는 주장을 인용한다. 가야인들이 남해안 포상팔국 중에서 항해술에 능한 해인집단을 앞세우고 이들의 안내를 받아 파상적으로 북규슈 해안으로 건너갔고 기타큐슈로 건너간 가야인들은 그곳에서 벼농사를 짓고 살던 야요이인들을 정복하였다는 가설을 인용한다.

포상팔국浦上八國 전쟁 기사인『삼국사기』신라본기 내해 14년AD 209 7월초,『삼국사기』열전 물계자전勿稽子傳과『삼국유사』물계자전勿稽子傳을 인용하며 이 전쟁의 패배로 해인족인 포상팔국 사람들이 일본 열도로 도주하였다고 본다. 또한 포상팔국이 가야 침공으로 획득한 인간 포로는 규슈에 미리 이주해 간 농경인들에게 필요한 노동력 수요에 부응하기 위해 인신매매 목적이었다는 것이 저자의 해석이다. 마치 미국 남부에 대규모 농장을 건설하자 노예를 들여온 것과 같은 맥락으로 설명한 듯하다.

---

89  가야시대 낙동강 하류 및 지금의 경상남도 남해안일대에 있던 8개의 소국.

필자에게는 수수께끼 같았던 포상팔국의 난, 빈번한 왜구의 신라 침략, 영산강 일대의 세력을 참신한 시각으로 해석한 가설로 보인다.

### 4. 조에쓰 上越

폭설이 보고 싶어 일본 직원인 K씨에게 물으니 니이가타로 가야한 다고 한다. 필자의 머리 속에 있는 니이가타는 눈과는 전혀 연결되지 않던 시기라 귀에 들어오지 않았다. 니이가타하면 흔히 생각나는 것이 북송선 만경봉호의 정박지 정도였으니 말이다. 필자에게는 눈하면 우선 떠오르는 곳이 나가노였다. 나가노 동계 올림픽 때문일 것이다.

나가노에 일단 도착하여 역에 있는 안내소에 가서 눈 구경을 하러 왔으니 좋은 장소를 추천해 달라고 하니 직원의 얼굴에 난감한 표정 이 흐른다. 나가노 시내에서는 눈을 보기 힘들다는 것이다. 눈을 보려 면 서쪽 북알프스 산록이나 동쪽의 산악지대로 1시간 이상 가야한다 고 한다. 동계 올림픽이 열렸던 스키장도 모두 설명한 산악지대에 있 다고한다. 무언가 잘못 되었다는 생각이 들면서 나가노 시내의 명소를 소개해 달라고하니 젠코지善光寺를 추천한다.

나가노시는 사실 젠코지善光寺의 몬젠마치門前町를 기원으로 발전한 도시다. 젠코지는 일본의 국보로 지정되어 있는 일본 3대 사찰중 하나 이고 특히 이곳의 본존불은 백제에서 전해진 아미타여래阿弥陀如来인데 일반에 공개하지 않는 절대비불絶対秘仏이다. 또 사찰에 보관되어진 부 처 중 하나는 한 쪽 다리를 괴고 앉아있는 모습이 한국의 여인네가 앉는 모습을 닮았다고 하여 한반도에서 전래된 부처상으로 이야기된다.

이번 여행의 목표는 눈을 보는 것이고 당시만 하더라도 한일고대사
에 관심이 있던 때가 아니라 선광사를 방문하는 것은 그만두기로 하고
북쪽의 산쪽으로 가는 재래선 열차를 잡아탔다. 특별히 목적지를 정
한 것도 아니고 숙박을 예약했던 것도 아닌 그야말로 자유여행이었다.
열차가 동쪽으로 달리다 도요노豊野라는 역을 지나자 북쪽으로 방향을
바꾼다. 역의 이름이 필자 선친의 호와 같아서 이 역의 이름은 기억에
남아있었는데 그 후 다른 여행 때 이곳에서 기차를 갈아타게 된다. 얼
마를 달렸을까 갑자기 차창 밖으로 눈이 휘날리기 시작한다. 그냥 내
리는 눈이 아니라 휘몰아치며 내리는 눈이다. 눈을 찾아 헤매다 드디
어 눈 속으로 들어온 것이다. 어느새 차창 밖의 벌판은 눈으로 하얗게
뒤덮였고 조금 지나니 창밖이 보이지 않을 정도로 눈이 내리기 시작한
다. 한 번 내리기 시작한 눈은 그칠 줄을 모른다. 저녁 늦은 시간에 기
차에서 내렸다. 나오에쓰直江津라는 역이었다. 일본 본섬의 북쪽 해안가
마을이다.

조에쓰上越시는 호쿠리쿠 지방의 중부, 니이가타현의 남서부에 있는
도시이다. 그런데 이 지명이 약간 혼동스럽다. 왜냐하면 도쿄에서 북
쪽으로 가는 노선에 조에쓰上越라는 말을 쓰기 때문이다. 뒷글자인 월
越자는 오늘의 니이가타현 가운데 혼슈 부분에 있었던 에치고국越後国
의 의미인 것은 같지만, 상上의 의미는 경우에 따라 다르다.

교통로의 명칭으로 사용될 때의 조에쓰上越는 고즈케국上野国의 별칭

으로 조슈上州, 조우모上毛의 상上자와 에치고국越後国의 월越자를 합친 약칭이다. 고즈케국은 군마현의 거의 전역에 해당하는데 고즈케국과 에치고를 연결하는 교통노선의 명칭에만 사용된다.

'조에쓰' 지방으로서의 조에쓰는 에치고국 가운데 수도교토, 긴키에 가까운 지역으로 에치고국을 상, 중, 하 3개로 나눈 조에쓰上越, 나카고시中越, 시모고에下越 가운데 하나이다. 조에쓰지방上越地方을 다시 상하 2개로 나누어서 가마에치고上越後, 시모에치고下越後라고 불렀다. 조에쓰지방은 조에쓰시, 묘코시, 이토이가와시로 구성되는데 이들 지역에는 앞에서 설명한 것처럼 조에쓰上越라고 이름이 붙는 철도노선JR 조에쓰선, 조에쓰 신칸센은 당시만 해도 통과하지 않고 있었다.

## 고시越와 중국대륙의 월越국

고시국은 『일본서기』에는 고시越, 고지키에는 다카시高志라고 나와 있다. 에치고의 고시군에서 그 이름이 나왔다고 여겨지기도 하지만 아이누어에 유래한다는 설, '도래인이 배로 물건을 날라서 넘어 온 땅渡来人が船で物を運んで越してきた地'이라고 하는 설, 구즈国栖, 구즈, 가곡의 별칭, 구시빗로부터 왔다고 하는 설 등이 있다.

중국 춘추시대BC 5세기의 오吳와 월越이 치열한 싸움의 한창이었을 때, 많은 도망자가 보트피플이 되고, 쿠로시오 해류를 타고 일본에 겨우 도착했는데 월국에서 온 사람들이 정착한 곳이 이 지역이라고 전해지고 있다. 또한 오吳의 옛 땅에서 온 도래인에 의해 포목吳服이나 오음吳音, 오래전의 한자발음이라는 단어가 유래한다는 설도 있다.

한반도또는 중국대륙에서 일본 열도로 온 도래인은 죠몬시대부터 야요이시대까지 면면히 계속되었다. 역사시대가 되어서 전란의 망명자뿐만 아니라 고대 일본국의 기초를 만드는데 공헌한 많은 문화인이나 기술자 집단 등이 도래했다는 데는 일본인들도 이견을 달지 않는다. 그런데 흥미있는 사실은 일본인들은 한반도에서의 도래인에 대해서는 거부 반응이 있는데 중국대륙의 도래인이라는 개념에 대해서는 환영하는 느낌이 있다는 것이다. 중국대륙에서 일본 열도에의 도래가 수월했을지에 대해 생각해본다.

쿠로시오 해류가 움직이는 경로를 보면 중국의 동쪽 먼바다를 지나 방향을 동북쪽으로 틀면서 일본 열도의 남쪽과 북쪽 양 방향으로 흐르는 것이 맞다. 한반도의 서해안으로 흘러들어오는 해류도 있지만 쿠로시오 해류의 주류는 아니다. 중국 대륙의 장강 이남인 절강저장성이나 더 남쪽의 복건푸젠성 해안에서 바람을 맞아 동쪽으로 바다를 한참을 나가면 쿠로시오 해류를 만날 수 있다. 그러나 그 여정의 길이를 보면 만만치가 않다. 많은 사람들이 조직적으로 이동하기에는 용이하지 않은 거리로 보인다. 또한 조직적인 이동이 이루어지기 위해서는 도착한 사람들이 원 출발지로 돌아가서 도착지의 사정과 이동 경로를 알려주어야한다. 일본이 견당사를 파견하기 위해 오키나와 항로를 이용하기 시작한 것은 통일신라시대 이후의 일이다. 16세기에 접어들어 중국해적의 활동이 왕성해질 때가 되어서야 절강성에서 규슈를 직접 양방향으로 잇는 항로가 활발하게 이용되었다.

또 하나 흥미로운 사실은 일본에서는 중국과 한반도를 굳이 구분하지 않는다는 점이다. 예를 들면 한반도의 한韓을 「카라」라고하는데 중국唐도 「카라」라고 발음한다. 언제부터인가 발음은 그대로인채 한韓자를 당唐자로 바꾼 것이리라. 오吳의 경우도 「쿠레」라고 발음하면서 「쿠레히토吳人」는 한반도 도래인을 지칭한다.

이와같이 일본에 오, 월이 남아 있는 것이 중국대륙에서 오, 월과 국경을 나란히 했다는 대륙백제와 관계가 있을 수도 있다는 필자의 추측이다. 일본도 열도백제로서 대륙백제와 교류한 시기가 있었을지도 모르기 때문이다.

### 나오에쓰直江津

휴일의 늦은 시간에 역에 도착하였다. 안내 받을 만한 곳을 찾다보니 관광안내소도 문을 닫았고 역 앞의 파출소에도 사람이 없다. 할 수 없이 역 앞에서 곧게 뻗어있는 대로를 따라 숙소를 찾기 시작했다. 길을 따라 료칸이 서너개 있어서 다 들어가 보았으나 휴가철이 아니라 을씨년스럽고 난방이 제대로 되지 않아 추워 보인다. 다시 역 앞으로 돌아오니 마침 호텔이 보인다. 가격도 적당하고 방도 편안해 보인다. 숙소로 정하고 프런트에서 근처의 식당을 추천 받았다. 다시 대로를 한참 걸어내려가 뒷골목으로 들어서니 소개해준 이자카야 간판이 보인다.

휴일이라서인지 사람들이 꽉 차있어 카운터의 끝자리를 차지했다. 일본어도 서툴고 어떤 음식을 시킬지도 몰라 망서리고 있었더니 마침 눈치를 챈 주인장이 말을 붙여 옆 사람들이 먹는 음식과 사시미를 주문했다. 파트너는 서투른 일본말로 주인장과 열심히 대화를 나눈다. 주인도 우리가 한국사람인 것을 알고 한국에 대해 아는 내용을 얘기하

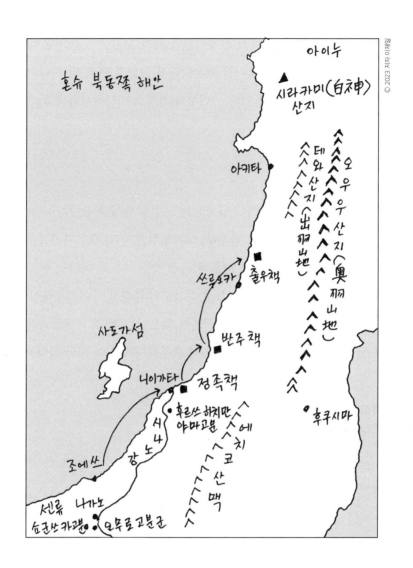

일본 혼슈 북쪽 해안을 해가 뜨는 방향의 동쪽 도래인 이야기이다.
조에쓰를 포인트로 니이가타, 아키타를 따라간다.

는 모양이다. 도쿄 쪽은 한류가 유행이었던 때라 모르는 사람과도 대
화하기가 수월했는데 이곳은 시골 어촌이라서 그런지 별로 할 이야기
가 없다. 하여간 파트너의 용기와 주인장의 친절로 저녁식사를 잘하고
호텔로 돌아왔다.


### 묘코고원 妙高高原

아침에 일어나 역으로 나가니 남쪽으로 눈덮힌 웅장한 묘코산이 보
인다. 묘코고원은 니이가타현 남서부, 나가노현과의 경계에 자리잡은
묘코산 동쪽 산자락에 있으며, 여름에도 선선한 기후의 혜택을 받아
피서지로 인기가 있다. 묘코산은 묘코 화산군의 주봉으로 아카쿠라산,
마에산, 간나산 등의 외륜산으로 둘러싸여 있으며, 남쪽의 마에산과의
사이에 있는 지고쿠다니 지옥계곡, 간혈온천가 풍부한 온천원이 되고 있다.


### 조에쓰, 묘코의 고분군

이 지역의 역사를 이야기해줄 고분에 대해 알아보자.


#### - 미즈시나 고분군 水科古墳群

미즈시나 고분군은 니이가타현 조에쓰시 오아자 미즈시나大字水科에
소재하는 고분시대 후기의 집합분이다. 본 고분군은 다카다高田 평야의
동쪽 끝에 있어 이다강飯田川이 형성한 선상지扇状地에 위치하고 있다.
주변은 논으로 변하여 고분의 파괴가 심한데 분구나 석실의 상반부가
없어진 상태지만 34기의 석실이 확인되었다. 그중 9기에 대해서 조사
가 행하여졌다. 주호周濠의 규모로부터 추정하면 지름 7~10m의 고분
이 많았다고 보여진다. 제21호분에서는 즙석葺石으로 즙葺, 후쿠, 지붕을 이

은 관때기지붕을 이어 놓았지만 분구 전체가 아니고 뒷쪽 약 4분의1은 지붕을 이어놓지 않았다.

고분 석실은 모두 입구 복도가 없는無袖形 횡혈식석실로서 석실의 길이는 4~5m 전후가 가장 많으며 8.6m가 가장 길다. 석실폭은 0.7~1m가 많으며 그 중에는 입구玄門部 폭이 36cm로 좁은 고분도 있다. 그 밖에 길이 1~1.5m, 폭 0.3~0.5m로, 초소형의 횡혈식석실 6기가 확인되고 있다. 부장품은 직도直刀, 작은 칼刀子, 옥류玉類, 勾玉, 管玉, 切子玉, 棗玉, 小玉, 유리 금환, 은환, 스에키 등이 있다.

### – 미야구치 고분군宮口古墳群

미야구치 고분군은 조에쓰시 오아자 미야구치大字宮口에 소재 하는 고분시대 후기의 군집분이다.

본 고분군은 다카다 평야를 흐르는 이다강이 형성한 선상지에 인접하는 산등성이 위에 위치하고 있다. 1929년에 조사되어 그 존재가 알려지게 되었다. 1973년에 3차에 걸치는 발굴 조사로 고분군 전체의 모양이 밝혀졌다. 그리고, 이 지방 고대인의 동향을 알아내는데 중요하다고 해서 A군과 B군의 범위가 사적으로 지정되었다. 이 고분군의 축조는 6세기 후반경에 시작되었으며 7세기 전반경이 최성기로 추정되고 있다. 고분군은 A, B, C의 3지군으로 나뉘고, 미야구치 촌락 북방에 있는 A군은 18기, 그 동쪽 산등성이에 있는 B군은 8기, A군보다 남쪽으로 조금 떨어져 있는 C군은 5기가 있다. 이 고분은 모두 소형의 원분이다.

발굴된 고분 17기는 모두 횡혈식석실이며 대부분 폭 70~120cm의 가늘고 길며 입구 복도가 없는 무소매형無袖形이지만, 일부는 한쪽 소매형片袖形 석실도 있다. 또, 돌더미는 강에서 가져온 강돌인 가와라이시川原石로 작은 구멍쌓기를 하였으며 무덤길은 돌더미로 폐쇄하였다. 부장품으로는 직도直刀, 작은 칼, 화살촉, 마구, 옥류가 출토되었고 11호분에서는 원두대도円頭大刀가 출토되었다.

### 간논다이라觀音平 덴진도天神堂 고분군

묘코시 서쪽에도 고분시대의 유적이 많이 남아 있다. 여기에는 히다유적斐太遺跡, 간논다이라, 덴진도 고분군이 있다.

고분군은 히다유적에 의해 남북으로 나뉘어 있어 깊은 골짜기를 사이에 두고 북쪽의 홍적대지 위에 간논다이라 고분군, 남측의 홍적대지 위에 덴진도 고분군이 각각 늘어서 있다. 두 고분군은 서로 1km 정도 떨어져 있다. 어느 쪽의 지형도 히다유적의 지형을 잘 닮고 있어, 기슭에는 완만한 경사면이 펴지고, 그 안쪽은 산릉이 날카로운 능선으로 되어 있다. 양쪽 고분군 중 가장 높은 곳에 있는 고분은 표고 100m을 넘는 조망이 뛰어난 장소에 축조되고 있지만, 고분의 대부분은 그 기슭의 들판에 넓어지는 완경사면에 입지하고 전형적인 무리군의 모습을 형성하고 있다.

사적 지정지의 대부분은 산림으로 고분의 유존 상태는 대단히 양호하지만 덴진도 고분군은 이미 전괴 또는 반괴되어 있다. 간논다이라 고분군은 후세에 멸실된 것은 거의 없고, 도굴흔적이 있는 것이 1

기, 개간 등에 의해 평평해진 것 같은 장소가 1~2군데 존재하는 정도이다. 간논다이라 고분군의 제일 높은 곳에 위치하는 1호분과 인접하는 4호분이 고분시대 전기까지 거슬러 올라갈 수 있는 전방후원분으로 밝혀졌다

### – 간논다이라 1호분觀音平1号墳

고분군의 제일 높은 곳에 위치하는 이 지역에서 대단히 진귀한 가리비형帆立貝形 전방후원분이다. 고분시대 전기3세기 후반에 축조되었을 가능성이 있다.

### – 간논다이라 4호분觀音平4号墳

1호분에 인접하는 전장 약33.6m의 전방후원분이다. 호쿠리쿠 지방의 전방후원부 중에서 옛날 방식의 특징을 갖추고 있는 고분이다. 유물이 출토되지 않았지만 1호분과 마찬가지로 고분시대 초기까지 거슬러 오를 가능성이 있는 고분이다.

### – 텐진도고분 90호天神堂 90号墳

석곽의 모양石郭狀으로 돌이 늘어놓아져 있다. 주체부로 보이는 장소에서는 직도1본, 작은 칼 1본, 백동사유경白銅四乳鏡 1개, 철화살촉 23개, 빨간 덩어리朱塊등이 출토되었다. 그 외 텐진도 41호, 텐진도 6호분이 있다.

이들 고분에 대하여는 김달수선생 책에도 설명이 되어있는데 동해를 건너와 일본 혼슈의 북쪽 해안에 자리잡은 고구려 도래인 고분으로

보여진다. 죠에쓰에 도착한 도래인들은 정착 후 일부는 묘코고원을 넘어 나가노로 향했고, 니이가타 해안에 도착한 도래인들은 시나노강을 거슬러 올라가 나가노 평원에 도착하여 4세기에서 8세기까지 독자적으로 고구려 도래인의 자치세력을 형성하였던 것으로 보여진다.

## 5. 니이가타新潟

나가노와 조에쓰에서 동북 쪽으로 홋카이도까지 여행을 먼저 기술한 후 다시 돌아와 서쪽 방면의 여행을 기술할 예정이다.

니이가타로 가는 여정이다. 눈이 많은 지역을 지나가는 전차를 타보기 위해 나가노 북쪽의 도요노豊野에서 이이야마선으로 환승했다. 이이야마선飯山線은 나가노시의 도요노역에서 니이가타현 나가오카시의 에치고가와구치越後川口역에 이르는 약 100km의 동일본여객철도JR 東日本, 히가시니혼 노선이다. 나가노현 내에서는 지쿠마강千曲川을 따라가고, 니이가타현 내에 들어가면 지쿠마강에서 이름을 바꾼 시나노강信濃川을 따라 일본 유수의 대설大雪지역을 통과한다. 시나노 강은 일본에서 가장 긴 강이다. 나가노현 안에서는 지쿠마강이라고 불린다. 나가노에서 동북방향으로 흘러 니이가타시 부근에서 우리 동해로 흘러드는 369km의 강이다.

이이야마선이 통과하는 지역에는 노자와온천野沢温泉 등의 온천지나 스키장이 많다. 전차는 평균시속 60km 정도로 달리는데 눈이 쌓이면 운행이 중지되거나 천천히 달린다고 한다. 그 날은 눈이 많이 쌓여 3시간 이상 걸린 것 같다. 철도 노선이 험한 코스에는 안전요원들이 서서 지켜보는 모습도 목격되었다. 전차는 엄청난 눈을 헤치고 달려 에치고가와구찌에 도착했다. 조에쓰선과 신에쓰선으로 갈아타고 니이가타까지 또 두 시간 정도가 걸렸다. 눈 속을 헤맨 긴 철도 여행이었다.

## 니이가타<sub>新潟</sub>의 역사

니이가타라고 하는 지명의 유래는 시나노信濃강, 아가노阿賀野강 하구의 중주中洲에 형성된 새로운 늪潟을 유래로 만들어진 것이라고 한다. 그 전의 에치고越後 평야에는 크고 작은 무수한 석호潟湖가 산재해 있었지만 근세부터 최근까지 간척에 의해 차례로 종적을 감추었다. 현재는 니이가타시의 자연공원이 되어 있는 도야노가타鳥屋野潟라는 이름에 당시의 모습을 남기고 있다.

역사적으로 보면, 에도시대에는 니이가타항을 중심으로 발전하였다. 1698년의 기록에서는 입항 선박이 3,500척에 이르렀다고 한다. 니이가타는 현청 소재지로서 혼슈 북쪽 해안에 있는 최대 도시이다.

니이가타현을 상징하는 대표적인 것으로서 쌀, 눈, 술이 있다. 맛있는 쌀의 대명사가 된 코시히카리越光의 주산지이며 매년 생산량도 홋카이도와 1, 2위를 다투고 있다. 또, 눈이 많은 곳이다. 대설의 기록으로는 1666년 에치고 다카다高田에 내린 기록적인 적설량은 4.5m였다. 그 일화로 가가번의 파발꾼이 눈 위에다 '이 아래에 다카다가 있다'는 팻말을 세웠다는 말이 전해진다.

이곳 사람들의 성격은 '끈질기고, 근면하지만 수수하다'는 평이다. 전국적으로 알려진 인물로서는 전국 무장인 우에스기 켄신上杉謙信, 에도시대의 선승이었던 료칸良寬 등을 들 수 있다. 역사적인 인물로는 26

대 계체천황繼体天皇, 게이타이천황, 재위 507-531년으로 호쿠리쿠北陸 출신으로 여겨진다. 고시국越国이 계체천황 시대에 중앙정권에 진출한 것이 아닐까 추정한다.

고고학 조사에 의하면 현재의 니이가타시 지역에 사람들이 살기 시작한 것은 약 2만 년 전 구석기시대로 구릉과 산록을 중심으로 시작되었다. 현재의 시구역 대부분은 당시 바다 밑바닥이었다. 약 6,000년전의 조몬시대 전기에는 평야부의 사구로 생활 범위를 넓혀 야요이시대 후기에는 니이쓰新津 구릉이나 쓰노다角田 산록에 고지 촌락이 만들어진다. 니이쓰 구릉의 후루쓰 하치만야마古津八幡山 유적은 해안 북단 부근에 위치하는 대규모 고지 촌락이었다.

고분시대 전기에는 니이쓰 구릉에 후루쓰 하치만야마 고분, 쓰노다 산록에 야마야山谷 고분, 아야메쓰카菖蒲塚 고분 등이 만들어졌다. 야마토 왕권에 있어서 에치고 평야는 도호쿠東北 지방에 세력을 확대하기 위한 거점지역이며 북방의 문화를 수입하는 곳이었다. 다시 말해 아이누족과의 국경지역이었다. 647년 고시越에 아이누蝦夷, 에조에 대비하기 위해서 방어용 목책인 정족책渟足柵, 누타리노사쿠이 만들어진다.

고대에는 고시국越国의 영토였다. 니이가타현은 다카시국高志国의 일부이었지만 7세기말에 다카시국은 에치젠, 고시쥬, 에치고越前, 越中, 越後의 3국으로 나뉘어졌다. 고시국은 현재의 후쿠이현 쓰루가시에서 야마가타현 쇼나이庄内 지방의 일부에 상당하는 지역으로 다이카 개신이전의 일본 고대에 있어서의 호칭이다. 당시 다카시국이라고 불렸으며 고시국은 8세기 이후의 명칭이다. 이후에 율령제국으로 이행할 즈음 에치젠국, 고시쥬국, 에치고국, 노토국, 가가국으로 분할되어 5국이 되었다.

7세기 후반에 씌어진 목간에는 다카시高志로 표기되어 있어 당시에는 이렇게 씌어진 것으로 보인다. 8세기의 제서 중 고대의 표기를 남기고 있는『고사기』는 다카시로 적고 있고『이즈모국 풍토기』에는 고시古志로 되어 있다. 반면『일본서기』는 고대의 지방명으로서 고시越와 고시오시마越洲로 적는다. 즉, 고시越의 글자는 다카시국이 분할되어 에치젠, 에치고 등의 나라가 생기고 나서 사용되게 되었다고 여겨지고 있다. 하나의 나라로서 존재한 당시의 서식은 다카시국이며, 고시국越国은 폐지 후의 표기다.

옛부터 교역이나 교류 등은 있었지만 야마토 왕권의 세력이 충분히 미치지 못한 북측 해안 지역이며, 8대 천황인 효원천황의 제1왕자인 사도장군 오히코孝元天皇の第1皇子 四道将軍の大彦命에 의해 평정되기 전의 고시越는 여러 호족阿彦, 아비토 등에 의해 지배되고 있었다고 추정되고 있다.『일본서기』에 의하면 544년 사도가섬佐渡島에 도래한 숙신肅愼인의 일이 고시로부터 조정에 보고되었고, 573년에 고구려 사신이 고시의 해안에 표착, 배가 난파해 다수가 익사를 당한 것이 보고 되었으며 다음해에도 그들의 표착이 보고되었다. 589년이 되면 조정은 아베씨阿倍臣를 호쿠리쿠도에 파견해서 고시 등 제국의 경계를 조사시키고 있다.

에조아이누와의 경계로서 정족책淳足柵, 누타리노사쿠이 마련되어져 고시의 북단이 되고, 그 후 반주책磐舟柵, 이와후네사쿠, 초기의 출우책出羽柵, 데와 노키까지 북단은 확장되었다. 고시 구니모리 아베 히라후国守阿倍比羅夫가 658년 수군 180척을 거느리고 에조를 쳤다고 전해지는 등 안정된 서방과 비교하여 북단은 에조에 대한 최전선이 된 변경지역이었다.

나라시대가 시작되는 8세기 전반, 시나노강의 하구에는 간바라진蒲原津이 있었다. 간바라진은 에치고국의 공식항으로서 사람이나 물자가 모이는 교통의 요충이었다. 지방제도가 정비되었을 때 니이쓰新津 구릉에서는 스에키나 철의 생산이 시작되고, 시나노강 좌안의 저지대에서는 연어의 어획, 가공이 행하여졌다. 스에키나 철의 생산은 지역의 자급력을 높이기 위해서 지방국이 주도해서 진행했다고 여겨지고 있다. 사케酒는 세로서 조정에 납품하는 에치고국의 특산물이었다. 해안사구지대에서는 소금이 만들어졌다.

## 니이가타의 고분

후루쓰하치만야마고분古津八幡山古墳은 고분시대 전기의 것으로, 지름 60m의 원분으로 북쪽이 늘어져 있다. 예전에 촌락이 있었던 니이쓰 구릉의 산등성이 끝부분에 있다. 고분 윗부분이 넓고 고분의 남측에는 주구周溝가 남아있다. 동시기의 주거 흔적은 없고, 단독으로 고분만이 존재하며 수장의 무덤으로 생각된다. 니이가타현내 최대규모이며, 크기에 있어서는 아야메쓰카고분菖蒲塚古墳을 상회하고 있다.

아야메쓰카고분은 니이가타현 니이가타시 니시칸구 다케노초에 있는 전방후원분으로 사적으로 지정되어 있다. 쓰노다산角田山 동록의 대지 끝부분에 있다. 본 고분은 금선사金仙寺 경내에 소재하고, 그 주변은 월왕越王, 고시오이라고 통칭되고 있는 곳이다. 전장 53m, 후원부 지름 33m, 높이 3m로, 전방부 높이가 2m로 후원부보다 전방부가 낮다. 니이가타현 내에서는 최대규모이다. 동해측의 최북단에 위치하는 손잡이거울형柄鏡形의 옛날식 전방후원분이며, 1930년에 사적으로 지정되었다. 고구려 이주민들의 고분으로 보인다.

### 왜인倭人에 관한 일설 일본의 가설

왜인倭人, 倭族, 왜족이란 중국에서는 화남華南의 월越인을 지칭하고, 그 월인越人이 바다를 따라서 한반도나 일본 열도에 왔다고 하는 설이 있어서 소개한다.

### 가설에 대한 검증

왜가 한 때 한반도 남부에 있었다는 가설이 있다. 그 이전에 왜가 중국 동해 연안에 있었다는 중국 사서의 기록이 있다.

월이 남방민족을 지칭하는 일반명사로 쓰이기도 한다. 베트남의 한자 표기인 월남이 그 예이다.

고조선과 동일한 시기에 한반도 중남부에는 진국辰國이라 불리는 나라가 있었는데, 고조선이 진국과 한나라 사이의 교류를 방해하자 한무제는 BC 108년 고조선을 공격하여 왕검성을 함락하고 고조선을 멸망시켰다. 즉, 위만조선BC 1194-BC108년 당시에 한반도 중남부에는 한반도 북부와 남만주를 차지하고 있던 고조선과는 구분되는 정치세력이 형성되어 있었다. 양측의 구성원들이 서로 상대방에 대해 같은 민족으로서 동류의식을 가지고 있었는지는 문헌 등의 사료 부족으로 확인하기 어렵다위키백과 한민족.

대륙백제는 중국대륙의 오, 월의 땅과 국경을 맞대고 있었다는 중국 정사의 기록이 있다.

명나라 시절에는 중국 동남부 해안의 해적들을 그들이 중국인인데도 불구하고 왜구倭寇라고 부른 사실을 알고 있다. 그들은 일본 왜구가 아니었다.

우리민족을 언제부터 한민족韓民族이라고 불렸는지 연구 중이다. 우리나라 국호에 한韓이 들어간 것은 1897년의 대한제국大韓帝國 때이다. 삼한마한, 진한, 변한 이후 2,000년만이다.

과연, 중국대륙의 오, 월 인접지역과 한반도 남부의 진국 및 마한진한, 변한과 일본 열도의 왜국은 어떤 관계를 가지는 것인지는 흥미로운 연구과제이다.

### 필자의 의견

호쿠리쿠 지방의 월越, 고시이라는 지명이 월인越人에서 유래한 것인가 아닌가에는 의문이 있다. '고시'라고 하는 지명이 먼저 있었는데 그것이 한자로는 '古志', '高志'로 표기되어 오다가 어느 시기에 발음이 같은 '越'이라는 한자로 표기되기 시작한 것이 아닐까한다. '고시'는 상고시대부터 있었던 지명이라는 견해가 이를 뒷받침한다.

필자가 의심하는 시각은 다음과 같다. 일본이라는 나라가 만들어진 이후 8세기 무렵부터 일본의 독립성을 강조하기 위하여 일본 열도에 남겨진 한반도의 영향가야, 신라, 고구려의 자취을 탈색하는 노력이 대대적으로 행하여졌다. 그와 더불어 중국의 영향을 끌어들여 한반도의 영향을 상쇄시키려는 움직임도 있었던 것 같다. 고시는 발음기호로 중국의 나라였던 '越'로 표시할 수도 있다. 고시라는 지명은 이러한 의도를 만족시켜 주는데 적합했기 때문에 이러한 의도의 일환으로 채용되었을 가능성이 있다. 이런 시각에서 보면 위의 가설은 허구일 가능성이 많아 보인다.

## 6. 아키타秋田

일본어 선생에게 아키타 여행 계획을 말하니 아키타 미인이라는 말을 들어 보았느냐고 한다. 선생의 설명에 의하면 에도 막부가 들어서면서 도쿠가와 측에 협조하지 않은 다이묘들이 아키타로 쫓겨 나면서 당시 상류층 가문들이 아키타로 이주하여 생긴 현상이라고 설명해 주었다. 자료를 찾아보니 선생의 이야기와는 달리 아카타 미인은 도래인이나 한반도와 관련이 있어 보였다.

아래의 글에서 동해라 함은 우리나라 동해를 가르킨다. 또한 아키타 미인秋田美人은 아키타현 출신의 미녀를 가리킨다. 교토 미인京美人, 하카타 미인博多美人과 나란히 '일본 3대미인'이라고 말해진다. 아키타현을

491

포함하는 북쪽 해안의 여성은 살결이 희어 미인으로 보인다고 하는 설이 있다. 동해 측은 전국에 비교하여 일조시간이 적기 때문에 자외선에 의한 영향이 적다. 게다가, 동계는 적설이 많아 실내에 머무는 경향이 있어 설국의 사람이 살결이 흰 원인으로도 생각된다. 아키타 여성의 피부 백색도는, 일본인 평균이 22%, 서구백인종 40.5%에 대하여, 아키타 전반으로 29.6%이다. 아키타현 여자중고생의 평균 신장은 전국 1위2002년 기준이었다. 유사한 예로서, 쓰가루 미인, 쇼나이 미인, 에치고 미인, 교토 미인, 이즈모 미인을 들 수 있다.

한편으로 우리 동해 측 사람들에게 특유한 유전적 성질에 의한 것일 가능성도 있다는 설이 있다. HLA haplotype半数体의 遺伝子型인 B44-DR13, B7-DR1이 일본에서는 동해 측이 그 분포의 중심으로 되어 있는데 만주족과 한반도인에게도 높은 빈도를 보이는 것으로 보아서 만주와 한반도 동부에서 혼슈 북부 해안에 도래한 집단이 존재한 것으로 보인다. 이 집단이 동해 미인과 어떠한 관계가 있을 지도 모른다.

특히 이 지역에 특유한 '즈즈사투리ズーズー弁'와의 관련은 흥미롭다. 즈즈사투리란 일반적으로는 동북방언東北方言의 속칭이지만 일본어의 방언학에서는 음운상 시し대 스す, 찌ち대 쓰つ, 또 탁음인 지じ대 즈ず, 지ち대 즈づ의 구별이 없는 방언을 가리키고 히도쯔가나벤―つ仮名弁이라고도 한다.

일본어의 방언 가운데 많은 방언에 나타나는 후다쓰가나二つ仮名 사투리로의 통합이 점차 진행되었고 발음이 위 네가지 소리의 발음을 각각 다르게하는 욧쓰가나四つ假名로의 통합이 최종적인 형태이다. 원래 이 방언이나 그 기원에 어떤 기층어가 존재했다고 하는 설도 있다.

이바라키 노리코茨木のり子나 시바 료타로司馬遼太郎는 일본의 동해 연안지방의 방언과 조선어, 만주어의 유사성과 관련성을 지적하고 있다. 몽골인이 일본어를 할 때 즈즈사투리의 모음역학인 우-오ウ→ォ, 이-에 ィ→ェ, 이-이-우ィ→[ɨ]*←ウ우의 변화가 빈번하게 관찰되는 것을 보면 알타이계 언어의 발음 특성일 가능성이 있다. 이즈모出雲의 주민은 퉁구스족이었다라고 하는 설도 있다.

* [ɨ]는 국제 음성 기호의 중설 비원순 고모음中舌 非圓脣 高母音을 표시하는 기호이다.

아카타 미인 및 일본 동해지역 미인의 원인에 대한 이론을 요약하면 다음과 같다.

### 한반도大陸와의 관계
반반은 미인이라고 하는 인식이 있다. 일본민족은 단일민족이라고 말해지지만, 실제는 3층의 문화배경을 가진 민족이 혼혈, 융합하고, 타민족의 침략이 없는 중에 서서히 기억, 생활 양식, 문화, 가치감 등을 공유하기에 이르렀다.

상기 당지미인当地美人의 고장은 모두 동해 측에 있다. 더욱 아키타, 오가 반도, 니이가타 사도섬, 카가 노토반도, 교토 단고 반도, 이즈모

오키섬, 하카타, 이키, 쓰시마 등 모두 도래인이 오기 쉬운 지역으로서 혼혈의 기회가 많은 지역이다.

## 짧은 일조시간과 좋은 물

하얀 피부는 많은 결점을 감춘다고 한다. 우라닛폰裏日本. 일본 열도의 동해방면의 여성은 '살결이 희고 촉촉해서 섬세하고 치밀하다'는 것이 미인이 많다는 인상을 주고 있다. 이것은 우라닛폰의 자연 및 날씨에 관계가 있다.

동계는 대부분이 눈이 내려 연간 일조시간이 짧다. 대설의 물을 축적한 산과 숲이 주거지에 가까워 미네랄을 많이 함유한 물이 가까이 있다. 그 결과, 연간을 통해서 습도가 높다. 교토에는 대설은 없지만, 교토의 지하에는 비파호에 해당하는 만큼의 지하수가 있다고한다. 교토를 흐르는 가모가와鴨川 강물을 갓난아이의 목욕물로 써서 교토미인이라고 하는 말도 있다.

## 부와 문화의 집적지로 미인이 모인다

에도시대부터 기타마에선北前船이라고하는 동해 측의 모든 항구와 시모노세키를 거쳐 세토나이카이 경유에서 오사카를 연결하는 '기타마에선 서쪽 항로'가 있었다. 적하물로는 오사카로 갈 때는 건해산물청어, 정어리, 다시마, 해삼 등, 지역특산농산물과 공예품이었고 동해지방으로 갈 때는 쌀오사카는 쌀의 집산지, 의류, 소금, 술, 초 및 교토, 오사카, 사카이의 문화를 실어 날랐다. 기타마에선은 단순한 운송업이 아니고 '스스로 상품을 사들여 파는 해상 도소매업'으로 막대한 이익을 올렸다.

그 때문에 노시로, 아키타, 사카타, 니이가타, 나오에쓰, 나나오, 오바마, 사카이미나토 등의 항구들에는 호상대상인이 출현하고 그 주변에 관련되는 산업이 번성했다. 부와 문화가 집적하는 곳에는 미인이 많다. 그 결과, 그 지역의 미인도美人度는 증가했다. 우라닛폰은 조몬시대 이후 에도시대까지 한반도와의 사이에서 '사람과 문화를 교류'하는 정식 현관이었다. 오랜시간 동안의 그 축적이 동해안의 주요도시에 당지미인当地美人을 낳은 것이다.

## 아키타 사투리

일본인들은 아키타 사투리에서 한국어를 닮았다는 느낌을 받는 모양이다. 인터넷에 소개되어 있는 일본인들의 경험을 소개한다.

### - 첫 번째 예

아키타는 한국과 닮은 면이 있다는 생각이 들었다. 다시 말하면, '일본어에 아주 닮은 말'을 하고 있다고나 할까. 과장이 아니고, 아키타 사투리에는 소위 표준어와 전혀 어감이 다른 말이 많이 있는 것 같다. 타지의 사람이 오면, 대부분의 사람은 표준어로 대응해 주지만, 아키타현 사람들끼리의 회화는 아키타 사투리로 하는데 가끔 들리는 말에는 전혀 이해 불능의 말도 있다.

옛날 사람들의 한가로움이나 따뜻함이 아키타에는 아직 남아있다. 한국어를 학습하면서 이상하게 생각하고 있었던 적이 있다. 문법은 서로 놀라울 정도로 닮아 있는데, 일본어와 한국어의 고유어한자어가 아니고, 한국어 고유의 말과 일본어의 야마토 말을 말한다의 어감이 매우 틀리는 것이다.

하지만 아키타 사투리 안에 표준어와 너무나 다른 어휘가 존재하는 것을 알고, 필자는 순간에 깨달았다. '같은 일본어라도, 이렇게도 어감이 다른 방언이 있는 판인데, 한국어와 일본어도 어감의 차이 정도로 루트가 다르다고 할 필요는 없는 것이 아닐까'라고.

### - 두 번째 예

5, 6년 전에 데와出羽. 아키타와 야마가타 지역의 한 호텔 식당에서 일본어에 가까우나 의미를 알 수 없는 어느 일행의 대화를 듣고 영락없이 한반도에서 온 단체인가하고 어디에서 왔는지 궁금해하다가 호텔 근처 지역에서 놀러온 가족조부모에게서 어린이까지 모두 10명 정도이라는 것을 알게 되었다.

왜, 한반도에서 온 여행객으로 지레짐작했는지 모르겠으나 아키타에서 출생하여 성장한 재야의 아키타 사투리 연구가가 쓴 『아키타 사투리의 수수께끼-고대 삼한어三韓語의 루트를 찾아서』를 읽고 있던 중이라서 그랬을지도 모른다. '고고학을 과학화하는 모임'의 후지이씨藤井游惟의 '만요가나=오한음은 현대의 백제 방언, 산동반도 방언万葉仮名＝呉漢音は現代の百済方言, 山東半島方言'이라는 글을 접한 적이 있어 한반도 고대 삼한의 어느 시골로부터 고대 삼한의 방언이 남아 있는 지역인 데와出羽에 가족들이 여행온 것인가 하고 놀라서 지레짐작했기 때문이었다.

### - 필자의 개인적인 경험

TV에서 아오모리의 동해안 지방을 소개하고 있는 프로그램을 보고 있었다. 인터뷰를 하고 있는 시골 할머니의 말을 듣다가 필자는 깜짝 놀랐다. 필자의 귀에는 분명 함경도 사투리 억양으로 들렸던 것이다. 또 한번은 아키타 여행 중 폭우를 만나 길이 끊어지는 바람에 시골 마을 편의점에서 어느 젊은 남자에게 길을 물었는데 필자가 일본어가 서툴다고는 하지만, 정말로 무슨 말인지 하나도 알아듣지 못한 경험이 있다. 일본에서 같이 근무하던 미국인이 있었는데 재일교포인 한국인 부인과 살고 있었고 일본어도 유창했는데 아오모리 여행 중 전혀 알아 들을 수 없는 사투리를 들은 적이 있었다고 이야기해 준 기억도 난다.

### 아키타의 백제성百済姓과 백제왕

김달수씨의 책에 의하면 백제가 멸망한 후 일본으로 넘어온 백제의 왕족과 귀족들을 오사카 지역에 살게 하고 3년간 식량을 제공하였다. 그 후 백제의 왕족들을 백제왕이라 칭하고 아키타 등지의 동북지방으로 보내 변경을 개척하게 하였다고 쓰여 있었다.

### 한 일본인이 백제성百済姓을 추적한 글 일본 네티즌의 글을 인용한다.

「아키타에 있어서의 백제성百済姓」에 관한 것인데 이미 1명이 발견되었다고 하는데 모르던 내용이라 인터넷으로 조사해 보았다.

『노시로能代 지방의 제철 지명에 대해서 지명으로 알아보는 철의 고대사』라고 하는 논문이 게재되고 있는데 이것은 아키타현 지명地名연구소에서 쓴 것이다. 이 논문 속에 8세기 중기 아키타 성에 백제왕의 씨족이 제철 부족인 한단야부韓鍛冶部, 카라카누찌부와 함께 들어와서 아키타현 내에서 가장 이른 시기의 제철 유적인 사카노우에E유적坂ノ上E遺跡을 남겼다고 한다. 또, 백제왕百済王이라고 하는 것은 백제에서 도래한 귀족이나 호족에게 조정이 부여한 '성姓'라고 씌어져 있다.

또, 『백제왕씨의 성립과 그 변질』이라고 하는 논문이 가쿠슈인대학 사학회 홈페이지에 게재되고 있는데, 이것에 의하면 8세기 중기 이후 도래계의 사람들이 성을 고쳐 가는 중, 백제왕 씨는 정세를 보면서 성을 고쳐 간 것 같다. 아키타현에 있어서 백제왕 씨의 후예는 잘 모르겠는데 1명을 찾았다고 하니 어떻게 해서 찾을 수 있었을까?

### 북방 도래설
아카타 지방의 선조가 만주에서 홋카이도를 거쳐 남쪽의 아키타 지역으로 내려왔을 가능성이 있다는 설을 소개한다.

규슈를 통한 도래 루트 이외에 흑룡강성헤이룽장성-홋카이도-도호쿠 지방으로의 이주 루트가 존재한다는 설이다. 고고학자인 오카모토 다카유키의 '목책으로 둘러싸인 환호집락環壕集落'에 의하면 이는 야요이 문화가 아니고, 북쪽에는 오모리 문화로부터 전승문화의 존재를 생각해야 한다고 한다. 아키타 모노베씨에 의하면 아키타 가라마쓰신사秋田唐松神社의 고대 모노베 문자神代文字, 신대문자는 부그트 비문돌궐시대 비문으로 현 몽골에 존재 문자와 유사하다고 한다.

아키타 주변은 야요이인弥生人이나 야요이인 주체의 야마토조정에 저항한 '에조, 죠몬의 피蝦夷, 縄文의 血'가 가장 많이 남아 있는 지역이다. 죠몬의 피에는 유라시아계의 유전자가 있어서 아키타 수수께끼의 유래는 죠몬의 피에 있는 지도 모른다.

# 7. 아오모리青森

대지진 이후 방사능 우려 때문에 동북지방으로의 여행객이 급감하자 JR에서 아오모리까지 신칸센 열차표를 프로모션한다는 기사가 났다. 평상시 자유석으로 왕복 20만원지정석 35만원짜리 티켓을 10만원에 판다는 것이다. 당시만 하더라도 고속철도가 모리오카까지만 연결되어 있고 거기서부터 아오모리까지는 재래선이었기 때문에 신칸센 기차를 타고도 도쿄에서 아오모리까지 5시간 반 정도 걸린 것 같다. 아오모리 시내의 베이브리지와 구하코다테 연락선 터미널을 둘러보고 아오모리 주변을 관광하기로 했다. 지금 같았으면 당연히 볼 거리가 많은 히로사키弘前를 방문했을텐데 그 때는 정보가 부족하여 시외버스 터미널에서 무작정 하코다산 방향으로 가는 버스를 탔다.

## 아오모리青森

아오모리라고 하는 지명은 에도시대 전기인 1624년에 히로사키번弘前藩이 현재 아오모리시에 항구 건설을 시작했을 때 명명한 것으로 아오모리시 혼마치 부근을 해상에서 바라볼 때 푸른 숲이 있었던 것으로 여겨진다. 아오모리의 파랑青은 영어 blue의 의미가 아니고, 중국어나 일본어 green의 의미라고 한다. 실제는 초록 숲으로 보였다는 것이다.

일본 열도는 BC 일만 년에 이르러서야 물건을 저장하고 끓이는 용기로 토기가 고안되었다. 쓰가루津軽 반도의 가니타마치蟹田町에 있는 오오다이야마모토大平山元 유적에서는 무문토기나 돌도끼가 출토되었듯이 생활의 양상이 크게 바뀌었다.

조몬시대縄文時代, 기원전 3세기 이전의 유적으로 산나이 마루야마三內丸山 유적, 가메가오카亀ヶ岡 유적, 고레카와是川 유적 등이 현재까지 발견되고 있다. 이 유적에는 풍부한 토기, 넓은 촌락과 타지방의 물건이라고 생각되는 유물이 발견되어 문화, 경제 등의 면에서 주변에도 강한 영향을 주고 있었다고 여겨지고 있다.

또, 야요이시대弥生時代, 기원 3세기에서 기원후 3세기까지 전기의 무논水田자국 유적으로 알려진 스나자와砂沢 유적이나 중기 후반의 다레야나기垂柳 유적 등이 발굴되고 있어 쌀 재배가 확인되고 있다. 단, 야요이시대 중기에 벼농사가 쇠퇴해지면서 대폭적인 인구유출이 있었던 것으로 여겨지고 있다.

기내에 야마토 왕권이 성립되고, 일본 열도 각지에 지방세력이나 야마토 왕권의 영향을 받은 세력에 의한 고분의 축조가 개시되지만, 아오모리 지역에서는 전기 고분시대 이후의 전방후원분은 보이지 않고, 율령제 국가성립 말기의 고분이 다수 존재한다.

가미키타군上北郡에는 여러 고분군이 존재한다. 출토된 하세키土師器, 스에키須恵器의 추정 생산년도나 주변유적의 출토품으로 보아 이 고분들은 7세기 후반에서 8세기 초반의 유적이라고 추정되고 있다. 이 고분들은 소규모인 원형분구 속에 석실을 만들거나 묘광구덩이이 파여 있다. 그 주변을 1m가 넘는 폭의 주구주변 도랑가 무덤을 원형으로 둘러싸고 있다. 이러한 무덤은 7세기에서 9세기에 걸쳐서 동북 북부나 도우오우부道央部까지 펼쳐져 있다.

야요이시대부터 고분시대까지 기타큐슈에서 관동지구까지의 제세력을 지배하는 중앙정권인 야마토 정권이 성립된 후에도 도호쿠 지방의 중부 이북은 중앙정권의 통치지역 밖에 있어 혼슈 북부의 주민을 에조蝦夷, 또는 毛人, 에미시 등의 호칭으로 부르고 있었다.

현재의 고고학적 견해로는 당시 아오모리현을 포함하는 도호쿠 지방 중북부는 죠쿠죠몬문화続縄文化의 단계에 있었다. 『일본서기』에서는 조정에서 쓰가루 지방의 에조가 관직을 받게 된 내용을 기록하는 655년 기록에 쓰가루 지방의 지명이 출현하여 그 즈음에야 조공 관계를 맺고, 중앙정권에 연결된 것으로 여겨진다. 또 『일본서기』에 따르면 658년부터 아베 히라후阿倍比羅夫에 의한 북정北征이 행해지고 있지만, 그것은 수년이 걸리는 대사업으로 조정군은 홋카이도나 가라후토樺太, 사할린섬까지 건너갔다고 전해진다. 아오모리현의 고분은 야마토조정과 관계가 깊어지면서 축조가 행해진 것이라고 추측된다.

율령국가律令国家의 성립에 따라 8세기에서 9세기에 이르면서 오우奥羽는 무쓰국陸奥国, 奥州, 오슈와 데와국出羽国, 羽州, 우슈을 합한 지역으로 현재의 도호쿠東北 지방의 관리도 더욱 진행되어 사카우에 다무라 마려坂上田村麻呂에 의한 정벌에 의해 헤이니사다이閇伊爾薩体 지방의 에조를 평정했다고 전해진다. 기타오쿠지역은 무쓰국에 속하지 않고 에조는 복속과 저항을 되풀이하면서도 점차로 율령국가로 갖추어져 갔다고 여겨진다. 율령국가란 중앙집권적인 통치체제로서 당나라의 제도를 모방하여 체계적인 법전을 편찬하고 시행한 6세기 이후의 일본을 말한다.

헤이안시대인 11세기에 이와테현의 기타가미히라노北上平野 지역의 포로장俘囚長인 아베씨의 세력이 확립되면서 이와테현 북쪽에서부터 시모키타반도에 걸쳐 있는 누가노부糠部지방에서 아베의 동족으로 보이는 아베 토미타다安倍富忠씨가 유력세력이 되었다. 젠쿠넨의 역前九年の 役에서 토미타다는 미나모토 요리요시源賴義가 보낸 콘다메도끼金為時의 유혹을 받고 조정쪽으로 붙었다.

참고로 후슈우俘囚, 포로는 무쓰와 데와지역의 에조 가운데 야마토조 정의 지배에 속하게 된 사람들이다. 이 중 예속의 정도가 낮은 등급을 이후夷俘라고 한다. 일본의 영토확대에 의해 포로가 된 사람들로 포로 가 되어서 국내에 이주 배치된 사람들이다.

아오모리현이 명확히 중앙정권의 통제하에 들어가게 된 것은 11세 기 중반 이후의 엔큐우에조전투延久北奧蝦夷合戰 이후로 여겨지고 있다. 정확한 시기는 불분명하지만 이 전투로 군향제郡郷制가 실시되어 누가 노부오군糠部五郡이 설치된 것이다.

### 시라카미 산지白神山地

시라카미 산지는 아오모리 현의 남서부에서 아키타 현 북서부에 걸 쳐 있는 표고 1,000m급의 산지로 사람의 손이 닿지 않은 원시림으로 보호지역이다. 지금은 시라카미 산지라는 명칭이 사용되고 있지만, 세 계유산 등록 이전에는 히로니시 산지라고도 불렸다.

이곳에는 인간의 영향을 전혀 받지 않는 원시의 너도밤나무부나, Beech 천연림이 세계 최대규모로 분포하고 있다. 지질조사 결과, 약 8,000년 전에 이미 너도밤나무숲이 형성되고 있었던 것으로 알려졌고, 약 10,000년 전에 최종빙하기가 끝나면서 바로 너도밤나무숲이 형성 된 후, 전혀 경작되지 않고 산지인 채로 남아 있었다. 너도밤나무가 특 별한 용도가 없었던 것이 큰 이유이기도 하다.

역사상 백신산지白神山地가 처음으로 문헌에 나타나는 것은 1783년에서 1829년에 걸쳐서 씌어진 박물학자 스가에 마스미菅江真澄의 일기인 『스가에 마스미 유람기』이다. 스가에는 쓰가루번현재의 아오모리현 서반의 번의사藩医 아래에서 5년간 약초길잡이를 맡았던 인물이다.

유람기가 쓰여졌던 시기 전후로 시라가미白上, 시라히게가다케白髪が岳, 김달수씨는 시라히게(시라기=신라)라는 명칭에 착안하여 신라인의 역사를 나타내는 이름으로 보았다라는 기술이 나타난다. 스가에菅江가 쓰가루번을 떠난 뒤에는 사타케 번佐竹藩, 현재의 아키타현으로 갔고, 그 쪽으로부터도 백신산지에 들어갔다. 스가에에 의하면 이 시대, 여기에서 벌채한 너도밤나무를 강에 띄워 출하하고 있었던 나무꾼이 있었다고 한다. 이 시대에도 마타기전문 수렵꾼가 여기서 사냥을 하고 있었다고 생각되지만, 언제 때부터 있었던 일인지는 명확치 않다. 스가에의 유람기에 소개된 산중에서의 금기 목록이다. 산에 들어가면 일상어는 금지되어, 특별한 산말마타기말이라고 한다을 사용했다. 금령을 위반한 사람에게는 수없이 머리에 물을 뿌렸다. 귀신, 닭, 문어, 상어, 고래 등의 말은 산중에서는 절대로 금기로 여겨졌다. 산에 들어가서는 절대로 정숙하지 않으면 안된다. 기침, 하품, 노래, 휘파람은 금지되고 기구의 취급도 소리를 내지 않도록 했다. 발소리도 내서는 안되고 술도 담배도 안 되었다.

## 백신白神이라고 하는 명칭

백신산지라고 하는 것은 주봉인 시라카미다케白神岳와 무카이시라카미다케向白神岳의 백신을 따라서 부르는 산지명일 것이다. 그리고 백신이라고 하는 명칭은 아이누어에서 온 것이며, 브로켄 현상과 관계가 있는 것일지도 모른다. 그것은 다음과 같은 현상이다.

저녁 가까이 태양이 서쪽으로 기울기 시작할 무렵, 산지의 동쪽사면에 흰 진한 안개가 걸렸을 때, 산 정상에 사람이 서 있으면 안개가 스크린처럼 변하여 사람의 그림자가 비치고 사람 그림자 모습의 주변을 작은 반원형의 무지개와 같은 것이 둘러싸는 현상이다. 잠깐 보여지는 현상이지만, 엄숙한 느낌이 들기 때문에 일본에서는 아미타불弥陀이 후광을 뒤로 하고 나타나는 것과 닮았다고 하여 내영来迎이라고 부른다. 필자도 일본으로 가던 중 대마도 상공에서 브로켄 현상으로 아래로 비치는 비행기의 그림자를 사진에 넣은 경험이 있다.

현재는 이러한 현상의 발생원인과 명칭을 알고 있지만, 북일본의 선주민이었던 아이누는 브로켄 현상에 대해서는 몰랐을 것이다. 아이누어에서는 바위가 있는 곳을 '시라'라고 부르고, 신을 '가무이'라고 부른다. 아이누가 시라카미다케에 올라서 브로켄 현상을 보았을 때에 바위가 있는 곳에 신이 계셔서 모습을 나타냈다고 생각하고, '시라 가무이'라고 부른 것이 아닐까? 후일, 지도를 만들 때에, 그 아이누어명의 발음에 가까운 일본어는 시라가미白神에 해당하여 사용하게 되었다는 견해도 있다平田貞雄, 히로다 다다오의 견해.

시라카미다케라고 하는 산악명에 대해서는 니시구찌 마사시西口正司 씨의 의견은 다음과 같다. 동해 항로의 표식이 된 산악의 하나이며, 항해자의 안전항행을 도와주는 바다의 신海の神에 대한 신앙을 겸비한 산이며, 시라카미는 산과 바다의 양쪽으로부터 모두 종교성이 높은 '흰

신'이다.

예전에는 항해자는 폭풍 등 위험에 노출되는 경우가 자주 있어서 항해의 안전을 기원하는 마음이 강했을 것이다. 그래서 바다쪽으로부터 보아서 두드러지는 산악 등을 신앙의 대상으로 한 것이 아닐까 추측이 된다西口正司. 니시구찌 마사시씨의 견해.

## 시라카미산지白神山地와 도래인

구지쓰토무久慈力씨가 쓴 『에미시 아테루이의 전쟁』이라는 책에 나오는 내용이다.

동북으로 도망친 죠몬인과 대륙한반도으로부터 도래한 야요이인의 싸움을 논한 정말 진귀한 책이다. 저자인 구지쓰토무는 이와테현에서 태어나 『모노노케히메』의 비평인 『모노노케히메의 비밀』로 주목을 받은 논픽션 작가다. 『모노노케히메원령공주』는 백신산지를 무대로하는 걸작 애니메이션이다.

죠몬계의 고래古來 일본인은 자연과 함께 사는 민족이며, 항전적 도래계 야요이인에게 쫓겨서 최종적으로 백신산지와 같은 동북의 깊숙한 산에 거점을 설치하고 긴 항쟁을 펼친다.

도래인이라는 것은 그 이름과 같이 간단한 것이 아니다. 왜국중국 남부과 한반도의 신라와 백제 그리고 그 연속선상에 있는 침략자도래인에 의해 만들어진 야마토 왕조를 포함한다. 드디어 신라계의 왕조가 죠몬을 쫓아내고 일본을 덮는다.

그 사이 도래인 동지인 신라계 도래인과 백제계 도래인 간의 싸움이 계속된다. 백제계는 신라계에 구축되어, 신라계는 일본의 현재 왕조의 기초교토 남부 나라지역를 만든다. 쫓겨난 백제계는 신라계의 전복을 기도하여 그것이 성공한다. 이번에는 신라계가 쫓겨나 동북의 죠몬인과 신라계가 합류해서 백제계 야마토 왕조와 대립한다아이누의 항전.

소위 말하는 에조토벌이 몇 번이나 시도되었지만 야요이인, 백제계에 대한 죠몬인, 신라계-야요이인 연합과의 항쟁이 계속된다. 죠몬인일본 원주민은 싸움도 계급제도도 좋아하지 않는 자연의 일부로서 사는 인종이며 야요이인한반도 도래인은 싸움과 지배권력을 좋아하는 인종이다. 죠몬인은 야요이인에게 지배되어 융합된 죠몬인과 어디까지나 지배되는 것을 좋아하지 않고 자연 속에 신천지를 계속해서 추구한 죠몬인, 즉 아이누인으로 나뉘어졌다.

천황의 천도 뒤에는 신라계 도래인과 백제계 도래인 간의 항쟁이 있었다. 헤이조교平城京에서 나가오카쿄長岡京, 교토남서쪽 현재의 무코시로의 천도, 마지막으로 헤이안교平安京로의 천도에는 백제계 도래인의 복권 항쟁이 있었다. 복권된 백제계는 신라계를 구축하고 신라계 도래인은 동북의 죠몬을 지원하고 백제계에 대항하려고 했다.

그렇다면 교토와 동북은 서로 무관하지는 않은 것이다. 자연을 손바닥에 가두려고 한 도래인, 곧 사람이 중심이어서 자연이 그 일부이었던 교토와 자연과 살았던 죠몬인, 곧 자연이 중심이어서 사람은 그 일부이었던 백신산지가 역전하면서 연결되는 것이다.

그리고, 이 신라계 도래인과 백제계 도래인의 항쟁은 현대의 어딘가에서도 일어나고 있는 일일 것이다. 당과 당의 항쟁, 재벌과 재벌의 항쟁은 어쩌면 도래인 동지끼리의 싸움일지도 모른다<sub>이 대목은 의미 심장하다-필자</sub>. 그리고 죠몬인과 야요이인의 항쟁은 자연을 지배하고 싶은 사람과 저절로 동화하고 싶은 사람으로 갈라지고, 혹은 인간의 마음 속에서 지금도 미묘하게 혹은 격렬하게 요동쳐 움직인다.

저절로 자연에 동화하고 싶은 사람으로서, 백신산지에서 일어나는 춘하추동 자연의 윤회를 보면 그 사람에게는 겨울눈이 쌓인 백신산지의 광경은 이 눈雪에 안겨서 그대로 자연 속에 융합해버리고 싶다는 달콤한 유혹일 것이다.

### 원령공주<sub>애니메이션</sub> 이야기

중세의 일본이 배경이다. 필사적으로 숲을 지키려는 대자연의 신들과 인간들과의 피할 수 없는 싸움이 시작된다.

북쪽의 끝, 에미시족의 마을에 어느날 갑자기 재앙신이 나타나 마을을 위협한다. 이에 에미시족의 후계자인 '아시타카'는 결투 끝에 포악해진 재앙신을 쓰러뜨리지만 싸움 도중 오른팔에 저주의 상처를 받고 죽어야 할 운명에 처하게 된다. 결국, 재앙신의 탄생 원인을 밝혀 자신의 저주를 없애기 위해 서쪽으로 길을 떠난 '아시타카'는 여행 중 서쪽 끝 '시시신'의 숲에서 들개신과 사투를 벌인 '타타라' 마을 사람들을 발견하고는 그들을 구해준다. 먼발치서 자신을 지켜보는 들개신 '모로'와 그의 곁에서 상처를 치료해주는 신비스러운 소녀를 보게 된 '아시타카'는 묘한 느낌을 받게 된다. 귀빈 대접을 받으며 '타타라'

마을에 머물게 된 '아시타카'는 마을을 습격하는 '원령공주'를 목격하게 되고 그 '원령공주'가 바로 숲에서 만난 소녀임을 알고 당황하게 된다. 함정을 파 놓고 총포로 무장한 인간들은 사람들을 공격하던 '원령공주'를 향해 총구를 겨누고 순간, 망설이던 '아시타카'는 '원령공주'를 구해 마을을 빠져나가는데 아시타카는 숲을 파괴하려는 인간들과 숲의 정령을 보호하려는 원령공주의 싸움에 끼어든다.

이 만화영화는 어떤 면에서 일본인의 아이덴티티를 아이누족에서 찾아보려는 노력이 내재되어 있다고 볼 수 있다. 원령공주는 아이누, 아시타가는 원주민과 연합한 신라세력이고, 자연을 파괴하는 타타라 마을 사람들은 백제인 정복자들로 보여진다.

### 필자의 감상평

구지쓰토무人慈力의 책은 필자가 가졌던 의문 중의 하나를 풀어주는데 좋은 힌트를 주었다. 이 책은 일본 열도의 원주민인 아이누와 도래인주로 신라계 사이의 적이면서도 동지이기도한 다이나믹한 관계를 잘 보여준다. 작가는 도래인은 침략자, 원주민인 죠몬인, 즉 아이누는 자연과 평화를 사랑하는 민족으로 상정하였다. 원령공주의 스토리로 돌아가면 이 영화에 등장하는 '인간'은 바로 도래인이고 '원령공주'는 선량한 원주민과 자연을 지키는 원주민의 상징으로 표현된다.

도래인의 지도자가 원주민의 상징인 원령공주를 돕는다는 스토리의 전개는 아메리칸 인디언을 소재로한『늑대와 춤을』또는『아바타』등 동류의 영화를 생각나게 한다. 여기에서 한반도 도래인은 침략자이자 자연의 파괴자이다. 영화의 배경이 된 숲은 규슈 남부의 오래된 삼나무로 유명한 아쿠시마와 시라카미산지이다.

## 8. 삿포로

북해도는 면적이 8만4천$km^3$로 남한면적 10만 $km^3$의 84%에 해당한다. 삿포로에서 북쪽의 아바시리까지 버스로 가는데 8시간 가량 걸린다고 한다. 삿포로의 위도는 북위 43도로 한반도 최북단과 같다.

홋카이도의 중심지인 삿포로지역을 두 번 방문하였는데 한번은 여름철 동료들과의 여행이었고, 두 번째는 12월 크리스마스 즈음에 가족들과 같이 간 여행이었다.

원래 삿포로는 아이누 사람들이 도요히라강豊平川에 붙인 명칭이었는데, 그 강유역 일대의 지명에 전용된 것으로 여겨진다. 유래는 아이누어의 삿폴로sat-poro, 마르고 크다라고 하는 설예전에 도요히라강이 건기에는 극단적으로 수량이 적어지는 강이었기 때문에 혹은 일대가 건조한 광대한 토지였기 때문이나, 사리폴로펫sari-poro-pet, 갈대 밭이 광대한 강이라는 설이 있다. 또한 삿포로가 우리말의 '새벌푸른 벌판'이라는 설도 있다. 에도시대, 홍수에 의해 도요히라강의 흐름이 동쪽으로 변하고, 원래의 흐르던 강은 후시코강伏籠川, 伏古川이 되었다.

치토세 공항에서 삿포로로 들어가는 기차를 탔는데 그 때 기차안에서 맞닥뜨린 것이 아아누족 부부였다. 그들은 기차의 객실에 들어가지 않고 차량 연결부에 서 있었다. 키는 그다지 크지 않은데 외모는 그저 생경하다고만 생각되었다. 부부가 몇 마디 나누는 것을 옆에서 들게 되었는데 무슨 말인지 전혀 알아들을 수가 없었다. 무엇인가 무거운 것을 잔뜩 들고 있는 모습이 이들의 녹녹치 않은 삶을 짐작하게 하였다. 아이누족은 두 번 더 만나게 되는데 후에 한번은 아키타에서 였고 또 한번은 시레토고를 방문했을 때이다.

### 아이누족

동북지방과 홋카이도北海道 그리고 러시아의 오오츠크해의 도서와 연안 등지에 걸쳐서 분포하는 민족이다. '아이누'라는 말은 '사람'이라는 뜻이다. 일본에서는 오랑캐라는 의미에서 '蝦夷'라고 쓰고 에미시ぇみし, 에비스ぇびす, 에조ぇぞ 등으로 불렀다.

최근 조사 결과 일본에 20만 명, 러시아에 1,000명 정도가 거주하는 것으로 추정되나 스스로를 아이누라고 알고 있는 인구는 이보다 훨씬 적다. 공식적으로는 일본에 2만 명이 조금 넘고, 러시아에는 극히 소수가 있다. 외모는 일본인이나 한국인과 같은 동북아시아 계열보다는 폴리네시아인이나 아메리카 원주민, 코카소이드를 닮았으며, 체모가 많다. 하지만 하플로그룹을 통한 DNA 분석 결과에 따르면 외모가 비슷한 위의 인종들과는 관련이 없다. Y-염색체 하플로그룹을 통해 분석해 볼 때, 아이누족의 87.5%에서 하플로그룹 D2가 나타나는데, 이들은 하플로그룹 O2b에 속하는 한반도인의 진출 훨씬 이전부터 아시아 각지에 진출해 있던 인종으로 인류가 아시아 지역에 퍼지기 전에 미리 진출해있던 인종을 통칭하는 고아시아 인종의 하나다.

즉, 아이누인들은 기원이 오래된 인종이며, 백인을 닮은 외모 때문에 근대 유럽의 탐험가들이 이들을 보고 처음에는 러시아인으로 착각하는 경우가 많았다고 하며, '극동에 백인이 살고 있다'라며 놀라기도 했다. 특징으로는 눈이 들어가 있으며 흰 피부에서부터 까만 피부까지, 코가 짧고 넓은 형태, 긴 인중, 사냥을 위해 손과 발이 발달되어 있다. 사각 형태의 장두형으로 머리가 크며, 치아가 매우 작고, 입술이 두껍고 볼살과 광대가 발달해있다.

하플로그룹 D2의 경우, 일본인의 34.7%에서 이 유전자가 나타나며, 관서26.8%지역보다는 관동48.2%지방에서 많이 나타난다. 관서지방에서도 적지않게 나타나는 것으로 보아서 후대에 규슈, 관서지방을 통해 일본 열도에 진입한 야요이인한반도 도래인들이 선주민인 죠몬인들과 융화하였기 때문일 것이라고 추정된다. 이를 통해 현대 일본인은 O2b계열의 이주민과 D2계열의 아이누족이 혼혈된 것임을 알 수 있다. 죠몬인들은 사할린 섬과 홋카이도를 포함한 일본 열도에 주로 분포하고 있었는데 한국인이나 북방의 퉁구스족에서는 하플로그룹 D2가 거의 나타나지 않는다.

친구인 P교수에게 아이누족 이야기를 했더니 자신이 읽은 『사피엔스저자 유발 하라리』라는 책에 호모 사피엔스가 등장하기 이전에 아시아지역에서 생활하던 고대인에 관해 소개되어 있는데 아이누족과 관계가 있을지도 모르겠다고 이야기한다.

해부학상 현생인류의 기원에 대한 과학자들의 가장 지배적인 견해는 '아프리카 기원설'이다. 이 가설은 인간이 아프리카에서 진화하여 5만 년에서 1만 년 사이에 아시아에 살고 있던 호모 에렉투스와 유럽의 호모 네안데르탈렌시스를 대체하면서 이주했다고 주장한다. 구석기시

구지쓰토무[久慈力]의 책은 필자가 가졌던
의문 중의 하나를 풀어주는데 좋은 힌트를
주었다. 이 책은 일본 열도의 원주민인 아이누와
도래인[주로 신라계] 사이의 적이면서도
동지이기도한 다이나믹한 관계를 잘 보여준다.
작가는 도래인은 침략자, 원주민인 죠몬인,
즉 아이누는 자연과 평화를 사랑하는 민족으로
상정하였다. 원령공주의 스토리로 돌아가면
이 영화에 등장하는 '인간'은 바로 도래인이고
'원령공주'는 선량한 원주민과 자연을 지키는
원주민의 상징으로 표현된다. 도래인의
지도자가 원주민의 상징인 원령공주를 돕는다는
스토리의 전개는 아메리칸 인디언을 소재로한
『늑대와 춤을』또는『아바타』등 동류의 영화를
생각나게 한다. 여기에서 한반도 도래인은
침략자이자 자연의 파괴자이다. 영화의 배경이
된 숲은 규슈 남부의 오래된 삼나무로 유명한
야쿠시마와 시라카미산지이다.

대의 인간으로는 호모 하빌리스<sub>손을 쓴 사람</sub>, 호모 에렉투스<sub>곧 선 사람</sub>, 호모 사피엔스<sub>지혜가 있는 사람</sub>가 있다.

## 아이누의 역사

### 가. 고대

아이누의 오래된 역사를 말해주는 아이누의 구비서사시는 『오이나<sub>聖傳</sub>』와 『유카르<sub>英雄詞曲</sub>』로 나뉜다. 오이나는 투이탁 туитак, 우에페르케 уэпэркэ로도 불린다. 오이나는 신들의 이야기로, 그 중 오이나 카무이가 가장 유명하다. 오이나 카무이는 지진이나 해일 등의 재해가 나타나면 등장하는 반인반신이다. 반면 유카르는 신이 아닌 영웅의 서사시다. 물론 영웅 뿐 아니라 곰이나 흰개 등 자연의 강자 혹은 자연 자체를 상징하는 동물도 등장한다. 유카르의 특징 중 하나는 이야기를 해주는 구전자가 있다는 점이다. 하얀 털의 개와 관련된 설화가 있다. 관녀 유와나이가 하얀 개의 정을 얻고 아이를 낳았다는 설과 늑대 여동생이 인간과 결혼한 이야기, 흰 개가 인간에게 시집와 세 아이를 낳았다는 이야기가 전해지고 있다. 이 설화를 영상화해 신화로 재구축한 작품이 바로 미야자키 하야오의 『모노노케 히메<sub>원령공주</sub>』다.

아이누 설화에 관심을 가지고 있었던 미야자키는 자료가 부족하던 흰 개 설화를 일본 애니메이션으로 부활시켰고, 흰 개 설화를 다룬 작품은 모노노케 히메가 유일하다고 보아도 무방하다. 모노노케 히메를 통해 흰 개 이야기는 아이누의 설화 중 가장 유명한 설화가 되었다.

유골 등을 통한 고고학 연구에 의하면 아이누인들은 일본사의 시작이라 할 수 있는 조몬시대를 주도했던 조몬인들의 직계 후예에 해당된다고 추정된다. 죠몬인들은 혼슈<sub>일본 본섬</sub> 및 캄차카 반도를 통해 일본 열도에 진출했던 것으로 보인다. 즉 고대에 한반도를 통해 들어간 아이누족도 있었다는 이야기다. 아이누인들이 완전히 순수한 죠몬인의 후예는 아니라고 한다.

아이누족의 일본 열도 정착시기에 관해서는 후기구석기시대인 조몬시대繩文時代로 보는 게 가장 대표적인 설이다. 인류학자인 도리이 류조鳥居龍蔵는 조몬인이 바로 아이누족으로 일본의 선주민이며 이들은 야요이시대弥生時代에 만주지방과 한반도에서 도래하여 정착한 집단인 '고유일본인소위 말하는 고유일본인은 도래인임을 인정하는 기술'에 의해 북해도로 밀려났다고 주장하고 있다. 아이누의 호칭인 에조蝦夷 또는 에미시, 에비스는 경멸의 뜻을 담고 있다. 한편 아이누는 고유일본인도래인을 샤모和人라고 불렀는데 샤모는 '이웃사람'을 의미하는 아이누말의 '시사무'에서 유래된 말이다.

### 나. 역사시대

고고학적으로 홋카이도에서 발견되는 찰문토기擦文土器로 대표되는 찰문문화擦文文化, 7세기~13세기가 현재 남아 있는 아이누 문화의 기원이 되었다고 추정된다. 어업을 중심으로 사냥과 소규모의 농경으로 식량을 구했으며 철기도 제조하고 사용하였다. 수혈식주거움집 생활을 했다. 출토되는 동전과 거울을 통해 야마토조정과 교류가 있었다고 추정된다. 역사적으로 '일본사'의 영역은 규슈와 혼슈 서부지방에서부터 동쪽으로 퍼져 나가면서 확대되었다. 이 과정에서 아이누를 포함하여

야마토 조정의 통치가 닿지 않는 지역의 주민들을 에미시えみし라고 부르며 정벌하였다. 이 정벌을 군사적으로 달성하는 직책이 정이대장군征夷大将軍이며, 후일 천황 아래 가장 높은 관직이 되었다. 전국시대 이후 일본을 통일한 군웅들은 서로 이 자리를 획득하려고 하였는데 이 정이대장군의 일본어가 세이이다이쇼군, 즉「쇼군」이다. 정이대장군은 북방 정벌을 위해 군사력을 손에 넣을 수 있었고, 그 세력이 미치는 지역은 혼슈 동북부였는데 이는 혼슈 서부에 위치한 천황과 떨어져 독자 세력을 구축할 수 있었다. 정이대장군은 '에미시'를 쫓아내고 혼슈 북부를 장악해 나갔는데 차차 중앙의 통제력이 약해지면서 나중에는 권력이 천황보다 오히려 커졌다는 것이 일반적인 분석이다.

8세기에도 당시 나라奈良조정은 군대를 파견하여 몇 차례에 걸쳐 동북지방의 에조정벌에 나선 일이 있다. 당시 에조정벌을 위해 동북지방에 수령으로 임명된 장수는 주로 백제계 도래인 출신이었다. 752년 첫 정벌 당시의 수령은 백제 의자왕의 왕자 선광善光의 4대손인 경복敬福이었으며 뒤이은 797년 토벌 때도 같은 백제도래인 후손인 사카노우에노 다무라마로坂上田村呂가 사령관을 맡았다. 쇼군이 실권을 쥐게된 무인정권시대가마쿠라 막부, 에도 막부에 이르면 쇼군의 세력권인 관동가마쿠라, 도쿄으로 수도를 이전한다. 관동지방에서 무사계급후에 사무라이이 일어난 배경도 아이누 정벌과 무관치 않다.

북해도로 밀려난 아이누족은 15세기 중엽 샤모일본인 즉 도래인의 북해도 진출이 늘어나면서 두 종족 사이에 충돌이 잦게 되었다. 샤모의 지도자였던 다케다 노부히로武田信広는 당시 일본을 통일한 도요토미 히데요시豊臣秀吉로부터 에조도주島主로 임명되었으며 후에 다케다 노부히로는 성을 마쓰마에松前으로 바꾸고 1604년 에도 막부로부터 독립된 번藩으로 인정받았다.

아이누들은 자신들의 생선과 모피를 마쓰마에 번이 가져오는 금속 도구나 쌀 등으로 맞바꾸었다. 아이누와의 무역을 독점한 마쓰마에 번에 의해 이루어진 이러한 교역 관계는 아이누들에게 불리하였다. 갈등이 빚어지며 샤쿠샤인의 난1669년 같은 반란이 일어나기도 했다. 아이누족은 마쓰마에번에 패배했으며 절대복종의 약정을 맺고 마쓰마에번에 예속되고 말았다.

1869년 보신전쟁에서 에조 공화국1868-1869 존속이 멸망하고 홋카이도는 완전히 일본 제국의 치하에 들어갔다. 일본 제국은 아이누를 구토인旧土人이라고 불렀으며, 아이누를 '인간의 덜 진화된 모습'으로 간주했다. 특히 1899년 제정된 홋카이도 구토인 보호법北海道旧土人保護法은 아이누에게 치명적이었다. 그 내용은 아이누의 토지 몰수, 수렵 금지, 아이누 고유 풍습 금지, 일본어 사용 의무화, 일본식 이름으로 개명 등으로 사실상 아이누 말살법이나 다름없었다. 이 법안에 따라 아이누들에게 농지를 나누어 주었는데 농사가 불가능한 불모지였다. 새로운 농지에 정착하지 못한 아이누들은 빈민으로 전락하였으며 저항하는 수많은 아이누족들은 학살당하거나 굶어 죽게 되었다. 그 결과로 인해 에도시대만 하더라도 수십만 명이었던 아이누 족이 지금 수만 명 수준으로 줄어 들었다.

## 시레토고 知床

시레토코라는 지명은 아이누어로 '땅의 끝자락'이라는 뜻인 시레톡 sir-etok에서 유래한다. 조몬시대부터 인간이 거주하였으며 유적도 발견되고 있다. 11세기 무렵부터는 아이누족이 거주하였다. 19세기에는 유황 채굴이 시작되었고, 제2차세계대전을 전후하여 규모를 갖춘 이주와 개척이 시도되었다. 그러나 혹독한 자연환경으로 인해 인간의 정주가 곤란하여 이주민들은 속속 이곳을 떠나게 되었다. 그 결과 인간의 손이 거의 닿지 않은 자연이 보존될 수 있었다.

시레토코 유람선이 항구의 방파제를 벗어나 북쪽으로 뻗어 있는 기다란 반도를 따라 항해를 시작한다. 바다 쪽에서 바라본 반도는 해안이 거의 모두 절벽이다. 육지 부분이 전체적으로 탁상처럼 솟아 있다. 그래서 한자로 상床자를 넣은 듯 싶다. 해안절벽 밑으로 가깝게 접근하여 단애를 흘러 내리는 폭포들을 보여주던 배가 해안에서 벗어나더니 바다를 달리기 시작한다.

### 아이누 추장의 딸
바다에 내리는 석양을 바라보며 배를 타고 들어와서 항구의 거리를 걷다보니 예쁘장한 인형 선물집이 보여서 들어 갔다. 주인은 여자였는데 말을 나누다보니 아이누족 추장의 딸이라고 한다. 외국에서 공부했다고 하는데 영어가 유창하다. 아이누 민족에 대한 자존심을 지니고 있었다. 이 여자분의 이야기로는 현재 북해도에 생존하고 있는 아이누족이 3만 명 정도라고한다. 왠지 쓸쓸한 기분이 느껴졌다. 이후로는 아이누족하면 항상 이 추장의 딸을 생각하는 버릇이 생겼다. 나무로 조각된 토끼 인형을 샀더니 조각칼로 시레토고라는 지명과 날짜를 조각해 준다.

## 아바시리網走

메만베쓰女満別공항으로 돌아가는 길이다. 운전을 파트너에게 맡기고 한 시간 가량 조수석에서 눈을 붙이고 있으니 파트너가 심간이 편한 사람이라고 투덜댄다. 아바시리 시내가 가까워지면서 운전을 바꾸었다. 아바시리시網走市라고 하는 지명은 '아 파 시리우리들이 찾은 토지', '아파 시리입구의 땅', '치바 시리' 등 여러 설이 있지만 어쨌던 '아파시리'라고 하는 아이누어를 한자로 바꿔 쓴 것이다.

## 북방민족박물관北方民族博物館

아바시리시網走市 시내에서 식사를 한 후 메만베츠女満別 공항으로 가는 길에 북해도 북방민족박물관北方民族博物館을 방문하였다. 이름도 처음 들어보는 다양한 북방민족에 대한 설명이 있었다.

아바시리 지방에 인류의 생활이 시작된 것은 약 2만 년 전부터로 여겨지고 있다. 5세기 경에 오호츠크해 연안에서 오호츠크 문화가 일어나 찰문시대擦文時代가 끝나는 13세기 경까지 약 800년 계속되고, 가라후토樺太나 지시마 열도千島列島에도 이 문화가 있었다고 여겨지고 있다.

이 문화는 소수민족인 니보후에 의해 가라후토사할린섬 남부에서 시작되었는데 북방민족의 생활 스타일을 계승하여 북동아시아 문화의 영향을 받고 있다. 오호츠크 문화의 후기9-13세기경가 되면 일본 열도 북방 찰문문화擦文文化의 영향을 받고, 양쪽의 문화가 융합한 도비니타이 문화가 생겨나 해안에만 거주하지 않고, 내륙의 거주도 시작되었다 한다.

한편, 북쪽에서는 9세기경에 오호츠크 문화가 찰문문화擦文文化에 흡수되었다고 한다. 근처의 가이즈카패총인 모요로 가이즈카最寄貝塚는 오호츠크 문화 최대의 유적으로서 사적으로 지정되고 있다. 윌타족은 가라후토의 토착민을 '오로크'라고 부르고, 니보후를 '길랴크'라고 부르고 있었지만, 각각 독자적인 언어를 가지고 있고 아이누와도 가까운 관계에 있었다.

나가노를 중심으로 혼슈 북쪽 해안을 따라 동북쪽으로 여행하며 한반도 도래인 이주와 원주민과의 갈등에 대한 이야기를 마쳤다. 이제 혼슈 북쪽 해안을 따라 서쪽으로 출발한다.

# VI-II. 혼슈<sub>本州</sub> 북쪽 해안의 도래인<sub>서쪽</sub>

혼슈 북쪽 해안을 따라 서쪽을 여행한다. 나가노와 아즈미노<sub>安曇野</sub>를 기준으로 더 서쪽, 즉 한반도에 가까운 쪽으로 이동하면서 이야기를 계속하기로 한다. 우선 도야마와 가나자와의 중간에 북쪽으로 뻗어 있는 노토반도에 대한 이야기를 하고 이어서 후쿠이-쓰루가-미야즈로 이어지는 와카사만<sub>若狭湾</sub>, 마지막으로 한반도에서 가장 가까운 이즈모<sub>出雲</sub>에 관한 이야기다.

이 지역은 규슈와 마찬가지로 한반도에서 가깝기 때문에 가야와 신라로부터의 선주민<sub>先住民</sub>에 관한 역사가 자리잡고 있는 곳으로 신화와 전설이 풍부한 곳이다. 신화는 단순한 상상력의 산물이 아니라 집단 형성의 경험과 과정이 압축되어 있다는 관점에서 살펴 볼 예정이다.

## 1. 노토반도<sub>能登半島</sub>

노토반도를 방문한 적은 없다. 북알프스를 넘어가는 알펜루트 관광

차 도야마에 머문적이 있고 자동차 여행으로 가나자와를 방문한 적은 있지만 두 도시의 북쪽에 있는 노토반도를 방문할 시간적 여유가 없어서였다.

가나자와 북동쪽으로 우리 동해를 향해 길게 상어의 지느러미처럼 뻗쳐있는 노토반도는 도래인 유적이 유별나게 많은 곳이다. 노토반도는 지도에서 보았을 때 우리 동해 쪽으로 툭 튀어나와 있는데 해류의 흐름상 무동력으로 한반도에서 출발하면 이즈모와 와카사만을 지나면서 노토반도에 도착하게 된다고 한다. 그래서 옛날 동력선이 없던 때의 한반도 관련 유적이 이 지역의 주산인 하쿠산 근처에 많다고 한다.

노토반도는 반도의 동쪽은 원주민인 죠몬인의 유적이 두드러지고, 서쪽은 도래계 야요이인과 고분시대 도래인들이 주로 거주하였고, 해인족이 연안을 왕래하며 동서를 연결시켰다. 규슈의 시가志賀, 야마구치현의 히오키日置와 같은 지명도 연안에 있어 도래인 이동의 흔적을 엿볼 수 있다. 크게 보면 도야마에서 동쪽은 죠몬유적, 후쿠이에서 서쪽은 야요이유적이 많다고 전해지는데 노토반도는 양자가 밀고 당기는 이른바 죠몬과 야요이의 접점이 되고 있다. 유적이나 지명도 우치우라内浦, 반도의 동쪽는 죠몬유래, 소토우라外浦, 서측는 야요이 유래로 대략적으로 나눌 수 있다. 죠몬의 말은 아이누어를 진하게 반영하고 있어, '노토'라는 지명의 유래도 아이누어의 '놋'으로 곶岬이나 턱의 의미라고 한다.

노토는 예전에 한반도에서 일본 열도로 들어가는 정식 현관이었다. 그 중심에 위치하는 것이 와지마輪島다. 와지마의 유래는 와도倭島로 고대의 한반도인들이 불렀던 호칭이라고 전해지고 있어 한반도와의 교역 지역이었던 것을 보여주고 있다. 나나오시七尾市는 고대의 노토국 노토군의 땅으로, 노토 고쿠부国府나 고쿠분지国分寺가 소재하는 노토국의 중심부였다. 전장 52m의 야다 다카기모리 고분矢田高木森古墳, 전방후원분이나 42m의 야다 마루야마 고분矢田丸山古墳, 원분을 필두로 하는 야다고분군은 노토도미能登臣 일족에 관련된 것으로 여겨진다.

나나오시 북쪽의 노토섬能登島에는 엔기식내사인 이야히메신사伊夜比咩神社와 전국적으로 진귀한 '고구려식의 석실'을 가진 스조 에조아나 고분須曽蝦夷穴古墳이 있다. 오쿠하라 도게 유적奥原峠遺跡은 야요이 후반의 마을로서 대소의 수혈주거 2-3동이 1단위로 형성되어 있다. 이 오쿠하라 도게 마을 수혈주거로부터 타서 눌러붙은 다수의 화로자국이나 철제의 송곳, 창 끝개 등의 단편과 함께 곡옥의 미제품이나 원석이 같이 보이는데 철단조와 옥제조가 동시에 행해지고 있었던 것이 밝혀졌다. 기타큐슈에서 혼슈 북쪽 연안에 전래된 것이 확인되고 있는 철단조 기술이 오쿠하라 도게의 마을에도 전해지고 있었던 것이다.

노토반도의 끝에 위치하는 스즈시珠洲市의 주변해역에는 지금까지 중세의 스즈야키 도자기珠洲焼가 다수 인양된다. 고분시대의 유물토기, 도자기류 등이 다수 확인되어 해저에 유물이 퍼져 있을 가능성이 있다. 한반도로부터 일본에 들어온 도자기 기술은 각지에서 변화를 겪으며 전국으로 퍼졌다. 그러나 노토반도의 끝에 위치하는 스즈에서는 신라, 가야의 스에키 기법을 계승한 도자기가 지금도 구워지고 있다. 스즈야키珠洲焼는 헤이안시대 말기부터 무로마치시대에 걸쳐서 일본 열도의

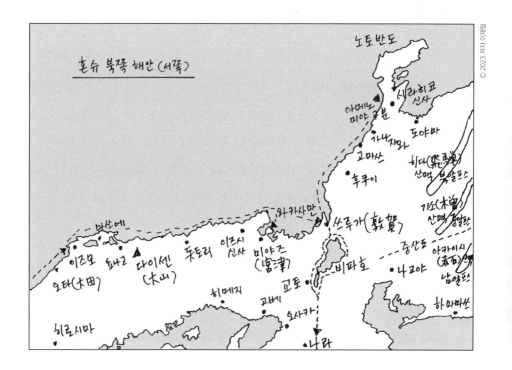

나가노와 아즈미노<sub>安曇野</sub>를 기준으로 더 서쪽, 즉 한반도에 가까운

쪽으로 이동하면서 이야기이다. 우선 도야마와 가나자와의 중간에

북쪽으로 뻗어있는 노토반도에 대한 이야기를 하고 이어서 후쿠이-

쓰루가-미야즈로 이어지는 와카사만<sub>若狹灣</sub>, 마지막으로 한반도에서

가장 가까운 이즈모<sub>出雲</sub>에 관한 이야기다.

약4분의 1을 상권으로 할 만큼 번성했다.

### 노토반도 지역의 고대사

6,000년전의 해수면 상승繩文海進에 의한 개펄의 형성으로 동해 연안의 개펄 부근에 인간이 살기 시작했다. 패총이 형성되고, 이 시기에 혼슈 북쪽 연안의 사람들은 마루기부네丸木舟를 만들어 바다에 나갔다. 동해라 함은 우리나라 동해를 말하며 일본 혼슈의 북쪽으로 우리 동해를 면한 지역에 관한 이야기이다.

### 고구려

가가加賀. 현재의 가나자와 주변는 고구려와의 교류 기지였다. 백제와 고구려의 멸망이라고 하는 북동아시아의 대동란기인 7세기에 호쿠리쿠가 한 역할은 크다. 『일본서기』에 의하면 570년 가가에 고구려 배가 내착해 가가의 호족 도군道君이 고구려의 사절을 맞이했다. 그 후, 흠명조 539-571년에는 사절을 아스카에서 맞이했다. 이것은 야마토 왕권과 고구려의 최초 공식접촉이다. 그 후, 668년에 고구려가 멸망할 때까지 18회의 도래 기록이 있어 도착지의 기록은 고시가 4회, 난바 진難波津. 오사카, 쓰쿠시 각1회로 가가가 교류 기지가 되고 있었다고 보여진다. .

### 백제

670년, 에누마군江沼郡. 고마쓰 주변의 가와치河內에서는 백제공百済公 일족이 본적을 옮긴 기록이 있다. 온돌의 주거 유적군이 있는 것 등으로 보아 에누마에는 많은 망명 백제 귀족이 있었다고 생각된다. 가가 지방은 한반도 도래인을 받아들이는 요지였다.

## 북방

660년 노토도미 마신용能登臣馬身龍이 고시 구니모리월국의 지배자인 아베 도미阿部臣를 따라, 사도-쓰가루-홋카이도 남부로 항해해 와타리 시마余市·小樽海岸에서, 숙신肅慎, 아사하세과 침묵교역말과 접촉을 피하면서 이루어진 교역의 원시적인 형태을 하려다 실패해 전사했다. 이 아베 도미의 항해는 북방정벌이 아니고, 긴장되어 있는 북동아시아 정세 속에서, 외교 정책에 파탄한멸망한 백제를 지원함 조정이, 아베 도미에게 북방의 국제정세를 시찰시키는 것이 목적이었다고 생각된다. 침묵교역이란, 상대방과 직접 접촉하지 않고 이민족이나 적대적인 집단 간에 행해졌던 교역형태로 어떤 집단이 물건을 두고 가면 다른 집단이 협정이나 표식標識에 따라 다른 물건과 교환해 가는 형태의 무역이다.

마신용馬身龍, 마무다쓰이 본 고대의 북방 동해 세계는, 연해주 남부의 말갈靺鞨, 마쓰가쓰 사람이 귀중한 주석제품을 가지고 도래하고, 오호츠크인이 홋카이도의 섬을 따라서 남하하고, 왜인이 철제무구 등을 갖고 북상하여, 에조蝦夷, 에미시를 중개로 해서 활발한 교역이 전개되는 풍요로운 교류 세계였다.

## 발해

698년에 일어난 발해渤海는, 당과의 갈등 속에서 성장하였다. 수도는 8세기에 도문강 유역, 9세기에는 무단장 유역에 있었다. 발해는 당에 대항하여 일본과 제휴할 의도를 가지고 있었고, 일본도 대 신라 정책상 발해와 제휴하는 것을 기대해서 각각 사절을 파견했다. 당초는 군사적 양상이 진하다가 당이 발해를 인정한 후에는 교역이 주목적이 되었다. 발해와 일본의 항로는 8세기는 가가加賀에서 동북, 9세기는 가가에서 산인山陰의 범위였는데 가가는 전 기간을 걸쳐서 도착지가 되고 있었다. 가가에 발해 사절을 체류시키는 휴게소가 설치되어 있었다. 일본에서 발해로 파견 13회, 발해에서 일본으로 파견은 34회 있었다. 동해 측이야말로 표일본表日本 즉, 발해와 일본을 묶는 길로 장안-발해-일본해-나라를 연결하는 또 하나의 실크로드였으며 이 길로 사람이나 정보의 왕래가 많았다. 고구려, 발해와의 교류에 있어서 가가는 도착지였고 노토는 출발지였다. 동해를 넘는 교류는 조몬시대부터 있었지만, 7~10세기가 전성기였다. 에누마씨江沼氏는 야마토 왕권의 영향 아래에 한반도 남부백제의 도래인을 받아들이고, 도씨道氏는 고구려의 교류 창구가 되었다.

### 동해항로

고대인의 배의 구조로 보아 기타큐슈와 대마도 해협을 건너는 항로 밖에 생각될 수 없다. 동해의 항로는 확인되지 않아 표류해서 겨우 도착하는 경우 이외에는 있을 수 없다고 생각할 수 있다. 그러나 노토반도에는 '도래계의 사람들이 많이 정착하고 있었다'고 기록되어 있다. 육로가 정비되지 않았던 상황이고 또 중간에 작은 지방국이 많이 존재하고 있어 육로를 통과하는 것이 번거로울 수 있었기 때문에 동해를 직접 통과하는 해로를 선택했을 가능성도 있다. 이 경우 울릉도와 독도를 중간 기착지로 이용했을 가능성이 있어 보인다.

### 신사神社

노토반도는 고시越의 나라나 산인山陰, 현재의 시마네현과 돗토리현지방 및 기타큐슈北九州와 나란히, 고대 한반도의 선진 문화를 직접 흡수하고, 반도와 동질인 문화권을 형성하고 있었던 지역이다. 따라서, 이 지방에는 도래계라고 말하여지는 사람들이 많이 정착하고 있었다. 그 중에서도 신라, 가야계의 문화가 번성하고, 특히 도래인 중에서는 신라계의 하타秦씨가 많았던 것 같다.

케타대신궁気多大神宮은 예로부터 노토국 이치노미야一の宮로 알려져 있다. 제신인 오오나무치大己貴大神, 즉 大国主神, 오오쿠니누시는 국토통일国土修營을 위해 고시越의 기타지마北島에서 배를 타고 나나오 오마루산七尾小丸山에 들어와, 스쿠나비코나宿那彦神, 少彦名 등의 협력을 얻어서 이 지방의 적의 무리들을 평정시켰다.

노토반도에 있는 신사의 8할이 도래계의 신이라고 전해지고 있다. 신라신사에 관계가 깊다고 전해지는 것은 다쓰루하마마치田鶴浜町의 시라히코신사白比古神社로, 오래 전에는 신라신사라고 불리고 있었다. 나카시마초의 구마가부토아라가시히코신사久麻加夫都阿良加志比古神社도 신라의 천일창天日槍과 동일 인물로 전해지는 가야왕자 츠누가아리시토신都怒我阿良斯等神을 제신이라 하는 신라가야계의 신사다

## 고분

노토를 포함한 에치젠越前, 고시쥬越中 지방은 고대의 고시高志국으로 쓰시마 해류와 북서 계절풍을 타고 건너편 해안의 한반도에서 많은 도래가 있었다. 아라가시히코신阿良加志比古神은 한반도의 가야국阿羅国에서 도래한 왕족이었던 것 같다. 가야는 562년, 신라에 흡수되어 소멸할

때까지 3~6세기의 한반도 남부에 있었던 가라를 포함하는 가라제국이기 때문에 아라국阿羅国은 가라加羅, 가야 제국諸国 가운데 하나였다.

아라국阿羅国, 阿羅伽耶은 경남 함안군咸安郡에 있던 나라다. 아라국이 있었던 마리산末伊山, 現 末山里의 주능선과 8부 능선에는 아라국의 '함안 말산리 고분군'이 있다.

### 함안 말산리 고분군과 노토반도의 '아메노미야고분군雨の宮古墳群

나카노토마치의 '아메노미야고분군雨の宮古墳群'은 4~6세기에 오우치평야고대에는 바다의 표고 188m의 비죠우산眉丈山의 산 정상에 있는 36기의 고분군이다. 만들어진 시기, 입지 장소와 만드는 방법도 아라국의 왕묘인 말산리 고분군과 거의 같다고 말해도 좋을 정도다.

야요이시대에 한반도로부터 노토에 온 도래인들은 노토의 각지에 소부족국가를 만들었다. 한반도에서 한 것 같이 선조나 시조왕을 모시는 조묘를 만들고, 왕이나 왕족이 돌아가시면 그 왕의 도읍을 내려다보는 장소에 고분을 만들어 매장하고 있었다. 문화나 습관은 어느 때 갑자기 나타나는 것이 아니고 타지에 가도 곧 바뀌거나 하는 것이 아니기 때문이다.

전방후방분인 '아메노 미야 1호분'에는 후키이시葺石가 사용되고 있다. 한국의 흙은 점토질로서 굳히기가 쉽지만 일본의 흙은 토질이 틀려서 무너지기 쉽기 때문에 무너지지 않게 하기 위해서 단을 붙여 돌로 지붕을 인 것일 것이다. 경상남도 함안의 말산리 고분군에서 보이는 옹관이나 목관, 목곽묘, 수혈식 석곽, 석실 등을 모두 이 도래인들이 가지고 온 것임을 알 수 있다. 노토에 와서 정주한 도래인들은 한반도와 인연을 끊은 것은 아니고, 항상 한반도를 오가고 있었을 것이다. 노토에는 가리비형고분, 전방후방분, 원분 등이 있는데, 고분형태의 변화와 매장법이나 수혈식석곽에서 횡혈식석실로의 변화 등의 새로운 정보는 그 교류를 통해서 노토에 전해지고 그때마다의 왕의 무덤조형에 받아들여진 것이 아닐까 생각한다.

## 2. 후쿠이福井-쓰루가敦賀-미야즈宮津

필자는 출장차 에치젠에 있는 후쿠이시를 방문한 적이 있는데 상대 회사의 임원이 필자가 한국인임을 알고 서두에 자기 지방은 한국으로부터의 도래인이 많았다는 이야기부터 꺼냈던 기억이 있다. 후쿠이 출장 시에는 도쿄에서 고마쓰小松 공항까지 국내선 비행기를 탔는데 나중에 알게 된 바로는 고마쓰의 원래 지명은 「고마쓰高麗津」로 고구려인들의 항구라는 뜻이라는 사실을 알게 되었다. 미야즈는 직접 방문하였으나 쓰루가는 아쉽게도 시간 제약상 지나치기만 하였다.

쓰루가는 4세기로 추정되는 일본고대사 중 한가지 중대사重大事가 일어난 장소이다. 그 기록을 존 카터 코벨이 저술한 「부여기마민족과 왜」에 소개된 그리피스의 글을 통해 살펴본다.

### 그리피스Griffis

윌리엄 그리피스William Elliot Griffis, 1843~1928가 영어로 쓴 『은자의 나라 조선 Corea, the Hermit Nation』은 1882년 발행되어 큰 영향을 준 책이다. 그리피스는 주로 일본 측에서 나온 자료를 가지고 3년에 걸려 『은자의 나라 조선』을 저술했다.

이 책에는 부여족이 크게 강조되어 있다. 그리피스는 1870년부터 10년 동안 도쿄대학에서 영어를 가르쳤는데 이때 그는 후일 일본이 없애 버렸다고 보이는 한국사 관련 자료에 접근할 수 있었을 것이다. 그리피스에 의하면 '한국을 지배한 모든 왕조의 시조는 부여족이었으며 이들은 또한 일본 문화에 크나큰 발전을 이룩한 한국 이주민의 대부분을 이루었다'고 한다.

그리피스는 서문에 쓰루가 여행기를 적었다. 그곳에는 부여왕족의 후손인 신공황후神功皇后와 아들 응신천황應神天皇 및 신하 다케우치武內宿禰를 모신 조구신사常宮神社에 관해 적고 있다.

그곳에서 그리피스는 한국에서 만든 종鐘이라고 전해들은 종소리가 바다 건너로부터 바닷바람을 타고 들려오는 듯한 느낌에 사로 잡혔다고 한다. 실제로 조구신사에 보관된 종에는 '太和七年三月日菁州蓮池寺鍾成'이라는 명문이 있어 이 종이 833년 진주 연지사에서 조성되었던 종이라는 사실을 알 수 있다. 크기는 높이 112cm, 구경 66cm로 상원사 동종 등에 비하면 큰 편은 아니다. 일본에는 총 5개의 신라종이 완형으로 남아있는데 그 중 가장 크고 오래된 종이다.

1871년경 에치젠의 명문 집안 중에는 조상이 한국인임을 자랑으로 생각하는 사람들이 있었고 당시 이곳은 바다 건너 동족을 연상시키는 분위기가 있었다고 한다. 그리피스의 책에서 무엇 보다 주목할 것은 한국인 무녀였으며 후일 왕후가 되었고 4세기 일본을 정벌한 여장부로 믿고 있는 신공황후를 받드는 쓰루가의 신사에 관한 기록이다.

조구신사常宮神社, 상궁신사는 매우 오래된 신사이다. 인근의 큰 신사인 케히신궁氣比神宮과 짝을 이루고 있다. 일본의 전승에 따르면 신공황후가 주아이천황과 케히신궁을 경배하고 삼한정벌의 계획을 세워 이곳에서 출정하였으며 이때 받은 신탁이 이곳에 신사를 세우면 풍파가 없고 고요할 것이라つねに宮居し波風静かなる哉楽しや 했다 한다. 이곳은 고대 항구가 있던 곳으로 특히 쓰루가 항에 풍파가 일면 이곳에 임시로 대피했고 그래서 신사가 생겼을 것이라는 설명이 합리적이다. 신사의 기원은 신라계의 영향이 강하지만 백제 멸망이후 신공황후의 이야기가 덧씌워지고 이후 하치만신앙이 퍼지면서 신공황후 등등이 합사된 것으로 보인다.

신공황후와 주아이천황이 본전에 합사되어 있다. 특이하게 본전 사방에 4개의 건물이 더 있는데 각각 아마토타케루, 오진천황, 다마히메玉姬命, 희타케노우치 스쿠네를 모시고 있다. 현재 건물은 에도시대에 재건한 것이다.

그리피스는 일본신화에 기술되어 있는 것과는 정반대로 신공이 한반도에서 일본으로 건너왔다는 사실에 아무 의심도 갖지 않았다. 그는 신공이 한반도에서 일본을 정벌하러 올 때 군사를 지휘한 사령관이자 신공의 정부였던 다케우치의 스쿠네에 대해서도 언급하고 있다.

뒤에 소개할 존 카터 코벨John Carter Covell의 부여가야 기마족이 일본을 정벌했다는 주장책, 부여기마족과 왜의 근저에는 그리피스의 부여인 신공황후의 일본 정복설이 있었다.

　참고로 필자가 소장한 책은 국내에는 신복룡 역주로 1975년 탐구당에서 초판 발행된 W. E. 그리피스 저 『은자의 나라 한국집문당 2015』이다.

　그리피스의 글 일부를 발췌 인용한다.

　1871년 나는 일본 아이치현 후쿠이라는 곳에서 살고 있었다. 그때 바다를 사이에 두고 조선과 마주보고 있는 해안마을 쓰루가와 미쿠니라는 곳에서 며칠을 보내게 되었다. 고대 브리테인의 색슨 해변처럼 이곳 아이치현 해안도 오래 전에는 맞은 편 조선 땅으로부터 뱃사람, 이주자, 모험가 등이 상륙하던 장소였다. 이곳 쓰루가로 들어온 조선한반도의 사절단들은 여기서 바로 아스카의 수도인 미카도御門로 길을 따라 들어갔다. 후쿠이나 쓰루가 남쪽에 일본에서 가장 큰 호수인 비와코琵琶湖가 있고 호변을 따라 내려가면 아스카에 도착한다. 여기서 얼마 떨어지지 않은 곳 쓰루가에 미마나任那의 가야왕, 신공황후, 응신 그리고 다케우치를 받드는 사당들이 있는데 이들은 모두 일본 역사에서 '서방 한반도의 보물로 가득한 나라'와 관련된 인물들이다.

　만에서 건너다 보이는 쓰루가에는 소리가 청아한 종이 하나 걸려있었다. 이 종은 조선한반도에서 만든 것으로 금이 아주 많이 들어가 있는 종이라고 한다. 멀지 않은 곳 산 속에는 몇 백 년 전부터 종이 만드는 사람들이 모여 사는 기요야靑谷라는 조그만 동네가 있었다. 주름잡힌 고급 종이를 만드는 것으로 유명하다. 후쿠이 현의 오래된 가문 사람들은 조상이 조선 사람들인 것에 매우 자부심을 갖고 있었다. 온 동네가 모두 '바다 건너 고향의 것'에 정통해 있었다. 새와 가축, 과실, 매, 채소, 나무, 농기구류와 도공이 쓰는 물레, 땅 이름, 예술, 종교이론과 제도에 이르기까지 거의 모든 것이 어떤 식으로든 바다 건너 조선과 관련된 것이었다.

## 3. 미야즈宮津

오사카에서 출발하여 우지강宇治江의 상류인 세타강을 거슬러 올라가 오우미近江의 오쓰大津를 거쳐 비와코琵琶湖의 서쪽 호변을 북쪽으로 거슬러 올라가다 서쪽으로 방향을 틀어 미야즈에 도착했다. 여행은 우선 유명한 관광명소인 아메노하시다테에서부터 시작한다.

### 아메노하시다테天橋立

일본3경日本三景의 하나로 꼽히는 아메노하시다테는 김달수씨에 의하면 도래인들이 만든 인공의 방파제다. 그래서인지 해변에는 우리나라에서 보이는 흑송黑松이 줄지어 심어져 있었다.

### 코노신사籠神社史

원이세코노신사元伊勢籠神社, 즉 일본천황가의 조상을 모셔놓은 우리의 종묘에 해당하는 이세신궁의 전신이라는 코노신사가 아메노하시다테의 한쪽 끝에 있는 바닷가 언덕 위에 있다. 아메노하시다테를 걸어서 신사까지 가기에는 시간의 제약이 있어 항구가에 난 길을 자동차로 돌아서 도착했다.

제신祭神의 명단을 보니 주신主神이 아메노 호아카리노 미코토彦火明命, 天火明命이다. 『일본서기』에 따르면 아마테라스가 위원중국葦原中国, 아사하라노나카쓰쿠니, 즉 일본 열도의 서쪽지방을 다스리게 하기 위하여 하늘에서 내려 보냈다는 천손 니니기瓊瓊杵尊, 邇邇藝命의 형이다. 이 지역 단바丹波지방 씨족의 전통에 영향을 받았는지 오오쿠니누시大國主神나, 해신인 와타쓰미綿津見라고도 하고, 모노노베씨物部氏의 조상인 니기하야히饒速日命라고도 한다. 신사에 모시는 신제신의 명단을 보니 해인족의 신인 해신海神도 있다. 궁사인듯 보이는 점잖은 노인이 필자의 일행을 쳐다보는 눈이 범상치 않음을 느꼈다. 코노신사 역시 한반도 도래인들이 일본 본섬혼슈 북쪽에 당도한 후 본섬혼슈 남쪽으로 이동한 경로를 암시해주고 있다.

미야즈宮津는 그 지명에 이미 이곳이 궁宮이 있었다는 암시가 들어 있다. 또한 미야즈에 있는 코노신사는 일본 천황들의 조상을 제사지내는 대표신사인 이세신궁의 전신으로 알려져 있다. 이는 야사에서 이야기하는 백제 개로왕으로부터 시작한 현 일본 천황가가 이곳에서 형성되기 시작하였다는 암시가 아닐까 한다. 미야즈宮津가 나오는 야사의 일부분은 다음과 같다. 오마이뉴스에 게재된 구자일 필명의 글이다.

### 야사野史

21대 개로왕455-475년은 위대한 백제왕이었다. 고구려에 빼앗겼던 일본을 다시 백제계로 통일했다. 그는 백제의 왕으로 즉위하기 전에 일본의 동북지방을 정벌했고, 교토京都를 차지하였는데 당시 야마토大和인 오사카는 아직도 신라인과 고구려인의 세상이었다.

좀더 구체적인 이야기는 다음과 같다. 438년 18대 백제계 반정천황反正天皇이 교토 북쪽 미야즈宮津에서 서거하였다. 이때 백제 비유왕의 태자 개로왕자蓋鹵王子가 일본으로 건너왔다. 그 후 개로대왕은 스스로 왜제왕倭濟王이라고 칭하면서 일본 왜왕으로 즉위하였다. 반정천황과 개로왕의 궁터는 해부씨海部氏들의 신사인 코노신사籠神社로 고려된다. 개로왕자 왜제왕은 일본 동북방의 모인국毛人國 55국을 정벌할 때에 후쿠이현福井縣에 있었으며 여기서 계체천황26대 재위, 507-531년을 낳았다. 451년 개로대왕은 규슈정벌에 나선다. 백제는 규슈 남부의 일부를 회복하였다. 광개토대왕의 400년 대마도 정벌로 인해서 규슈가 임나일본부가 되어 고구려계로 넘어 갔었던 것이다.

『웅략천황기』에는 개로왕의 이야기가 웅략천황의 이야기처럼 변조되어 포함되어 있다. 일본의 21대 고구려계 웅략천황456-479년은 백제 개로왕에게 사신을 보내서 청하여 시집온 백제 공주를 457년에 나무에 매달아 불태웠다. 458년, 개로대왕은 딸이 웅략천황에게 극형으로 죽었으니 분노하였다. 개로대왕은 즉시 친히 정복에 나서 일본으로 달려갔다. 미야즈宮津 해안에서 교토京都를 거쳐 순식간에 오사카大阪로 진격하였다. 나라현奈良縣 갈성산葛城山으로 도망치던 웅략천황을 협곡에서 포위하여 끝내 마주하였다. 웅략이 화살로 반격하였으나 15살인 개로대왕의 동생인 곤지왕자가 나서서 토벌하였다.

『고사기』에서 웅략천황과 그의 백관은 이때 천황 복식과 관복을 벗겨진 채 무기를 바쳤다고 하였다. 확실하게 항복한 것이다. 즉, 왜국이 개로왕을 섬긴다는 뜻이고 웅략천황이 왜국을 받쳤다는 뜻이다. 그래서 일본을 다시

통일하여 완전히 발 아래에 둔 개로대왕은 그 존호를 높여서 근개루대왕近蓋
婁大王, 근은 크다는뜻이다이라 한 것이다.

『웅략천황기』의 일부인 7년, 8년, 9년 기사는 개로대왕의 기록이고, 그 후
로는 곤지왕자인 22대 청령천황444-484년의 기록이라고 한다.


아메노하시다테天橋立로 막아놓은 넓은 미야즈宮津 항을 바라보면서
이 야사에 나오는 이야기처럼 수많은 백제의 군사를 실은 선박이 이
항에 정박한 모습을 상상을 해보았다.


### 시라게야마고분白米山古墳

천일창天日槍의 이즈시신사出石神社를 가는 길에 들린 고분이다. 시라
게야마고분은 그 이름에서 알 수 있듯이 신라고분이다. 옛날 단고국丹
後国의 요사군与謝郡에 있는 동해를 면한 지역에서는 가장 오래된 전방
후원분前方後円墳이다.

이 고분을 찾으러가다 근처에 있는 대규모 고분들이 모여있는 고분
공원을 방문하였다. 가야마치고분공원加悦町古墳公園인데 현재 가야마치
라는 이름은 요사노마치로 대체되어 공원의 이름도 요사노마치설립고
분공원与謝野町立古墳公園으로 바뀌었다. 한자로 '加悦'이라고 쓰고 발음은
'가야'다.


### 이즈시신사出石神社

이 신사는 미야즈 서쪽의 효고현 도요오카시 이즈시정兵庫県豊岡市出
石町宮内에 있는 신사다. 식내사式内社, 名神大社로 다지마국但馬国의 제일궁
즉, 이찌노미야一宮였다. 천일창天日槍왕자가 모셔져 있는 오래된 신사

**가야마치고분공원** 加悅町古墳公園

한자로 '加悅'라고 쓰지만 발음은 '가야'이다.

현재 가야마치라는 이름은 요사노마치로 대체되어 공

원의 이름도 요사노마치설립고분공원 与謝野町立古墳公園 으로

바뀌었다.

이다. 신사 옆에 그를 일본 열도에 오게 했다는 히메의 조그만 신사도 있다. 그 역사를 말해주듯 오래된 분위기가 느껴진다. 신사의 기념품을 팔고 있는 사람과 몇 마디 나눠 보았다.

천일창天日槍이 신라의 왕자라는 부분을 살려 삼국사기와 대조해 보면 천일창과 행적이 유사한 인물로 신라 7대왕이 되는 일성 이사금이 있기는 하다. 일성은 3대 유리 이사금의 장남이자 태자였는데 동생5대 파사 이사금이 대신 왕위에 올랐다. 그리고 파사가 죽은 후 조카이자 아들이 없던 6대 지마 이사금을 거쳐서 이미 노인이 된 일성이 결국 동생보다 수십 년 늦게서야 왕위에 오른다. 즉, 신라 왕자라는 부분과 동생에게 왕위를 양보했다는 부분이 일치한다. 그리고 한국 기록에서 일성이 왕위에 오르기 전 젊은 시절 행적에 대한 기록은 비어있기 때문에 활동시기가 겹치는 모순도 없다.

『고사기』에서는 신라 왕자로 『일본서기』에서는 가야 왕자라 한 것은 후대에 가야와 신라를 혼동했을 수도 있다. 어쨌거나 옛 고대 한반도 인들이 일본 열도를 도래한 것에 대한 중요한 역사 기록으로 볼 수 있다. 천일창天日槍이 일본에 처음 상륙했을 때 바위가 막고 있었으나 이를 칼로 베어냈다는 이야기도 전해지고 있는 것을 감안해 제철기술자라는 설도 있으며, 진한인의 일본 이주 설화로 풀이하거나, 삼국유사의 연오랑과 세오녀 전설처럼 신라에서 일본으로 건너가 왕이 됐다는 점이나 연오랑의 동생인 지고가 등장하는 것을 비교해 천일창天日槍이 바로 연오랑이며 신라의 태양신 신화가 일본으로 넘어간 것을 나타내는 것이라는 주장도 있다. 고대의 신라방면의 도래인 지도자에 관한 설화임에 틀림없다.

점심 식사를 위해 근처 소바집에 들렀더니 특이하게도 소바를 조금씩 작은 자기 접시에 담아 여러개를 준다. 안내를 보니 다음과 같이 쓰여있다.

### 이즈시소바出石蕎麦의 유래

효고 타지마但馬, たじま의 역사가 풍부한 조카마치城下町인 이즈시. 300년 전 이 산간마을에 본고장 신슈信州, 나가노의 소바가 전해져, 국물을 중시하는 간사이 지방의 쓰유면을 찍어 먹는 국물와 만났다. 이후 백자 이즈시야끼白磁 出石焼 종지에 담아 먹는 방식이 생겨나 '사라소바皿そば, 접시소바라 불리게 되었다. 지금은 관서 굴지의 소바 명소로 그 이름이 알려져 있다.

出石蕎麦の由来. 兵庫但馬 たじまの歴史豊かな城下町、出石。三百年前、この山間の町に 本場信州のそばが伝えられ、だしに拘る関西のつゆと出会いました。その後、白磁「出石焼」の小皿に 盛り食す様式が生まれ、「皿そば」と呼ばれるようになりました。今では関西屈指のそば処として その名を知られています。


천일창天日槍과 아카루히메의 이야기가 나온 김에 효고현 남쪽과 오사카에 남아있는 유적을 먼저 소개한다.


### 팔천군고전장유적八千軍古戦場遺跡

이즈시 신사를 출발하여 95번 고속도로인 Bantan Renraku Road播但連絡道路를 따라 1시간 반 정도 남하하여 도착한 곳이다.

천일창天日槍의 군사 8천명이 선주민들과 전쟁을 벌여 승리했다는 전쟁터를 방문했다. 표지를 따로 찾을 수는 없었다. 근처에 있는 학교

福崎町八千種小学校의 이름에는 팔천八千이라는 글자가 들어 있었다.

후쿠사키정 팔천종福崎町八千種이라는 곳인데『하리마 풍토기播磨風土記』에 이 전쟁에 대해 기술되어 있다. 신라계 도래인渡来人의 유적이 많은 하리마播磨에 도래인집단의 상징으로서 천일창天日槍의 존재는 중요한 것이다. 이 유적과 관련하여 천일창天日槍의 일본 정복설이라는 것이 있는데 천일창의 아내가 일본에 건너가 일본 권력자와 결혼해서 살고 있는 걸 못 마땅하게 여긴 천일창이 군사 8천명을 이끌고 침공했다는 설이다. 히리마풍토기의 기록은 천일창을 중심으로한 신라계 도래인 집단의 이주가 평화로운 이주만이 아니라 정복전쟁을 수반했을 가능성을 암시하는 기록이다.

천일창 이야기를 계속하는 김에 지역적으로는 혼슈 북쪽 지역이 아닌 오사카에 있는 신사이지만 천일창의 부인이 모셔져 있는 히메코소신사 방문기를 먼저 싣는다.

### 히메코소신사比賣許曾神社

히메比賣, 군마의 묘코신사에서 이 여신의 이름을 알게된 이후 히메에 얽힌 수수께끼를 풀어 나가면서 꼭 방문하고 싶었던 신사를 오사카를 지나면서 방문하게 되었다. 감격적이었다. 개인적인 견해로는 이 신사의 제신인 아까루히메야말로 일본의 역사를 바꾼 여인이 아닐까 하는 생각이다. 천일창天日槍의 부인이 되었다가 일본섬으로 도망을 나오고 이 때문에 천일창은 이 여인을 찾아 열도로 건너와 효고현의 히메지 북쪽에 있는 8천군야고전장八千軍古戰場에서 전쟁을 벌이고 이어 오우미, 미야즈 지역을 편력한 후 이즈시의 이즈시신사에 잠들기까지 일본 열도를 흔들었을테니 말이다.

## 히메코소신사 比賣許曾神社

히메比賣, 군마의 묘코신사에서 이 여신의 이름을 알게 된 이후 히메에 얽힌 수수께끼를 풀어 나가면서 꼭 방문하고 싶었던 신사를 오사카를 지나면서 방문하게 되었다. 감격적이었다. 개인적인 견해로는 이 신사의 제신인 아까루히메야말로 일본의 역사를 바꾼 여인이 아닐까하는 생각이다.

크고 멋진 신사가 아닌 골목 안쪽에 자리잡은 초라한 신사였지만 그 역사를 느낄 수 있었다. 신사 간판에도 '식내사式內社'라는 명칭이 기재되어 있었다. 궁사는 반가운 얼굴로 시라기히메신라공주의 신사라고 설명해주었다. 히메의 다른 이름이 아카루히메라는 설명도 덧붙였다. 또 이 신사를 둘러싼 복잡한 유래에 대해서도 간략하게 설명했다. 의미있는 방문이었다.

## 4. 이즈모대사出雲大社

도쿄 하네다 공항을 이륙한 일본 국내선 비행기는 1시간 반만에 신지호宍道湖 상공을 지나면서 기수를 낮추더니 호숫가에 자리한 이즈모 공항에 도착한다. 공항에서 차를 렌트하여 이즈모타이샤出雲大社로 이동한다. 이즈모대사를 방문할 때까지만 해도 이 신사의 역사적 중요성을 잘 알지 못하던 때였다. 한일고대사에 관심을 갖게된 이후에 알게된 사실이지만 이곳은 일본 열도로 이동한 한반도 도래인의 역사가 '시작'된 곳이다. 한반도 도래인의 역사가 시작된 또 다른 곳으로는 규슈 오이타에 있는 우사신궁이 있다. 이즈모대사가 신라 이주민의 역사가 서려있는 곳이라면 우사신궁은 가야와 신라의 역사가 숨어있는 곳이다. 이 두 곳 이외에 이세의 이세신궁이 있는데 일본이라는 나라가 생긴 이후 공식으로 인정된『고사기』와『일본서기』에 채택된 일본의 대표신인 아마테라스백제 세력에 의해 채택된 가야의 신의 신사다. 이 세 곳이 일본의 3대 신사이다.

이즈모대사出雲大社, 이즈모타이샤는 일본 시마네현 이즈모시에 있는 신사이다. 이즈모 오야시로라고도 표기한다. 연희식延喜式에 기록되어 있는 명신대사名神大社로 이즈모 국의 이치노미야―宮이며, 구 사격社格은 신사 중 가장 윗 자리에 있는 관폐대사官幣大社이다. 근대 사격제도 아래서는 유일하게 타이샤大社라는 이름을 사용한 신사다.

제신은 오오쿠니누시노오오카미大国主大神다. 1142년 자이조칸진 해장在庁官人解状에 '천하 무쌍의 큰 신사, 국내 제일의 신령'이라고 기록되었다. 인연을 맺어주는 신으로도 알려져 있으며, 가미아리즈키神在月, 음력 10월에는 전국에서 800만의 신들이 모두 이즈모타이샤에 모여 신들의 회합이 이루어진다고 한다. 이를 기리는 가미아리마쓰리神在祭가 음력 10월 11일~17일에 개최된다.

신사의 규모는 엄청났다. 나중에 알게된 사실이지만 주변에는 많은 고분과 신라와 관계되는 오래된 신사들이 산재하고 있다고 한다. 또한 이 신사는 미혼남녀의 인연을 맺어주는 신사로 알려져 있어 이 외딴 곳에 있는 신사에 멋지게 차려 입은 도시 여자들이 찾아온 것을 많이 목격했다.

## 이즈모 지역을 둘러싼 역사

일본신화가 안고 있는 일본의 고대사를 여러 가지로 해석하고 있지만 필자에게는 다음 설명이 가장 간결하고 정확한 것 같다. 고대 일본은 가야, 신라, 백제계의 3개의 지배 세력에 의해 나뉘어져 있었다. 이를 역사순으로 보면 다음과 같다.

1. 한반도 동해해안으로부터 이즈모에 신라 세력이 들어온다. 이것이 스사노오와 오오쿠니누시를 중심으로한 신화이다.

2. 한반도 남해해안으로부터 규슈 동부에 들어간 가야세력이 제1기 천황가天孫族, 천손족, 天神를 이루는데 『고사기』와 『일본서기』에 나오는 신화는 이들의 이야기이다. 위의 사건과 동시대에 발생한다.

이즈모와 기내畿内에 선주한 신라 세력을 규슈에서 천황족이 된 가야세력이 복속시킨다. 이것을 나타내는 것이 일본신화에 나오는 이즈모의 나라양보와 규슈에서 출발하여 나라지역을 점령하는 이야기인 진무동정이다. 참고로 우리나라의 재야사가들 사이에는 진무동정의 주도세력을 백제계로 보는 설도 있다.

3. 한반도 서남측에서 백제 세력이 규슈 북서부와 기내에 침입한다. 이것이 웅신천황 이후의 제2기 천황가가 된다.

한반도로부터 열도로 향하는 민족이동의 흐름에는 규슈 북부 이외에도 이즈모지역이 있다. 일본 열도의 우리 동해측, 즉 혼슈 북쪽 해안지역은 고대의 정식 출입구현관로서 규슈 북부와 함께 근세 일본 개항기의 요코하마나 고베와 같은 지역이었다. 이야기를 좀 더 복잡하게 만들자면 이즈모에는 신라 이외에 부여의 역사도 있다. 그 이야기에는 다음과 같은 사연이 있다.

이즈모의 가모스신사神魂神社는 이자나미, 이자나기를 제신으로 하고 있는데 이즈모국조가出雲国造家의 태조太祖인 아메노호히天穂日가 하늘에서 내려와 창건한 이즈모에서 가장 오래된 신사라고 전해지고 있다.

한국의 천손강림天孫降臨의 신화에 부여국의 시조인 해모수解慕漱, 게모스의 이야기가 있다. 그는 천제天帝이며, 스스로 오룡거五龍車에 타고 만주 지린성吉林省에 있는 부여의 땅에 강림했다. 이 계열이 부여 왕가로 해성解姓을 자칭하고, 그 후손으로부터 고구려 왕이 나온다. 게모스또는 헤모스, 카모스는 태양신앙 족의 최고신이었다. 게모스는 한반도에 들어간 기마민족의 천손강림 신화 중에 가장 오래된 것으로 생각된다.

일본 열도에는 가야계의 타카마가하라高天原 신화와는 별도로 부여계 가모스의 천강天降신화도 있었을 것이지만 『기기記紀, 고사기와 일본서기』에서 제외된 것 같다. 없어진 국가国讓り, 국가 양도의 신은 정면에 남을 수 없었다. 그러나, 게모스의 이름은 남아 있는 것이다. 이즈모 왕조出雲王朝의 존재를 나타내는 증거라고도 말할 수 있다. 신혼신사神魂神社의 근처에는, 스사노오를 제사 지내는 구마노신사熊野神社가 있다. 스사노오는 큰 뱀을 퇴치한 후, 곰성熊成에 있었다고 구전되고 있다.

### 스사노오素戔鳴尊

이즈모의 신은 스사노오素戔鳴尊다. 스사노오는 타카마가하라高天原에서 난폭자로 기술되어 있는데 실제로는 박해의 대상으로, 주류의 가야계가 아니었을 가능성이 있다. 게모스 신앙족과 스사노오는 같은 계열이다. 오오쿠니누시는 스사노오의 후손으로 되어 있는데 오히려, 바다를 건너 온 스쿠나히코少名彦와 공동으로 나라를 만든 것을 보면 신라계라고도 보여진다. 이즈모는 야마토大和, 아스카-나라와 마찬가지로 한반도 각지로부터 여러 차례에 걸쳐 넘어온 다른 정복 왕조들이 있었다.

성격이 드셌던 스사노오는 어머니 이자나미가 있는 저승에 가고 싶을 때마다 울부짖어 폭풍을 일으켰기 때문에, 천지에 막대한 피해를 끼쳤다. 그리고 그 피해는 아마테라스에 의해 다스려지던 타카마가하라에까지 닿았다. 아마테라스는 스사노오가 타카마가하라를 빼앗으려 하는 것으로 오해하고는 활과 화살을 들고 스사노오를 맞이하였는데, 스사노오는 아마테라스의 오해를 풀기 위해 자신이 지니고 있던 물건에서 신을 만들어내어 자신에 대한 결백을 증명하였다. 그러자 아마테라스는 스사노오를 용서했지만, 스사노오가 타카마가하라에서 난동을 피우자 아마테라스는 아마노이와토天岩戸라는 동굴에 숨어버려 세상은 어둠 속에 잠기었고 신들은 곤란에 빠졌다. 그러나 여러 신들의 지혜로 아마테라스는 분노를 풀고 동굴에서 나왔고, 스사노오는 그 책임을 물어 인간 세상으로 추방되었다.

스사노오의 행실이 좋지 못해서 여러 신들이 그를 벌하여 쫓아내니, 스사노오는 아들들인 50여 명의 날래고 용감한 신猛神들을 데리고 신라국新羅國으로 가서 소시모리曾尸茂梨에 있다가 다시 진흙으로 만든 배를 타고 이즈모노쿠니出雲國의 파천簸川 상류에 있는 조상봉鳥上峯으로 가서 사람을 잡아먹는 뱀을 죽였다.

재미있는 사실은 기원전 상고시대의 이야기라는 일본신화에는 건국 관련 지역으로 '신라新羅'라고 하는 매우 구체적인 지명地名이 나온다는 것이다.


인계人界로 추방되었던 스사노오素戔嗚尊는 진흙으로 만든 배를 타고 이즈모노쿠니出雲國에 강림하였다. 사람들을 괴롭히던 머리가 여덟 개 달린 큰 뱀인 야마타노오로치八岐大蛇를 죽이고 나라를 세웠다. 구시나다히메櫛名田比売와 결혼한다. 그 후 스사노오노미코토素戔烏尊의 직계 후손인 오오쿠니누시大國主命는 스세리히메스사노오의 딸와 결혼하고 스쿠나비코나少彦名命와 함께 아시하라나카쓰쿠니葦原中國를 만들고 다른 형제들이 물려준 나라까지 다스리게 되었다.

아마테라스를 비롯하여 타카마가하라에 있던 여러 신들은 지상세계는 오로지 아마테라스의 자손인 천손天孫이 다스려야 한다고 하여 오오쿠니누시大國主命의 아들에게 나라를 요구하며 아시하라나카쓰쿠니葦原中國를 지배할 존재인 '태양의 신'의 손자인 니니기노미코토瓊瓊杵尊를 내려 보냈고 몇명의 신을 이즈모에 내려 보냈다. 오오쿠니누시의 아들인 고토시로누시事代主神와 다케미나카타노카미建御名方神가 보호되고 오오쿠니누시도 자신을 위한 궁전 건설을 해주는 조건으로 자신의 나라를 양보할 것을 약속하였다. 이 궁전은 후일 이즈모타이샤出雲大社가 된다.

### 이즈모出雲

이즈모는 지리학적으로 보아도 신라인의 집단거주지에 적합했다. 또, 해류의 흐름뿐만 아니라 철, 옥 무역 등을 중심으로한 가야와의 교류도 있어 다양한 신神들이 왕래했다. 이즈모에서 더 북상하면 노토반도能登半島가 있는데 이곳도 이즈모와 같이 한반도로부터의 배의 왕래가 왕성했다.

나라양보国讓り, 큰뱀퇴치八岐大蛇退治, 숭신천황崇神天皇에 의한 신보약탈神宝略奪, 아메노호히天穂日의 강림 등, 이즈모에 관련된 신화에는 수차례에 걸친 정복의 흔적이 있다. 인구는 규슈에 있었던 노국奴国의 반밖에 안되고 따라서 군사력이 뒤떨어져 늘 주위의 세력으로부터 위협을 받았을 것이다.

이즈모에 최초로 정착한 것이 신라계이다. 그 후 게모스 신앙을 지닌 부여계와 스사노오의 정복이 있었고, 그 다음으로 가야의 타카마가하라高天原의 세력에 의한 오오쿠니누시의 국가양보가 있었다고 생각된다. 이즈모의 고대사의 지층은 한겹이나 두겹이 아니라 여러 층의 다층 구조인 것이다.

신라 세력 중에는 국가 양보의 과정에서, 복속되지 않고 쫓겨서, 동국關東에 도망쳐 피한 세력이 상당히 있을 것이다. 예를 들면, 이즈모의 신라 세력으로 대국주신大国主神의 둘째 아들이라고 하는 다케미나카타建御名方神 등이다. 다케미나카타는 이즈모의 나라양보의 즈음에, 타카마가하라의 아마테라스가야세력 산하의 다케미카즈치建御雷神와 힘겨룸力比, 스모의 기원이라고도 함에서 뒤져서 나가노 남쪽의 스와호諏訪湖까지 도망치고, 스와타이샤諏訪大社에 제사 지내지고 있다. 이 동국에 내려온 신라 세력이 도쿄평야로 이주하여 세월이 지난 후 동국 무사武士세력을 만들어 내는 모태의 한 축이 되었을 것이다.

## 오오쿠니누시 大国主神

이즈모국出雲国은 신의 나라, 신화의 나라로서 알려져 있다. 그 이즈모에는, 지금도 옛날의 신사가 도처에 있다. 그리고, 그 중심이 대국주대신오오쿠니누시을 제사하는 이즈모타이샤出雲大社이다. 이즈모의 주인공인 오오쿠니에 얽힌 신화와 설화를 소개한다.

오오쿠니누시大国主大神에 대한 기술을 읽어 보면 바로 성군聖君의 모습이다. 국토를 개척하고, 나라를 만들고, 마을을 짓고, 농경과 어업을

진척시키고, 의약을 만들어 병고를 구원한 신의 모습이다. 오오쿠니大
国主는 『고사기』와 『일본서기』에 등장하는 일본신화의 신이다. 토착신
을 표현하는 국신国津神의 대표적인 신이지만, 천손강림한 천신天津神, 가
야신에게 국토를 헌상하여 나라양보의 신国讓りの神이라고도 불린다.

『일본서기』의 본문에 의하면 스사노오의 아들, 또 『고사기』와 『신찬
성씨록新撰姓氏録』에 의하면, 스사노오의 6대손, 또 『일본서기』나 다른
일서에는 7대손 등으로 기술되어 있다. 스사노오의 시대 이후에 스쿠
나비코나와 협력해서 천하를 경영하고, 위원중국葦原中国, 아시하라나카구니,
즉 고대 일본의 나라만들기를 완성시킨다. 그러는 도중에 타카마가하라高
天原, 규슈의 가야에서 사자가 와 나라양보를 요청받고 이즈모타이샤를 세
우는 조건으로 나라를 양보한다.[90]

오오쿠니에 관한 신화는 방대하다. 그의 성장 과정을 따라가면 이바
나의 흰 토끼 설화因幡の白兎の話, 내국으로 도망간 이야기根の国訪問の話, 여
자 이야기ヌナカワヒメへの妻問いの話, 나라 만들기国作り, 나라 양보의 이야
기国讓り等の神話가 『고사기』와 『일본서기』에 기재되어 있다.

## 5. 오오쿠니에 관한 신화

### 이나바의 흰 토끼因幡の白兎

오키섬이즈모에서 우리 독도로 가는 도중에 있는 섬의 흰 토끼가 이즈모 근처의

---

90   로마교황이 공화정에게 왕권을 내어주고 신권을 유지한 것에 비유된다.

이바나로 가면서 겪는 고난과 오오쿠니의 도움을 받고 그를 도와주는 이야기이다.

옛날, 오키섬에 사는 흰토끼 한 마리가 오늘날 돗토리현 동쪽 지방인 이나바에 가고자 했다. 그러나 오키섬淤岐島, 隱岐島과 이나바稻羽 사이는 바다여서 도저히 자력으로는 건널 수 없었다. 결국 흰토끼는 꾀를 부렸다. 물 속에 있는 상어和邇, 와니들에게 '상어야, 너희 동료와 우리 동료 중 어느 쪽이 많은지 비교해 보자'하고 제안하여, 상어를 이나바의 나라까지 일렬로 서 있게 한 뒤 그 위를 폴짝폴짝 뛰어서 건너갔다. 그렇게 건너편에 도착할 즈음, 너무나 기쁜 나머지 '너희들은 속았어'라고 말해버렸다. 그러자 맨 끝에 있던 상어가 이 말을 듣고 크게 화를 내며 흰토끼의 털을 전부 잡아 뽑아 눈 깜짝할 순간에 벌거숭이로 만들어 버렸다. 흰토끼는 벌거숭이가 되어 그 아픔에 모래사장에서 울었다.

오오쿠니누시와 그 형제신들은 이나바의 나라에 야가미히메八上比賣라는 아름다운 여신이 있다는 소문을 우연히 듣고 청혼하려고 이나바의 나라로 가던 참이었다. 형들은 막내인 오오쿠니누시를 종자로 삼아 일행의 짐을 다 지우고는 홀가분하게 이나바의 나라로 가던 참이었는데 마침 엉엉 우는 흰토끼를 만났다. 형제 신들은 사연을 듣고는 재미삼아 흰토끼에게 '바닷물로 몸을 씻고, 높은 곳에서 바람을 맞으며 엎드려 있거라'하고 말하였다. 흰토끼가 형제 신들에게 들은 대로 하자, 바닷물이 마르면서 살갗이 바람 때문에 갈라져, 더욱 더 심하게 아팠다. 너무 아파서 흰토끼가 엉엉 우는데, 오오쿠니누시가 다른 형제 신들의 짐을 넣은 큰 자루를 등에 짊어진 채 일행의 꽁무니를 따라가다가 흰토끼를 만났다. 오오쿠니누시가 흰토끼에게 사정을 듣고는 '강어 귀에 가서 깨끗한 물로 몸을 씻고, 부들향포 꽃가루를 바닥에 뿌려 그 위에서 뒹굴면 나을 거야'라고 말했다. 흰토끼가 그대로 하자 이윽고 털이 원래대로 돌아왔다. 흰토끼는 매우 기뻐하며 '형들은 야가미히메와 결혼하지 못할 것입니다, 이렇게 형들의 짐을 지고 가는 당신이 야가미히메와 혼인할 것입니다'라는 말을 남겼다.

형제신八十神, 야소가미들은 오오쿠니누시보다 먼저 도착하여 앞을 다투어 야가미히메八上比賣에게 결혼을 신청했지만, 여신은 냉정하게 '나는 여러분이 아니라 오오쿠니누시大穴牟遲神, 오오나무찌, 당시의 이름에게 시집갈 것입니다'라고 말하고는 되돌려보냈다. 흰토끼가 상어를 징검다리로 하여 건너 온 해변가인 돗토리시 북서쪽 해변가 언덕에 하쿠토白兎신사가 있다. 남녀의 인연을 맺어주는 신사라한다. 우리나라에도 여수시 오동도에 토끼 설화가 있는데 상어 대신 거북이가 등장하며 줄거리는 유사하다.

이 설화에 대한 필자의 해석이다. 오키섬은 일본 열도에 가까운 동해 바다에 떠있는 섬으로 한반도에서 동해를 건너 일본 열도로 건너갈 때 디딤돌로 이용되던 섬일 것이다. 흰 토끼족은 한반도 도래인의 일족인데 상어해인족의 도움을 받아 이즈모에 도달하였지만 무언가 보상이 시원치 않아 보복을 당하고털이 다 뽑힘, 즉 가지고 있는 재물을 다 빼앗긴다. 해변가에 머문다. 이 지역의 토호들에게 도움을 요청하나 거절당하고 오오쿠니에게 도움을 받아 회생하여 그 보답으로 다른 지역의 세력이 있는 토호와의 혼인을 중매하여 성사시켜 오오쿠니를 출세의 길에 올려놓는다.

### 야소가미八十神의 박해

오오쿠니가 형제신인 야소가미의 박해를 받아 구사일생으로 목숨을 구하는 내용이다. 어머니인 사시쿠니와카히메刺国若比売가 규슈의 가야국의 도움을 받아 아들을 살린다는 내용이 재미있다. 살아난 것을 알고 또 죽이려 하자 목국木国의 오야비코에게 보내진다.

### 내국 방문根の国訪問

목국까지 쫓아온 형제들을 피해 내국으로 도망가지만 오오쿠니의 시련은 끝나지 않는다. 여기서부터의 스토리만도 벌써 오디세이의 이야기와 흡사하다. 그는 여기서 새 여인인 스사노오가의 스세리비메須勢理毘売命를 만나 도움을 받는다. 중략하고 우여곡절과 천신만고 끝에 형제들을 물리치고 자기 나라인 이즈모국으로 돌아온다내국은 내나라인 신라를 의미할 지도 모른다는 생각이 든다.

### 나라 만들기国づくり

오오쿠니누시가 이즈모지역에 있는 미호노 연안美保岬에 있었을 때의 일이다. 거위가죽으로 옷을 해 입은 작은 신神 하나가 바다 저편에서부터 배를 타고 나타났다. 산에 있는 허수아비에게 물어보니 '그 신은 스쿠나히코나少名毘古那神'라고 알려주었다.

이후 오오쿠니누시는 스쿠나히코나와 협력하여 나라를 만들어나갔다. 오오쿠니누시에게 있어서 스쿠나히코나는 요즈음 말로 소울메이트soul mate였다. 하지만 스쿠나히코나가 죽자少彦名神が常世の国へ去り 오오

쿠니누시는 '나 혼자 어떻게 나라를 만들어간단 말인가'라고 탄식했다. 그 때, 바다를 비추며 나타난 신海神이 있었다. 그 신은 자신을 사키미타마쿠시미타마幸魂奇魂라고 소개하며, 나라 만들기를 도와주겠다고 말했다. 이 신은 이후 오오모노카미大物主라고도 불리게 된다. 스쿠나히코나少名毘古那神와 더불어 개국의 동지였던 셈이다.

필자는 신사를 방문하면 그 신사에서 모시는 신을 확인하는데 스사노오, 오오쿠니, 스쿠나히코, 오오모노카미, 코토시로누시가 있으면 '도래인'의 신사로 간주한다. 물론 다른 신神들도 도래인의 신들이지만 백제가 일본의 주인이 되면서 위에 열거한 신들만 '도래인'의 신으로 간주했기 때문이다.

### 이와미 은광石見銀山

이곳은 일본의 고대사와는 관계가 없지만 일본의 중세사를 바꾸어 놓은 일본 역사에서 매우 중요한 곳이기 때문에 소개하기로 한다.

차를 달려 서쪽으로 길을 잡다가 북쪽으로 올라가니 옛날 은광마을이 나온다. 이와미 은광石見銀山, 이와미긴잔은 예부터 은을 채굴하였던 광산으로 전국시대 후기부터 에도시대 전기에는 대규모의 은광이었다. 이와미 은광을 본격적으로 개발한 사람은 하카타博多, 후쿠오카의 상인 가미야 히사사다神谷寿貞라고 한다. 청수사연기石見銀峯山清水寺天地院縁起에 따르면, 바다로부터 산이 빛나고 있는 것을 본 히사사다는 영주 오우치 요시오키領主大内義興의 지원과 이즈모의 동광산을 운영하는 미시마 세이에몬三島清右衛門의 협력을 얻어 1526년 긴푸산銀峯山의 산허리에서

지하의 은을 채굴했다.

오우치 가문은 주변에 야마부키 성을 쌓아 광산 경영의 거점으로 삼았다. 이 해 조선의 제련기술인 회취법灰吹法을 가미야 히사사다가 오모리에서 처음 성공하였다. 그 결과 효율적 은의 채취가 가능하였고, 전국으로 퍼져 일본에 있어 은 채취에 크게 공헌하였다.

연은분리법은 조선 연산군 대에 김감불과 김검동에 의해 고안되었다고 전해지는 고전적인 회취법cupellation, 灰吹法의 일종이다. 회취법은 납이 포함된 은광석에서 녹는점의 차이를 이용해서 납만을 산화시키고 은을 골라내는 기술이다. 조선에서는 도가니를 이용해 용로鎔爐에 납을 얹은 후 그 위에 은을 깔고 불을 지피면 납이 먼저 녹아 재 안으로 떨어지고, 그 후에 순수한 은만을 응고시켜 추출하는 방법을 사용했다. 조선왕조실록을 보면, 일본인들이 조선의 은제련술을 훔쳐간 것은 1530년대초로 추정된다. 일본인들이 조선에 은광석을 가져와 제련하는 과정에서 조선의 제련법을 훔쳐갔다.

오우치 가문의 뒤를 이어 모리 가문이 은광을 손에 넣었다. 1584년 모리 가문이 도요토미 히데요시에 복속해 은광은 모리 가문과 도요토미 가문이 공동으로 관리하게 되었으며, 임진왜란 때 군자금을 여기서 충당하였다.

이와미 은광이 개발되었을 시기는 일본 경제가 상업적 발전을 이룬 시기와 겹친다. 이 때문에, 정련가공된 은丁銀. 조긴은 기본적으로 통화로써 유통되었고 16세기 후반부터 포르투갈과 네덜란드와의 교역에도 사용되었다. 그 당시 은을 지불하고 수입한 품목에는 당시 귀중품이었던 화승총도 포함되었을 가능성이 높다. 당시 일본에서 산출된 은의 양은 전 세계의 1/3에 달해<sub>전세계 생산량 연간 200톤중 이와미 은광만 38톤</sub> 스페인의 식민지였던 현재 볼리비아 포토시의 세로 리코 은광과 더불어 은 산지로 널리 알려지게 되었다.

세키가하라 전투 후, 도쿠가와 이에야스는 막대한 은을 토대로 해외무역을 하였다. 가마야 갱도를 발견함에 따라 17세기초의 은 산출량은 최고조에 다다르게 되었다. 당대기<sub>当代記</sub>에 따르면, 1602년 상납된 은은 4~5천관<sub>요새 돈으로 치면 약 400억원</sub>에 달했다고 적고 있다. 그 후, 은산출량은 점차 감소하였다.

## 6. 이즈모<sub>出雲</sub>의 가야

시마네현 일대를 지금은 이즈모<sub>出雲</sub>라고 부르지만 고대시기에는 아라가야라고 불렸다고 한다. 지금은 이것이 전화되어 아다가야라고 부르지만 한자로는 한반도의 가야와 연관되어 있다. 이즈모라는 말은 이즈모 풍토기에 야구모다쯔이즈모<sub>八雲立出雲, 여덟 구름이 일어선다</sub>라고 했다는 데서 유래한다고 하였다. 그러나 왜 이즈모라고 했는가 하는 말의 근거는 밝히지 않았다. 이즈모라는 말은 풍토기<sub>9세기 혹은 10세기경에 편찬 출현 이후의 산물이다. 따라서 그 이전에 출운<sub>出雲</sub>이라고 쓰고 아다가야라고 훈<sub>訓</sub>을 단 이즈모 풍토기의 내용을 수긍해야할 것이다. 시마네현 일대를 아라가야라고 하게 된 것은 이 일대에 신라사람들과 함께 가야사람들도 적지 않게 진출하여 마을을 이루고 살았기 때문일 것이다.

오이즈모라는 곳에 아라이를 비롯하여 가야가라, 아야 등에서 유래한 지명이 붙어 있는 것은 바로 이 때문이다. 이즈모는 이미 본 바와 같이 가야 계통지명이 많은 곳이며, 한때 전체 이즈모지방을 총칭하는 이름으로 쓰인 적도 있으나 후에 신라세력이 강성해짐에 따라 그 자리를 양보하게 되었다.

『일본서기』에 가야왕자라는 츠누가하라히또가 북해를 돌아 이즈모에 간 다음 야마토에 왔다는 것도 일리가 있는 말이다. 그것은 이즈모 풍토기에 고시국 사람들이 서부 이즈모에 건너 왔다는 기록이 있으며 스사노오노미코토가 죽였다는 오로찌八岐大蛇, 조선식산성을 구축한 조선인 집단도 고시국에서 건너간 가야계통 이주민집단이기 때문이다. 말하자면 고시국에 진출한 가야사람들이 다시금 이동하여 서부 이즈모지방에 정착하게 된 것이다. 따라서 츠누가아라히또都怒我阿羅斯等가 북해를 돌아 이즈모국을 거친 것이리라.

하나의 가야계통 지명이 있는 데는 여러 개의 가야계통 지명이 존재한다는 사실을 앞에 소개한 교토부 여요사군의 가야加悅를 실례로 들어보아도 잘 알 수 있다. 현재 가야정의 가야加屋는 본래 가옥加屋, 하옥賀屋이라고 쓰고 가야라고 읽던 고장이다. 여기에는 가야의 여신인 가야노히메를 제사지내는 오야신사가 있다. 그리고 주변에는 안량安良, 안량산安良山이라는 지명과 산이 있다. 옛 문헌에는 이 산을 안라산安羅山이라고 명문으로 밝히고 있다. 이러던 이 고장이 가열加悅의 글자를 쓰게 된 것은 중세기의 무장 가열嘉悅씨가 영주로 된 데 기인한다고 하였다. 아무튼 한반도의 가야와 직접 연계된 고장임에는 틀림없다.

필자도 천일창天日槍의 신사를 방문하기 위하여 교토부 여요사군의 가야加悅 지역을 지나다가 가야라는 지명을 발견하고 놀랐던 적이 있다. 이 지역에는 작지 않은 규모의 고분들도 산재하고 있었다.

### 조선형 이즈모 미인 朝鮮型 出雲美人

시마네의 역사에 대한 기사를 인터넷에서 찾다가 재미있는 글을 발견했다. 이 글을 쓴 사람은 이즈모 미인出雲美人이라는 한 특집방송을 보고서 그의 역사에 대한 인식을 풀어 놓은 것이다. 일본인다운 애매함을 끝까지 견지하고 있지만 상당히 솔직한 심정을 피력하였기에 이즈모 여행을 시작하며 초두에 요약해 놓은 신화로 본 일본의 고대사를 다시 설명하는 듯한 느낌이 있어 여기에 소개한다.

'비밀의 현민縣民 SHOW'에서 시마네현의 이즈모 미인을 특집으로 한 방송이 있었다. 미인이 많은 현을 찾는 기획으로 아름다운 피부로 일본 제일인 시마네현을 소개했다. 인터뷰 차 길거리에서 만난 여성은 일본 제일의 아름다운 피부의 이유를 '직사 일광에 닿지 않는 산인山陰 지역이 이유라고 생각한다'고 이야기했다. 전문가는 시마네에 미인이 많은 이유로 '시마네는 윤곽이 뚜렷한 죠몬인의 뿌리였고 거기에 한반도의 야요이계 도래인이 온 것으로 가지런한 얼굴의 사람이 많아졌다고 생각된다'고 이야기했다.

시마네 출신의 에스미 마키코江角는 '확실히 아름다운 피부 미인이 많다. 나도 파운데이션을 사용하지 않고 있다'고 코멘트 했다. NHK도 '우리들은 어디에서 온 것인가'라고 하는 프로그램을 방영하고 있다. 역시 최신의 연구 결과, 일본인의 DNA 샘플을 채취하여 온세계의 DNA와 비교하고, 일본인의 뿌리를 추구한 끝에 매머드를 쫓아서 유라시아 대륙을 횡단한 민족이 일본인의 뿌리라고 결론짓고 있다.

더욱 남방계는 중국 복건성 해안주변 민족이 바다를 건너서 직접 들어온 것을 DNA 감정으로 확인할 수 있었다. 이 그룹은 오키나와뿐만 아니라 규슈에서 단숨에 북상해서 긴키까지 왔다. DNA 감정이라고 하는 새 기술이 채용되기 전까지는 수렵을 생업으로 하는 죠몬인이 한반도에서 벼농사 기술을 갖춘 야요이인에 의해 쫓겨나서 고대 국가가 성립했다고 단순하게 생각되어 왔다. 그러나 한국인은 인종적으로 일본인과는 상당히 다른 이인종이라고 하는 것을 알고 있다. '적어도' 고대 일본인의 DNA와는 일치하지 않는다.[91] 오히려 중국의 양쯔강 이남의 '강남' 사람과의 일치점이 많다. 특히 규슈에는 이 경향이 현저하다.[92]

'강남'의 사람들은 춘추전국시대<sub>기원전770년부터 기원전221년</sub>에 초, 오, 월의 나라를 만들었지만, 황하 유역을 본거지로 하는 중원의 한漢인에게, 초인은 변경의 야만족蠻族에 지나지 않는 취급을 받고 있다. 초인楚人을 한인은 '형만荊蠻'이라고 칭하며 경멸한 역사가 있다.

DNA 감정을 믿으면, 이 '강남'의 사람이 한반도를 옮겨 가고, 다시 일본에 왔을 가능성이 있다. 변경의 만족이라고 불리면서도 이미 고도의 벼농사 문화를 가지고 있고, 철기를 사용하는 사람들이었다. 물론

---

91  이 부분이 재미 있다. 기원전의 고대인을 이야기하는 모양이고 기원후의 고대인은 일치한다는 이야기로 들린다.

92  한반도에도 북방에서 민족이 이입되기 이전에는 남방에서 온 민족이 살고 있었다는 분석이 있다.

긴 세월을 통한 민족의 이동였기 때문에, 한반도에 사는 사람들과의 혼혈이 있었던 것일 것이다이 이야기는 왜인 남방도래 가설과 고시越国에 대한 일본인들의 해석과 같다.

그러면 시바 료타로司馬遼太郎씨가 말하는 조선형의 이즈모 미인朝鮮型の出雲美人과의 관계는 어떤 것일까? 그 수수께끼는 일본의 신화나 전설에 숨겨져 있다고 생각한다.

고대 이즈모국에 대해서는 모르는 부분이 많다기보다는 의식적으로 지워진 역사가 있는 것 같다. 고고학의 발굴 조사로, 청동기를 주로 하는 니시베 이즈모西部出雲, 현재의 시마네현 이즈모시 부근 지방이 있었던 것을 알고 있다. 또 일본신화에 나오는 이야기는 대부분이 이즈모국이나 그 주변의 것이 압도적으로 많다.

시마네 반도와 한반도는 300km의 거리 밖에 되지 않는다. 한반도에서 벼농사 문화와 청동기를 가진 야요이인이 쓰시마 해류쿠로시오 해류의한 흐름를 타고 이즈모에 도래해 왔다고 쉽게 생각할 수 있다. 이것이 일본 초기의 도래 국민이었던 것이 아닐까? 그리고 죠몬인繩文人을 정복해서 이즈모 문화권을 만들었다. 기원전 600년 경이다.

이즈모국 풍토기出雲国風土記에 '나라 끌어 당김国引き'의 기술이 있다. '신라를 가까이 끌어 당겼을 때의 줄은 고베강神戸川 하구부근의 해안 구릉지대이며, 줄을 걸었던 말뚝은 이즈모국과 이시미국石見国과의 경계인 산베산三瓶山에서 서쪽의 국경을 형성하고 있다新羅を引き寄せたときの綱は、神戸川河口付近の海岸丘陵地帯であり、綱をかけた杭は、出雲国と石見国との境の三瓶山で

西の国境をなしている'는 기술은 신라에서 이즈모에 많은 도래인이 왔다는 표현으로 이해된다. 고대 이즈모국과 한반도의 신라가 친밀한 관계가 있었던 것은 의심할 여지가 없다.

이즈모신화出雲神話에 스사노오素戔嗚尊가 타카마가하라高天原에서 추방된 후 이즈모에 내려와天降하여 머리가 여덟개인 큰 뱀八岐大蛇, 야마다노오루찌을 퇴치한 것이 기기記紀, 『고사기』와 『일본서기』에 나온다. 『일본서기』에는 '스사노오는 신라에 강림한 후, 그 다음에 이즈모의 히이카와斐伊川 상류에 이르렀다'고 기재되어 있다. '스사'는 거칠다는 뜻으로서 폭풍의 신, 폭풍우의 신이라는 설이 있다.

야마타이국邪馬台国이 규슈에서 동쪽으로 진출하여 긴키지방을 동정東征해서 만들어졌다고 전해지는 야마토조정大和朝廷은 이즈모 문화권과는 대립하는 운명에 있었던 것이 아닐까? 이미 신화의 세계에서는 타카마가하라에 있었던 누이 아마테라스天照大神가 난폭한 스사노오素戔嗚尊를 두려워해서 하늘의 이와야岩屋에게 숨어버린 사건을 기술하고 있다.

청동기 문화권이었던 이즈모국이 철기 문화권鉄器文化圏이었던 야마토조정大和朝廷에 멸망당했다고 할 수 있다. 고고학상에서는 청동기를 주로 하는 니시베西部 이즈모현재의 시마네현 이즈모시 부근와 철기를 주로 하는 동부 이즈모현재의 시마네현 야스기, 安来시, 돗토리현 요나고米子시, 다이센초가 있었던 것이 발굴 조사로 밝혀져 있다.

동쪽에서 서쪽에 걸쳐 두개의 문화권이 존재한 것은 철기를 가진 도래인이 청동기를 가진 도래인을 정복한 것으로 생각하게 한다. 중국의 『위지 왜인전魏志倭人伝』은 3세기말 역사서이지만, 그 중『동이전東夷伝』에 왜국倭国 전체에 장기간에 걸치는 왜국대란倭国大乱이 일어나고, 여왕이었던 히미코卑弥呼에 의해 소란이 가라앉았다고 전하고 있다.

신라의 강한 영향을 받은 이즈모 문화권이 긴 쟁란의 역사 중에 멸망했다고 하지만 조선형의 이즈모 미인은 남아 있다고 할 수 있다. 고대사는 신화의 세계이기 때문에 추리를 하는 것이 가능하다. 이미 식어버린 야마타이국邪馬台国에 관한 논쟁도 이 세계에서 노니는 것이라고 한다면 지나친 말일까? 인용 끝

제1권 끝

다음 편인 제2권에서는 세토내해를 중심으로 한 시코쿠와 기비 지방, 교토와 인근 지방 및 일본 고대사의 중심지이자 한반도로부터의 집단 이주민들이 향했던 오사카 남쪽 가와치와 아스카 - 나라 지역을 답사한 후 마지막으로 규슈로의 이주 역사를 알아 본다.

# 에필로그

　고대에 일본 열도에서 벌어진 한반도 이주민들의 이야기 그리고 한일고대사의 가설이다. 필자는 도쿄에 살고 있던 어느날 도쿄평야에서 펼쳐졌던 고구려 이주민들의 역사를 알게되고 나서 놀라움을 금치 못했다.

　서기 400년 경에 시작되어 우리 동해를 거쳐 일본 본섬에 들어가 나가노지역을 주요 본거지로 했던 고구려 이주민들로부터 이어진 역사였다. 그 뿐만 아니라 도쿄평야의 북쪽에는 신라인과 가야인의 발자취도 진하게 남아 있었다. 이들은 우리 동해에 면해있는 혼슈 북쪽 해안가의 이즈모에 자리잡고 있던 신라세력이 어떤 이유에서 동진하기도 하고 이즈모에서 남하하여 나라지역으로 이동했던 신라세력이 일본 열도의 남해안을 타고 동진하여 이곳에 이르렀던 것이다. 그것도 모자라 도쿄평야에서는 북쪽 신라세력의 지원을 받은 남쪽의 고구려 세력이 연합하여 서쪽의 세력인 야마토<sup>백제</sup>의 지원을 받은 중부 세력간에 전쟁이 일어났었다는 기록도 있다.

이것은 놀라운 일이었다. 적어도 필자에게는 이제까지 알지 못하던 새로운 사실이었다. 우리 선조들의 이주역사를 찾아보던 중 재일 역사 연구가인 김달수씨의 '일본 속의 조선문화日本の中の朝鮮文化'라는 책을 알게되어 도쿄지방을 시작으로 우리 선조들의 이주역사가 남아있는 현장을 방문한다. 방문의 목적지는 고대 이주민 세력의 밀집지역에 남아있는 고분과 신사를 위주로 하였고 오랜기간 동안 변하지 않는다는 지명에도 유의하였다.

그러면서 접하게 된 것이 '이마끼今来'라는 옛날말로 일본 열도에 들어온 지 얼마되지 않은 사람이라는 뜻이다. 그 말의 의미를 생각하던 중 불현듯 떠오른 생각이 그 반대말이 있을 것이라는 것이었다. 역시나 '후루끼古来'라는 말이 있는데 들어온이주한 지 오래된 사람이라는 뜻이었다. 생각을 거듭하던 중 문득 '그러면 일본인日本人은 누구인가'하는 생각에 이르렀다. 현재 일본에 살고 있는 사람들의 선조 중에 이마끼와 후루끼 및 원주민아이누와 하이토을 제외한 순수 일본인은 얼마나 될까 하는 의문이다. 아니면 그러한 고대부터 일본 열도에 자리잡고 원주민과 함께 살아온 '순수 일본인'이라는 사람들이 과연 존재하는가 하는 의문도 생겼다.

필자는 김달수씨의 역사여행기를 길잡이로 일본 여러 지역을 답사하면서 그곳에 남아있는 우리민족의 이주역사를 연구하기 시작했다. '일본이 한 때는 백제의 후국 또는 식민지였다'는 정치적 또는 지배층에 대한 역사가 아니라 기층민의 역사에 관심을 가졌다. 일본 열도에는 규슈를 시작으로 가야, 신라, 백제와 고구려인들의 역사가 광범위하게 남아있었다. 우리나라에서 처럼 삼국 또는 사국의 뚜렸한 경계선이 있지도 않고 같은 지역이라도 시간의 차이에 따라 다른 세력들의 발자취가 겹겹이 남아 있었다. 이는 이주세력의 지속적인 추가 이동으로 나타난 현상으로 보이고 같은 지역으로부터의 이주민을 통합하는 일본 열도 내의 각각의 주체세력은 없었던 이유 때문으로도 보인다.

답사의 범위는 도쿄평야를 시작으로 일본 본섬의 북쪽인 우리 동해 연안, 기내지방이라고 하는 나라, 오사카, 교토 일대 그리고 규슈까지 일본 열도의 전지역에 걸쳤다.

이러한 기행을 하면서 일본의 고대사에도 관심을 갖기 시작하였다. 일본의 역사를 연구하던 중 일본고대에 '공백의 4세기空白の四世紀, 266-413년'라는 역사의 공백기간이 있다는 것을 알게 되었다. 즉, 일본 이외의 제3국인 중국이나 한국에 일본에 관한 역사기록이 일절 존재하지 않는 기간이다. 그후 왜5왕시대413-478년가 이어지는데 일본의 역사기록과 중국의 역사기록이 전혀 일치하지 않는 기간이다. 한편 일본의 정사인 고사기와 일본서기에는 이 기간동안 발생하였다는 중대한 역사적 사실들이 기록되어 있으며 이는 일본 고대정권의 성립에 관련된 것이다. 하나가 신공황후라는 인물에 의한 삼한한반도 정복이고 다른 하나는 신공의 아들이라는 응신천왕에 의한 야마토 통치다.

이 기간인 약 200여 년간을 둘러싸고 수많은 역사가설들이 만들어져 왔다. 필자는 이 기간의 역사에 관한 가설들을 정리하고 결론을 내린다. 즉, 이 시기에 한반도로부터의 세력이 일본 열도에 대한 정치적 정복활동을 하였으며 왜5왕시대를 거치면서 백제의 세력이 일본 열도에 중대한 영향을 미치기 시작하였다는 것이다.

저자는 귀국 후 우리 고대국가들의 초기역사를 연구하며 답사활동을 계속하였다. 일본 열도에서 본 것들과의 연관성을 찾기 위해서였다. 이러한 역사기행과 한일고대사의 가설들이 3권의 책으로 정리하였다.

항상 한일고대사에 관심을 보여주시고 응원을 아끼지 않으시며 책의 출판에 필요한 펀딩에도 참여해주신 김정렬, 김춘경, 이재범, 임종석 제위께 감사의 말씀을 드린다. 아울러 쉽지 않은 교정에 기꺼이 참여해주신 김동락, 김진숙, 김춘경, 방진식, 이재범, 정헌탁 제위께도 심심한 감사의 말씀을 드린다.

또한 책의 출판을 맡아주시고 필자 못지않게 본서에 깊은 관심을 표명해준 도서출판 이서원의 고봉석 대표님께 감사의 말씀을 드린다. 마지막으로 거의 모든 답사에 동행해주고 국문법의 세부세항에 조언을 아끼지 않은 아내 김진숙에게도 고마운 말을 전한다.

# 참고 서적

**국내 참고 서적** * 가나다 순

강수, 역사를 읊다, 함께 읽는 책, 2012

강윤길, 고대사의 비교언어학적 연구, 한국문화사, 2011

강인구, 삼국시대 분구묘 연구, 영남대학교출판부, 1984

강인구, 한반도의 전방후원분 논집, 동방미디어, 2001

기타바타케 지카후사, 남기학 역, 신황정통기, 소명출판, 2008

김달수, 일본 속의 한국 문화유산을 찾아서 1, 2, 3권, 대원사, 2003(초판 1997년)

김병모, 한국인의 발자취, 집문당, 1994

김병훈, 역사를 왜곡하는 한국인, 반디출판사, 2002

김부식, 이병도 역, 삼국사기 상, 하, 을유출판사, 2016

김부식, 이강래 역, 삼국사기 1, 2권, 한길사, 2020

김석형(심사), 조희승(집필), 초기일조관계사 1, 2, 3권, 사회과학출판사, 2010

김성호, 씨성으로 본 한일민족의 기원, 푸른숲, 2000

김성호, 일본은 구다라 망명정권, 기파랑, 2012

김영덕, 백제와 다무로였던 왜나라들, 글로벌콘텐츠, 2013

김진명, 몽유도원, 새움출판사, 2010

김후련, 고대일본의 종교사상, 제이엔씨, 2006

김현구, 고대 한일 교섭사의 제문제, 일지사, 2009

남풍현, 고대 한국어 논고, 태학사, 2014

노성환 역, 고사기, 민속원, 2009

대한문화유산연구센터, 한반도와 전방후원분, 학연문화사, 1998

도수희, 한국 지명 신연구, 제이엔씨, 2010

마쓰무라 아키라, 윤철규 역, 절대지식 일본고전, 이다미디어, 2013

머로 미야, 허유영 역, 에도 일본, 일빛, 2008

문성재, 한국고대사와 한중일의 역사 왜곡, 우리역사연구재단, 2018

문인식, 동아시아 문화교류와 한반도 서남해지역 해양문화, 혜안 2013

문창정, 일본상고사, 박문당, 1970

문창정, 백제사, 박문당, 1973

문창정, 일본고대사, 인간사, 1989

미나미 히로시, 이관기 역, 일본인론, 도서출판 소화, 2003

바른역사 학술원, 역사와 융합, 한가람 역사문화 연구소, 2017

박규태, 일본 정신의 풍경, 한길사, 2009

박동, 영산강 마한 태양족의 기원과 발전, 도서출판 범신, 2020

박병식, 박관순 역, 일본어의 비극, 평민사, 1987

박성흥-박태신,真番, 目支國과 백제부흥전, 서경문화사, 2016(초판 2008년)

박조남, 무녀의 왕국 사로야마도국 (일본민족과그 국가의 뿌리), 신세림, 1999

부지영, 일본, 또 하나의 한국, 한송, 1997

서동인, 가야, 주류성, 2011

소진철, 백제 무령왕의 세계, 주류성출판사, 2008

손완범, 동아시아 세계 속의 일본율령국가 연구, 경인문화사, 2020

신경철 외, 한국의 전방후원분, 충남대학교출판부, 2000

스가노노 마미치 외, 이근우 역, 속일본기 1, 2, 3, 4, 지식을 만드는 지식, 2016

스에키 후미히코, 이시준 역, 일본불교사, 뿌리와 이파리, 2006

승천석, 백제의 장외사 아스카베 왕국, 도서출판 책사랑, 2009

시미즈 기요시, 박명미 공저, 아나타는 한국인, 정신세계사 2004

신종원 외, 일본신사에 모셔진 한국의 신, 민속원, 2014

아세아설화학회, 한중일 설화 비교 연구, 민속원, 1999

양종국, 백제 멸망의 진실, 주류성, 2008

연민수, 고대 한일 교류사, 혜안, 2003

연민수외 역, 역주 일본서기 1, 2, 동북아역사재단, 2013

연민수외 역주, 신찬성씨록(新撰姓錄) 上, 中, 下, 동북아역사재단, 2020

오순재, 한성백제사, 집문당, 1995

오오노야스마로, 권오엽 역, 고사기, 고즈윈, 2007

윌리엄 엘리엇 그리피스(William Elliot Griffis), 은자의 나라 한국, 집문당, 2015(1882년 초판)

윤영식, 백제에 의한 왜국통치 삼백년사, 하나출판사, 1987, 도서출판 청암, 2011

윤용혁, 가루베 지온의 백제 연구, 서경문화사, 2010

이광래, 일본사상사 연구, 경인문화사, 2005

이노우에 히데오, 김기섭 역, 고대 한일관계사의 이해-왜, 이론과 실천

이덕무, 청령국지, 아카넷, 2017

이도학, 백제 고대국가 연구, 일지사, 1995

이병선, 한국 고대국명지명의 어원연구, 도서출판 이회, 2012

이시와타리 신이치로, 안희탁 역, 백제에서 건너온 일본천황, 지식여행, 2002

이성시, 투쟁의 장으로서의 고대사, 삼인, 2019

이원호, 천황과 귀족의 백제어, 주류성, 2015

이자와 모로히코, 유재성 옮김, 역설의 일본사, 고려원, 1995

이재준, 백제 멸망과 부흥전쟁사, 경인문화사, 2017

이정룡, 한국 고지명 차자표기 연구, 경인문화사, 2002

이종기, 가야공주 일본에 가다, 책장, 2006

이종환, 고대 가야족이 세운 구주왕조, 대왕사, 1987

이중재, 고대 조선과 일본의 역사, 명문당, 1997

이하라 사이카쿠, 정형 역, 일본영대장, 소명출판, 2009

이한상, 삼국시대 장식대도 문화 연구, 서경문화사, 2016

이희진, 식민사학이 지배하는 한국고대사, 책미래, 2015

일본역사교육자협의회 편, 동아시아 역사와 일본, 동아시아, 2007

일연, 최광식 박대재 역, 삼국유사 1, 2, 3권, 고려대학교 출판부, 2014

일연, 리상호 역, 삼국유사, 까치, 2000

장한식, 한일 고대사의 재건축 1, 2, 3권, 산수야, 2021년

전여옥, 일본은 없다, 지식공작소, 1994

젊은 역사학자 모임, 욕망 너머의 한국고대사, 서해문집, 2018

정광, 삼국시대 한반도의 언어연구, 박문사, 2012

정일성, 야나기 무네요시의 두 얼굴 – 민예 운동가 인가, 문화 정치 이데올로그 인가, 지식산업사, 2007

정장식, 통신사를 따라 일본 에도시대를 가다, 고즈윈, 2005

정한덕, 일본의 고고학, 학연문화사, 2007

제레드 다이아몬드, 김진준 역, 총. 균. 쇠, 문학사상사, 2013년판

조희승, 이덕일 해설, (북한학계의) 가야사 연구, 도서출판 말, 2020(초판 1988년)

조희승, 이덕일 주, 임나일본부 해부, 말, 2019

존 카터 코벨, 김유경 역, 부여기마족과 왜, 글을 읽다, 2014(초판 2006년)

존 카터 코벨, 김유경 역, 일본에 남은 한국미술, 글을 읽다, 2011(초판 2008년)

지건길, 한반도 고인돌사화와 고분문화, (주)사회평론아카데미, 2014

차태헌, 일본에서 찾은 가야 백제 신라 이야기, 마고 출판사, 2017

천관우, 가야사 연구(加耶史 研究), 일조각, 1991

최병선, 일본 고대의 지명 연구, 아세아문화사, 1996

최재석, 백제의 대화왜와 일본화 과정, 일지사, 1990

최재석, 일본 고대사의 진실, 경인문화사, 2010

최재석, 고대한일관계사 비판, 경인문화사, 2010

최재석, 일본서기의 사실기사와 왜곡시사, 집문당, 2012

최재석, 역경의 행운, 만권당, 2015

최태영, 한국고대사를 생각한다, 눈빛, 2002

최학근, 전라남도 방언 연구, 홍문각, 1986

카와이 아츠시, 원지연 옮김, 하룻밤에 읽는 일본사, 랜덤하우스, 2000

힌국일어일문학회, 높임말이 욕이 되었다, 글로세움, 2003

한종섭, 위례성 백제사, 집문당, 2004

호카마 슈젠, 심우성 옮김, 오키나와의 역사와 문화, 동문선, 2008

홍성화 외, 전근대 일본의 영토의식, 동북아역사재단, 2012

홍성화, 일본은 왜 한국역사에 집착하는가, 시여비(레인북), 2023

홍성화, 한일고대사 유적 답사기, 삼인, 2012

홍원탁, 백제와 대화일본의 기원, 구다라 인터네셔널, 1994

홍윤기, 일본 속의 백제 나라, 한누리미디어, 2009

홍윤기, 일본 속의 백제, 상생출판, 2005

황보연, 칠지도와 광개토대왕 비문으로 다시 보는 고대 한일관계사, 타임라인, 2019

황태강, 일본 신화의 연구, 지식산업사, 1996

히라카와 미나미, 국립나주문화재연구소 역, 되살아나는 고대문서, 주류성 출판사, 2010

히야미 아키라, 조성원 정안기 역, 근세 일본의 경제발전과 근면혁명, 혜안, 2006


일본 참고 서적* 히라가나 순

朝日(아사히)新聞社 編, 武蔵野むかしむかし, 河出書房新社, 1985

青園 謙三郎(아오조노 켄자부로), ひらがな郷土史─福井史の謎に挑む, ひまわり書店, 1968

李 進熙(イ·진히), 李朝の通信使, 江戸時代の日本と朝鮮, 講談社, 1976

池田 末則(이케다 스에노리), 地名伝承論, 大和古代地名辞典, 名著出版, 1999

井上 直樹(이노우에 나오키), 帝国日本と満鮮史, 大陸政策と朝鮮 満州認識, 塙書房, 2013

井上 光貞(이노우에 미쓰사다), 飛鳥の朝廷, 講談社, 2004

井上 秀雄(이노우에 히데오), 古代朝鮮, 講談社, 2012

乾 健治(이누이 겐지), 大和の古社, 學生社, 1976

今井 啓一(이마이 케이이치), 帰化人の研究, 綜芸舎, 1985

今尾 恵介(이마오 케이스케), 日本の地名 おもしろ探訪記, ちんま文庫, 2013

石井 謙治(이시이 겐지), 和船 ものと人間の文化史, 法政大学出版局, 2010

石野 博信(이시노 히로노부)水野正好 西川壽勝 著, 奈良歴史地理の会 監修, 三角縁神獣鏡 邪馬台國 倭國, 新泉社, 2009

石原 道博(이시하라 미찌히로), 和田清共編訳,

魏志倭人伝 後漢書倭伝 宋書倭国伝 隋書倭国伝, 岩波文庫 単独改訳版1985

石渡 新一郎(이시와타리 신이치로), 百済から渡来した応神天皇 騎馬民族王朝の成立, 三一書房, 2001

石渡 新一郎, 聖徳太子はいなかった古代日本史の謎を解く, 河出文庫, 2009

石渡 新一郎, 日本地名の語源 地名からわかる日本古代国家, 三一書房, 1999

伊集院 卿(이쥬우인 쿄우), 富士王朝の謎と宮下文書, 学研パブリッシング, 2016

斎部 広成(이베 히로나리), 古語拾遺, 岩波文庫, 2022

岩淵 悦太郎(이와부치 에츠타로우), 日本語 語源の楽しみ, グラフ社, 2002

伊波 普猷(이하 후유우), 沖縄歴史物語, 平凡社, 2006

岩生 成一(이와오 세이이찌), 朱印船貿易史の研究, 弘文堂, 1985

宇田川 武久(우다가와 타케히사), 鉄砲伝来 兵器が語る近世の誕生, 中公新書 1990, 講談社 2012

上田 正昭(우에다 마사아키), 古代からの視点, PHP研究所, 1978

上田 正昭, 渡来の古代史 国のかたちをつくったのは誰か, 角川選書, 2013

上田 正昭, 帰化人, 中公新書, 1971

梅原 猛(우메하라 타케시), 日本の深層 縄文 蝦夷文化を探る, 小学館, 2000

江上 波夫(에가미 나미오), 騎馬民族征服王朝説, 大和書房, 1975

岡谷 公二(오카야 코지), 神社の起源と古代朝鮮, 平凡社新書, 2013

小笠原 好彦(오가사와라 요시오), 古代豪族葛城氏と大古墳, 吉川弘文館, 2017

荻原 千鶴(오기와라 치즈루), 出雲風土記, 講談社, 1992

大塚 初重(오오츠카 하츠시게), 小林三郎 編, 古墳辞典, 東京堂, 1996

大山 誠一(오오야마 세이이치), 聖徳太子の誕生, 吉川弘文館, 2000

大平 裕(오오히라 히로시), 天照大神は卑弥呼だった 邪馬台国北九州説の終焉, PHO 研究所, 2017

大塚 初重(오오츠카 하츠시게), 小林三郎 編, 古墳辞典, 東京堂, 1996

小笠原 好彦(오가사와라 요시오), 古代豪族葛城氏と大古墳, 吉川弘文館, 2017

神奈川(카나가와)徐福研究会, 現代語訳神皇紀 徐福が記録した日本の古代 富士古文書, 今日の話題社, 2015

金沢 庄三郎(가나자와 쇼사브로), 日朝同祖論, 成申書房, 1978

景山 春樹(카게야마 하루키), 近江路 史跡と古美術の旅, 角川書店, 1967

金井塚 良一(카나이쓰카 요시카즈), 古代東国の原像, 新人物往来社, 1989

金関 丈夫(카네세키 타케시), 日本民族の起源, 法政大学出版局, 1979

門田 誠一(카도다 세이이치), 海でむすばれた人々, 古代東アジアの歴史とくらし, 同朋舎, 1993

角川(가도카와)書店 沢, 萬葉集, 角川書店, 2001

門脇 禎二(카도와키 사이지), 飛鳥 その古代史と風土, 日本放送出版協会, 1979

亀井 孝(카메이 타카시), 大藤時彦 山田俊雄, 日本語の歴史 民族のことばの誕生, 平凡社, 2008

上垣外 憲一(가미가이토 겐이치), 倭人と韓人─記紀からよむ古代交流史, 講談社, 2012

上垣外 憲一, 古代日本 謎の四世紀, 学生社, 2011

梶原 正昭(카지하라 마사아키), 陸奥話記, 現代思潮社, 2006

計良 光範(카츠라 미츠노리), 北の彩時記, コモンズ, 2008

河田 禎(카와다 테이지), 武蔵野の歴史, 角川書店, 1962

川村 湊(카와무라 미나토), 海峡を越えた神々 アメノヒボコとヒメコソの神を追って, 河出書房新社, 2013

金 達寿(キム ダルス), 日本の中の朝鮮文化 1권, 2001 (초판 1970, 시리즈 2~12권 1972~1995)

金 達寿, 古代朝日關係史入門, 筑摩書房, 1980

金 達寿, 古代日本と朝鮮文化, 筑摩書房, 1984

金 達寿, 日本古代史と朝鮮文化, 筑摩書房, 1976

金 達寿, 古代朝鮮, 學生社, 1980

金 達寿, 古代朝日関係史入門, 筑摩書房, 1980

金 達寿, 飛鳥ロマンの旅 畿内の古代遺跡めぐり, 河出文庫, 1985

金 達寿, 古代朝鮮と日本文化, 講談社, 1993

金 達寿 評論集 わが民族, 築摩書房, 1976

金 達寿, 行基の時代, 朝日新聞社, 1982

金 達寿 谷川 健一, 地名の古代史 KAWADEルネサンス, 河出書房新社, 2012

金 思燁(キム サヨプ), 古代朝鮮語と日本語, 講談社, 1974

金 錫亨(キム ソクヒョン), 朝鮮史研究会訳 古代朝日関係史-大和政権と任那, 勁草書店, 1970

北郷 泰道(키타고우 타이도우), 海にひらく古代日向, 鉱脈社, 2020

北郷 泰道, 日本の遺跡 西都原古墳群─南九州屈指の大古墳群, 同成社, 2005

北郷 泰道, 古代日向 神話と歴史の間, 鉱脈社, 2014

北見 俊夫(키타미 토시오), 川の文化, 講談社, 2013

久慈 力(구지 쓰토무), 蝦夷 アテルイの戦い (에미시 아테루이의 전쟁), 批評社, 2011

久慈 力, もののけ姫の秘密(모노노케히메의 비밀) 遙かなる縄文の風景, 批評社, 2000

倉田 康夫(구라타 야스오) 編, 日本史要說, 東京堂出版, 1976

児玉 幸多(고다마 고우다), 日本交通史, 吉川弘文館, 1994

小林 惠子(고바야시 야스코), 江南出身の卑弥呼と高句麗から来た神武 三世紀 三国時代
　　　(小林惠子日本古代史シリーズ), 現代思潮新社, 2015

小林 惠子, 白村江の戰いと壬申の乱, 現代思潮新社, 1987

小玉 正任(코다마 마사토), 史料が語る琉球と沖縄, 毎日新聞, 1993

高野 勉(고우노 쓰토무), 聖徳太子暗殺論, 農耕民族と騎馬民族の相克, 光風社, 1985

小島 信一(고지마 신이찌), 天皇系図 謎の産鉄呪術集団, 新人物往來社, 1974

坂口 安吾(사카구치 안고), 安吾新日本地理, 河出文庫, 1974

坂口 安吾, 安吾史譚, 河出文庫, 1988

齋藤 鶴磯(사이토오 츠루이소), 武藏野話, 有峰書店, 1970

斉藤 利男(사이토우 토시오), 平泉 よみがえる中世都市, 岩波新書, 1992

佐伯 有清(사에키 아리키요), 新撰姓氏録の研究 全9冊 中1, 吉川弘文館, 1985

佐々木 高明(사사키 타카아키), 日本文化の基層を探究, 日本放送出版協会, 1997

桜井 光堂(사쿠라이 코오도), 古事記は神話ではない, 秋田書店, 1971

澤田 洋太郎(사와다 요타로), 伽耶は日本のルーツ, 新泉社, 2010

司馬 遼太郎(시바 료타로), 街道をゆく 近江散歩 奈良散歩, 朝日新聞社, 1988

司馬 遼太郎, 街道をゆく 洛北諸道, 朝日新聞社, 1990

司馬 遼太郎, 街道をゆく 郡上 白川街道 堺 紀州街道, 朝日新聞社, 1972

白石 一部(시라이시 이쩨로), 海のサムライたち, 文春文庫, 2004

白石 太郎(시라이시 타로우), 考古學からみた倭国, 青木書店, 2009

自由国民社(지유고쿠민샤), 日本古代史と遺跡の謎, 自由国民社, 1993

須藤 利一(스도우 리이찌), 船 ものと人間の文化史, 法政大学出版局, 1993

鈴木 武樹(스즈키 타케쥬), 日本古代史99の謎, 産報(산포우)ブックス, 1975

鈴木 武樹, 古代史の魅惑と危険, 亜紀書房, 1977

菅田 正昭(스가타 마사아키), 秦氏の秘教 シルクロードから来た謎の渡来人, 学研パブリッシング 2009

鈴木 靖民(스즈키 야스민), 伽耶はなぜほろんだか 日本古代国家形成史の再検討, 大和書店, 1991

首里(슈리)王府 編 諸見友重 訳注, 中山世鑑, 榕樹書林, 2011

関 裕三(세키 유우조오), 大伴氏の正体, 河出書房新社, 2018

千田 稔(센다 미노루), 飛鳥への古道 古景巡礼 (風土と歴史をあるく), アイノア, 1984

千田 稔, 古代日本の 歴史地理学的研究, 岩波書店, 2007

外山 幹夫(소토야마 미키오) 外, 九州の名族興亡史, 大分 宮崎 鹿児島 熊本 沖縄, 新人物往来社 1989

創元社(소우겐샤)編集部, 大阪難読地名がわかる本, 創元社, 2003

高野 澄(다카노 기요시), 歴史を変えた水軍の謎, 祥伝社, 2012

瀧音 能之(다키오토 요시유키), 古代日本の実像をひもとく出雲大全(できる大人の大全シリーズ), 青春出版社, 2018

高坂 和導(타카사카 카즈토), 竹内文書, 徳間書店, 1995

高柳 光寿(타카야나기 미츠토시), 竹内 理三 角川日本史辞典, 角川書店, 1966

高橋 崇(타카하시 타카시), 奥州藤原氏 平泉の栄華百年, 中公新書, 2002年

武田 友宏(타케다 도모히로), 平家物語 ビギナーズ・クラシックス 日本の古典, 角書店, 2011

武田 祐吉(타케다 유우키치), 佐藤謙三 訳, 読み下し日本三代実録, 戎光祥出版, 2009

竹宮 惠子(타케미야 케이코), 吾妻鏡(漫画), 中央公論新社, 2009

武光 誠(타케미쓰 마코토), 日本の県民性, 角川ソフィア文庫, 2009

武光 誠(타케미쓰 마코토), 県民性の日本地図, 文藝春秋, 2001

瀧音 能之(타키오토 요시유키), 古代日本の実像をひもとく出雲の謎大全 (できる大人の大全シリーズ), 青春出版社, 2018

田中 勝也(타나카 카츠야) 沢, 註釈上紀 上下巻, 人幡書店, 2005

田中 健夫(타나카 타케오), 倭寇 海の歴史, 講談社, 2013

田中 史生(타나카 후미오), 倭国と渡来人 交錯する 内 と 外( 歴史文化ライブラリー), 學生社, 1980

谷川 健一(타니가와 켄이치), 日本の地名, 岩波新書, 1998

谷川 健一, 青銅の神の足跡, 集英社文庫, 1989

谷沢 永一(타니자와 에이이치), 聖德太子はいなかった, 新潮社, 2004

陳 舜臣(찐 슌신), 戦国海商伝, 講談社, 1992

陳 舜臣, 琉球の風, 講談社, 2008

築紫 申真(츠키시 신마코토), アマテラスの誕生, 講談社, 2002

造山(쓰쿠리야마)古墳蘇生会, 造山古墳と作山古墳, 吉備人出版, 2020

筑紫 豊(쓰쿠시 토요), 筑紫文化財散歩, 學生社, 1972

津田 左右吉(쓰다 소우기치), 日本上古代研究, 岩波書店, 1973

鶴岡 靜夫(쓰루오카 시즈오), 関東古代寺院の研究, 弘文堂, 1970

出羽 弘明(데와 히로아키), 新羅神と日本古代史, 同成社, 2014

德川 恒孝(도쿠가와 쓰네나리), 養老孟司(오로우 타케시), 江戸の智恵 三方良しで日本は復活する, PHP研究所, 2010

鳥居 礼(토리이 레이), 神代(カミヨ)の風儀(テブリ) ホツマツタエの伝承を解く, 新泉社, 2003

泊 勝美(토마리 카츠미), 古代九州と朝鮮, 新人物往来社, 1973

中沢 新一(나카자와 신이치), 熊から王へ カイエ ソバージュ, 講談社, 2002

中島 利郎(나카지마 토시오), 日本地名学研究, 日本地名学研究所, 1959

直木 孝次良(나오키 고우지로우), 古代河内政権の研究, 塙書房, 2005

直木 孝次良, 日本古代國家の成立, 社會思想社, 1988

新野 直吉(니이노 나요요시), 出羽の國, 學生社, 1973

西川 寿勝(니시카와토시카츠)外, 蘇我三代と二つの飛鳥 近つ飛鳥と遠つ飛鳥, 新泉社, 2011

丹羽 基二(니와 모토지), 地名, 秋田書店, 1975

日本(닛뽄)博学倶楽部, 学び直す日本史<中・近世編, PHP研究所, 2011

朴 炳植(バク ビョンシク), ヤマト言葉の起源と古代朝鮮語, 成甲書房, 1986

橋本 澄夫(하시모토 스미오), 北陸の古代史, 中日新聞北陸本社, 1974

原田 大六(하라다 다이로쿠), 実在した神話 発掘された平原弥生古墳, 學生社, 1998

原田 伴彦(하라다 토모요시), 近江路 人と歴史, 淡交新社, 1966

林 陸朗(하야시 리쿠로), 長崎唐通事 大通事林道栄とその周辺, 長崎文献社, 2010

畑井 弘(하타이 히로시), 物部氏の伝承, 講談社, 2010

百田 尚樹(햐쿠다 나오키), 日本国紀, 幻冬舎, 2018

日高 正晴(히다카 마사하루), 西都原古代文化を探る―東アジアの観点から, みやざき文庫, 2012

備仲 臣道(빈나가 시게미치), 高句麗残照 積石塚古墳の謎, 批評社, 2002

古田 武彦(후루타 다케히코), 失われた九州王朝 天皇家以前の古代史, ミネルヴァ書房, 2010

藤森 栄一(후지모리 에이이치), 峠と路, 學生社, 1974

外間 守善(호카마 슈젠), 沖繩の歴史と文化, 中公新書, 2004

宝賀 寿男(호우카 도시오), 三輪氏 大物主神の祭祀者 (古代氏族の研究 7), 青垣出版, 2015

前田 速夫(마에다 하야오) 編, 鳥居龍蔵 日本人の起源を探る旅, アーツアンドクラフツ, 2015

松本 清張(마쓰모토 세이초), 京都の旅 1, 2, 光文社, 1984

松本 清張, 古代探求, 文藝春秋, 1974

馬淵 和夫(마부찌 가즈오)外 沢, 今昔物語集 新編日本古典文学全集(35), 小学館, 2011

丸山 浩一(마루야마 코오이치), すきた名字物語, 秋田魁新報社, 1985

源 実朝(미나모토 사네토모), 山家集 金槐和歌集, 岩波文庫, 2005

水野 祐(미즈노 유우), 天皇家の秘密, 山手書房, 1977

三品 彰英(미시나 쇼에이), 日鮮神話伝説の研究, 平凡社, 1972

村井 章介(무라이 쇼오스케), 境界をまたぐ人びと 日本史リブレット, 山川出版社, 2008

森田 悌(모리다 테이), 全現代語訳 続日本後紀 上, 下, 講談社, 2018

茂在 寅男(모자이 토라오), 古代日本の航海術, 小学館, 1985

茂在 寅男, 歴史を運んだ船 神話 伝説の実証, 東海大学出版会, 1984

森 浩一(모리 고이찌), 継体大王と渡来人 枚方歴史フォーラム, 大巧社, 1998

森 浩一, 鉄 (日本古代文化の探究), 社会思想社, 1974

森 浩一, 京都の歴史を足元からさぐる 洛北, 上京, 山科の巻, 学生社, 2008

森 浩一, 日本の古代遺跡 郡馬東部, 保育社, 1987

森 浩一, 日本の古代遺跡 岡山, 保育社, 1990

森 浩一, 古代日本と古墳文化, 講談社学術文庫, 1992

森 浩一, 敗者の古代史, 中經出版, 2013

森 浩一, 考古紀行騎馬民族の道はるか 高句麗古墳がいま語るもの, 日本放送出版協会, 1994

森 浩一, 古墳, 保育社, 1981

森 浩一, 古代日本と古墳文化, 講談社, 1991

森田 悌(모리다 츠요시), 古代の武蔵 稲荷山古墳の時代とその後, 吉川弘文館, 1988

森岡 美子(모리오카 미코), 世界史の中の出島 日欧通交史上長崎の果たした役割, 長崎文獻社, 2002

柳 宗悦(야나기 무네요시), 朝鮮とその藝術 (柳宗悦선집 4권), 春秋社, 1981

柳 宗悦, 柳宗悦コレクション 1 ひと, ちくま学芸文庫, 2010

山形(야마가타)県の歴史散歩編集委員会, 山形県の歴史散歩, 山川出版社, 1993

山田 秀三(야마다 슈우조오), 東北 アイヌ地名の研究, 草風館, 1983

山田 豊彦(야마다 토요히코), 古代日本史の実像 倭人伝 旧事記 記紀を読み解く, 信毎書籍出版センタ, 2013

柳田 国男(야나기타 쿠니오) 検, 柳田國男全集 (全32巻), 筑摩書房, 1999

柳田 国男, 日本の昔語, 新潮文庫, 1999

柳田 国男, 桃太郎の誕生, 角川文庫, 2013

山本 明(야마모토 아키라), 古事紀 日本書紀, 西東社, 2017

八木 莊司(야기 쇼오지), 古代からの伝言 民族の雄飛, 角川文庫, 2006

山田 豊彦(야마다 토요히코), 古代日本史の実像 倭人伝 旧事記 記紀を読み解く, 信毎書籍出版センタ, 2013

山尾 幸久(야마오 유키하사), 日本国家の形成, 岩波書店, 2000

吉井 秀夫(요시이 히데오), 古代朝鮮 墳墓にみる 国家形成, 京都大学学術出版會, 2010

吉成 直樹(요시나리 나오키), 琉球の成立 移住と交易の歴史, 南方新社, 2011

吉田 光邦(요시다 미츠쿠니), 日本の職人, 講談社, 2013

与並 岳生(요나미 다케오), 新琉球壬統史, 新星出版, 2008

脇本 祐一(와키모토 유우이치), 豪商たちの時代, 日本經濟新聞社, 2006

고대 한반도 이주민들의
장대한 자취를 찾아가는 역사기행

# 해밑섬, 일본을 걷다
### 도쿄평야와 혼슈 북쪽 해안편

A Historical Journey around the Japanese Islands
– Along the Paths of Ancient Immigrants from Korean Peninsula

초판 발행　|　2023년 9월 1일

저자　　　　|　이재일
펴낸이　　　|　고봉석
책임편집　　|　윤희경
교정·교열　|　김동락, 김진숙, 김춘경, 방진식, 이재범, 정헌탁
편집디자인　|　이경숙, 고우정

펴낸곳　　　|　**이서원**
주소　　　　|　경기도 성남시 분당구 중앙공원로 17. 311~705
전화　　　　|　02~3444~9522
팩스　　　　|　02~6499~1025
이메일　　　|　books2030@naver.com
출판등록　　|　2006년 6월 2일 제22~2935호

ISBN　　　　|　979-11-89174-98-9